Dieter Losskarn

Botswana

REISE-HANDBUCH

Inhalt

Wissenswertes über Botswana

Wissenswertes für die Reise

Unterwegs in Botswana

Kapitel 1 – Gaboróne und der Südosten

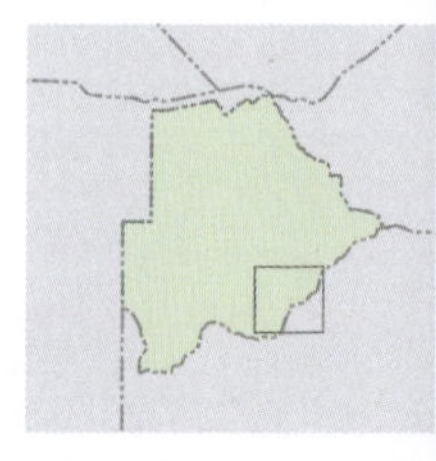

Kapitel 2 – Francistown und der Osten

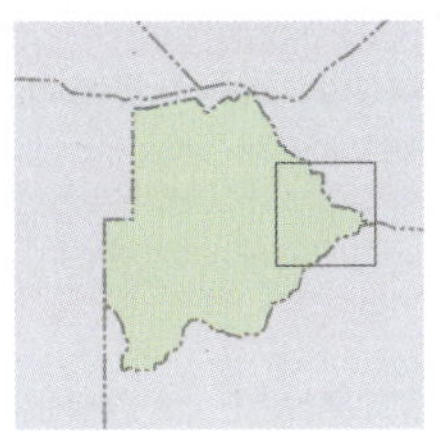

Kapitel 3 – Makgadikgadi Pans

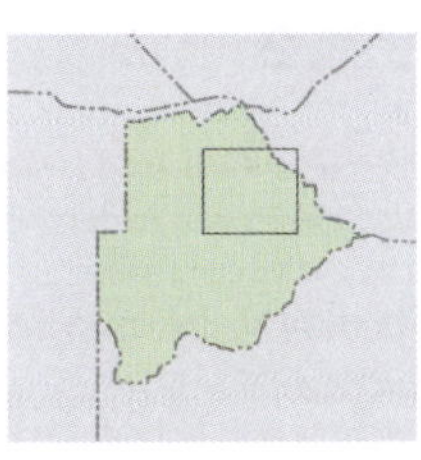

Kapitel 4 – Okavango Delta und der Nordwesten

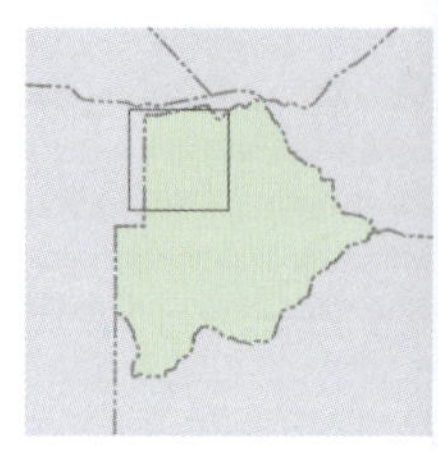

Kapitel 5 – Chobe National Park und Victoria Falls

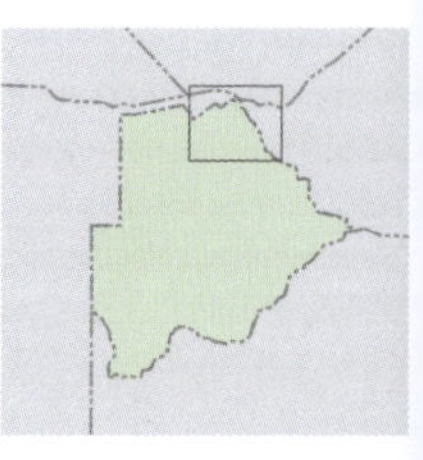

Kapitel 6 – Kalahari

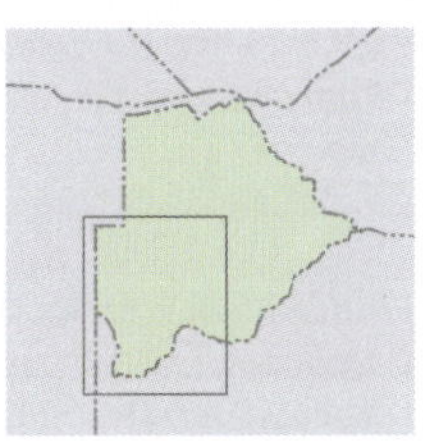

Themen

Alle Karten auf einen Blick

Viele Orte Botswanas sind nur auf dem Luftweg erreichbar

Afrikas Safariparadies

Mit einer Fläche von gut 580 000 km² und knapp 2,7 Mio. Einwohnern ist Botswana eines der am dünnsten besiedelten Länder der Erde – was sich auf die Menschen bezieht, nicht auf die Tiere. Hier lassen sich Fauna und Flora noch so erleben, wie sie David Livingstone bereits Anfang des 19. Jh. erfahren hat.

Das Binnenland Botswana liegt im Zentrum des südlichen Afrikas, umgeben von Namibia im Westen und Norden, Sambia im Nordosten, Simbabwe im Osten und Südafrika im Süden. Seinen Besuchern bietet es eine Vielfalt attraktiver Ziele: vom berühmten Feuchtgebiet des Okavango Delta mit dem Moremi Game Reserve bis zur lebensfeindlichen Kalahari, von den silbrigglänzenden Makgadikgadi-Salzpfannen und den unendlich erscheinenden Grasebenen, in die während der Regenzeit Tausende von Zebras migrieren, bis zum Chobe National Park mit seinen gewaltigen Elefantenherden. Ein Katzensprung ist es zu den weltberühmten Viktoriafällen in Simbabwe und Sambia.

Als Botswana 1966 seine Unabhängigkeit proklamierte, war es eines der ärmsten Länder der Welt. Seither hat sich viel verändert. In praktisch allen Wirtschaftssektoren ist ein Wachstum zu verzeichnen, die Touristenzahlen steigen stetig, Naturschutz und Wildmanagement sind von immer größerer Bedeutung. Die meisten Einheimischen haben erkannt, dass es sich lohnt, die Natur zu schützen, denn es sind vor allem die intakten Ökosysteme Botswanas, die devisenbringende Besucher aus aller Welt anlocken.

Fast 40 % der Landesfläche stehen unter Schutz, als Nationalpark, Game Reserve oder Wildlife Reserve. Bereits in den frühen 1960er-Jahren beschlossen die Batswana, wie die Einwohner genannt werden, ihre traditionellen Jagdgebiete im Okavango Delta zu schützen – das Moremi Game Reserve, benannt nach Häuptling Moremi III., ist ein Meilenstein in der Stammesgeschichte Afrikas. Als Vorreiter fungiert Botswana auch in der Verwaltung einiger seiner Schutzgebiete, die von lokalen Gemeinden gemanagt werden, wie das Nata Bird Sanctuary. Damit profitieren die Einheimischen direkt von ihren Wildgebieten. Das Land meint es ernst mit dem Naturschutz. Um dem abnehmenden Wildbestand entgegenzuwirken, wurde ein generelles Jagdverbot verabschiedet. Internationale Großwildjäger, die bislang viel Geld im Land ließen, erhalten keine Abschusserlaubnis mehr. Naturschützer begrüßen das Gesetz. Gegner der Wilderei machen diese für den Rückgang des Tierbestands verantwortlich.

Seit der Unabhängigkeit hat Botswana eines der am schnellsten wachsenden Pro-Kopf-Einkommen der Welt – zwischen 1967 und 2005 lag das Wirtschaftswachstum fast durchweg bei 9 %. Natürlich muss bedacht werden, dass das Land zuvor extrem unterentwickelt war, doch der eigentliche Grund für diesen kometenhaften Aufstieg findet sich unter der Erde: Nach jahrelangen Prospektierungen durch den südafrikanischen Konzern De Beers wurden 1967 gewaltige Diamantenvorkommen entdeckt. Seither ist Botswana der größte Diamantenproduzent der Welt, was dem Land Reichtum und Stabilität gebracht hat.

Da Botswana das Los einer Kolonie erspart blieb, sind seine Bewohner für ihre herzliche, nicht von Rassen- und Stammesdenken beeinflusste Lebensart bekannt. Diese Mentalität hat in den letzten über 100 Jahren dazu geführt, dass Botswana heute als einer der friedlichsten Staaten des afrikanischen Kontinents gilt. Besucher erwartet somit ein sicheres Reiseland mit zurückhaltend-freundlichen und hilfsbereiten Menschen.

Touristen kommen nach Botswana hauptsächlich wegen des Tierreichtums in faszinierenden, überwiegend unberührten Landschaften. Und sie tun das aus gutem Grund: Das Land bietet die mit Abstand besten Safarimöglichkeiten in ganz Afrika und stellt sogar Klassiker wie Kenia und Tansania in den Schatten. Große, meist nicht durch Zäune voneinander getrennte Schutzgebiete erlauben den Wildtieren, frei durch das weite Land zu ziehen. Safaris lassen sich auf zwei Arten unternehmen. Ein Rundumsorglospaket genießt man auf einer organisierten Tour mit Rangern, wobei zumeist in privaten, teilweise sehr teuren Lodges übernachtet wird. Es ist aber auch kein Problem, sich einen Geländewagen mit Dachzelt und Campingausstattung zu mieten und alleine auf Pirsch zu gehen. Selbstfahrer sollten über etwas Offroad-Erfahrung, ein GPS-Gerät und die entsprechende Software sowie für alle Fälle über eine gute Karte verfügen, dann steht dem Abenteuer Botswana nichts im Weg. Im ganzen Land gibt es eine Fülle wunderbarer staatlicher und privater Campingplätze in grandioser Landschaft.

Das wichtigste Verkehrsmittel im Norden des Landes, speziell im Okavango Delta und teilweise auch im Chobe National Park, sind Kleinflugzeuge. Viele der Lodges sind nicht auf Straßen, sondern nur im Rahmen einer Fly-in-Safari erreichbar. Wenn der Pilot beim Anflug auf die kleinen Buschpisten erst einmal Warzenschweine und Elefanten verscheuchen muss, bevor er landen kann, spüren Reisende instinktiv, dass Europa hier nirgendwo ist.

Der Autor

Dieter Losskarn

www.lossis.com, Facebook ›dieter.losskarn‹
www.dumontreise.de/magazin/autoren

Dieter Losskarn hat Geografie und Geologie studiert und arbeitete danach in einem Stuttgarter Verlag, bevor er 1994 nach Südafrika auswanderte. Heute lebt der Journalist und Fotograf in der Nähe von Kapstadt. Für den DuMont Reiseverlag hat er mehrere Reiseführer über Südafrika und Namibia geschrieben sowie den vorliegenden Band über Botswana, er schreibt und fotografiert für deutsche und internationale Magazine und arbeitet auch als ›Motorredakteur‹ für das südafrikanische »GQ«-Magazin. Auf eigene Faust, sei es zu Fuß, mit dem Geländewagen oder Motorrad, für die Buchrecherchen in den grandiosen Landschaften des südlichen Afrika unterwegs zu sein, bereitet ihm immer wieder großes Vergnügen.

Reisen in Botswana

Es gibt nur wenige Länder auf der Erde, in denen zwei so gegensätzliche Landschaften unvermittelt ineinander übergehen: Auf der einen Seite die lebensfeindliche, karge und trockene Kalahari-Wüste, auf der anderen das üppig-grüne, wasserreiche Okavango Delta mit seinem unvergleichlichen Tierreichtum. Während alle Erstbesucher dort auf Safari gehen, ist die Kalahari eher etwas für erfahrene Reisende, die zum wiederholten Mal ins Land kommen.

Paradiesische Wildnis

Der Okavango-Fluss, nach dem das Delta benannt ist, entspringt im angolanischen Hochland. In der Regenzeit schwillt er mächtig an und wälzt sich langsam Richtung Botswana, wo er das größte Inlandsflussdelta der Welt bildet. Wegen des geringen Höhenunterschieds fließt das Wasser sehr langsam, wirbelt deshalb keine Sedimente auf und ist wunderbar klar. Auf dem Höhepunkt der Trockenzeit ist das Delta zur doppelten Größe angewachsen und zieht riesige Herden von Antilopen, Zebras und Elefanten an, die in der Kalahari kein Wasser mehr finden.

Der Tierreichtum dieses Labyrinths aus Inseln, Lagunen und Kanälen ist ohnegleichen: Im Moremi Game Reserve, dem Kerngebiet des Deltas, finden sich nicht nur über 400 Vogelarten, sondern auch alle afrikanischen Großsäuger in beträchtlicher Zahl. Die unzugänglichen, von Wasser umgebenen Regionen erschließen sich am besten in den traditionellen Kanus, den *mekoros.* Auf den sandigen Pisten im Moremi Game Reserve nimmt man im offenen Pirschwagen Platz.

Ebenfalls nur auf sandigen Pisten erreichbar ist der Chobe National Park im Nordosten des Landes mit dichten Flusswäldern und Sümpfen am Linyanti im Norden und offenen Grassavannen im Südwesten. Der Wildreichtum des Gebiets ist Legende, bekannt ist Chobe aber vor allem für seine riesige Elefantenpopulation. Von Kasane, dem Tor zum Nationalpark, ist es nicht weit zu einem der größten Naturwunder Afrikas: Zwischen Sambia und Simbabwe stürzen die Viktoriafälle des Sambesi spektakulär in eine 100 m tiefe und gut 1700 m breite Schlucht.

Ein weiteres landschaftliches Highlight Botswanas sind die Makgadikgadi Pans, mit über 16 000 km^2 die größten Salzpfannen der Welt. Eine Herausforderung für gut ausgerüstete Geländewagenfahrer, die sich das weiße Nichts per GPS erschließen. Lohn der Mühe ist einer der wohl romantischsten Plätze im südlichen Afrika: Kubu Island. Eine Granitinsel inmitten der Salzpfanne, mit jahrtausendealten Affenbrotbäumen. Ein Sonnenuntergang dort gehört zu den Reiseerlebnissen, die man nie vergisst.

Ausflüge in die Kalahari sollten nur versierte Wüstenfahrer unternehmen, die mit Einsamkeit und einer einzigartigen Tierwelt inmitten roter Dünen belohnt werden.

Einblicke in die Kultur der San

Seit Jahrtausenden wird das südliche Afrika von den San bevölkert. Heute leben noch etwa 100 000 von ihnen in der Region. Dem ›modernen‹ Botswana war die unabhängige Lebensweise der Jäger und Sammler immer ein Dorn im Auge. So versuchte die Regierung, die San von ihren Stammesgebieten in der Kalahari zu entfernen und sesshaft zu machen – mit verheerenden Folgen.

Eine Chance für die Ureinwohner, ihre einzigartige Kultur zu bewahren, sind Ausflüge mit den San in den Busch, wie sie von verschiedenen Lodges angeboten werden. Es gehört zu den ganz besonderen Erlebnissen einer Botswana-Reise, an ihrem unglaublichen Wissen über die Natur teilzuhaben. Die San produzieren auch einzigartige Handwerksstücke, insbesondere feine Perlenarbeiten aus Straußeneierschalen, die man z. B. in Ghanzi kaufen kann.

Vorfahren der San schufen Botswanas bedeutendsten Kunstschatz: Die Felsmalereien in den Tsodilo Hills im Nordwesten des Landes gehören zu den bedeutendsten Freiluftgalerien der Welt. Seit 2002 UNESCO-Welterbe, illustrieren sie in faszinierender Art und Weise Jahrtausende menschlicher Zivilisation. Stil und Motive unterscheiden sich von allen anderen vergleichbaren Kunstwerken im südlichen Afrika.

Auf eigene Faust in Botswana unterwegs

Botswana ist eines der politisch stabilsten und sichersten Länder Afrikas und somit auch ein geeignetes Ziel für Individualreisende, die sich allerdings gut organisieren müssen.

Mit öffentlichen Verkehrsmitteln kommt man in Botswana nicht weit. Einnahmen aus dem Diamantenabbau ermöglichten aber seit den 1970er-Jahren einen Ausbau der Infrastruktur, sodass man heute weite Teile des Landes auf asphaltierten Pisten bereisen kann. Touren in die Nationalparks und Wildreservate sowie in abgelegenere Gebiete setzen jedoch einen allradgetriebenen Geländewagen und entsprechende Fahrkenntnisse voraus. Fahrten durch die Salzpfannen oder in die Kalahari sind nur etwas für erfahrene und abenteuerlustige Reisende.

In Maun, der wilden ›Hauptstadt‹ des Nordens, gibt es Allradfahrzeuge tageweise zu mieten. Die Alternative sind grenzüberschreitende Touren, mit Anmietung eines voll ausgestatteten 4x4s in Südafrika oder Namibia, wo die Kosten deutlich geringer sind. Da man nicht überall tanken oder sich mit Proviant und Wasser eindecken kann, ist eine sorgfältige Routenplanung unerlässlich. Unverzichtbar sind dabei gute Karten und ein GPS-Gerät.

Die Alternative – geführte Touren

Viele Erstbesucher bereisen das Land im Rahmen organisierter Touren. Kombinierte Trips mit Okavango Delta, Chobe National Park und Victoria Falls dauern meist 10 bis 14 Tage. Touren in die Makgadikgadi Pans oder die Kalahari werden noch vergleichsweise selten angeboten. Bei vielen Pauschalreisen werden Ziele in Botswana mit solchen in Simbabwe (vor allem Viktoriafälle) oder Namibia kombiniert.

In Botswana werden die einzelnen Touretappen meist mit Kleinflugzeugen angeflogen. Vor Ort geht es dann im offenen Geländewagen oder im traditionellen Einbaum *(mokoro)* auf Pirsch.

Veranstalter

Unzählige Unternehmen bieten Reisen ins südliche Afrika an (eine ausführliche Liste unter www.botswanatourism.co.bw). Preiswerter kann es sein, eine bestimmte Safari oder Lodge vor Ort bei lokalen Veranstaltern zu buchen. Vor allem südafrikanische Firmen bieten (zu bestimmten Zeiten und meist ab Johannesburg) recht interessante Specials.

Reiseagentur Urlaubsengel: Weinheim, Deutschland, Tel. 06201 29 20 20, www.urlaubsengel.de. Sylwia und Stephan bieten maßgeschneiderte Touren für anspruchsvolle Individualreisende in Botswana und Namibia.

Africa Adventure: Plettenberg Bay, Südafrika, Tel. 0027 44 533 52 11, www.africa-adventure.de. Ob in der Luft, über Land oder auf dem Wasser, dieser Veranstalter bietet für jedes Element den passenden Untersatz – Safaris im Jeep, Kleinbus, Flugzeug oder *mokoro,* dem traditionellen Einbaum, durch das Okavango Delta mit einem deutschsprachigen Führer. Auch Touren für Selbstfahrer.

African Horseback Safaris: P. O. Box 20671, Maun, Tel. 00267 686 1523, www.africanhorseback.com. Reitsafaris im Okavango Delta.

Audi Camp Safaris: P. O. Box 21439, Boseja, Maun, Tel. 00 267 6860-599, www.audisa

faris.com. Zum Programm gehören auch ein- und mehrtägige Mokoro-Safaris ins westliche Okavango Delta und Zeltsafaris ins Central Kalahari Game Reserve.

&Beyond: Buchung über Johannesburg, Südafrika, unter Tel. 0027 11 809 44 41, www.andbeyond.com.

Cross Country Air Safaris: Juliane Beckmann, Pretoria, Südafrika, Tel. 0027 12 460 37 40, www.airsafaris.co.za. Seit mehr als drei Jahrzehnten Organisation von Flugsafaris in alle Regionen des südlichen Afrikas, in Botswana vor allem ins Okavango Delta, in den Tuli Block und zu den Salzpfannen. Alle Safaris können individuell gebucht werden. Je nach Budget werden dann auch die Übernachtungen in den Lodges zusammengestellt. Im Angebot sind auch Selbstfahrertouren ohne Flugzeug.

Desert & Delta Safaris: Sir Seretse Khama Av., Gaborone, Tel. 0686 12 43, www.desertdelta.com. Ist im Besitz verschiedener luxuriöser Lodges, macht aber auch Flugsafaris.

That's Africa: Kapstadt, Südafrika, Tel. 0027 21 415 20 00, www.thatsafrica.com. Das Damenteam arbeitet hochwertige Touren für anspruchsvolle Individualreisende aus, inkl. Hotels, Lodges und Restaurants. Alles aus einer Hand und auf Deutsch.

Sanctuary Retreats: Buchung in Johannesburg, Südafrika, unter Tel. 0027 11 438 46 50, www.sanctuaryretreats.com.

Wilderness Safaris: 1 Mathiba Rd., Maun, Buchung über Johannesburg, Südafrika, unter Tel. 0027 11 807 18 00, www.wilderness-safaris.com. Seit 1983 einer der besten Lodge- und Safarianbieter in Afrika.

Lokale Guides

Ortskundige Guides können bestimmte Unternehmungen durch ihre Kenntnisse (z. B. über die Tier- und Pflanzenwelt) sehr bereichern. Am besten fragt man nach einer Lizenz – sie ist zwar keine Garantie für gute Orts- und Sprachkenntnisse, macht diese aber wahrscheinlicher.

Für Bootsfahrten im Okavango Delta braucht man einen erfahrenen *poler,* der den Einbaum sicher durch das Wasserlabyrinth stakt. Bei einer Tour in die Tsodilo Hills empfiehlt sich die Mitnahme eines San-Führers, der die sehenswertesten Felszeichnungen kennt.

WICHTIGE FRAGEN VOR DER REISE

Welche **Papiere** braucht man für die Einreise und beim Reisen? s. S. 88

Was muss man wissen, wenn **Abstecher in die Nachbarländer** Sambia oder Simbabwe geplant sind? s. S. 88

Sollte man schon zu Hause **Geld** tauschen oder erst im Land? s. S. 109

Wie steht es um die **Sicherheit**? Welche Vorkehrungen sollte man treffen? s. S. 118

Welche **Impfungen** werden empfohlen und welche **Medikamente** sollte man unbedingt dabeihaben? s. S. 110

Welche **Kleidung** und **Ausrüstung** muss in den Koffer? s. S. 113

Wie nimmt man Buchungen für die **Campingplätze in den Nationalparks** vor? s. S. 98

Wo können **voll ausgerüstete Geländewagen** gemietet werden und auf was ist dabei besonders zu achten? s. S. 91

Wo stehen die Chancen am besten, die **Big Five** zu sehen? s. S. 28

Planungshilfe für Ihre Reise

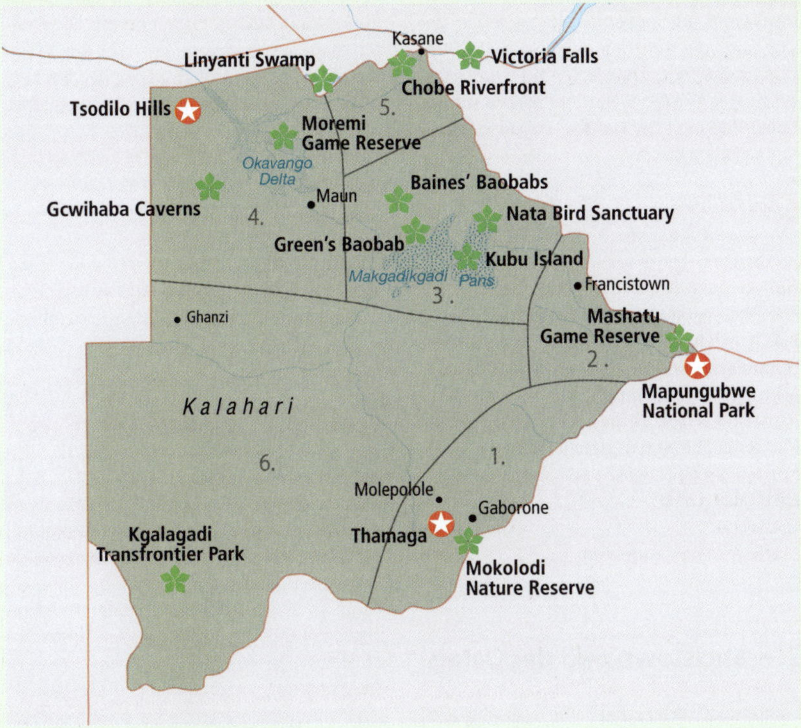

Kasane
Linyanti Swamp
Victoria Falls
Chobe Riverfront
Tsodilo Hills
5.
Moremi Game Reserve
Okavango Delta
Baines' Baobabs
Maun
Gcwihaba Caverns
4.
Nata Bird Sanctuary
Green's Baobab
Kubu Island
Makgadikgadi Pans
3.
Francistown
Ghanzi
Mashatu Game Reserve
2.
Mapungubwe National Park
Kalahari
6.
1.
Molepolole
Gaborone
Thamaga
Kgalagadi Transfrontier Park
Mokolodi Nature Reserve

Angaben zur Zeitplanung

Bei den folgenden Zeitangaben für die Reise handelt es sich um Empfehlungswerte für Reisende, die ihr Zeitbudget eher knapp kalkulieren.

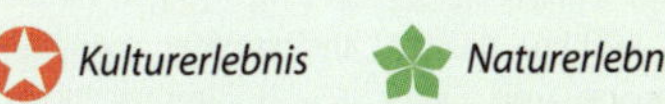

Die Kapitel in diesem Buch

1. Gaborone und der Südosten

Gaborone ist eine junge, schnell wachsende Stadt ohne historischen Kern und mit wenigen Sehenswürdigkeiten, sieht man vom National Museum einmal ab, das einen guten Überblick über das auf der Reise zu Erwartende gibt. Reisende nutzen Botswanas Hauptstadt meist nur als Durchgangsstation auf dem Weg nach Norden, für Behördengänge und zum Shoppen in einer der modernen Malls. Gute Einkaufsmöglichkeiten insbesondere für Souvenirs bieten neben der City auch die Kunsthandwerksdörfer in der Umgebung wie Thamaga und Oodi. Das stadtnahe Mokolodi Nature Reserve stimmt quasi direkt vor der Haustür auf die botswanische Fauna ein.

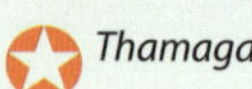
Thamaga

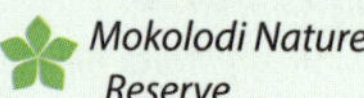
Mokolodi Nature Reserve

Gut zu wissen: Gaborone gehört zusammen mit Windhoek, der Hauptstadt Namibias, zu den sichersten Metropolen Afrikas. Unterkünfte sind in der Hauptstadt Mangelware – ohne Reservierung kann sich die Zimmersuche schwierig gestalten. Das National Museum hat montags geschlossen.

Zeitplanung

Gaborone:	1 Tag
Ausflüge in die Umgebung:	2 Tage

2. Francistown und der Osten

Während 80 % der Landfläche Botswanas zur ariden Region der Kalahari gehören, ist der etwa 400 km breite Landstreifen zwischen Gaborone und Francistown niederschlagsreicher und bietet gute Bedingungen für die Landwirtschaft. Entsprechend leben hier 80 % der Bevölkerung. Der Tuli-Block im äußersten Osten mit seinen Hügeln und bizarren Felsformationen hebt sich von allen anderen Landschaften Botswanas ab. Hier bieten sich in privaten, noch relativ wenig besuchten Wildreservaten am Limpopo auch sehr gute Safarimöglichkeiten. Bislang kaum besucht sind die grünen und wasserreichen Tswapong Hills östlich von Palapye.

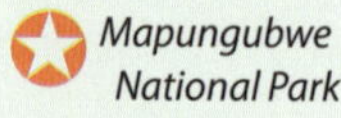
Mapungubwe National Park

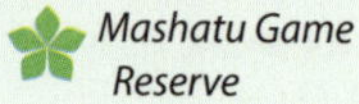
Mashatu Game Reserve

Gut zu wissen: Die Tswapong Hills erkundet man am besten in Begleitung eines ortskundigen Führers. Für die privaten Schutzgebiete im Tuli-Block empfiehlt sich eine Lodge-Buchung, da sie von Nichtgästen nur im Transit befahren werden dürfen. Die meisten Reisenden steuern den Tuli-Block von Südafrika aus an und müssen dabei den Limpopo überqueren. Wenn er Hochwasser führt, ist die Passage unmöglich. Das Auto muss dann auf der südafrikanischen Seite stehenbleiben und man setzt in einer abenteuerlichen Drahtkäfig-Seilbahn über.

Zeitplanung

Fahrt von Gaborone nach Francistown:	1 Tag
Ausflug in den Tuli-Block:	3–4 Tage

3. Makgadikgadi Pans

Eine Fahrt ins Zentrum der größten Salzpfannen der Welt gehört zu den Highlights eines Botswana-Besuchs: Kubu Island inmitten der Makagadikgadi Pans ist eine faszinierende Granitinsel mit jahrhundertealten Affenbrotbäumen. In der Regenzeit migrieren Zebra- und Gnu-Herden in die Region, und Zigtausende Flamingos färben riesige Flächen rosa. Es empfiehlt sich ein Basiscamp in der Ntwetwe-Pfanne, entweder in Jack's, im San oder im Kalahari Tented Camp oder im deutlich günstigeren Planet Baobab Rest Camp. Von dort lassen sich dann Geländewagentouren in die Pfanne, Buschwanderungen und andere Aktivitäten organisieren.

- *Nata Bird Sanctuary*
- *Kubu Island*
- *Green's Baobab*
- *Baines' Baobabs*

Gut zu wissen: Das Fahren in Salzpfannen birgt Gefahren und sollte daher nur im Rahmen eines organisierten Trips oder (mit entsprechender Erfahrung) im Konvoi mit mindestens zwei gut ausgestatteten Geländewagen und GPS in Angriff genommen werden. Eine Alternative zu Geländewagenfahrten sind geführte Quadbiketrips, wie sie von mehreren Lodges angeboten werden.

Zeitplanung

Offroad-Trip in die Salzpfannen und Route der Baobabs:	5–6 Tage

Tipp: Lohnende, von den Lodges angebotene Aktivitäten sind Spaziergänge mit San, die u. a. zeigen, wie man in der trockenen Landschaft Wasser findet, und Wanderungen mit Erdmännchen *(meerkats)*.

4. Okavango Delta und der Nordwesten

Das größte Binnendelta der Welt mit dem Moremi Game Reserve als Kerngebiet ist die Safari-Destination schlechthin in Afrika. Nirgendwo sonst lässt sich die Fauna und Flora des Schwarzen Kontinents intensiver erfahren – sei es bei Pirschfahrten im offenen Land Rover oder in einem der traditionellen Einbäume *(mekoros)*. Eine Sichtung der Big Five ist fast garantiert. Ausgangspunkt für Erkundungen ist Maun – die Safari-Hauptstadt des Landes mit ausgezeichneten Unterbringungs- und Versorgungsmöglichkeiten. Hier bekommt man alles, was man für Pirschfahrten braucht. Und alle Arten von organisierten Touren, ob mit dem Einbaum, dem Geländewagen oder dem Kleinflugzeug (besonders lohnend in der Zeit von Mai bis Oktober, wenn das Delta gut mit Wasser gefüllt ist), können hier bei verschiedenen Veranstaltern gebucht werden.

Weitere Highlights im Nordwesten Botswanas sind die Felsmalereien in den abgelegenen Tsodilo Hills und das Höhlensystem der Gcwihaba Caves mit seinen bizarren Tropfsteinformationen.

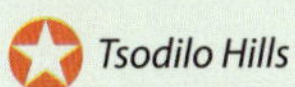
Tsodilo Hills

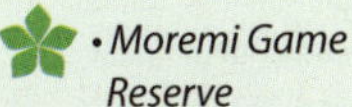
- *Moremi Game Reserve*
- *Gcwihaba Caverns*

Gut zu wissen: Das Preisniveau im Delta ist hoch, die meisten Camps sind nur mit Kleinflugzeugen erreichbar. Reisende mit begrenztem Budget können das Delta nur im Rahmen von (auch mehrtägigen) Mokoro-Touren oder auf Pirschfahrten mit dem eigenen Fahrzeug im Moremi Reserve erkunden. In den letzten Jahren ist es infolge heftiger Niederschläge regelmäßig zu Überschwemmungen und zu Beschädigungen der Dämme und Brücken gekommen. Vor einer Selbstfahrertour sollte man sich über den aktuellen Zustand der Pisten erkundigen.

Die Gcwihaba Caverns erkundet man am besten mit einem ortskundigen Führer. Eine Wanderung in den Tsodilo Hills darf man nur mit einem lokalen Guide unternehmen, der die sehenswertesten Felsmalereien kennt und am Eingang gebucht werden kann.

Zeitplanung

Maun:	1 Tag
Flugsafari im Okavango Delta:	3–4 Tage
Geländewagen-Selbstfahrertour im Moremi Game Reserve:	4–5 Tage
Gcwihaba Caverns:	1 Tag
Tsodilo Hills:	1 Tag

5. Chobe National Park und Victoria Falls

Der Chobe National Park im Nordosten Botswanas zieht neben dem Okavango Delta die meisten Besucher an. Er beheimatet die größte Elefantenpopulation der Welt, aber auch der Rest der Big Five ist vertreten, besonders zahlreich in der Savuti- und Linyanti-Region. Die Tierbeobachtungsmöglichkeiten zählen zu den besten in ganz Afrika. Das Tor zum Nationalpark ist Kasane unweit des Zusammenflusses von Chobe River und Sambesi. Hier gibt es Unterkünfte und Einkaufsmöglichkeiten, bei den Lodges und bei Spezialveranstaltern können auch von Nichtgästen Bootstouren auf dem Chobe River, Fußsafaris und Pirschfahrten im Nationalpark gebucht werden.

Ein Muss ist ein Ausflug in die Nachbarländer Sambia und Simbabwe zu den weltberühmten Viktoriafällen. Sie können von Livingstone (Sambia) und Victoria Falls (Simbabwe) aus besucht werden. Nach Simbabwe führt eine Teerstraße; der Grenzverkehr nach Sambia erfolgt mittlerweile über die neu erbaute Kazungula-Brücke, nicht mehr mittels der abenteuerlichen Fähre.

- *Linyanti Swamp*
- *Chobe Riverfront*
- *Victoria Falls*

Gut zu wissen: Die meisten Besucher durchqueren den Chobe National Park von Westen nach Osten oder umgekehrt, für alle Touren mit Ausnahme der asphaltierten Hauptstrecke an der Chobe River Front ist ein Geländewagen erforderlich. Zwischen Maun und Kasane gibt es keine Einkaufs- und Tankmöglichkeiten, weswegen man genügend Proviant und Treibstoff mitnehmen sollte.

Den besseren Blick auf die Viktoriafälle hat man von der Simbabwe-Seite, von hier aus können auch die schöneren Fotos gemacht werden. Am meisten Wasser führen die Fälle zum Ende der Regenzeit im März/April. Wer als Selbstfahrer nach Simbabwe einreist, sollte sich in Kasane mit ausreichend Treibstoff versorgen, da es in Simbabwe immer wieder zu akuten Engpässen kommt.

Zeitplanung

Geländewagentrip durch den Chobe National Park:	6 Tage
Ausflug zu den Viktoriafällen:	2–3 Tage

Zusätzliche Aktivitäten: Die Gegend um die Victoria Falls ist bei Adrenalinsüchtigen aus aller Welt bekannt. Die aufregendsten der hier von zahlreichen Unternehmen angebotenen Aktivitäten sind der Sprung in den Devil's Pool auf der Sambia-Seite, direkt dort, wo die gewaltigen Wassermassen in die Tiefe donnern, weiterhin die wirklich wilde Wildwasser-Schlauchbootfahrt auf dem Sambesi und der Bungeesprung von der Victoria Falls-Brücke.

6. Kalahari

Die Trockensavanne der Kalahari mit ihren fossilen Flussbetten, ausgedehnten Pfannensystemen, roten Dünen und Kameldornbäumen ist ein weiteres Offroad-Paradies, das zum Ende der Regenzeit auch gute Wildbeobachtungsmöglichkeiten bietet. Einzigartig sind die schwarzmähnigen Kalahari-Löwen. Zu den größten und einsamsten Schutzgebieten Afrikas gehört das Central Kalahari Game Reserve. Unmittelbar südlich schließt sich das kleine Khutse Game Reserve an, das aufgrund seiner Nähe zu Gaborone ein beliebtes Ausflugsziel der Hauptstadtbewohner ist.

Sowohl auf südafrikanischem als auch auf botswanischem Staatsgebiet liegt der grenzüberschreitende Kgalagadi Transfrontier Park (KTP) – der einfachste Einstieg für Touristen in das Gebiet, quasi Kalahari light. Erstbesucher können den Park von Südafrika aus auf guten Hauptpisten erkunden, viele Wasserlöcher sind zweiradgetrieben erreichbar. Auf Geländewagen-Tracks wie dem Nossob 4x4 Eco Trail kann man sich langsam an das Fahren abseits befestigter Straßen herantasten. Dann steht dem Offroad-Kalahari-Erlebnis in Botswana nichts mehr im Weg.

Kgalagadi Transfrontier Park

Gut zu wissen: Auf dem durchweg geteerten Trans-Kalahari Highway kann man theoretisch vom südafrikanischen Johannesburg direkt nach Windhoek in Namibia gelangen, ohne sein Fahrkönnen auf Sand- oder Lehmpisten erproben zu müssen. Den botswanischen Teil der Kalahari sollten nur erfahrene Geländewagenlenker unter die Räder nehmen. Für Fahrten auf den 4x4-Trails im Kgalagadi Transfrontier Park wird nur eine begrenzte Zahl von Fahrzeugen zugelassen, eine Vorausbuchung ist erforderlich.

Zeitplanung

Central Kalahari Game Reserve:	3–5 Tage
Kgalagadi Transfrontier Park (ohne Fahrten auf den 4x4-Trails):	4 Tage

Vorschläge für Rundreisen

Botswana wird von Europa aus nicht direkt angeflogen, und Mietwagen sind in Gaborone und Maun deutlich teurer als im namibischen Windhoek oder im südafrikanischen Johannesburg. Die ideale Selbstfahrertour startet daher in Johannesburg und führt durch Botswana nach Windhoek.

Eine Alternative ist Windhoek als Start- und Endpunkt der Tour. Über das Moremi Game Reserve und das Okavango Delta geht es nach Norden in den Chobe National Park. Es folgt ein Abstecher zu den Victoria Falls an der Grenze von Sambia und Simbabwe, bevor es über Kasane und Maun nach Windhoek zurückgeht.

1. Von Johannesburg ins Okavango Delta (3 Wochen)

1. und 2. Tag: Ankunft in Johannesburg, Stadtrundfahrt, Soweto-Township-Tour.

3. Tag: Fahrt nach Gaborone, evtl. Aktivitäten in der Umgebung der Stadt am Nachmittag (Mokolodi Game Reserve oder Kunsthandwerksdörfer).

4. Tag: Fahrt auf der A 1 in den Tuli-Block.

5. und 6. Tag: Privates Game Reserve im Tuli-Block mit Pirschfahrten, Übernachtung in einer Lodge.

7. Tag: Morgens Safari, danach Fahrt nach Francistown.

8. Tag: Von Francistown Weiterfahrt auf der A 3 nach Nata. Nachmittags Nata Bird Sanctuary, Übernachtung in der Nata Lodge, evtl. Sundowner-Pfannenfahrt.

9. bis 14. Tag: Falls Geländewagen vorhanden, Offroadtour durch die Pfanne bis Kubu Island und zu den Affenbrotbäumen, Übernachtung in Camps. Ohne Geländewagen kurze Fahrt auf der Teerstraße (A 3) nach Gweta. Von dort organisierte Trips mit Geländewagen oder Quadbike in die Pfanne oder Transfer zu einer der dortigen Lodges.

15. Tag: Auf der A 3 von Gweta nach Maun und weiter zum Moremi Game Reserve.

16. bis 20. Tag: Selbstfahrer im Geländewagen fahren direkt in den Park und übernachten dort in Camps. Pirschfahrten mit den Schwerpunkten Third Bridge, Xakanaxa, Khwai Flood Plains. Die Alternative sind Flug- oder 4x4-Transfers in eine der Lodges im Park, von dort kommerzielle Game Drives. Rückflug oder -transfer nach Maun.

21. Tag: Fahrt von Maun nach Windhoek.

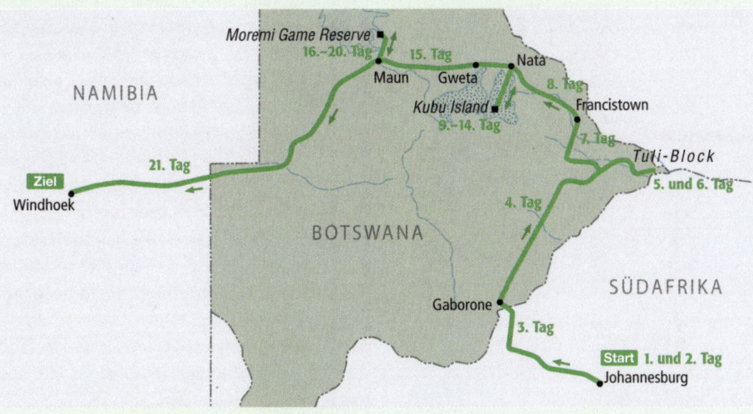

2. Von Kapstadt durch die Kalahari nach Maun (15 Tage)

1. Tag: Fahrt von Kapstadt durch die Cederberge mit ihren eindrucksvollen Felsformationen nach Clanwilliam.
2. Tag: Weiterfahrt auf der N 7 durch das Namaqualand bis Springbok, in der Saison (August/September) Abstecher in den Namaqua National Park zum Betrachten der Blumen.
3. Tag: Von Springbok Ausflug ins Goegap Nature Reserve, besonders lohnend während der Blumenblüte.
4. und 5. Tag: Von Springbok auf der N 14 zur Pella Mission Church, danach weiter bis zum Augrabies Falls National Park. Ein Tag im Park; Erkundung des südlichen Teils mit mehreren Aussichtspunkten.

6. Tag: Vom Augrabies Falls National Park durch das fruchtbare Tal des südlichen Orange-River-Ufers und die Orte Kakamas und Keimoes nach Upington.
7. Tag: Von Upington auf der R 360 Richtung Norden in den Kgalagadi Transfrontier Park. Übernachtung im Twee Rivieren Camp am Parkeingang.
8. bis 11. Tag: Pirschfahrten im gut erschlossenen südafrikanischen Teil des Parks, Übernachtung in Camps.
12. bis 14. Tag: Weiterfahrt nach Botswana, ins Central Kalahari Game Reserve. Pirschfahrten mit Schwerpunkt Xaxa Waterhole und Deception Valley, Übernachtung in vorgebuchten Camps.
15. Tag: Weiterfahrt über Rakops und Motopi nach Maun.

3. Durch die Makgadikgadi Pans nach Maun (2 Wochen)

1. Tag: Fahrt auf der A 3 von Francistown nach Nata, Übernachtung in der Nata Lodge.
2. Tag: Besuch des Nata Bird Sanctuary mit dem ersten Kontakt zur Salzpfanne, Vogelbeobachtung evtl. am Abend Sundowner-Pfannenfahrt.
3. bis 5. Tag: Offroad-Abstecher in die Makgadikgadi Pans bis Kubu Island.
6. bis 8. Tag: Durchquerung der Ntwetwe-Pfanne bis Jack's Camp/San Camp oder Planet Baobab Rest Camp.
9. bis 12. Tag: Basecamp im Jack's Camp/San Camp oder Planet Baobab Rest Camp, mit Tagesausflügen zu Green's Baobab mit historischen Graffiti in der Rinde.
13. Tag: Von Gweta zu den Baines' Baobabs in der Kudiakam Pan.
14. Tag: Von den Baines' Baobabs nach Maun. Für erfahrene 4x4-Lenker und Reisende, die Botswana zum wiederholten Mal besuchen, empfehlen sich ab Maun Abstecher zu den Gcwihaba (Drotsky's) Caverns und den Tsodilo Hills. Hierfür sollten mindestens vier Tage extra eingeplant werden.

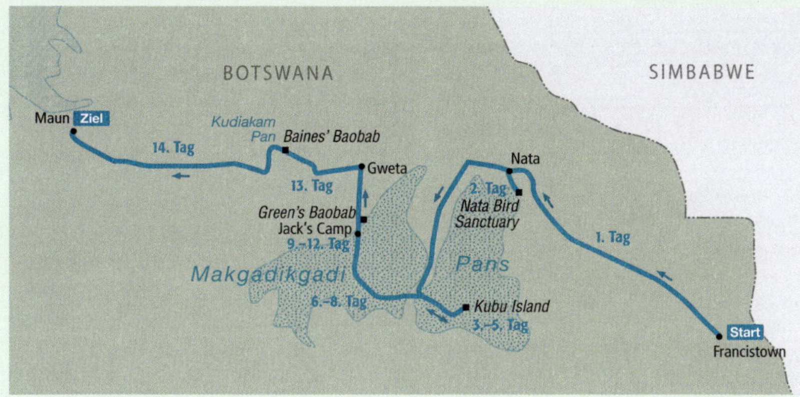

4. In den Chobe National Park und zu den Viktoriafällen (2 Wochen)

1. Tag: Von Kasane in den Chobe National Park, Übernachtung in einer Lodge oder einem Camp.

2. Tag: Erkundung der Chobe Riverfront mit Bootsfahrten und Game Drives.

3. Tag: Via Ngoma Gate zur Ngoma Safari Lodge.

4. Tag: Erkundung des Linyanti-Gebiets mit Pirschfahrten.

5. Tag: Rückfahrt nach Kasane, Übernachtung in der Stadt.

6. Tag: Von Kasane zum simbabwischen Grenzübergang und durch den Zambezi National Park nach Victoria Falls.

7. bis 9. Tag: Exkursion zu den Fällen und diverse Adrenalinaktivitäten wie Rafting und Bungee-Jumping.

10. Tag: Fahrt von den Victoria Falls über die historische Victoria-Falls-Brücke nach Sambia und weiter bis Livingstone.

11. und 12. Tag: Aktivitäten auf der Sambia-Seite der Fälle in Livingstone, z. B. Gorge Swing oder Ultraleichtflug.

13. Tag: Weiterfahrt zu einer der Lodges am Sambesi River.

14. Tag: Fahrt auf der neuen Kazungula-Brücke über den Sambesi und am anderen Flussufer zurück nach Kasane.

Wissenswertes über Botswana

»Ich bin bereit, überall hinzugehen, vorausgesetzt, der Weg führt vorwärts.«
David Livingstone (1813–1873) englischer Missionar, Abenteurer und einer der ersten weißen Makgadikgadi-Durchquerer

Seit Jahrhunderten geben die San die speziellen Jagdtechniken an ihre Nachkommen weiter

Steckbrief Botswana

Daten und Fakten

Name: Botswana
Fläche: 581 730 km^2
Hauptstadt: Gaborone (232 000 Einw., 2023)
Amtssprachen: Englisch und Setswana
Einwohner: 2,7 Mio. (2023)
Bevölkerungsdichte: 4,6 Einw./km^2
Bevölkerungswachstum: 1,7 %
Analphabetenrate: 13,2 %
Währung: Botswana Pula (BWP)
Zeitzone: MEZ
Landesvorwahl: 00267
Internetkennung: co.bw

Landesflagge: Im Gegensatz zu anderen afrikanischen Flaggen, deren schwarze und rote Streifen blutige Befreiungskriege symbolisieren, dominiert in der Botswana-Fahne ein helles Blau. Es repräsentiert den Himmel sowie Wasser und Regen, die zu Wohlstand führen, und steht für die friedliche Natur der in Botswana lebenden Menschen. Die horizontalen schwarzen und weißen Streifen beziehen sich auf die Hautfarben der Batswana und auf die Harmonie zwischen den ethnischen Gruppen. Somit symbolisiert die Botswana-Flagge das Ideal einer multirassischen Gesellschaft.

Geografie

Im Westen und Norden wird Botswana begrenzt von Namibia, im Nordosten von Sambia, im Osten von Simbabwe und im Süden von Südafrika. Das 581 730 km^2 große Binnenland (Deutschland: 357 000 km^2) verfügt über zahlreiche geografische Superlative. Mit 15 000 km^2 ist das Okavango Delta das größte Inlandsdelta der Welt und mit 12 000 km^2 sind die Makgadikgadi Pans die weltweit größten Salzpfannen. Über 84 % der Landesfläche erstreckt sich die wüstenhafte Kalahari, das größte zusammenhängende Sandgebiet der Welt. Und in Botswana wird die kürzeste internationale Grenze des Erdballs gemessen: Auf einer Länge von 700 m hat es Sambia zum Nachbarn.

Mit dem Okavango gibt es einen Fluss, der ins Land hineinfließt, keiner verlässt Botswana. Es gibt keine Gebirge, ein Großteil des Landes besteht aus einer 1000 bis 1200 m hohen, leicht gewellten Ebene. Der höchste Punkt Botswanas liegt in den Otse Mountains auf 1489 m, gefolgt von den Tsodilo Hills mit 1390 m.

Geschichte

Vor 200 000 Jahren siedelten die ersten Menschen in Botswana. Ihre Nachkommen sind die Buschmänner, heute politisch korrekt San genannt. Etwa 200 n. Chr. wanderten die ersten schwarzen Bantu-Stämme aus Zentralafrika ein und vermischten sich mit den San, die sie mit der Viehzucht und der Eisenbearbeitung vertraut machten. In der Eisenzeit migrierten Tswana-Stämme in das heutige Staatsgebiet. Es folgten mehrere Königreiche, die in Great Zimbabwe gipfelten, das im heutigen Simbabwe liegt. Die verheerenden Kriegszüge des aus Südafrika nach Norden vordringenden Zulu-Häuptlings Shaka erschütterten auch Botswana und führten zu umfangreichen Völkerwanderungen. Auf die Zulus folgten die weißen Buren aus der Kap-Provinz. Doch im Gegensatz zu seinen Nachbarn war Botswana nie eine Kolonie, sondern ab 1885 britisches Protektorat. Bechuanaland, wie es damals hieß, stand unter südafrikanischer Verwaltung, bis es 1966 unter dem ersten Präsidenten Sir Seretse Khama die Unabhängigkeit erhielt. Seit 2008 war sein ältester Sohn, Ian Khama, der vierte demokratisch gewählte Präsident des Landes. Wie es das botswanische Gesetz vorschreibt, übergab Ian Khama nach zwei Amtsperioden zu je fünf Jahren sein Amt am 31. März 2018 an Vizepräsident Mokgweetsi Masisi. Die Nationalversammlung wählte ihn im Oktober 2019 zum neuen Präsidenten. Die nächsten Wahlen stehen für 2024 an.

Staat und Politik

Botswana ist eine Republik mit Präsidialverfassung. Das Staatsoberhaupt, der Präsident und die 16 Kabinettminister werden vom 61-köpfigen Nationalparlament (National Assembly of Parliament) gewählt, das gesetzgebende Gewalt hat. Weiterhin gibt es das Haus der Häuptlinge (House of Chiefs) mit 35 Stammesvertretern, die das Nationalparlament in Gesetzen zur Landnutzung beraten und traditionellen Gerichten vorsitzen.

Seit 1966 ist die Botswana Democratic Party (BDP) Regierungspartei. Botswana hat das britische Regierungssystem übernommen und war damit eines der wenigen Länder Afrikas, das sich nach seiner Unabhängigkeit demokratisch entwickelte. Seit Jahren gibt es eine aktive, etablierte Opposition, an den Wahlen nehmen zahlreiche Parteien teil.

Botswana besteht aus neun Distrikten. Jeder wird von einem Beauftragten verwaltet, der u. a. für die Realisierung der staatlichen Entwicklungsprogramme zuständig ist. Bei der Umsetzung der landesweiten Entwicklungspläne spielt selbst in der modernen Politik das sogenannte Kagisano eine wichtige Rolle, ein Konzept sozialer Harmonie, das die Ideale von Einheit, Frieden und einem Gefühl für Gemeinschaft umfasst.

Wirtschaft und Tourismus

Botswana ist der größte Diamantenproduzent der Welt und bestreitet damit 90 % seines Exporteinkommens. Insgesamt macht der Bergbau rund ein Drittel des Bruttosozialprodukts aus. Neben Diamanten werden Kupfer, Kobalt, Nickel, Kohle, Ätznatron und Gold abgebaut. Rindfleisch, das in Botswana von exzellenter Qualität ist, belegte ursprünglich nach den Rohstoffen Platz zwei beim Exporteinkommen. Mittlerweile bieten der Finanz- und Produktionssektor aber bessere Einnahmequellen. Letzterer konzentriert sich auf die Weiterverarbeitung von Rohstoffen, z. B. die Veredelung von Rohdiamanten, sowie auf die Herstellung von Pick-ups und Klein-Lkws für den lokalen Markt und den regionalen Export.

Der Tourismus macht knapp 20 % des Bruttoinlandsprodukts aus und verzeichnet nach wie vor ein starkes Wachstum. Als beste Safari-Destination in Afrika, mit intensiven Wildnis-Erlebnissen, läuft Botswana sowohl Kenia als auch Tansania klar den Rang ab.

Bevölkerung und Religion

In Botswana leben Menschen verschiedener Stammesherkunft und mit unterschiedlichem ethnischem Hintergrund, die sich dennoch in erster Linie als Batswana sehen. Mit fast 50 % die größte Bevölkerungsgruppe ist die der Tswana, gefolgt von den Bakalanga, die seit über 1000 Jahren den Nordosten und das Zentrum bewohnen. Über 40 % der Bevölkerung sind jünger als 20 Jahre.

Botswana hat keine Staatsreligion. Es gibt über 200 registrierte religiöse Vereinigungen, wobei der christliche Glaube mit über 60 % die meisten Anhänger hat. Das Christentum wird durch Naturreligionen ergänzt. In der Hauptstadt Gaborone leben einige Moslems meist asiatischer Herkunft, Hindus und Buddhisten.

Natur und Umwelt

Botswana ist weltberühmt für seinen Tierreichtum und hat schon viele Naturfilmer zu atemberaubenden Dokumentationen inspiriert. Obwohl das Land zu zwei Dritteln in den Tropen liegt, herrscht ein angenehm trockenes Klima. Dafür ist die rotsandige Kalahari verantwortlich, die mehr als 80 % der Landesfläche bedeckt.

Landschaftsformen

Es gibt keine Berge in Botswana und außer dem hügeligen Südosten des Landes finden sich nur im Nordwesten sowie südlich von Gaborone bei Lobatse nennenswerte Erhebungen. In dem insgesamt eher flachen Land überwiegen Busch-, Baum- und Grassavannen, durchsetzt mit Ton- und Salzpfannen. Botswana wird von sechs Großlandschaften charakterisiert.

Tsodilo, Aha und Gcwihaba Hills

Im äußersten Nordwesten, nahe der Grenze zu Namibia, ragen die felsigen **Tsodilo Hills** etwa 400 m aus der Ebene auf. Hier finden sich über 25 000 Jahre alte Felsmalereien der San, der Ureinwohner Botswanas. Die Tsodilo Hills sind der bislang einzige Ort des Landes, der von der UNESCO zum Weltkulturerbe erklärt wurde. Rund 150 km südwestlich davon erstrecken sich die abgelegenen **Aha Hills** und **Gcwihaba Hills,** die nur mit Allradantrieb erreicht werden können. Ein besonderer Anziehungspunkt in dieser Gegend sind die **Gcwihaba Caverns,** gewaltige Tropfsteinhöhlen, die früher unter dem Namen **Drotsky's Caverns** bekannt waren.

Okavango Delta

Nur rund 50 km östlich der Tsodilo Hills stößt man auf den Okavango, der im ostangolanischen Hochland entspringt und Botswanas einziger Fluss ist, der das ganze Jahr über Wasser führt. Er versickert in den flachen Ebenen der trockenen Kalahari und bildet dort das fächerförmige **Okavango Delta,** mit über 15 000 km^2 das größte Inlandsdelta der Welt und eines der größten Feuchtgebiete Afrikas. Im nordöstlichen Teil des Okavango Delta liegt das 4872 km^2 große und ebenfalls wildreiche **Moremi Game Reserve,** einer der touristischen Hauptanziehungspunkte des Landes.

Linyanti Swamp

Viel Ähnlichkeit mit dem Okavango Delta hat der nördlich davon gelegene **Linyanti Swamp,** der von den Flüssen Kwando und Linyanti gespeist wird. Das 900 km^2 umfassende Sumpfgebiet ist charakterisiert durch schmale Wasserwege, von Papyrus gesäumte Lagunen und bis zu 20 m hohe Leberwurstbäume *(Sausage trees)* mit ihren charakteristischen wurstförmigen Früchten. Der Linyanti Swamp liegt im äußersten Nordwesten des 10 600 km^2 großen **Chobe National Park,** der die höchste Wildkonzentration im südlichen Afrika aufweist.

Makgadikgadi Pans

Die faszinierenden **Makgadikgadi Pans,** riesige Salzpfannen ungefähr 300 km südöstlich des Linyanti Swamp, sind alles, was von einem einst riesigen See übrig geblieben ist. Es gibt zwei Hauptpfannen, die **Sua Pan** und die **Ntwetwe Pan,** sowie zahlreiche kleine-

Bis zu 30 m hohe Dünen erstrecken sich im Kalahari Gemsbok National Park

re Salzpfannen. Zu den mystischen Orten Afrikas gehört **Kubu Island,** eine etwa 20 m hohe Granitinsel mitten im Nichts der Sua-Salzpfanne. Am Rand der Ntwetwe-Pfanne gedeihen jahrtausendealte Affenbrotbäume, die Baobabs.

Tuli Block

An der Grenze zu Simbabwe im äußersten Osten Botswanas erstreckt sich der **Tuli Block,** der sich landschaftlich vom Rest des Landes unterscheidet. Er besteht aus einer von Trockenflussbetten durchzogenen Grassavanne, in der zahlreiche frei stehende Felsen und Hügel verteilt liegen. Für das überlebensnotwendige Wasser sorgt saisonabhängig der Limpopo River, an dessen Ufern dichte Wälder mit gigantischen Nyalabäumen *(Nyala trees, Mashatu trees),* grünrindigen Chinarindenbäumen *(Fever trees)* und Sesambäumen *(Wild sesame trees)* wachsen. Ein Großteil der Region besteht aus privaten Wildschutzgebieten.

Zu Unrecht ist der Tuli Block bislang touristisch unterbewertet, denn die Möglichkeiten zur Wildbeobachtung sind hier ebenso gut wie im Okavango Delta oder im Chobe National Park. In diesem Landstrich leben nicht nur rund 600 Elefanten, sondern auch Löwen, Leoparden, Tüpfelhyänen sowie eine Vielzahl von Antilopen, Giraffen und Zebras. Klippspringer und Klippschliefer kommen in Botswana nur hier vor.

Kalahari

Die **Kalahari** bedeckt einen Großteil Botswanas. Episodische Niederschläge klassifizieren sie nicht als echte Wüste, sondern als Halbwüste – semiarid, wie die Geografen sagen. Die Vegetation besteht hauptsächlich aus Grassavanne, unterbrochen von Akazienbeständen *(acacias),* Sanddünen, Pfannen und fossilen Flusstälern. Entsprechend harsch sind die Lebensbedingungen, aber die Fauna hat sich angepasst und es gibt in dieser Region sogar überraschend viele Tiere. In dieses abgelegene Trockengebiet sollten sich jedoch nur erfahrene Reisende auf eigene Faust wagen.

Tierwelt

Im November 2012 verkündete die botswanische Regierung, dass ab dem 1. Januar 2014 keine Jagdlizenzen mehr ausgegeben werden. Anfang 2020 wurde das Gesetz bereits wieder gekippt, die Trophy-Jagd also wieder legalisiert. Nur lizenzierte Jäger mit einheimischen Führern dürfen jagen. Botswana gibt etwa 400 Elefanten pro Jahr zum Abschuss frei, zwischen Anfang April und Ende September. Die Erlöse aus den hohen Abschussprämien kommen zum Teil lokalen Gemeinden zugute. Auch Sambia erlaubt die Jagd auf Großwild und ist vor allem bei Leoparden-Jägern beliebt.

Die Big Five

Elefant, Nashorn, Büffel, Löwe und Leopard sind Afrikas Big Five (›Große Fünf‹), eine Bezeichnung, die von den ersten weißen Großwildjägern stammt. Sie bezogen sich damit allerdings nicht auf die Körpergröße der Tiere, sondern auf den Grad an Schwierigkeit und Gefahr, der mit der Jagd auf diese Tiere verbunden war.

Elefant

Botswana weist die größte Population an Elefanten *(elephants)* in Afrika auf. Mehr als 100 000 dieser sanften Riesen leben allein im Chobe National Park, der damit das weltweit beste Gebiet ist, um Afrikanische Elefanten in freier Wildbahn zu beobachten. Im Moremi Game Reserve, im Okavango Delta, in den Makgadikgadi Pans und im Tuli Block findet man ebenfalls größere Elefantentrupps. Insgesamt werden in Botswana rund 130 000 Dickhäuter gezählt, was einem Drittel des weltweiten Bestands entspricht.

Ausgewachsene Bullen wiegen zwischen 4000 und 7000 kg und erreichen eine Schulterhöhe von 3,1 bis 3,4 m. Alle drei bis vier Jahre haben Elefanten ein Kalb. Die Familiengruppen werden immer von einem weiblichen Tier geführt. Mit der Geschlechtsreife im Alter von zwölf Jahren verlassen männliche Elefanten den Clan, um in Junggesellenherden zu leben. Dominante Bullen haben regelmäßig Kontakt zu ihrer Aufzuchtherde.

Sehr vielfältig ist die Ernährung der Elefanten. Mit ihrem empfindlichen Rüssel sind sie in der Lage, gezielt Blumen oder Früchte von Bäumen zu pflücken. Sie können damit auch Gras ausrupfen oder ganze Pflanzen mit Wurzeln und Knollen aus dem Boden reißen. Um die Mahlzeit anschließend sand- und staubfrei zu genießen, werden die Pflanzen vorher am Knie oder Stoßzahn abgeklopft. Die Stoßzähne dienen zwar in erster Linie als Waffen, werden aber auch benutzt, um Bäume zu entrinden oder Wurzeln auszugraben. Elefanten sind wegen ihres Hangs zu Zerstörung vor allem von Bauern gefürchtet, dabei entwurzeln sie Bäume nicht nur, sondern sorgen auch dafür, dass neue nachwachsen: Samen keimen deutlich besser, wenn sie ein-

mal durch den Verdauungstrakt der Dickhäuter gewandert sind. Und da Elefanten sehr große Distanzen zurücklegen, wird ihr Dung auch sehr weit verteilt.

Um an Wasser zu gelangen, graben Elefanten oft tiefe Löcher in den Boden, eine Art Brunnen, die dann auch von kleineren Tieren genutzt werden und ihnen helfen, in der Trockenzeit zu überleben. Einzigartig in der Tierwelt ist das Verhalten von Elefanten gegenüber verstorbenen Artgenossen. Diese werden nicht nur mit Erde und Zweigen bedeckt, sondern richtiggehend betrauert. Kommt ein Elefant an den Gebeinen eines Artgenossen vorbei, hält er inne und berührt die Knochen mit seinem Rüssel.

Nashorn

Sowohl das sehr seltene Spitzmaulnashorn *(black rhino)* als auch das etwas weiter verbreitete Breitmaulnashorn *(white rhino)* sind extrem gefährdet. Schuld daran sind zum einen der in China und Vietnam verbreitete Irr-

glaube, das Horn der Tiere besitze Heilkräfte, und zum anderen die Vorliebe jemenitischer Männer für Nashorngriffe an ihren Dolchen. Bei den kriegsähnlichen Zuständen in den Schutzgebieten des südlichen Afrikas kamen Dutzende von Rangern und Wilderern sowie Hunderte von Nashörnern ums Leben. Am schlimmsten sind die Zustände in Südafrika, wo 2022 von Wilderern dank Covid nur 548 Nashörner getötet wurden, ein trauriger Rekord. Seit 2019, wo 594 abgeschlachtete Tiere gezählt wurden, gehen die Zahlen wieder zurück. Da die Anti-Wilderer-Programme in Botswana wesentlich effizienter sind, starben 2022 ›nur‹ sechs Tiere. 2020 waren es noch 62. »Rhinos without Borders«, eine Initiative der Safariunternehmen Great Plains Conservation (greatplainsconservation.com) und &Beyond (www.andbeyond.com) lassen regelmäßig Nashörner mit Transportflugzeugen von Südafrika ins Okavango Delta bringen. Seit Jahren werden so Nashörner aus privaten Schutzgebieten in Südafrika im geschützten Okavango Delta ausgewildert und haben sich dort bereits gut vermehrt.

Mit durchschnittlich 1200 kg Lebendgewicht ist das hauptsächlich buschfressende, männliche Spitzmaulnashorn etwas kleiner als sein breitmäuliger, grasfressender Artgenosse, der bis zu 2000 kg auf die Waage bringen kann. Rekordverdächtig ist auch die Kopulationsdauer bei Nashornbullen. Der Akt zieht sich oft über mehr als 30 Minuten hin, was eventuell zu dem Mythos beigetragen hat, das pulverisierte Horn habe aphrodisische Kräfte.

Büffel

Gefährlicher als sie aussehen sind die Büffel *(buffalo)*, die sich oft heimtückisch von hinten nähern und ohne Vorwarnung angreifen. In Botswana kommen Büffel hauptsächlich im wasserreichen Norden des Landes vor. Große Herden leben im Linyanti Swamp und im Okavango Delta. Die Tiere werden bis zu 140 cm hoch und wiegen ca. 700 kg. Als Lebensraum bevorzugen Büffel gut bewässerte Savanne, sind aber auch in bewaldeten Gebieten zu finden. Sie brauchen regelmäßigen Zugang zu Wasser, in dem sie oft auch schwimmen. Solange sie innerhalb einer durchmischten Herde sind, verhalten sich Büffel meist sehr friedlich. Kleine Gruppen von Junggesellen und alte Bullen hingegen können sehr ag-

gressiv und unberechenbar sein. Die jährliche Migration der Büffel ähnelt der der Elefanten. Während der Regenzeit, also ab Dezember, verteilen sie sich in kleineren Gruppen in den Mopanewäldern und den trockeneren Regionen der Kalahari. Sobald die Trockenzeit beginnt, formen sie wieder größere Herden und

AUF SAFARI IN BOTSWANA – WAS, WANN UND WO?

Für Tierbeobachtungen eignet sich Botswana ganzjährig als Reiseziel, selbst in der Regenzeit, denn dann finden sich Tausende von Flamingos, Pelikanen und Zebras in den mit Wasser gefüllten Salzpfannen ein. Für viele Besucher die Hauptattraktion sind jedoch die Großsäuger. Zu den in Botswana heimischen großen Raubtieren gehören Löwe, Leopard, Gepard, Wildhund und Tüpfelhyäne. Auch Geparden und Wildhunde kommen in großer Zahl vor, mehr als in irgendeinem anderen afrikanischen Land. Elefanten und Büffel ziehen auf der Suche nach Wasser überall herum, Nashörner findet man vor allem in den privaten Wildreservaten im Moremi Game Reserve sowie am Rand der Makgadikgadi Pans, die sich um die Einführung gefährdeter Tiere aus den Nachbarstaaten bemühen. Antilopen gibt es überall in großer Zahl.

Obwohl Botswana riesige zusammenhängende Schutzgebiete aufweist, sind auch hier die historischen Migrationsrouten der Großsäuger an manchen Stellen unterbrochen. Elefanten, Büffel, Zebras, Gnus und Kuhantilopen bewegten sich noch vor 150 Jahren instinktiv auf festgelegten Routen, um das Übergrasen bestimmter Regionen zu vermeiden. Mit der Errichtung der Seuchenzäune in den 1970er-Jahren wurden diese Pfade blockiert und teilweise verhungerten und verdursteten in der Nähe dieser Barrieren Hunderttausende von Tieren, hauptsächlich Gnus.

Auch wenn diese Migrationen abgenommen haben, können Besucher zu bestimmten Zeiten immer noch daran teilhaben – es ist ein faszinierendes Erlebnis, so viele Tiere auf einmal zu sehen. Mit Beginn der Regenzeit wandern riesige Trupps von Gnus und Zebras von ihren Hauptwasserstellen am Okavango, Chobe und Linyanti Richtung Süden in die offenen Ebenen der Kalahari und zu Beginn der Trockenzeit wieder zurück. Elefanten- und Büffelherden sammeln sich in kleineren Gruppen und ziehen nach Süden und Osten, um im Mai wieder ins Okavango Delta und in den Chobe National Park zurückzukehren. Zu Beginn der Regenzeit kommen Tausende von Zebras vom Boteti River am Rand der Salzpfannen in die Makgadikgadi und Nxai Pans – ein herrlicher Anblick. Die Gnus folgen ähnlichen Migrationsmustern, beide Tierarten leben oft eng zusammen.

Jahreszeiten
Trockenzeit: April–Okt.
Regenzeit: Nov.–März

Die besten Reisezeiten nach Regionen

Chobe National Park: Unmittelbar am Chobe River fällt die optimale Tierbeobachtungszeit in die Monate Juli bis Oktober. Im Savuti Marsh finden sich zwar das ganze Jahr über viele Tiere ein, doch die beste Zeit für Safaris sind die Monate von März bis Mai sowie der November nach Beginn der Regenzeit, wenn die Zebra- und Gnuherden durchziehen. Im Linyanti Swamp gelten die gleichen Verteilungsmuster wie an der Chobe Riverfront – die größten Tierherden sieht man gegen Ende der Trockenzeit zwischen Juli und Oktober.

Okavango Delta mit Moremi Game Reserve: Dadurch, dass es im Okavango Delta ganzjährig Wasser gibt, ist die Wildfrequenz ganzjährig hoch. Am schönsten ist es allerdings zur Trockenzeit, wenn viele Tiere aus der Kalahari hierher ziehen, um an den Gewässern zu trinken. In besonders wasserreichen Gebieten kann man Elefanten dabei beobachten wie sie beim Schwimmen ihren Rüssel als Schnorchel benutzen – ein ungewöhnliches Fotomotiv.

Makgadikgadi-Nxai National Park: Im Nxai Pan National Park sieht man am meisten Tiere zwischen Dezember und März, manchmal auch bis in den Mai und Juni hinein, wenn die Pfannen mit Wasser gefüllt sind. Die Makgadikgadi Pans sind von Dezember bis April ein hervorragendes Beobachtungsgebiet, vor allem für große Zebra- und Gnuherden. Genau das Gegenteil trifft auf die Westgrenze des Nationalparks mit dem Boteti River zu, hier findet man die größte Wildkonzentration am Ende der Trockenzeit zwischen August und Anfang November.

Saisonale Highlights

Wer Botswana zum ersten Mal besucht und möglichst viele Tiere sehen möchte, sollte unbedingt in der Trockenzeit kommen. Dann sind Löwe & Co. leichter zu erspähen, da sie sich nicht in der dichten Vegetation verstecken können.

Febr.–April: Die meisten Grasfresser sind gesund und satt. Dies ist die beste Zeit zur Beobachtung von Springböcken und Oryxantilopen, die sich in den fossilen, mit kurzem Gras bewachsenen Ebenen der Kalahari aufhalten.

Mai/Juni: Diese Monate stellen die wohl beste Reisezeit sowohl für Botswana als auch für den Rest des südlichen Afrikas dar. Sehr gut, um den Savuti Marsh und das Okavango Delta zu besuchen.

Juli/Aug.: Leoparden sind in dieser Zeit besonders gut zu sehen, da sie im Zwielicht auf die Jagd gehen. Später im Jahr warten sie oft bis in die Dunkelheit hinein, bevor sie auf die Jagd gehen.

Sept./Okt.: Elefanten und Büffel versammeln sich in diesen Monaten zu spektakulär großen Herden. Man sieht sehr viele Löwen, die sich an den Wasserstellen konzentrieren.

Nov.: Kurz vor der Regenzeit herrscht absolute Nebensaison in Botswana. Die Preise sind viel günstiger, es gibt weniger Besucher und das Wild ist noch reichlich vorhanden. Tagsüber kann es allerdings mörderisch heiß werden.

Dez./Jan.: Krokodile finden sich auf den exponierten Sandbänken der Flüsse ein und brüten ihre Eier aus. Die ersten Tierbabys kommen bereits im November auf die Welt, gefolgt vom Rest der Säugetiere im Verlauf der Regenzeit.

finden sich entlang der Flüsse Chobe, Kwando und Linyanti und im Okavango Delta ein. Ihnen folgen Löwen, zu deren Lieblingsspeise sie gehören.

Löwe

Der Löwe *(lion)* ist Afrikas größtes Raubtier und gilt als König der Tiere, obwohl er die meiste Zeit des Tages (bis zu 23 Stunden) schlafend verbringt – und Besucher ihn meist auch so erleben. Trotzdem führt er nach wie vor die Safarihitliste an, vielleicht weil sein Brüllen zu den beeindruckendsten Soundkulissen Afrikas gehört.

Löwen jagen alleine oder im Rudel und fast immer nachts. Ihre Hauptbeutetiere sind die großen Grasfresser wie Büffel, Gnu, Oryx und Zebra, aber auf ihrer Fressliste stehen auch Schwarzfersenantilopen, Steinböcke und sogar Stachelschweine. Die Jagd wird fast immer von weiblichen Löwen erledigt, doch zuerst fressen die dominanten Männchen. Bei Futtermangel wird auch Aas nicht verschmäht. Männchen können eine Schulterhöhe von bis zu 1,20 m und ein Gewicht von bis zu 220 kg erreichen. Nach drei Jahren sind männliche Löwen ausgewachsen und suchen sich ein eigenes Rudel. Zunächst fordern sie das führende Männchen heraus. Wenn der Kampf gewonnen wird, töten sie alle Jungtiere, um nur ihre Gene zu erhalten. Weibchen, die auf diese Weise ihre Jungen verlieren, sind sofort wieder empfangsbereit. Löwen sind sehr sozial und leben in Rudeln zwischen fünf und 20 Tieren in Revieren, die zwischen 20 und 200 km² groß sind. Sie kommen in ganz Botswana vor, besonders häufig jedoch im Norden des Landes in den Gebieten Chobe, Linyanti, Kwando und Okavango. Auch in den Makgadikgadi Pans und in der Kalahari leben Löwen, hier al-

lerdings aufgrund der geringeren Menge von Beutetieren in kleineren Rudeln mit riesigen Revieren. Im Norden ist es genau umgekehrt. Die Rudel sind teilweise so groß, dass sie Jagd auf junge Elefanten machen, um an genügend Fleisch zu gelangen.

Leopard

Die attraktivste Großkatze im südlichen Afrika ist zweifelsohne der Leopard *(leopard)*, und die Chancen die gefleckte Schönheit live zu erleben, sind vor allem im Okavango Delta und im Tuli Block sehr gut. Auch die Flusswälder am Chobe River und am Linyanti/Kwando River sind beliebte Aufenthaltsorte von Leoparden. Dort liegen sie meist auf den tieferen Ästen großer Bäume. Leoparden werden bis zu 90 kg schwer, 1,80 m lang und 75 cm hoch. Männchen und Weibchen kommen nur zur Fortpflanzung zusammen. Die Jungen, meist ein oder zwei, verbleiben bis zu zwei Jahre lang bei der Mutter, wobei sich mehrere Weibchen einen Lebensraum teilen können. Männchen wiederum haben zumeist größere Reviere, in denen mehrere Weibchen leben. Aufgrund seiner Fähigkeit, sich ›unsichtbar‹ zu machen, hat der Leopard trotz der Begehrtkeit seines Fells überlebt. Er

jagt nachts und nicht selten nahe menschlicher Siedlungen, wo er gerne Hunde, Hauskatzen und Geflügel erbeutet. In freier Wildbahn ernährt er sich hauptsächlich von kleineren Antilopen, die er in die Bäume hievt, um sie vor Aasfressern zu schützen. Leoparden lassen sich praktisch nie von Pirschfahrzeugen stören, ob sie nun jagen, sich ausruhen, fressen oder kopulieren, d. h., dass Sichtungen fast garantiert sind.

Die Little Five

Wesentlich unbekannter, aber nicht minder interessant sind die ›Kleinen Fünf‹, so genannt, weil ihr Name mit den Big Five in Verbindung steht.

Elefantenspitzmaus

Da gibt es zum einen die süße Elefantenspitzmaus *(elephant shrew)*, ein Insektenfresser mit langer Nase, der tatsächlich näher mit dem Elefanten als mit der Maus verwandt ist, aber nicht mehr als 50 g wiegt.

Nashornkäfer

Der Nashornkäfer *(rhino beetle)* kann mehr als 6 cm lang werden und gehört in Relation zu seinem Körpergewicht zu den stärksten Tieren der Welt. Männchen und Weibchen besitzen eine martialisch aussehende Körperpanzerung, aber nur die Männchen verfügen über das charakteristische Horn, mit dem sie sich gegen gleichgeschlechtliche Konkurrenten wehren. Die Entwicklung der

Larve nimmt bis zu fünf Jahre in Anspruch, der ausgewachsene Käfer lebt nur vier bis sechs Wochen.

Büffelwebervogel

Der Büffelwebervogel *(buffalo weaver bird)* ist mit bis zu 24 cm Körperlänge der Größte seiner Spezies. Er lebt mit seinen Artgenossen in

riesigen Gemeinschaftsnestern. Die zuweilen von mehreren Hundert Vögeln bewohnten Nester sind bis zu 3 m hoch und 4–5 m breit. Es kommt vor, dass Bäume unter ihrem Gewicht zusammenbrechen.

Ameisenlöwe

Das kleinste Mitglied der Little Five ist der Ameisenlöwe *(antlion)*, die Larve eines Fluginsekts namens Ameisenjungfer, die es auf

durchschnittlich 1,5 cm Länge bringt. Um seine Ernährung zu sichern, geht der Ameisenlöwe nicht auf die Jagd, sondern macht es sich im Zentrum eines selbst gegrabenen Sandtrichters gemütlich. Regelmäßig rutscht ihm dort seine Leibspeise, Ameisen, vor die Kieferzangen, mit deren Saugkanal er sie praktisch auslutscht.

Leopardenschildkröte

Die Leopardenschildkröte *(leopard tortoise)* hat einen hochgewölbten Panzer mit einer sehr schönen Zeichnung, die bei jedem Tier etwas anders ausfällt. Sie kann größere Mengen von Wasser im Körper speichern und ernährt sich hauptsächlich von Gras – was ihr gut zu bekommen scheint, denn sie wird bis zu 100 Jahre alt. Mit bis zu 70 cm Länge und bis 54 kg Gewicht ist sie die größten Schildkrötenart Afrikas.

Weitere Raubkatzen

Gepard

Der Gepard *(cheetah)* wird manchmal mit dem Leopard verwechselt, obwohl er eigentlich ganz anders aussieht und auch keine ›richtige‹ Katze ist: Seine Krallen lassen sich, wie bei einem Hund, nicht zurückziehen.

Sie geben ihm Bodenhaftung auf seinen kurzen schnellen Sprints, bei denen er bis zu 112 km/Std. erreicht. Der Gepard ist außerdem kleiner, länger, fast windhundähnlich und nicht so kräftig wie ein Leopard. Sein Fell trägt Punkte, keine Rosetten, er hat schwarze ›Tränenmarken‹ unter den Augen und einen kleinen Kopf. Der Gepard lebt in offenem Grasland und jagt hauptsächlich Schwarzfersenantilopen, Ducker, Steinböckchen und Springböcke. Gelegentlich fallen ihm auch junge Gnus, Halbmondantilopen, Zebras, Warzenschweine, Kleinsäuger wie Hasen sowie große Vögel zur Beute. Meist jagen die Geparden tagsüber, damit ihnen die anderen, meist nachtaktiven Raubtiere ihre Beute nicht streitig machen. Die agilen Sprinter sind fast immer alleine in der Savanne unterwegs oder man sieht Muttertiere mit ihren Jungen. Geparden werden bis zu 60 kg schwer, 2 m lang und etwa 80 cm hoch. In dicht besiedelten Gebieten verlieren sie ihre Beute häufig an Löwen oder Tüpfelhyänen. Deswegen liegt ihr bevorzugter Lebensraum in den Gebieten der Salzpfannen von Nxai und Makgadikgadi sowie in der zentralen Kalahari. Dort gibt es auch noch große Springbockherden in der Savanne.

Wüstenluchs

Ein ebenfalls wunderschönes Tier ist der Wüstenluchs *(desert lynx)*, auch Karakal genannt, der etwa 45 cm hoch wird und ausgewachsen zwischen 12 und 20 kg wiegt. Er ähnelt dem europäischen Luchs, hat aber ein rotbraunes Fell und einen beigefarbenen Unterbauch und die schwarzen Haarpinsel an den Ohren sind länger. Sein bevorzugter Lebensraum ist trockenes, offenes Savannengelände mit schattigen Bereichen. Karakele sind zumeist Einzelgänger, die nachts auf Beutesuche gehen. Sie jagen Kleinsäuger, Vögel und junge Haustiere. Wie Leoparden pirschen sie sich an ihre Beute heran und springen diese im letzten Moment mit einem gewaltigen Satz an.

Wüstenluchse wurden schon dabei beobachtet, wie sie Vögel im Flug erwischt haben.

Serval

Der sehr scheue Serval *(serval)* ist eine weniger bekannte Katze, die auf Distanz oft mit jungen Geparden oder gar mit Leoparden verwechselt wird. Sie hat lange Beine, einen kleinen Kopf, einen kurzen Schwanz und schwarze Flecken, die am Hals in Streifen übergehen. An den großen Ohren finden sich weiße Balken. Die Männchen und Weibchen leben in getrennten Revieren, die sich jedoch überlappen. Der Serval jagt nachts, hauptsächlich Ratten und andere Nager sowie Vögel, Schlangen und Echsen. Wie der Karakal ist er aufgrund seiner Sprungfähigkeit in der Lage, bereits aufgeflogene Vögel in der Luft zu erbeuten. Der Serval wird etwa 60 cm groß und 9 bis 18 kg schwer. Er ist vor

allem im Okavango Delta und am Linyanti River zu Hause.

Afrikanische Wildkatze

Die am weitesten verbreitete Raubkatze in Afrika ist die etwa 90 cm lange und 5 kg schwere Afrikanische Wildkatze *(african wild cat)*, die oft mit einer gewöhnlichen Hauskatze verwechselt wird. Ihre Beine sind jedoch deutlich länger und ihre Ohren sind an der Rückseite kräftig rotbraun, orange oder kastanienfarbig, während Hauskatzen und Mischlinge an dieser Stelle entweder braunes oder schwarzes Fell haben. Allerdings ist die Afrikanische Wildkatze der Urahn der

Hauskatze, die vor rund 6000 Jahren in Ägypten domestiziert wurde. Die größte Gefahr für ihren Fortbestand ist die Vermischung zwischen Wild- und Hauskatzen. Hauptnahrung der Wildkatze sind Mäuse, Ratten und andere Kleinsäuger. Auch ein gelegentlicher Vogel wird nicht verschmäht.

Zibetkatze

Nur im Okavango Delta findet man die gefleckte Zibetkatze *(african civet)*, deren auffällige Gesichtsmarkierung an Waschbären erinnert. Das kräftige Tier wird 1,5 m lang und 16 kg schwer. Erstaunlich ist, dass es vor allem giftige Beutetiere verspeist, die andere Raubtiere meiden, beispielsweise Tausendfüßler, Kröten und sogar Puffottern.

Ginsterkatze

Ebenfalls gefleckt, aber deutlich kleiner ist die Ginsterkatze *(genet)*. Der Einzelgänger hat eine spitze Schnauze und große, runde Oh-

ren. Er ist ein Allesfresser, der sich von Kleinsäugern und Insekten ernährt. Manchmal klettert die Ginsterkatze auch auf Bäume, um Jungvögel oder Eier zu erbeuten.

Flusspferde

Das auf den ersten Blick eher gemütlich wirkende Flusspferd *(hippopotamus)* ist für die meisten tödlichen Konfrontationen zwi-

schen Mensch und Tier in Afrika verantwortlich. Wer den zwischen 1500 und 2000 kg schweren und bis zu 150 cm hohen Kolossen in die Quere kommt, wird im Galopp niedergetrampelt. Immer wieder wird auch berichtet, dass die aggressiven Tiere Boote angreifen, die sich ihnen nähern – ein Flusspferd kann mit seinen Zähnen ein Kanu in der Mitte durchbeißen. Tagsüber halten sich Flusspferde meist im Wasser auf. Sobald sich in der Dämmerung die Hitze legt, kommen sie an Land, um zu grasen.

Kleinsäuger

Erdmännchen

Die putzigen, 45 cm langen und 600 bis 900 g leichten Erdmännchen *(suricate)* gelten als die sozialsten Säugetiere der Welt. In Botswana besteht sogar die Möglichkeit, eine Wanderung in ihrer Begleitung zu unternehmen (s. Aktiv unterwegs S. 206) – die aufrecht ge-

henden Menschen übernehmen dabei die Rolle der Wächter. Erdmännchen haben Dutzende verschiedener Warntöne, die zwischen Angreifern aus der Luft und vom Boden differenzieren.

Manguste

In Bodenhöhe entdecken aufmerksame Besucher manchmal die tagaktiven Zebra- und Fuchsmangusten (*banded mongoose* und *yellow mongoose*). Während Fuchsmangusten Einzelgänger sind, leben Zebramangusten in Clans von bis zu 40 Tieren und können sich daher erfolgreicher gegen Angreifer wehren. Sie wurden schon dabei beobachtet, wie sie einen Raubvogel in einen Baum verfolgt haben, um einen erbeuteten Artgenossen zu befreien. Die Mangusten leben in unterirdischen Bauten und ernähren sich zumeist von Insekten.

Erdhörnchen

Erdhörnchen *(cape ground squirrel)* sind die einzige Hörnchenart im südlichen Afrika, die in Gruppen mit bis zu 30 Individuen zusammenleben. Um sich vor der Sonne zu schützen, benutzen sie ihre Schwänze wie Sonnenschirme. Nähert sich eine Schlange dem Bau, führt eines der Erdhörnchen mit seinem

Schwanz schlangenartige Bewegungen aus, wodurch das Reptil abgelenkt wird und sich meist zurückzieht.

Baumhörnchen

Die gelbbraunen Baumhörnchen *(tree squirrel)* leben, wie der Name schon andeutet, im Buschland auf Bäumen. Ihre schrillen Warnschreie sind weithin zu hören und für Menschen ein gutes Hilfsmittel, um Raubtiere und -vögel zu erspähen.

Springhase

Dem Springhasen *(springhare)* begegnet man meist in der Dämmerung. Eigentlich ähnelt er eher einem Känguru als einem Hasen, denn er hat lange, kräftige Hinterbeine und kurze Vorderbeine, mit denen er sich aufrecht hüpfend fortbewegt. Der Springhase erreicht eine Länge von 40 cm und ein Gewicht von etwa 3 bis 4 kg.

Klippschliefer

Die murmeltiergroßen, genetisch eng mit den Elefanten verwandten Klippschliefer *(rock dassie)* werden nur 3 bis 4,5 kg schwer, sind

aber wilde Kämpfer. Es wurden schon Männchen dabei beobachtet, wie sie während einer Auseinandersetzung 8 m tief auf einen Felsen stürzten und dort unbeirrt weiterkämpften. Wie die Erdmännchen stellen sie Wächter ab, die aufpassen, wenn der Rest der Gruppe auf Nahrungssuche geht.

Honigdachs

Viele Tiere werden erst in der Dämmerung aktiv. Dazu gehört auch der Honigdachs *(honey badger)*, der ein silbern-weiß-schwarzes Fellkleid besitzt. Er lebt alleine oder paarweise und kann schnell und tief graben, um Maul-

würfe und andere kleine Säuger zu erbeuten. Er klettert auch auf Bäume, wo er nach Honigwaben sucht. Manchmal reißt er die Rinde von Bäumen ab, um an darunter lebende Reptilien zu gelangen.

Erdferkel

Das weitverbreitete, 40 bis 60 kg schwere Erdferkel (*antbear* oder *aardvark*) ist weder mit dem Schwein noch – wie der englische Name vermuten lässt – mit dem Bären verwandt. Es ist das einzige Exemplar einer Tierart, die ansonsten komplett ausgestorben ist: der Röhrenzähner *(Tubulidentata)*. Die Schnauze des Erdferkels ist lang und rüsselförmig, es hat riesige, sehr bewegliche Ohren. Seine bevorzugte Nahrung sind Ameisen und Termiten,

die es mit seiner langen Nase wittert und mit seinen kräftigen Klauen ausgräbt.

Steppenschuppentier

Eines der seltsamsten und zugleich eines der seltensten Säugetiere ganz Afrikas ist das Steppenschuppentier *(cape pangolin)*. Der Körper des etwas über 1 m langen und bis zu 18 kg schweren Tiers ist mit braunen, sich überlappenden panzerartigen Schuppen bedeckt, nur Gesicht, Stirn, Bauch und die Innenseite der Beine sind ungeschützt. Im Falle eines Angriffs rollt sich das Steppenschup-

pentier zu einem Ball zusammen. Es ernährt sich von Ameisen und Termiten, die es mit seiner empfindlichen Nase aufstöbert. Dann steckt es seine 25 cm lange und mit klebrigem Speichel bedeckte Zunge in die Tunnel und zieht sie blitzschnell ins Maul zurück. Der Sand, der dabei in den muskulösen Magen des Steppenschuppentiers gelangt, hilft ihm bei der Verdauung. Das Steppenschuppentier bewegt sich auf den Hinterbeinen, mit der Nase nahe am Boden. Vorderläufe und Schwanz berühren die Erde nur gelegentlich, um die Balance zu halten.

Hyänen, Wildhunde und Schakale

Tüpfelhyäne

Tüpfelhyänen *(spotted hyaena)* wurden früher im Biologieunterricht oft als feige Aasfresser dargestellt, sind in Wirklichkeit jedoch hervorragende Jäger, die sich beim Kampf um Beute oder bei der Verteidigung ihrer Jungen ohne zu zögern mit einem Löwen einlassen. Gelegentlich reißen Tüpfelhyänen, die etwa 90 cm hoch und bis zu 70 kg schwer werden, sogar Büffel, Elen- und die wegen ihrer spitzen Hörner sehr gefährlichen Oryxantilopen. Geschwindigkeiten von 60 km/Std. halten Tüpfelhyänen ohne Weiteres gut 3 km lang durch. Sie sind außerdem sehr mobil: Es ist nichts Ungewöhnliches für sie, 70 km pro Nacht zurückzulegen. Das Verhalten einer Hyäne ist sehr

wechselhaft. An einem Tag geht sie allein auf Aassuche, dann wieder jagt sie mit drei Artgenossen oder vertreibt mit einer noch größeren Truppe ein Löwenrudel. Aufgrund ihrer Anpassungsfähigkeit bezeichnen viele Naturforscher die Tüpfelhyänen deshalb als die wahren Könige Afrikas. Mit ihren kräftigen Kiefern knacken sie selbst massive Knochen, um an das nahrhafte Mark heranzukommen. Das heisere ›Lachen‹ der Hyänen gehört zu den typischen Geräuschen im afrikanischen Busch. Gute Beobachtungsmöglichkeiten bieten sich im Block und im Okavango Delta, aber Vorsicht: Beim Campen möglichst nahe am Feuer sitzen und nicht mit dem Rücken zum Busch – Tüpfelhyänen kennen keine Zurückhaltung, wenn es ums Fressen geht.

Schabrackenhyäne

Die mit 75 bis 85 cm kleinere und mit 40 bis 47 kg leichtere Schabrackenhyäne *(brown hyaena)* ist kein so guter Jäger und daher mehr auf Aas oder andere Futterquellen wie Wüstenmelonen und Straußeneier angewiesen. In den trockenen Gebieten der Kalahari, wo sie in Rudeln von zwei bis zehn Tieren leben, sind Schabrackenhyänen die dominan-

ten Raubtiere. Der beste Platz für Sichtungen in Botswana ist Jack's Camp (s. S. 201).

Erdwolf

Zur Familie der Hyänen gehört auch der im Schnitt 9 kg schwere Erdwolf *(aardwolf)*. Er ernährt sich von Termiten, die er mit seiner langen, breiten Zunge von den Termitenbauten ableckt. Etwa eine Viertelmillion davon vermag er pro Nacht zu vertilgen und lässt sich davon auch nicht vom hochwirksamen Gift der Soldatentermiten abschrecken – aufgrund seiner Verwandtschaft mit den Hyänen ist sein Magen auch auf problematische Nahrungsmittel bestens eingestellt. Wenn es kalt wird, verbringt der Erdwolf lange inaktive Perioden in seinem Bau etwa 1 m unter der Erde, wo die Temperatur nie unter 12 °C fällt.

Wild- oder Hyänenhund

Der Wild- oder Hyänenhund *(cape hunting dog, painted dog* oder *wild dog)* ist das gefährdetste Säugetier Afrikas. Er hat ein braun-schwarz-weiß geflecktes Fell, einen schlanken Körper, lange Beine, große, runde Ohren und einen geraden Rücken. Er lebt in Rudeln von rund zehn Tieren, wobei es jeweils ein dominantes Pärchen gibt. Wildhunde sind tagaktiv und hetzen ihre Beute gemeinsam zu Tode. Am ehesten sieht man sie im Okavango Delta bzw. im südafrikanischen Madikwe Game Reserve.

Schabrackenschakal

Der etwa fuchsgroße Schabrackenschakal *(black-backed jackal)* kommt in ganz Botswana in großer Zahl vor. Sein Fell ist rötlichgelb, über den Rücken zieht sich ein charakteristischer silberschwarzer Sattelfleck, dem das Tier seinen Namen verdankt. Der ebenfalls rötliche Schwanz endet in einer schwarzen Spitze. Schabrackenschakale ernähren sich von Insekten, Aas, kleineren Säugern bis zur Größe eines Baby-Impalas oder von Beeren und halten sich am liebsten in trockeneren offenen Gebieten auf.

Streifenschakal

Nur in Botswanas äußerstem Norden lebt der nachtaktive Streifenschakal *(side-striped jackal)*, erkennbar am grauen Fell und der weißen Schwanzspitze. Die Ohren sind kleiner als die des Schabrackenschakals und im Gegensatz zu diesem bevorzugt der Streifenschakal als Lebensraum bewaldete Gebiete und die Flussdeltas von Chobe und Okavango.

Löffelhund

Noch etwas kleiner sind die hübschen Löffelhunde *(bat-eared fox)*, die im Süden Botswanas in der Kalahari leben. Ihr auffälligstes

Merkmal sind die großen Ohren: Sie stellen eine Anpassung an die Hitze dar, lassen die Tiere aber auch leiseste Geräusche wie die von Termiten in ihren Bauten wahrnehmen.

Busch-, Stachel- und Warzenschweine

Buschschwein

Das bis zu 60 kg schwere nachtaktive Buschschwein *(bushpig)* lebt in den ständig wasserführenden Flussniederungen im Norden Botswanas, wo es sich im hohen Gras verbergen kann. Buschschweine sind Allesfresser

und verspeisen neben Knollen, Wurzeln und Früchten auch Eidechsen, Insekten, Vogeleier und kleine Wirbeltiere. Achtung: Das Buschschwein ist ähnlich angriffslustig wie das europäische Wildschwein.

Warzenschwein

Häufiger zu beobachten ist das tagaktive Warzenschwein *(warthog)* – gute Chancen bestehen vor allem bei großer Hitze an Schlammlöchern, in denen sich die Tiere gerne suhlen. Am auffälligsten sind die gewaltigen Hauer der Warzenschweine, wobei die kleineren des Unterkiefers die gefährlicheren sind, da sie beim Fressen ständig von den oberen Hauern geschliffen werden. Seinen Namen verdankt das Tier den beiden Warzen unterhalb der Augen, die ihm ein drolliges Aussehen verleihen. Sehr unterhaltsam ist es, Warzenschweinen beim Fressen zuzusehen, dabei knien sie nämlich auf ihren Vorderläufen. Und noch lustiger wird es, wenn eine Mutter mit ihren

Jungtieren flüchtet und die dünnen Schwänze dabei senkrecht wie Funkantennen in die Höhe ragen – sie dienen als Orientierung im hohen Gras für nachfolgende Flüchtlinge. Das Warzenschwein ist ein ausdauernder und mutiger Kämpfer. Seine Hauptgegner sind Löwen und Leoparden, die vorsichtshalber lieber unerfahrene Jungtiere als ausgewachsene und kampferprobte Exemplare angreifen. Warzenschwein-Männchen sind knapp 70 cm hoch und 80 kg schwer, Weibchen wiegen bis zu 57 kg und werden bis zu 60 cm groß.

Stachelschwein

Das Stachelschwein *(porcupine)* ist ebenfalls ein guter Gräber, aber ein strikter Vegetarier. Häufig findet man im Busch seine schwarz-weißen, sehr dekorativen Stacheln. Sie können bis zu 40 cm lang und bis zu 7 mm

dick werden. Da sich das Stachelschwein tagsüber versteckt hält, sieht man es nur selten.

Affen

Die einzigen beiden in Botswana vorkommenden Affenarten sind Bärenpaviane und Grünmeerkatzen. Während Grünmeerkatzen *(vervet monkey)* nur an Gewässern leben, sind Paviane im ganzen Land zu Hause.

Grünmeerkatze

Hochinteressant bei den 4 bis 6 kg schweren Grünmeerkatzen ist die primitive Vorform einer Sprache. Die Affen besitzen variierende Warngeräusche für verschiedene Raubtiere. So wie das Wort ›Schlange‹ bei uns ein bestimmtes Bild suggeriert, gibt es einen speziellen Warnschrei, der bei den Affen das Gleiche bewirkt. Während die Primaten beim

Schlangenwarnruf sofort ihre nähere Umgebung absuchen, gehen sie beim Adlerwarnruf augenblicklich in Deckung und sehen in den Himmel. Wie alle Sprachen unterliegt auch diese Kommunikationsform einem Lernprozess: Beispielsweise benutzen junge Affen anfangs den Adlerwarnschrei auch dann, wenn sie einen Singvogel erblicken oder wenn ein Blatt vom Baum fällt.

Bärenpavian

Mit 1,5 m Größe einschließlich Schwanz sind die Bärenpaviane *(chacma baboon)* nach dem Menschen die größten Primaten im südlichen Afrika. Wie die Menschen fühlen sie sich in den verschiedensten Ökosystemen zu Hause. Zwischen 30 und 40 Tiere leben unter Leitung eines Männchens in einem Clan zusammen.

Ihre Nahrung besteht in erster Linie aus Früchten, Insekten und Wurzelknollen. Wenn sich die Gelegenheit bietet, erlegt der Pavian allerdings auch kleinere Säugetiere und Vögel.

Giraffen

Ein in jeder Hinsicht herausragender Bewohner Botswanas ist das größte Landsäugetier, die Giraffe *(giraffe)*. Männchen werden bis zu 5 m, Weibchen bis zu 4 m hoch, ihr Gewicht liegt zwischen 800 und 1200 kg. Die Giraffe ernährt sich fast ausschließlich von den Blättern der Dornakazie. Mit ihrer guten Nase erschnüffelt sie die jungen Triebe, die sie ganz für sich hat, weil kein anderes Tier herankommt. Dank ihres langen Halses kann die Giraffe im Savannengelände auch besser nach potenziellen Angreifern Ausschau halten. Starrt eine Gruppe von ihnen gebannt in eine bestimmte Richtung, sind garantiert Löwen in der Nähe, ihre

Hauptfeinde. Jungtiere fallen oft auch Hyänen zum Opfer, obwohl die Muttertiere ihre Kleinen mit heftigen Fußtritten verteidigen. Junge Gi-

raffen werden im Stehen geboren und rühmen sich damit der höchsten ›Geburtsfallhöhe‹ aller Säuger. Ein kompliziertes System von Ventilen in den Adern ermöglicht der Giraffe zu trinken, ohne dass ihr das Blut in den Kopf schießt und zu einem Hirnschlag führt.

Zebras

Nicht wegzudenken aus der afrikanischen Savannen- und Berglandschaft sind die attraktiven Zebras, von denen in Botswana zwei Arten vorkommen: das relativ häufige Steppenzebra *(Burchell's zebra)* und das deutlich seltenere Bergzebra *(Hartmann's zebra)*. Bei beiden Ar-

ten fungiert das Streifenmuster als eindeutiges Identifizierungsmerkmal, quasi als Fingerabdruck. Jedes Muster ist anders, und neugeborene Fohlen werden von ihren Müttern einige Tage lang von der Herde abgeschirmt, damit sie sich an die individuelle Färbung ihres Nachwuchses gewöhnen können. Interessant ist auch, dass die Zeichnung auf beiden Körperseiten jeweils verschieden ist.

Antilopen

Schwarzfersenantilope

Am häufigsten werden Botswana-Besucher den Springbock und die Schwarzfersenantilope bzw. Impala beobachten können. Die widerstandsfähigen Tiere versammeln sich meist in großen Herden und überleben selbst auf ausgelaugtem Agrarland, allerdings machen sie auch anderen, weniger anpassungsfähigen Antilopen den Lebensraum streitig, sodass ihre Bestände in einigen Gebieten durch

Jagd unter Kontrolle gehalten werden müssen. Auf der Flucht erreichen Impalas hohe Geschwindigkeiten, springen bis zu 9 m weit und können bis zu 3 m hohe Wildzäune überwinden. Zu erkennen ist die Schwarzfersenantilope an ihrem rotbraunen Fell, dem weißen Bauch und einem schwarzen Band, das sich vom Rumpf über die Oberschenkel zieht. Charakteristisch ist auch das tiefe Röhren brünftiger Männchen, das man von solch eleganten Tieren kaum erwarten würde. Hörner tragen übrigens nur die männlichen Exemplare der Schwarzfersenantilope.

Springbock

Gerne mit der Impala verwechselt wird der Springbock *(springbok)*, der ebenfalls in größeren Herden lebt. Er hat zwar ungefähr die gleiche Größe, unterscheidet sich jedoch durch die Färbung seines Fells: zimtbraune Oberseite, breiter, dunkelbrauner Seitenstreifen und weißer Bauch. Bei den Springböcken tragen sowohl die Weibchen als auch die Männchen Hörner. Vor der Ankunft der ersten Weißen zogen Herden von Hunderttausenden von Springböcken durch die Savannen des südlichen Afrikas. Heute konzentrieren sich die großen Gruppen auf die Kalahari und umfassen selten mehr als 1000 Tiere. Im Gegensatz zum Impala können Springböcke ganzjährig Lämmer bekommen. Ist die Saison trocken, wird nur ein Junges pro Jahr geboren, sind die Futterbedingungen ideal, sind es zwei. Um Feinde wie Hyänen oder Löffelhunde abzuschütteln, die sich jeweils auf ein Beutetier konzentrieren, haben die Springböcke eine besondere, allerdings recht unsoziale Taktik entwickelt: Sie springen aus dem Stand bis zu 3 m hoch in die Luft, halten den Kopf nach unten, drücken ihren Rücken durch und stellen die weißen Haare ihres Bauchs auf. Die am höchsten und weitesten springenden Tiere werden von den Jägern üblicherweise außer Acht gelassen, sie fokussieren lieber auf ein schwächeres Mitglied der Herde. In die Flucht geschlagen, erreicht ein Springbock Geschwindigkeiten von bis zu 90 km/h und gehört damit neben dem Gepard zu den schnellsten Säugetieren der Erde.

Streifengnu

Auch das Streifengnu *(blue wildebeest)* lebte einst in riesigen Herden im südlichen Afrika. Sein Bestand hat durch Wilderei, Weidekonkurrenz von Rindern sowie Seuchenzäune, die die Migration verhindern, jedoch drastisch abgenommen. Bei großer Trockenheit sterben die Tiere oft zu Tausenden, weil künstliche Barrieren ihre traditionellen Wege zu den Wasserlöchern versperren. Der beste Ort, um die Migration der Streifengnus zu beobachten, sind die Makgadikgadi Pans im November bzw. Dezember.

Rote Kuhantilope

Wie die Gnus hat auch die Rote Kuhantilope *(red hartebeest)* durch die Errichtung von Zäunen einen Großteil ihres Bestands eingebüßt. Zum Überleben ist sie auf regelmäßige Migration angewiesen. Die Kuhantilope hat wie das Gnu einen nach hinten abfallenden Rücken, der ihren hoppelnden Gang verursacht. Das mag zwar seltsam aussehen, kostet aber erheblich weniger Energie als ein Trab – und in kurzen Sprints können trotzdem Geschwindigkeiten von bis zu 70 km/Std. erreicht werden.

Halbmondantilope

Eng verwandt mit Gnu und Kuhantilope ist die im Norden Botswanas lebende Halbmondantilope *(tsessebe)*, deren Hörnerform für ihren Namen verantwortlich ist. Ihr Fell zeigt eine auffällige Färbung von dunklem Rotbraun mit purpurnem Glanz. Sie gilt als eine der schnellsten Antilopen überhaupt.

Großer Kudu

Zu den häufiger vorkommenden Antilopen gehört der Große Kudu *(greater kudu)*. Die Hörner der Männchen drehen sich spiralförmig nach oben und erreichen Längen von bis zu 1,80 m. Kudus sind berühmt für ihre Sprungkraft. Selbst 2 m hohe Zäune werden von ihnen aus dem Stand bewältigt.

Oryxantilope

Die wunderschöne Oryxantilope *(gemsbok)* lebt in größeren Herden in den Dünengebieten der Kalahari. Ihre langen und spitzen Hörner dienen bei der Verteidigung als tödliche Waffen, was schon des Öfteren Löwen zum Verhängnis geworden ist.

Elenantilope

Mit einem Gewicht zwischen 460 kg bei den Weibchen und 840 kg bei den Männchen ist die Elenantilope *(eland)* die größte afrikanische Antilopenart. Wie die Oryxantilope ist auch die Elenantilope hervorragend an das trockene Klima angepasst. Tagsüber kann sie ihre Körpertemperatur erhöhen, um Flüssigkeitsverlust durch Schwitzen zu vermeiden. Die aufgestaute Hitze wird dann in die kühlere Nachtluft abgegeben. Außerdem grasen die Tiere nachts, weil das Gras durch den Tau dann mehr Feuchtigkeit enthält.

Rappenantilope

Einen majestätischen Anblick bietet die schwarze Rappenantilope *(sable antelope)*, die aufgrund ihrer bis zu 120 cm langen, nach hinten geschwungenen Hörner eine beliebte Jagdtrophäe darstellt. Das Tier ist zunächst braun und wird mit zunehmendem Alter immer dunkler. Sein Vorkommen ist auf den Chobe National Park begrenzt.

Pferdeantilope

Die Pferdeantilope *(roan antelope)* ähnelt der Rappenantilope, allerdings ist sie größer, heller gefärbt und mit kürzeren Hörnern ausgestattet.

Ellipsenwasserbock

Der kräftig gebaute Ellipsenwasserbock *(waterbuck)* lebt in wasserreichen Gebieten und kommt in Botswana deshalb nur im Chobe National Park vor. Charakteristisch ist der weiße Kreis an seinem Hinterteil. Die Markierung dient bei der Flucht als Orientierung für nachfolgende Herdenmitglieder.

Sitatunga

Drei sehr seltene Antilopen – Sitatungas, Moorantilopen und Pukus – leben nur im Linyanti Swamp, am Chobe River sowie im Okavango Delta und sind hervorragend an den sumpfigen Untergrund angepasst. Sitatungas *(sitatunga)* können gut schwimmen und haben mit 180 mm die längsten Hufe aller Antilopenarten. Bei der Fortbewegung spreizen sich die beiden Hälften der Hufe, damit die Tiere nicht im weichen Untergrund einsinken. Muss die Antilope auf harten Boden flüchten, wirkt sie ausgesprochen unbeholfen. Das Fell der Sitatunga fühlt sich fettig an, da es mit einer wasserabweisenden Schicht imprägniert ist.

Moorantilope

Wie Sitatungas flüchten auch die Moorantilopen *(red lechwe)* bei Gefahr ins Wasser, wo sie sich im Gegensatz zum Land erstaunlich schnell fortbewegen können. Auf Entfernung könnten sie mit einer Schwarzfersenantilope verwechselt werden, doch sind sie robuster gebaut und haben ein längeres und dickeres Fell.

Puku

Pukus *(puku)* kommen nur in einem winzigen Gebiet des Kwando-Linyanti-Chobe-Flusssystems vor. Sie weiden am liebsten auf saisonal überflutetem Grasland in der Nähe von Seen und Flüssen. Die kräftigen rotbraunen Tiere sind die am wenigsten erforschte Antilopenart im südlichen Afrika.

Klippspringer

Der Klippspringer *(klipspringer)* ist ein fantastischer Kletterer, den selbst steile Felswände nicht aufhalten. Zwei Merkmale unterscheiden ihn von allen anderen Antilopen: Zum einen sind seine Haare sehr dick und grob und zum anderen innen hohl, fast wie Federkiele. Dieses Fell schützt den Klippspringer bei Stürzen und isoliert bei den oft niedrigen Temperaturen in den Bergen. In Botswana kommt das Tier nur im Tuli Block vor.

Kronenducker

Der Kronenducker *(common duiker)* gehört zu den am weitesten verbreiteten Antilopen im südlichen Afrika und ist selbst in der Nähe von Wohn- oder landwirtschaftlichen Nutzgebieten zu finden. Sein Lebensraum erstreckt sich über alle Vegetationszonen, von Meereshöhe bis in Höhen von 1800 m. Bei Gefahr taucht der Kronenducker ins Unterholz ab – daher auch sein Name – und bleibt dort zunächst re-

gungslos liegen. Erst wenn Mensch oder Raubtier ganz nahe sind, flüchtet er im Zickzackkurs. Der Kronenducker wird nur etwa 50 cm hoch, Weibchen wiegen 16 bis 21 kg, Männchen 15 bis 18 kg. Nur die Männchen tragen Hörner, die etwa 10 cm lang werden.

Stein- und Bleichböckchen

Die kleinen Steinböckchen *(steenbok)* sind im gesamten südlichen Afrika weitverbreitet und werden oft mit den Bleichböckchen *(oribi)* verwechselt, die kurz vor dem Aussterben stehen. Allerdings sind die Ohren des Steinböckchens deutlich größer und außerdem haben sie eine schwarze Markierung über der Nase und Drüsen unter den Augen, die wie schwarze Tränen aussehen.

Krokodile

Krokodile *(crocodile)* leben im Okavango Delta, im Moremi Game Reserve sowie im Chobe River. In den Nachbarländern Sambia und

Simbabwe sind die Panzerechsen u. a. im Sambesi River zu finden. Krokodile sind lebende prähistorische Relikte und faszinierend anzuschauen, allerdings sollte man ihnen besser nicht zu nahe kommen. Im Falle eines unerwarteten Angriffs ist die einzige Verteidigungschance, der Echse mit einem spitzen Gegenstand ins Auge zu stechen oder aber die Zunge hochzuziehen, dann nämlich dringt Wasser in ihre Lungen und sie lässt ihre Beute los. Am besten verzichtet man aber in den entsprechenden Regionen auf das Baden in natürlichen Gewässern.

Schlangen

Neben Krokodilen gibt es in Botswana noch 156 weitere Arten von Reptilien und Amphibien, darunter Echsen, Geckos, Warane, Frösche sowie Schlangen – von insgesamt 72 Arten sind 15 gefährlich, die Hälfte davon tödlich. Zu Letzteren zählen die Ägyptische Kobra *(Egyptian cobra, s. Abb. links)*, die Mosambikanische Spei-Kobra *(Mozambique spitting cobra)*, die Schwarze Mamba *(black mamba, s. Abb. unten)*, die Puffotter *(puff adder)* und die Baumschlange *(boomslang)*. Allerdings wird die von Schlangen ausgehende Gefahr meist überschätzt, denn in der Regel machen sich die Tiere sofort aus dem Staub, wenn sie die Vibrationen von Fußschritten wahrnehmen. Nur die Puffotter bildet in dieser Hinsicht eine Ausnahme und bleibt liegen, weshalb sie für die meisten tödlichen Bisse in Botswana verantwortlich ist. Wenn man ihr zu nahe kommt, bläht sie sich auf und faucht – also bei Wanderungen durch den Busch immer die Ohren aufhalten und den Blick nach vorne auf den Boden richten.

Skorpione

Skorpione *(scorpions)* findet man am häufigsten im Sandveld der Kalahari, wo sie gerne in Bäumen unter der losen Rinde leben. Sie ernähren sich von Insekten, Spinnen und kleineren Wirbeltieren, können wegen ihres niedrigen Ruhestoffwechsels aber auch lange Zeit ohne Nahrung auskommen. Ihre Stiche sind extrem schmerzhaft, aber selten wirklich gefährlich. Zur Sicherheit sollte man beim Campen vor dem Anziehen immer zunächst die Schuhe und die Kleidung ausschütteln und Feuerholz nicht gleich in die Hand nehmen, sondern erst mit dem bestiefelten Fuß umdrehen. Nach einem Stich klingen die Symptome normalerweise bereits nach einer Stunde wieder ab. Die beste Behandlungsmethode ist es, die Stichstelle zu kühlen und ein leichtes Schmerzmittel einzunehmen. Eine radikalere Methode haben die San: Sie fangen den Skorpion, quetschen

seine Innereien in ihre Handflächen, vermischen das Ganze und reiben es auf den Stich. Dann vielleicht doch lieber ein Aspirin.

Vögel

Neben Säugetieren gibt es in Botswana eine Fülle von Vögeln. Über 550 der 887 für das südliche Afrika gelisteten Arten kommen hier vor, 400 davon leben rund um die Hauptstadt Gaborone. Birdlife Botswana (http://www.birdlifebotswana.org.bw) veranstaltet regelmäßig Beobachtungsspaziergänge. In den kühleren Monaten von April bis September sieht man mehr einheimische Vögel und weniger Winterbesucher aus Europa. Je trockener es ist, desto weniger Vögel zeigen sich. Besonders auffällig ist das in den Makgadikgadi Pans, vor allem in der Sua Pan im Nordosten. Hier finden sich nach ergiebigen Niederschlägen Millionen von Vögeln ein, wenn es nicht regnet, bleiben sie aus.

Strauß

Strauße *(ostrich)* werden wegen ihres ausgezeichneten Fleischs und ihres weichen Leders auf Farmen gezüchtet, kommen aber in einigen Teilen des Landes, vor allem in der Kalahari, auch in freier Wildbahn vor. Das Männchen, das löwenähnlich brüllen kann,

ist schwarz-weiß gefärbt, das Weibchen eher unscheinbar braun.

Sekretär

Erkennungszeichen des bis zu 125 cm großen Sekretärs *(secretary bird)* sind die schwarzen Federn an seinem hellgrauen Kopf und die orange umrandeten Augen. Der attraktive Vogel ist oft paarweise anzutreffen, vor allem in weiten Gras- und Dornbuschebenen, wo er Schlangen und andere Reptilien aufspürt, die er mit seinen Füßen und seinem Schnabel attackiert.

Perlhuhn

Das hübsche, häufig vorkommende Perlhuhn *(helmeted guineafowl)* hat schwarze Federn mit weißen Punkten und einen blauroten

Kopf mit dunkelbraunem Helm. An Wasserlöchern finden sich abends oft ganze Scharen der knapp 60 cm großen Vögel ein.

Riesentrappe

Ebenfalls in ganz Botswana anzutreffen ist der größte flugfähige Vogel der Welt, die Riesentrappe *(kori bustard)*, die bis zu 135 cm groß

werden kann und in Wald-, Busch- und Grasland zu finden ist. Bei Gefahr flüchtet die Riesentrappe zunächst zu Fuß, erst wenn es gar nicht mehr anders geht, fliegt sie.

Sattelstorch

Der Sattelstorch *(saddle-billed stork)* ist ein mit 150 cm recht großer Watvogel mit wunderschön rot gefärbtem Schnabel. Er lebt in Wassernähe und ernährt sich von Fröschen und Fischen.

Webervogel

Die Webervögel sind eine artenreiche Familie, für die die besondere Art des Nestbaus charakteristisch ist. Aus Pflanzenfasern, Fe-

dern und Wolle weben sie kunstvolle Hängenester, deren Einfluglöcher unten liegen, um Raubvögeln den Zugriff zu erschweren. Die auffällig gelben Masken-Webervögel *(masked weaver)* bauen kleine, kugelrunde Nester in Flussnähe, während die unauffällig braun-weißen Siedel-Webervögel *(sociable weaver)* in großen Bäumen riesige Gemeinschaftsnester mit unzähligen Webervogelpaaren anlegen. Beide Vögel werden bis zu 15 cm groß.

Toko

Oft sehr nahe wagen sich Gelbschnabel- und Rotschnabel-Tokos (*yellowbilled hornbill* und *redbilled hornbill*) an wild campende Besu-

cher heran, um ihnen das Frühstücksmüsli streitig zu machen. Die 40 bis 60 cm großen Vögel mit ihren riesigen Schnäbeln sind meist am Boden anzutreffen, wo sie nach Nahrung suchen.

Umwelt und Naturschutz

Botswana hat frühzeitig erkannt, dass nur eine intakte Natur devisenbringende Touristen ins Land lockt. Der Naturschutz genießt höchste Priorität, kollidiert aber immer wieder mit den Interessen der Viehzüchter. Um Farmern und Bauern zu zeigen, dass Wild, sogar Raubtiere, Einkommen erzielen können, werden nachhaltige Projekte mit Beteiligung lokaler Gemeinden staatlich gefördert. Botswana zahlt außerdem hohe Kompensationen für gerissenes Vieh, damit Haustierhalter keine Wildtiere töten.

Exklusivität und Nachhaltigkeit

Im Gegensatz zu anderen Ländern im südlichen Afrika hat sich Botswana dafür entschieden, den exklusiven Individualtourismus zu fördern. Es gibt zahlreiche sehr luxuriöse und teure Lodges, die über die diversen Schutzgebiete des Landes verteilt sind. Private Konzessionäre leasen das Land vom Staat und bauen Unterkünfte, die keine festen Fundamente besitzen und somit jederzeit wieder entfernt werden können, ohne irgendwelche bleibenden Spuren zu hinterlassen. Baumaterial wie beispielsweise das Riedgras für die Dächer kommt direkt aus der Umgebung, um lange Transportwege zu vermeiden. Bei Errichtung einer neuen Lodge werden existierende Bäume in den Bau integriert, nicht gefällt. Das Wasser wird wieder aufbereitet und mehr und mehr Lodges nutzen Solarenergie zur Stromgewinnung.

Viehzucht kontra Wildschutz

Das größte Problem für die Umwelt und den Naturschutz ist die extensive Rinderzucht in Botswana. Die rund 3 Mio. Rinder sind eine schwere Belastung für die fragilen Kalahariböden. Etwa ein Fünftel der Landfläche ist bereits ökologisch stark in Mitleidenschaft gezogen, wobei die Überweidung des Graslands das Hauptproblem darstellt – 60 % der Landfläche Botswanas wird als Weidefläche für Nutztiere verwendet. Eine weitere Gefahr geht von den zunehmenden Brunnenbohrungen aus. Dabei werden zum einen fossile Wasserreserven angezapft und zum anderen kann bei Übernutzung auch das einmalige Okavango Delta aus dem natürlichen Gleichgewicht geraten.

Der größte und tragischste Eingriff in die Natur war jedoch die Errichtung der Seuchenzäune. Im Jahr 1896 raffte eine verheerende Maul- und Klauenseuche fast den kompletten Rinderbestand des Landes dahin. Wildtiere, vor allem Büffel, wurden für die Epidemie verantwortlich gemacht. Um diese Gefahr ein für allemal zu bannen, errichtete man in den 1950er-Jahren die ersten 1,5 m hohen Zäune, die sich über Hunderte von Kilometern entlang der traditionellen Viehtriebrouten schnurgerade durch das Land zogen. Etwa 3500 km (!) sind es bis heute, eine tödliche Falle für Wildtiere, vor allem in Trockenzeiten, wenn ihnen der Weg zu den wenigen permanenten Wasserstellen versperrt wird.

Die größten Tragödien fanden während der massiven Dürrezeiten der 1970er- und 1980er-Jahre statt. Hunderttausende von Gnus und Kuhantilopen verließen die praktisch wasserlose Kalahari und machten sich auf den Weg nach Norden. Dort versperrte ihnen der Kuke-Zaun den Weg, der die Rinder der Nordostkalahari vor dem Wild des Okavango Delta ›schützt‹. Einige der Antilopen starben bereits direkt vor Ort, der größere Teil wanderte am Zaun entlang Richtung Osten, Tausende verdursteten. Nur wenige erreichten den engen Korridor am Ende des Zauns, wo es zum Lake Xau geht. Die dort lebenden Farmer sahen die durstigen Antilopen als Konkurrenz für ihr Vieh und töteten sie. 1983, während einer zweiten Dürreperiode, war bei Ankunft der Antilopen auch der Lake Xau bereits ausgetrocknet. Von 250 000 Tieren überlebten nur 15 000. Die Veterinärzäune sind nach wie vor das größte Problem für den Wildschutz im Land. Hier kollidieren wirtschaftliche Interessen und Naturschutz am offensichtlichsten.

Naturschutz mit allen Mitteln

Ein Problem für das Ökosystem im Chobe National Park ist die Überpopulation an Elefanten. Es sind einfach zu viele für das zur Verfügung stehende Land und die Vegetation ist bereits stark in Mitleidenschaft gezogen. Relokalisierungsprogramme sind zwar sehr teuer, aber deutlich populärer als das kontrollierte Abschießen ganzer Herden *(culling)*. Botswana hat bereits Elefanten nach Mosambik und Angola ›geschickt‹.

Die Wilderei, die in anderen Ländern des südlichen Afrikas, selbst im hochentwickelten

Südafrika, ein großes Problem darstellt, hat Botswana vergleichsweise gut im Griff. Neben Nationalpark-Rangern wird auch die Armee zum Wildschutz eingesetzt.

Sowohl nationale als auch internationale Naturschutzorganisationen sind in Botswana aktiv, vor allem in Projekten zum Schutz gefährdeter Tierarten wie Geparden oder Wildhunden. Die wichtigste finanzielle Unterstützerin des Wildmanagements in Botswana ist die Europäische Union – sie ist allerdings auch die größte Abnehmerin botswanischen Freilandrindfleischs.

Schutzgebiete

38 % der Landfläche Botswanas sind geschützt, entweder durch den Staat oder in privaten Wildreservaten. Die staatlichen Schutzgebiete werden unterschieden in National Parks (NP), Game Reserves (GR), Wildlife Reserves (WR) und Forest Reserves (WR). Nationalparks genießen den höchsten Schutzstatus. Außer der touristischen Nutzung gibt es in dem Gebiet keinerlei andere wirtschaftliche Aktivitäten. Das ist auch der Grund, weshalb sich in den botswanischen Nationalparks nur wenige Lodges befinden und diese meist an der Peripherie liegen.

Nationalparks

Botswana besitzt drei riesige Nationalparks. Der 10 698 km² große **Chobe National Park** ist Botswanas drittgrößtes Naturschutzgebiet und umfasst verschiedene Vegetationstypen und geologische Strukturen. Die Wildbeobachtungsmöglichkeiten sind fantastisch. Für Touristen sind vier Gebiete von Interesse: Chobe Riverfront, Savuti, Nogatsaa und Linyanti Swamp. Bis auf den Chobe River, der die Grenze zu Namibia bildet, ist der Park rundherum von anderen Schutzgebieten umgeben, wodurch die Tiere über ein sehr großes Gebiet frei migrieren können.

Der vor einigen Jahren aus dem Nxai Pan National Park und dem Makgadikgadi Pans National Park zusammengelegte, 6500 km² große **Makgadikgadi-Nxai National Park** ist ein idealer Stopover auf dem Weg von Gaborone zum Okavango Delta. Wenngleich der überwiegende Teil dieses Schutzgebiets aus Grasland besteht und nur rund ein Fünftel von einer Salzpfanne eingenommen wird, bekommt man hier den wohl besten Eindruck von den lebensfeindlichen Bedingungen dieser Landschaftsform – Makgadikgadi bedeutet ›weites, lebloses Land‹. Die 1676 km² große Nxai Pan wurde in den 1970er-Jahren zum Schutzgebiet erklärt. 1992 ernannte man das Areal zum Nationalpark und vergrößerte es auf 2578 km², um die Baines' Baobabs einzugliedern. Im Jahr 1992 schließlich wurde der zuvor unabhängige Nationalpark mit dem weiter südlich gelegenen Makgadikgadi Pans National Park verbunden. Der Nxai-Pan-Teil des Nationalparks besteht hauptsächlich aus einer Anzahl fossiler Pfannen, die alle von kurzem, nährstoffreichem Gras bedeckt sind. Es gibt Inseln mit Akazienbäumen, in deren Schatten sich tagsüber oft Tiere aufhalten. Hier findet sich auch die berühmte Affenbrotbaumgruppe Baines' Baobabs.

Der dritte im Bund der Nationalparks ist der grenzüberschreitende, 37 991 km² große **Kgalagadi Transfrontier Park,** der 1999 von Südafrika und Botswana in einem historischen Akt eingerichtet wurde. Zum damaligen Zeitpunkt war er das einzige Schutzgebiet dieser Art im südlichen Afrika. Touristen können im Park frei zwischen den beiden Ländern hin und her reisen – genauso wie das Wild.

Game Reserves

In den geschützten Game Reserves ist eine kontrollierte kommerzielle Nutzung und Erschließung erlaubt, u. a. Fischen und die Förderung von Diamanten. Die größten Game Reserves befinden sich in der Kalahari. Mit 52 800 km² ist das **Central Kalahari Game Reserve (CKGR)** gleichzeitig das größte Naturschutzgebiet des Landes. Seine Nordgrenze bildet der Kuke-Veterinärzaun, im Süden schließt das 2590 km² große **Khutse Game Reserve** an. Das Kalahari Game Reserve hat drei Eingänge: Khutse im Süden, Matswere im Norden und Xade im Westen.

Darüber hinaus gibt es einige weitere Game Reserves in Botswana. Die Kleineren dienen auch dazu, einheimischen Schulkindern die Natur ihres Landes näherzubringen, beispielsweise das **Maun Game Reserve,** das **Manyelanong Game Reserve** und das **Gaborone Game Reserve.** Im Tuli Block befinden sich das **Tuli Game Reserve** und das **Mashatu Game Reserve,** die dem Wildschutz dienen, aber gleichzeitig privat genutzt werden.

Einen speziellen Status genießt das **Moremi Game Reserve,** das aus permanentem und saisonalem Sumpfland sowie trockenen Landschaften besteht. Es entstand auf dem ehemals königlichen Jagdland der Batswana und wird heute praktisch wie ein Nationalpark von der botswanischen Nationalparkbehörde, dem Department of Wildlife and National Parks, verwaltet. Das 4871 km^2 große Schutzgebiet umfasst etwa ein Drittel des Okavango Delta und gilt als eine der besten Wildbeobachtungsregionen in Afrika. Es ist komplett von anderen Naturschutzgebieten umgeben, was zaunloses Migrieren des Wildbestands ermöglicht.

Forest Reserves

Die Forest Reserves werden als Waldschutzgebiete von der Forstbehörde verwaltet und sind bislang nicht touristisch erschlossen. Ihre kommerzielle Nutzung unterliegt jedoch strengen Auflagen, da sie dem Waldschutz und als Pufferzonen zu den Nationalparks dienen. Die bedeutendsten Forest Reserves in Botswana sind das **Maukaelelo Forest Reserve,** das **Kasane Forest Reserve** und das **Kazuma Forest Reserve,** alle im Nordosten um den Chobe National Park herum gelegen.

Sanctuaries

Zu guter Letzt gibt es noch einige kleinere Schutzgebiete, die Sanctuary genannt und oft nachhaltig von umliegenden lokalen Gemeinden betrieben werden. Zu dieser Kategorie zählen das **Nata Bird Sanctuary,** das **Khama Rhino Sanctuary** und das **Mokolodi Nature Reserve.**

NACHHALTIG REISEN

Die Umwelt schützen, die lokale Wirtschaft fördern, intensive Begegnungen ermöglichen, voneinander lernen – nachhaltiger Tourismus übernimmt Verantwortung für Umwelt und Gesellschaft. Die folgenden Websites geben Tipps, wie man seine Reise nachhaltig gestalten kann.

www.fairunterwegs.org: Fair reisen statt nur verreisen, dafür wirbt der Schweizer Arbeitskreis für Tourismus und Entwicklung. Außerdem ausführliche Infos zu Reiseländern.

www.zukunft-reisen.de: Das Portal des Vereins Ökologischer Tourismus in Europa erklärt, wie man ohne Verzicht umweltverträglich und sozial verantwortlich reisen kann.

www.botswanatourism.co.bw/eco-tourism-certification-application-process: Grün ist für Botswana nicht nur eine Farbe, sondern eine Lebenseinstellung. Das Land gilt als Vorreiter in Sachen nachhaltiger Tourismus *(sustainable tourism)* im südlichen Afrika. Seit 2002 gibt es eine nationale Ökotourismus-Strategie, 2010 führte Botswana Tourism ein ökotouristisches Zertifikationssystem ein, das mehr als 240 Standards von Lodges klassifiziert. Es gibt drei Ebenen: Grün *(green),* Grün plus *(green+)* sowie Öko *(eco),* das höchste Zertifikationslevel. Eco bedeutet, dass das Unternehmen das ganze Ökospektrum offeriert, u. a. Einbeziehung lokaler Gemeinden, Natur- und Umweltschutz sowie detaillierte Gästeinformationen hierzu. Ökozertifizierte Unternehmen in Botswana sind u. a.: Banoka Bush Camp, Chobe Game Lodge, Jao Camp, Kalahari Pleins Camp, Kwetsani Camp, Little Vumbura Camp, Savuti Camp, Xigera Camp, Zafara Camp, Jacana Camp, Meno A Kwena Tented Camp und Mombo Camp. Camp Kalahari und Tubu Tree Camp erhielten Green+, das Vumbura Plains Camp Green-Status. Auf www.eco-tropicalresorts.com/botswana-eco-lodges-tours findet man Veranstalter, die nachhaltige Reisen in Botswana anbieten.

Wirtschaft, Soziales und aktuelle Politik

Bergbau und Tourismus sind die wichtigsten Standbeine der Wirtschaft Botswanas. Mit dem erwarteten Rückgang der Diamantenförderung in den nächsten Jahren gewinnt der Fremdenverkehr zunehmend an Bedeutung – und damit auch der Naturschutz, denn der wahre Reichtum des Landes ist seine wunderbare Fauna und Flora.

Wirtschaft

Diamanten

Aufgrund einer globalen Rezession sank die Nachfrage nach **Diamanten** aus Botswana in den Jahren 2010/11 erheblich. Danach ging es aber rasch wieder aufwärts. Das Land ist der zweitgrößte Diamantenförderer der Welt (nach Russland). Von 2021 auf 2022 stieg die Produktion um 8 %. Zwischen 2023 und 2026 rechnet Botswana mit einem Rückgang der Förderung von 1,2 %.

Diamanten sind zweifelsohne eine endliche Ressource: Geologen rechnen damit, dass Botswana in knapp 20 Jahren keine Diamanten mehr haben wird. Daher baut die Regierung jetzt vor. Während anfangs die Rohdiamanten exportiert wurden, gibt es seit Jahren in der Nähe des Flughafens von Gaborone die sogenannte **Diamond City,** wo die edlen Kristalle geschnitten und poliert werden. Die Sortierung von Rohdiamanten wurde von London komplett nach Gaborone verlegt.

Als 1967 erstmals Diamanten entdeckt wurden, handelte der damalige botswanische Präsident Seretse Khama einen geschickten 50/50-Deal mit dem südafrikanischen Diamantenkonzern De Beers aus. Anstatt nur Steuergelder aus der Diamantenförderung zu erzielen, hatte Botswana eine direkte Beteiligung am Verkaufserlös der Steine. **Debswana** heißt das Joint-Venture-Unternehmen, das heute der zweitgrößte Diamantenproduzent der Erde ist. Es betreibt vier Diamantenminen, von denen zwei, Jwaneng und Orapa, zu den zehn größten der Welt zählen: Den Anfang machte 1971 die **Orapa Diamond Mine,** 1977 kam die **Letlhakane Mine** hinzu. Zu diesem Zeitpunkt war Orapa bereits eine der größten Diamantenminen der Welt, wurde jedoch 1982 von der **Jwaneng Mine** abgelöst. Die jüngste Diamantenmine Botswanas ist die **Damtshaa Mine** 220 km westlich von Francistown.

Derzeit ist Botswana für ein Fünftel der Weltproduktion von Diamanten verantwortlich. Dank der edlen Steine wuchs die innere Stabilität des Landes und nicht zuletzt das Pro-Kopf-Einkommen: von unter 80 US-$ im Jahr 1966, als Botswana zu den 20 ärmsten Ländern der Welt gehörte, auf 6805,22 US-$ im Jahr 2021. Damit ist Botswana eines der reichsten nicht ölfördernden Länder auf dem afrikanischen Kontinent.

Zu den anderen wichtigen Bodenschätzen zählen Gold, Kupfer, Kobalt und Nickel, Ätznatron *(soda ash)* sowie Kohle. **Gold** wurde 1886 östlich von Francistown entdeckt. Nach einer Förderpause stieg man aufgrund des deutlich gestiegenen Goldpreises 2003 wieder in das Geschäft ein und reaktivierte die Mine. **Kupfer** und **Nickel** werden im äußersten Osten Botswanas in Selebi-Phikwe abgebaut und weiterverarbeitet. Die dortige Mine hat bislang zwar nicht zu einem höheren staatlichen Einkommen beigetragen, generiert aber zahlreiche Arbeitsplätze. Mit der Produktion von **Ätznatron** wurde 1991 in den Makgadikgadi Pans, genauer in der Sua Pan begonnen. Jährlich werden rund 350 000 t abgebaut. Verwendung findet Ätznatron in Reinigungsmitteln, in der Metallverarbeitung, in der Glasproduktion und in der Chemieindustrie. Trotz regelmäßiger Überflutungen der Salzpfannen und trotz der Preisschwankungen am Weltmarkt lohnt sich das Mammutprojekt nach wie vor. Umfangreiche Vorkommen an **Kohle** gibt es in der Gegend um Serule. Der fossile Brennstoff wird dazu genutzt, das 2 Mrd. US-$ teure, riesige Kraftwerk in Mmamabua zu betreiben, das der Stromknappheit im südlichen Afrika entgegenwirken soll.

Viehzucht

Rinder haben in der Geschichte und Kultur Botswanas schon immer eine große Rolle gespielt. Noch heute gilt der Besitz von Vieh in vielen ländlichen Gemeinden als Zeichen von Wohlstand – der soziale Status eines Mannes wird an der Zahl seiner Rinder gemessen. Auf einen Einwohner in Botswana kommen zwei Rinder, was wiederum zur Überweidung des fragilen Graslands geführt hat.

Botswana produziert exzellentes Freiland-Rindfleisch, das hauptsächlich aus der Gegend von Ghanzi kommt. Die größte Fleischfabrik des Landes findet sich in Lobatse, von dort aus organisiert die **Botswana Meat Commission** alle Fleischexporte. Hauptabnehmer ist die Europäische Union.

In Botswana gab es bislang weder Fälle von Rinderwahnsinn noch von Maul- und Klauenseuche oder anderen Rinderkrankheiten. Damit das so bleibt, wurden **Veterinärzäune** *(veterinary fences)* errichtet, die sich Hunderte von Kilometern durchs ganze Land ziehen. Sie konzentrieren sich im Norden des Landes – hier gibt es eine große natürliche Büffelpopulation, die als Träger des Erregers von Maul- und Klauenseuche gilt, ohne selbst daran zu erkranken. Der längste Veterinärzaun ist der Buffalo Fence, der südlich des Okavango Delta das Land von Westen nach Osten durchzieht. Dem Rindvieh tut es gut, aber dafür verdursten nun viele Wildtiere wie Gnus oder Zebras, weil ihre natürlichen Migrationsrouten unterbrochen sind. Besucher im Norden Botswanas werden auf der Straße immer wieder Tore passieren. Hier werden Reisende auf rohes Fleisch und andere Tierprodukte hin kontrolliert, die Autos müssen durch Becken mit Desinfektionsfliüssigkeit fahren. Außerdem muss man alle (!) Schuhe auf einer getränkten Matte abstreifen – am besten zwei Paar bereitlegen und die anderen im Koffer lassen.

Zunehmender Bedeutung erfreuen sich auch die Farmen, auf denen **Wild** oder **Strauße** gezüchtet werden. Ihr Fleisch erfreut sich vor allem in Europa großer Beliebtheit. Darüber hinaus gibt es im Okavango Delta einige **Fisch- und Krokodilfarmen,** die überwiegend für den Export produzieren.

Land- und Forstwirtschaft

Aufgrund des harschen Klimas und der schlechten Böden gibt es in Botswana praktisch keine wirtschaftlich bedeutende Agrarwirtschaft. Nur entlang des Chobe River und im Limpopo Valley des Tuli Block werden erfolgreich **Weizen, Baumwolle, Gemüse, Bananen** und **Zitrusfrüchte** angebaut. In der Gegend um Pandamatenga wachsen **Sonnenblumen** und **Getreide.**

Die meisten Grundnahrungsmittel werden aus den Nachbarländern, vor allem aus Südafrika, importiert. Insgesamt sind nur 0,61 % des botswanischen Staatsgebiets landwirtschaftlich nutzbar und nur 0,02 % der Landfläche sind permanent kultiviert, wovon lediglich 25 km^2 künstlich bewässert werden. Allerdings betreibt fast die gesamte ländliche Bevölkerung Subsistenzlandwirtschaft und baut Mais, Hirse, Kürbisse und Melonen für den Eigenbedarf an.

Im Raum Kasane wird in geringem Umfang **Teakholz** gefällt und verarbeitet. In der Stadt gibt es ein Sägewerk.

Produktionssektor

Um der Abhängigkeit von Diamanten entgegenzuwirken und um mehr Arbeitsplätze für Botswana zu schaffen, förderte die Regierung Investitionen im Produktionssektor. Anreize waren temporäre Steuerbefreiungen, finanzielle Unterstützung sowie weitreichende Steuererleichterungen. Das Vorgehen hatte Erfolg: Von Anfang der 1990er-Jahre bis 2008 wuchs der Sektor rapide an. Trotz der Pandemie kann Botswana nach wie vor geringfügige jährliche Steigerungen aufweisen, während die Nachbarländer allesamt wirtschaftliche Einbußen hinnehmen müssen.

Lokal produziert werden polierte Diamanten, Metall- und elektrische Produkte, Plastik, Chemikalien, Impfstoffe, Seife, Schuhe, Baumaterialien, Nahrungsmittel und Getränke. Einige Fabriken fertigen Lkws und Busse für den lokalen Markt.

Tourismus

Eine der Haupteinkommensquellen für Botswana ist der Tourismus, der zunehmend an Bedeutung gewinnt. 2018 kamen 2 Mio. Touristen ins Land, dann kam Covid. Etwa 80 % der Besucher kamen aus den Nachbarländern (vor allem aus Südafrika), ca. 10 % aus Europa (vor allem aus Großbritannien, gefolgt von Deutschland, der Schweiz, Holland und Österreich), weitere 10 % aus den USA, wo Botswana nach wie vor geschickt als sicheres Safariziel vermarktet wird. Botswana rechnet damit, dass sich die Besucherzahlen ab Ende 2023 wieder auf Vor-Covid-Niveau einpendeln werden.

Im Jahr 2022 arbeiteten etwa 32 000 Menschen direkt im Tourismus, in den nächsten Jahren hofft das Land auf eine Steigerung. Besonders viele sind im Norden des Landes beschäftigt, wo etwa 40 % der Bevölkerung am Fremdenverkehr teilhaben.

Um Botswanas fast unberührte, wunderschöne und einzigartige Natur zu erhalten, propagiert der Staat seit Jahren eine Politik des hochpreisigen Individualtourismus. Massentourismus gab und gibt es in Botswana daher nicht. Somit mag das Land zwar teurer sein als klassische Safariziele wie Kenia oder Tansania, aber dafür sind die Natur- und die Tiererfahrungen erheblich intensiver, da insgesamt deutlich weniger Besucher unterwegs sind.

Zukunftsprognosen

Die Weltbank positionierte Botswana an sechster Stelle unter den Ländern südlich der Sahara, die von der Krise in der Eurozone negativ beeinflusst werden könnten. Weltweit sind rund 45 Länder wirtschaftlich von den fallenden Rohstoffpreisen bedroht. Das Wirtschaftswachstum lag 2012 bei 4,3 %, 2013 bei 5,8 %, 2014 bei 5,2 %, 2016 fiel es auf 3,5 %. 2022 waren es wieder 5,8 %. Wieder gaben vermutlich die Diamantenverkäufe den Ausschlag.

Etwa ein Drittel der botswanischen Bevölkerung lebt unter der Armutsgrenze, vor allem in den ländlichen Gebieten

Soziales

Arm und Reich

Ein Problem im Land ist die nach wie vor ungleiche Verteilung des Einkommens. Jeder vierte Erwerbsfähige ist arbeitslos, bei Jugendlichen wird dieser Prozentsatz noch übertroffen. Die offizielle Arbeitslosenquote Botswanas lag 2022 bei 20,7 %, inoffizielle Zahlen gehen von einer deutlich höheren Zahl aus. Die Schere zwischen wenigen Reichen und vielen Armen öffnet sich mehr und mehr. Ungefähr ein Drittel der Bevölkerung Botswanas lebt unterhalb der Armutsgrenze, das heißt von weniger als 2 US-$ täglich. Hoffnungsträger Nr. 1 ist der Tourismus.

Gesundheitswesen

Bis zur Kolonialzeit waren allein die traditionellen Heiler für die medizinische Versorgung im Land zuständig. Sie wurden dann zunehmend von den Missionaren unterstützt, die allerdings nicht selten selbst Opfer tropischer Krankheiten wurden.

Seit der Unabhängigkeit hat die Regierung eine flächendeckende medizinische Versorgung etabliert, die überdies kostenlos ist. Mit mobilen Kliniken können Krankenpfleger und Ärzte praktisch alle Menschen im Land erreichen. Außerdem gibt es im ganzen Land verteilt über 300 Health Centres (›Gesundheitszentren‹) sowie knapp 20 Krankenhäuser. Das hört sich fortschrittlich an, doch müssen sich etwa

2500 Einwohner einen Arzt bzw. 350 Bewohner einen Krankenpfleger teilen. Kein Wunder, dass das staatliche Gesundheitssystem hoffnungslos überlastet ist und wohlhabendere Batswana auf die Privatkliniken ausweichen, die es in jeder größeren Stadt gibt.

Eines der größten Probleme, mit denen das Land zu kämpfen hat, ist die Aids-Epidemie – ca. 20,8 % der 15- bis 49-Jährigen sind infiziert, damit hat Botswana nach Südafrika die zweithöchste HIV-Rate der Welt. Antiretrovirale Arznei wird vollständig vom Staat subventioniert und kostenlos an Infizierte abgegeben. Vor allem die Infektion von ungeborenen Babys durch infizierte Mütter konnte durch Aufklärung und Medikamentenvergabe deutlich reduziert werden.

Bedingt durch die hohe Aids-Infektionsrate ist auch die Zahl der Tuberkuloseerkrankungen stark gestiegen. Im Norden kommt es vermehrt zu Bilharziose und im ganzen Land ist der Hepatitis-B-Virus weitverbreitet. Das stark salzhaltige Trinkwasser verursacht viele Fälle von Bluthochdruck.

Erziehung

Botswanas Schulsystem folgt einem Zehnjahreszyklus und bietet sowohl akademische als auch praktische Fächer. Im Alter von sechs Jahren beginnt man mit der Grundschule *(primary school).* Nach sieben Jahren ist die *junior secondary school* erreicht. Am Ende der siebten Klasse *(standard 7),* mit etwa 15 Jahren, werden Prüfungen abgehalten. Hier entscheidet es sich, ob es mit der technischen Hochschule *(technical college)* weitergeht oder aber mit der *senior secondary school,* deren Abschluss (Botswana General Certificate of Education) dem deutschen Abitur entspricht. Dieses eröffnet den Weg in die Universität.

In Botswana besteht Schulpflicht bis zum Ende der Grundschule, doch vor allem Kinder, die in abgelegenen Gegenden leben, können ihr nicht nachkommen. Immerhin haben über 90 % der Schulpflichtigen Zugang zu den Grundschulen. Über 60 % besuchen ein weiterführendes Institut.

Sowohl die schulische als auch die universitäre Ausbildung sind gut und werden staatlich gefördert. Bis zum Ende der Grundschule müssen keine Gebühren bezahlt werden, danach werden ca. 95 % der Ausbildungskosten vom Staat getragen. Daher liegt die Analphabetenrate in Botswana im Vergleich zu seinen Nachbarländern mit 13,2 % (2022) auf einem sehr niedrigen Niveau – etwa 80 % aller Menschen über 15 Jahre können lesen und schreiben.

1982 wurde in Gaborone die Universität von Botswana gegründet, die rund 20 000 Abgänger jährlich zählt. Viele Studenten erhalten staatliche Stipendien, um sich im Ausland weiterzubilden. Unterrichtssprachen sind Englisch und Setswana.

Aktuelle Politik

Aufgrund seines guten Wirtschaftswachstums und seiner politischen Stabilität seit der Unabhängigkeit war Botswana in der Lage, Aufruhr, Kämpfe und Proteste wie in den Nachbarländern Rhodesien (heute Simbabwe und Sambia), South West Africa (heute Namibia) und Südafrika zu vermeiden. Sein relativer Wohlstand ließ Botswana außerdem besser gewappnet sein, um der Corona-Pandemie von 2020/2021 zu trotzen. Und seit 2023 steigen die Besucherzahlen endlich wieder an.

Für den Außenhandel hilfreich ist die Zugehörigkeit des Landes zur Zollunion des südlichen Afrikas, der **Southern African Customs Union (SACU),** die das Land eng an die Wirtschaftsmacht Südafrika anbindet. Botswana ist bemüht, das Land für ausländische Investoren zu öffnen und investiert auch selbst auf internationalen Märkten. Als geeinte, friedliche, aufstrebende und demokratische Nation mit einer modernen Wirtschaft, unterstützt von einer perfekten Infrastruktur mit Straßen, Eisenbahnen, Telekommunikation, Wasser- und Elektrizitätsversorgung, ist Botswana nach wie vor einer der Vorzeigestaaten auf dem afrikanischen Kontinent.

Geschichte

Bereits vor etwa 25 000 Jahren war das heutige Botswana von Buschmännern, den San, besiedelt. Sie wurden vor rund 1500 Jahren von aus dem Norden einwandernden Bantu-Stämmen in abgelegene Regionen der Kalahari verdrängt. Zwischen 1885 und 1966 war Bechuanaland britisches Protektorat und erlangte 1966 seine volle Unabhängigkeit.

Besiedlung des Landes

Die San – Botswanas Ureinwohner

Archäologische Funde und Felsmalereien in den Tsodilo Hills deuten darauf hin, dass die nomadischen **San** schon seit fast 100 000 Jahren im Gebiet des heutigen Botswana leben. Viele ihrer Gemälde haben vermutlich eine tiefere Bedeutung und hängen eng mit dem spirituellen Glauben der Buschmänner zusammen, doch eine akkurate Deutung ist bis heute nicht gelungen (s. S. 80). Neuere Aufzeichnungen belegen, dass die San Kupfer aus versteckten Minen in der Kalahari besaßen und dieses gegen Eisen tauschten.

Die Khoi – die ersten Farmer Botswanas

Der gleichen Volksgruppe wie die San entstammen die halbnomadischen oder sesshaften **Khoi,** die bereits 200 v. Chr. Tiere domestizierten. Früher nahm man an, dass sie ihr Vieh von aus dem Norden einwandernden Bantu-Stämmen (s. rechts) akquiriert hatten. Schafknochenfunde auf dem Gebiet des heutigen Botswana datieren aber 3000 Jahre zurück. Da die Bantu-Stämme erst um 500 n. Chr. ins Gebiet der **Khoisan** einwanderten, wie Botswanas Ureinwohner zusammenfassend genannt werden, müssen die Khoi ihr Vieh schon früher erhalten haben, wahrscheinlich aus Ostafrika.

Am Toromoja River und am Boteti River in Botswana siedelte um 1200 eine Gruppe von Khoi, die **Bateti** genannt wurde. Sie züchteten Rinder mit langen Hörnern, Schafe und Ziegen, um Milch, Fleisch und Leder zu gewinnen, ernährten sich aber auch von Fisch, Zebras und anderen Tieren, die sie in Gräben am Flussufer fingen. Ergänzt wurde ihre Nahrung durch Pflanzen, beispielsweise Wasserlilien. Die Bateti hielten sich San-Diener, die für sie jagten und Essen sammelten. Mit den Menschen, die im Nordwesten in Maun und im Südosten lebten, tauschten sie gelegentlich Lederhäute und Elfenbein gegen Eisenwerkzeuge, Kupfer und Tabak.

Bantu-Stämme aus dem Norden

Die Khoisan waren ein friedliches Volk, das in Harmonie mit der Natur lebte. Sie hatten nicht die geringste Chance gegen die dominanteren, sozial organisierten **Bantu-Stämme,** die vor über 1500 Jahren aus dem Kongobecken einwanderten. Jene San, die nicht rechtzeitig flüchten konnten, wurden entweder getötet oder versklavt.

Die Bantu-Stämme brachten ihre Fertigkeiten mit: Töpferei, Viehzucht und Eisenverarbeitung. Während die Bantu-Stämme den Übergang in die Eisenzeit markierten, waren die von den Eindringlingen in die unwirtlichen Regionen der Kalahari vertriebenen Khoisan kulturell noch in der Steinzeit verhaftet.

Eins mit dem Land: die San, Botswanas Ureinwohner

Trotz der Bantu-Dominanz hielt sich die Sprache der Khoi erstaunlich lange. Bis ins 19. Jh. hinein wurde von den Menschen am Boteti River noch immer Khoi gesprochen, was die Theorie unterstützt, dass dort Gemeinden viele Jahrhunderte lang friedlich mit- und nebeneinander gelebt haben. Es gibt auch Hinweise, vor allem in der Sprache und Physiognomie der Menschen, auf die Vermischung beider Volksgruppen.

Batswana

Vor ca. 1000 Jahren entstanden nahe dem heutigen Palapye die ersten Stammesgebiete der **Batswana** mit einer Klassenstruktur. Um 1200 entwickelte sich eine größere Macht, die ihre Hauptstadt **Mmamagwa** auf dem **Mapungubwe Hill** am Zusammenfluss von Shashe und Limpopo etablierte, im heutigen Mashatu Game Reserve.

Klimatische Veränderungen hatten dramatische Folgen für die Mapungubwe-Kultur und die Hügelgemeinde. Mangels ausreichender Regenfälle konnte der Stamm nicht mehr länger Landwirtschaft betreiben und Vieh halten und zog daher Ende des 13. Jh. vom Limpopo Valley nach Nordosten. Mit der Emigration verlagerte sich auch das Handelszentrum und so entstand im heutigen Simbabwe ein neues Machtzentrum. Die Hauptstadt **Great Zimbabwe** war berühmt für ihren Palast, dessen gewaltige Natursteinwände aus über 900 000 Quadern bestanden. Die Great-Zimbabwe-Kultur weitete ihren Einfluss zunächst über ganz Ostbotswana aus, doch politische Unruhen führten sie um 1450 ihrem Untergang entgegen.

Die ersten Städte

Es folgte eine sehr friedliche Zeitperiode, die sich jedoch als Ruhe vor dem Sturm erwies. Die verschiedenen Stämme etablierten sich in den jeweiligen Regionen. Die letzte Volksgruppe, die im 17. Jh. in das Gebiet des heutigen Botswana einwanderte, waren die **Sotho,** ein südafrikanischer Stamm. In dieser Zeit entstanden auch die ersten größeren Städte mit bis zu 15 000 Einwohnern.

Im frühen 19. Jh. waren alle fruchtbaren Regionen im südlichen Afrika von verschiedenen Stämmen besiedelt. Unter den Bewohnern kam es zu ersten kriegerischen Auseinandersetzungen, da jeder am natürlichen Reichtum des Landes teilhaben wollte. Elfenbein- und Sklavenhandel boomten.

Difaqane-Kriege

Das Zeitalter des ›Zermalmens‹

Die Auseinandersetzungen zwischen den Stämmen führten zu den **Difaqane-Kriegen** (*difaqane* = ›zerquetschen‹, ›zermalmen‹), die im frühen 19. Jh. nahezu das gesamte südliche Afrika, einschließlich Botswana, erfassten und fast 20 Jahre lang andauerten.

Ausgangspunkt der in Wellen voranschreitenden Kämpfe war Südafrikas heutige KwaZulu/Natal-Provinz, wo im Jahr 1816 der Zulu-Monarch **Shaka** den Thron übernommen und eine Reihe von Expansionskriegen begonnen hatte, um seine Machtbasis zu erweitern. Shakas gewaltsamer Vormarsch löste einen Dominoeffekt aus, als die von ihm angegriffenen Stämme nach Norden flohen und ihrerseits wieder andere Stammesgebiete eroberten. Unzählige Menschen verloren dabei ihr Leben, Vieh wurde gestohlen oder abgeschlachtet, das Land teilweise niedergebrannt und unbewohnbar gemacht. Die Überlebenden verstreuten sich über das heutige Sambia sowie Simbabwe, Mosambik und Angola.

Völkerverschiebungen gen Norden

Eine der bekanntesten durch die Kriege verursachten Migrationen war die von König **Mzilikazi,** einem ehemaligen General unter Shaka, der 1822 mit seinem Stamm der Ndebele von Südafrika über Botswana nach Bulawayo in Simbabwe zog, wo sie sich niederließen und noch heute leben. Der Auslöser für diese Odyssee war ein Streit zwischen Mzilikazi und Shaka, bei dem es um Weidegebiete für Rinder ging. Mzilikazi fiel in Ungnade und musste mit rund 300 Gefolgsleuten nach Norden fliehen. Unterwegs schlossen sich ihm mehr und mehr Menschen an.

Zunächst ließen sie sich in den südafrikanischen Magaliesbergen nieder, wo Mzilikazi 1826 die Amandebele-Nation (Ndebele-Nation) gründete. 1830 kontrollierte er das gesamte Land zwischen den Flüssen Vaal und Ngotwane. Nach Auseinandersetzungen mit den burischen Voortrekkern (s. u.) musste die Gemeinschaft 1836 jedoch erneut fliehen. Mzilikazi führte sein Volk ins heutige Botswana, wo er die dort lebenden Batswana richtiggehend vor sich hertrieb. Vier Jahre lang zog er eine blutige Spur der Zerstörung durch Botswana, bis er sich 1840 in Bulawayo in Simbabwe niederließ.

Die Batswana kehrten nach und nach in ihre Heimatorte zurück und bauten ihre Gemeinden wieder auf. Allerdings sollte es Jahrzehnte dauern, bis sie ihre alte Stärke wiedererlangt hatten.

Der Große Treck der Buren

Um 1836 stand Shakas Zulu-Reich in seiner größten Blüte. Genau zu diesem Zeitpunkt verließen etwa 20 000 burische Voortrekker das südafrikanische Kap, um der britischen Vormundschaft zu entgehen. Auf ihrem Weg von der Küste ins Landesinnere vertrieben auch sie viele schwarze Stämme.

Die ersten Weißen, hauptsächlich Holländer und Deutsche, landeten am 6. April 1652 mit drei Schiffen an der Stelle, wo heute Kapstadt liegt. Im Auftrag der **Holländisch-Ostindischen Handelsgesellschaft** (Vereenigde Oostindische Compagnie, VOC) sollten sie dort eine Versorgungsstelle für ihre Schiffe einrichten, von einer Kolonie war nicht die Rede. Im Laufe der Zeit entwickelten die weißen **Buren** (vom holländischen Wort für ›Bauern‹) ihre eigene Sprache, das Afrikaans, die einzige afrikanische Sprache germanischen Ursprungs, und vermischten sich mit den Einheimischen. Sie sind der einzige weiße Stamm Afrikas.

Auf der Suche nach besserem Weideland drangen einzelne um 1740 erstmals tiefer ins Landesinnere vor. Sie wurden **Trekburen** *(trek boers)* genannt. Je weiter sie sich von Kapstadt und der ›Zivilisation‹ entfernten, desto mehr passte sich ihr Lebensstil dem der Einheimischen an, sowohl in puncto Kleidung und Hausbau als auch in ihren sozialen Beziehungen.

1795 übernahmen die Engländer am Kap die Macht, doch 25 Jahre später waren noch immer 90 % der weißen Bevölkerung holländischer oder deutscher Abstammung. Mit der Abschaffung der Sklaverei 1834 entzogen die Engländer den Buren die Lebensgrundlage, die auf der Ausbeutung kostenloser Arbeitskräfte basierte. Die Unzufriedenheit wuchs. Auch weil am Kap zunehmend Englisch gesprochen wurde, das nur wenige Buren verstanden. Der Frust gipfelte in einer wahren Völkerwanderung, dem **Großen Treck.** Die an ihm beteiligten Buren wurden **Voortrekker** genannt, im Gegensatz zu den Kap-Buren, die in ihrer Heimat blieben und sich mit den Engländern arrangierten.

Die Voortrekker wollten tief im Landesinnern neue, unabhängige Buren-Republiken gründen. Hunderte schlossen sich dem Großen Treck an, der weniger eine Migration als eine politische Bewegung war. Während die bereits im Landesinnern lebenden Trekburen Steuern an die englische Kap-Regierung zahlten, erkannten die Voortrekker die Kolonialmacht nicht an. Liberale Ideen waren ihnen fremd. Sie reisten mit dem Alten Testament und sahen sich als Gottgesandte in einem heidnischen Land. Ihre neue Gesellschaft sollte streng nach Rassen getrennt sein. Und dank ihrer Feuerwaffen und Pferde hatten sie klare Vorteile gegenüber den afrikanischen Völkern, die wenig erfolgreich versuchten, ihr Land mit Speeren zu verteidigen. Das musste auch Ndebele-Häuptling Mzilikazi erfahren, der nach heftigen Auseinandersetzungen mit den Voortrekkern ins heutige Botswana flüchtete. 1852 etablierten die Voortrekker ihre Buren-Republik schließlich im heutigen Südafrika, Transvaal genannt.

Kolonialzeit

Missionare

1808 entsandte die **London Missionary Society (LMS)** ihren ersten Vertreter, **William Edwards,** nach Kanye südlich des heutigen Gaborone. Aber erst als **Robert Moffat** 1821 eine permanente Missionsstation im südafrikanischen Kuruman etablierte, begann sich das Christentum in Botswana auszubreiten. Forscher und Händler erschlossen die lohnenden Elfenbeinrouten und brachten so ihren christlichen Glauben mit.

1841 kam der schottische Missionar **David Livingstone** nach Kuruman und hatte innerhalb eines Jahres den Batswana-Stamm der Bakwena besucht. Nach seiner Heirat mit Moffats Tochter Mary 1845 ließ sich das Paar in Kolobeng nahe dem heutigen Gaborone nieder, wo es gemeinsam mit den Bakwena lebte. Livingstone gründete die erste Missionsstation und -schule auf botswanischem Boden und organisierte von dieser Basis aus viele seiner Forschungsreisen.

Händler und Abenteurer

Neben den Missionaren waren die ersten Europäer, die nach Botswana kamen, Großwildjäger, Forscher und Abenteurer. Schon zur damaligen Zeit war das Reisen in Botswana sehr kostspielig. Die Reisenden mussten also zu Geld kommen, und was lag da näher, als sich am lukrativen Handel mit Elfenbein zu beteiligen.

Elfenbein war zu diesem Zeitpunkt Botswanas wertvollste Ressource. Ein Stoßzahn konnte für nur einen Schilling bei den Einheimischen erworben und für sechs Pfund weiterverkauft werden. Aber auch die zentralbotswanischen Stämme gelangten auf diese Weise zu Wohlstand, wenngleich sie ihren Gewinn vor allem zum Kauf von Waffen verwendeten. Das Land war zu diesem Zeitpunkt weitgehend besiedelt, und um das Überleben zu sichern, mussten die einzelnen Machtbereiche verteidigt werden – wenn nötig, auch mit Gewalt.

Cecil John Rhodes

Der britische Pionier Cecil John Rhodes

Wie kaum ein anderer Europäer hat Cecil John Rhodes Geschichte und Grenzverläufe im südlichen Afrika beeinflusst. Und er gab gleich zwei afrikanischen Staaten seinen Namen. Simbabwe war bis zur Unabhängigkeit Süd- und Sambia einst Nord-Rhodesien.

Cecil John Rhodes, am 5. Juli 1853 in England geboren, war ein kränklicher Junge. Mit 17 Jahren schickten ihn seine Eltern nach Südafrika auf die Farm seines Bruders in Natal, wo er sich von einer Lungentuberkulose erholen sollte. Dem jungen Mann bereitete das Farmleben jedoch keine Freude – er wollte mehr.

Im südafrikanischen Kimberley waren 1866 große Diamantenvorkommen entdeckt worden. Rhodes begann mit Anteilen an Minen zu handeln und verdiente so viel Geld, dass er schon mit 19 Jahren finanziell unabhängig war. Mit diesem Geld reiste er 1872 zurück nach England, um in Oxford zu studieren. Dort geknüpfte Kontakte verschafften ihm britisches Kapital, mit dem er die Gesellschaft De Beers gründete, um die Aktivitäten in den Minen zu kontrollieren. 1881 schloss er sein Studium ab und kehrte nach Afrika zurück. Ende der 1880er-Jahre besaßen nur noch zwei Männer Claims in Kimberley: Barney Barnato – und Cecil Rhodes. 1888 zahlte Rhodes Barnato für die sensationelle Summe von 5,3 Mio. englischen Pfund aus.

Parallel zu seinem wirtschaftlichen Erfolg war Rhodes auch politisch aktiv. 1890 avancierte er zum Premierminister der Kapkolonie und beherrschte dadurch mehr oder weniger das gesamte südliche Afrika. Seinen Geschäften tat das keinen Abbruch: 1891 gehörten seinem Unternehmen De Beers 90 % aller Diamantenminen nicht nur des südlichen Afrikas, sondern weltweit. Rhodes hatte unermessliche Reichtümer angehäuft, und sein Traum war es, Afrika von Kapstadt bis Kairo britisch werden zu lassen. Das Instrument dazu sollte eine Bahnlinie sein, die den Kontinent von Süd nach Nord durchquerte.

Seine riesigen Gewinne im Diamantenhandel konnte er mit den Goldvorkommen im Transvaal nicht wiederholen. Etwas zu spät erkannte er die gewaltigen Ausmaße der Edelmetallminen, andere waren schneller. Um mehr Einfluss zu gewinnen, plante er in der Buren-Republik einen Putsch, der jedoch fehlschlug. Seiner politischen Karriere in Südafrika schadete das erstaunlicherweise nicht, denn 1898 wurde er erneut ins Parlament der Kapkolonie gewählt. Nur sein Traum eines britischen Empire in ganz Afrika blieb unerfüllt. Rhodes starb am 26. März 1902 in seinem Haus in Muizenberg bei Kapstadt. Seine sterblichen Überreste wurden in den Matopo Hills im Südwesten von Simbabwe beigesetzt – dem Land, das einst seinen Namen trug: Südrhodesien. In seinem Testament vermachte er einen Großteil seines Vermögens der Universität Oxford. Die etwa 3 Mio. Pfund wurden genutzt, um die Rhodes-Stiftung ins Leben zu rufen. Jedes Jahr werden in seinem Namen um die 70 Stipendien vergeben. Die Stipendiaten rekrutieren sich aus den Ländern des Commonwealth, aus Deutschland und den USA. Der wohl berühmteste Rhodes Scholar dürfte der ehemalige US-Präsident Bill Clinton gewesen sein.

Der Kampf gegen die Kolonialmächte war auch ein Kampf um die Identität des Volkes

Immer wieder aufflackernde Scharmützel und die Widrigkeiten der Natur brachten die europäischen Händler und Siedler nicht davon ab, in hölzernen, von Pferden oder Ochsen gezogenen Planwagen durchs Land zu ziehen. Viele Tiere verdursteten, weil zwischen zwei Wasserstellen oft mehr als 50 km lagen, die Tagesetappen jedoch selten mehr als 20 km betrugen. Die Menschen starben an verdorbenem Wasser oder an der von der Tsetsefliege übertragenen Schlafkrankheit. Das Vermögen, das nach ihrer Rückkehr in Kapstadt auf die Händler wartete, schien jedoch alle Mühen wert zu sein: Ein Planwagen konnte bis zu 200 Stoßzähne transportieren, war also ca. 1200 Pfund wert.

1866 wurde das Elfenbein als Handelsgut vom Gold abgelöst. Zunächst stieß man in der Nähe von Francistown in Botswana auf das kostbare Edelmetall, ein paar Jahre später folgten noch vielversprechendere Goldfunde in Simbabwe.

Drohender Identitätsverlust

Der koloniale Druck und die burische Bedrohung bereiteten den Tswana-Königen Khama, Bathoen und Sebele, die das Gebiet des heutigen Botswanas in unabhängigen Königreichen regierten, große Sorge und ließ sie eine Allianz bilden. Auch der britische Unternehmer **Cecil**

John Rhodes (s. S. 59) hatte – nicht ganz uneigennützige – Bedenken wegen der Buren. Er fürchtete, sie könnten ihm bei seinen Geschäftsinteressen, der Förderung von Gold und Diamanten, im Wege sein. Um ihren Vormarsch zu bremsen, überzeugte er im März 1885 die britische Regierung davon, Botswana zum britischen Protektorat **Bechuanaland** zu erklären. Das rettete Botswana vor den Buren und stärkte Rhodes in seinem Bestreben, Bechuanaland in ›sein‹ Rhodesien (heute Simbabwe und Sambia) einzugliedern. Die Einwohner Botswanas hatten somit noch immer das gleiche Problem, allerdings mit einem anderen Widersacher: dem Engländer Rhodes, statt der Buren.

Um dieses Dilemma zu lösen, entschlossen sich die drei Tswana-Könige zu einem gewagten politischen Schachzug: Sie reisten nach England, um die britische Regierung zu bitten, das Protektorat nicht an Rhodes und seine British South Africa Company abzugeben. Die Häuptlinge erhielten zwar Unterstützung von einigen Anti-Sklaverei- und Menschenrechtsgruppen, aber nur der misslungene Jameson Raid (s. unten) in den letzten Tagen von 1895 veranlasste die britische Regierung, dem Gesuch stattzugeben und die Zukunft des Landes als Protektorat ohne Einflussnahme zu sichern.

Um der zunehmenden Stärke der Buren im Transvaal entgegenzuwirken, hatte Rhodes einen ›Ausländeraufstand‹ in der Buren-Republik geplant. Einer seiner Verwalter, ein gewisser Dr. **Leander Starr Jameson,** sollte den Coup von Botswana aus anführen. Die Pläne dazu wurden im Fort von Gaborone geschmiedet, nur ein paar Hundert Meter vom heutigen Riverwalk Shopping Centre entfernt. Der am 29. Dezember 1895 durchgeführte **Jameson Raid** scheiterte und resultierte in einer peinlichen Kapitulation der Engländer am 2. Januar 1896. Dass England ein britisches Protektorat dazu genutzt hatte, ein anderes Land zu attackieren, wurde zum internationalen Skandal.

Die Unabhängigkeit des britischen Protektorats Bechuanaland war erneut bedroht, als 1910 die **Südafrikanische Union** gegründet wurde und England sich mit dem Gedanken trug, das Land an Südafrika abzugeben. Aus Angst, ihren Stämmen könne die gleiche Behandlung widerfahren wie den Schwarzen unter dem südafrikanischen Apartheid-Regime, setzten sich die Tswana-Könige ein weiteres Mal zur Wehr und konnten auch dieses Unheil abwenden. Das Protektorat blieb bis zur Unabhängigkeit Botswanas erhalten.

Vom Kap nach Kairo

Cecil Rhodes' Plan, den britischen Einfluss von Kapstadt bis nach Kairo auszudehnen, gipfelte im Bau der **Victoria Falls Bridge** (s. S. 62) über den Sambesi zwischen dem

Die Brücke

Dort, wo der Sambesi spektakulär 100 m tief in die Batoka-Schlucht donnert, steht eine der berühmtesten und schönsten Brücken der Welt: die Victoria Falls Bridge. Das Meisterwerk der Ingenieurskunst war ein wichtiges Bindeglied in Cecil Rhodes' ambitioniertem Plan, Kapstadt per Eisenbahn mit Kairo zu verbinden.

Als man Cecil Rhodes die Pläne der Brücke über den Sambesi vorlegte, zog er mit einem Stift eine Linie durch den Boiling Pot, den ›brodelnden Kessel‹ im Batoka-Canyon am Fuß der Fälle. »Hier möchte ich die Brücke haben. Ich will, dass die Gischt der Fälle auf die Züge sprüht, wenn diese die Brücke überqueren. Ich möchte, dass die Eisenbahn in der Mitte der Brücke stehenbleibt, damit die Passagiere die Großartigkeit der Fälle sehen und in sich aufnehmen können.« Cecil Rhodes starb zwei Jahre vor Baubeginn im Jahr 1904.

Und wie startet man ein solch ambitioniertes Projekt? Mit einer Rakete. Sie sollte eine dünne Schnur vom Süd- zum Nordufer befördern. Beim dritten Versuch klappte es. Danach wurde an das dünne Seil ein dickeres gebunden und hinübergezogen, dann ein Stahlseil, schließlich ein Kabel. Das Ganze noch einmal in Gegenrichtung und die Verbindung war hergestellt. Mittels beider Kabel transportierte man nicht nur kleine Lasten wie Proviant und Werkzeuge über die Schlucht, sondern auch Menschen. Sie wurden in einem Bootsmannsstuhl sitzend über den Canyon gezogen, bekamen jedoch zuvor aus psychologischen Gründen einen Leinensack um Beine und Brust gebunden. Man weiß heute nicht mehr genau, wer diesen Trip zuerst gemacht hat, wahrscheinlich der Chefingenieur, der als absolut furchtlos galt.

Dem Kabelsystem folgte ein erheblich größeres, elektrisch betriebenes mit Stahlkabeln und Stahltürmen, um Baumaterial von bis zu 10 t Gewicht zu transportieren. Unter den von beiden Flussufern zur Mitte hin wachsenden Brückenträgern wurden riesige Sicherheitsnetze ausgespannt. Und obwohl immer wieder Gerüchte kursierten, dass viele Arbeiter beim Bau ums Leben gekommen seien, wurden tatsächlich nur zwei beim gleichen Unfall von einem Eisenträger erschlagen.

Es dauerte nur 14 Monate, bis die von George Andrew Hobson geplante Brücke am 11. April 1905 fertiggestellt war – damals das weltweit höchste Bauwerk dieser Art mit einer Bogenspannweite von 156,5 m. Ihren ursprünglichen Namen, Zambezi Bridge, änderte man später in Victoria Falls Bridge.

Am 21. September 1908 überquerte das erste Auto die Brücke. Auf dem Mautticket, das damals noch 20 Schilling kostete, stand *»First motor car to cross Zambezi Bridge«*. Am Steuer saß ein Deutscher, der Abenteurer Paul Graetz, der auf dem Weg von Dar es Salam nach Swakopmund war und damit die erste Ost-West-Durchquerung Afrikas mit einem Motorfahrzeug machte.

Ursprünglich im Besitz der Rhodesia Railways, gehört die Victoria Falls Bridge heute zur Hälfte Simbabwe und zur Hälfte Sambia. Die Brücke wird von beiden Regierungen gemeinsam gewartet. Zum ihrem 100-jährigen Bestehen 2008 beauftragte man ein Team von dänischen Ingenieuren damit, die verbleibende Lebensdauer der Brücke zu ermitteln. Das Ergebnis konnte sich sehen lassen: Mit entsprechender Wartung werde sie problemlos weitere 100 Jahre

Eine der berühmtesten Brücken der Welt: die Victoria Falls Bridge über dem Sambesi

überdauern, hieß es in dem Bericht. Dennoch wurde die Brücke 2005 für ein Jahr geschlossen, um Stahlverstärkungen anzubringen. Schwer beladene Lkws hatten zu beunruhigend heftigen Vibrationen geführt, was auf Materialermüdung schließen ließ. Nach einer Investition von 1,7 Mio. US-Dollar wurde die Victoria Falls Bridge 2006 wieder für den Verkehr eröffnet. Alle sechs bis acht Jahre wird sie neu gestrichen, dabei werden in sieben bis acht Monaten gut 6800 l Farbe verbraucht.

Reguläre Züge verkehren heute nicht mehr über die Brücke. Aber nostalgisch angehauchte Dampflokfans kommen trotzdem auf ihre Kosten. Sie können, bei einer Tasse Tee oder einem Drink im historischen Speisewagen sitzend, täglich zwischen dem Victoria-Falls-Bahnhof in Simbabwe und Livingstone in Sambia hin- und herfahren. Auch der südafrikanische Luxuszug Rovos Rail passiert auf seiner großen Afrikatour die Brücke – ein von allen Passagieren geschätztes Highlight der Fahrt.

Die Victoria Falls Bridge ist nach den Wasserfällen die zweitgrößte Attraktion dieser Region. Adrenalinsüchtige können sich am Bungee-Seil 111 m in die Tiefe stürzen. 2010 wurden auf der Nordseite der Brücke eine Aussichtsplattform, ein Restaurant, eine Bar und ein Besucherzentrum eröffnet. Die jüngste Touristenattraktion ist eine interaktive Brückentour, bei der kleine Gruppen, gesichert durch Klettergurte, unter der Brücke hindurchgeführt werden. Die Paviane praktizieren das gurtfrei schon seit der Einweihung des Bauwerks, wenn sie mal eben von Sambia nach Simbabwe – oder umgekehrt – spazieren wollen.

heutigen Simbabwe und Sambia, damals Süd- und Nordrhodesien. Baubeginn war im Juli 1904, komplettiert wurde die Stahlkonstruktion bereits knapp ein Jahr später im April 1905. Die Kosten lagen 1905 bei 72 000 englischen Pfund, heute würde eine vergleichbare Konstruktion rund 25 Mio. Pfund kosten.

Der Erste Weltkrieg im südlichen Afrika

Im Ersten Weltkrieg verlor Deutschland seine beiden afrikanischen Kolonien Deutsch-Südwestafrika (das heutige Namibia) und Deutsch-Ostafrika (das heutige Tansania). Deutsche Soldaten waren von Deutsch-Ostafrika aus weit in britisch regierte Gebiete vorgedrungen und hatten die Unionstruppen immer wieder besiegt. Zwischenzeitlich endete der Erste Weltkrieg mit der Kapitulation der Deutschen am 11. November 1918. Die deutschen Afrikatruppen erfuhren davon erst mit einiger Verzögerung. Erst drei Tage nach der offiziellen Kapitulation in Europa endete der Erste Weltkrieg auch in Nordrhodesien, dem heutigen Sambia. **Paul Emil von Lettow-Vorbeck,** der einzige unbesiegte deutsche General, und der einzige, der erfolgreich britischen Boden erobert hatte, ergab sich am 14. November 1918 um 7.30 Uhr, nachdem er vom Ausgang des Krieges erfahren hatte. Von Lettow-Vorbeck wurde als Löwe von Afrika bekannt (s. S. 66).

Der Weg in die Unabhängigkeit

Britisches Protektorat

Großbritannien verwaltete Bechuanaland 70 Jahre lang, sowohl durch den Englisch-Burischen Krieg (Anglo-Boer War) als auch durch zwei Weltkriege hindurch. Doch irgendwann waren es die Briten leid, weiter Geld in das Protektorat zu stecken. Hauptauslöser hierfür waren die zunehmenden Probleme mit **Seretse Khama,** dem Prinzregenten der Bangwato, der 1948 durch seine Hochzeit mit der Engländerin Ruth Williams eine internationale Krise auslöste (s. unten). Zwar konnte sich die englische Regierung noch dazu durchringen, Bechuanaland vor der Apartheid-Politik Südafrikas zu schützen und das Gebiet nicht an die Südafrikanische Union abzutreten, doch was weiterhin mit dem Protektorat geschehen sollte, war zunächst unklar. Die Briten waren so wenig an Bechuanaland interessiert, dass die ›Kolonie‹ von Mafikeng in Südafrika aus verwaltet wurde – was sie zu einem der wenigen Staaten auf der Welt machte, dessen Hauptstadt außerhalb seiner Landesgrenzen lag.

Sir **Charles Rey,** Protektoratsverwalter der frühen 1930er-Jahre, versuchte Bechuanaland fortschrittlicher zu gestalten und eine Hauptstadt zu etablieren – ohne Erfolg. Erst 30 Jahre später, nach der Unabhängigkeit, sollte ein Ort bestimmt werden, an dem die Hauptstadt Gaborone erbaut wurde.

Die umstrittene Khama-Hochzeit

Eine der bekanntesten Episoden der botswanischen Geschichte jener Zeit ist die internationale Kampagne gegen die Hochzeit von Seretse Khama und **Ruth Williams.** Die beiden lernten sich kurz nach dem Zweiten Weltkrieg in London kennen, wo Khama studierte. Als er kundtat, die Britin heiraten zu wollen, protestierte seine Familie aufs Heftigste – es war Tradition, dass die Frau eines Häuptlings eine von den Stammesführern ausgewählte Motswana sein musste. Auch die Engländer waren strikt gegen die Verbindung, da sie fürchteten, damit die Regierungen in Rhodesien und vor allem in Südafrika zu provozieren: Die Apartheid-Regierungen beider Staaten stellten gemischtrassige Verbindungen unter Strafe. Vor allem an einem guten Verhältnis mit Südafrika war England gelegen, das mit dem Land gerade über einen Plutonium-Deal verhandelte.

Trotz aller Widerstände heirateten Khama und Williams am 29. September 1948. Um das Paar zu trennen, wurde Seretse Khama zu einem offiziellen Staatsbesuch nach England eingeladen. Als er zu seiner Ehefrau in seine afrikanische Heimat zurückkehren wollte, verweigerte man ihm die Einreise. Ruth folgte ihrem Mann nach London, wo beide fünf Jahre lang im Exil lebten. 1956 erhielten sie die Erlaubnis, nach Botswana zurückzukehren, doch zuvor musste Seretse Khama sowohl seine als auch die Ansprüche seiner Kinder auf den Thron abtreten. Dieser Verzicht ermöglichte ihm eine politische Karriere. Kurz nach seiner triumphalen Rückkehr wurde er mit der Gründung einer politischen Partei aktiv. Sein Hauptziel war es, das Land unabhängig zu machen. Seretse Khama wurde später zum ersten Präsidenten Botswanas gewählt und von der Queen geadelt. Er lebte mit seiner Frau Ruth in Botswana, wo sie schließlich von seiner Familie und dem gesamten Volk akzeptiert wurde.

Unabhängigkeit

In den 1960er-Jahren förderte England den Weg von Bechuanaland in die Unabhängigkeit, indem das Protektorat zunächst eine Verfassung bekam. 1960 wurde die erste politische Organisation des Landes gegründet, die **Bechuanaland People's Party (BPP),** von der sich wenig später die **Botswana Independence Party (BIP)** abspaltete. Beide Parteien hatten radikale Programme, die u. a. die sofortige Unabhängigkeit des Protektorats forderten, die Abschaffung des Häuptlingsstatus, die Nationalisierung von Land und die Entfernung von Weißen aus dem öffentlichen Dienst. Mit finanzieller Unterstützung von nationalistischen Bewegungen in Ghana und Tansania nahm die Popularität der BPP vor allem im Osten Botswanas rapide zu.

Seretse Khama erkannte die Gefahr, die von den beiden Parteien für den friedlichen Übergang in die Demokratie ausging, und gründete zusammen mit fünf Gleichgesinnten – Ketumile Masire, A. M. Tsoebebe, Moutlakgola Nwako, Tsheko Tsheko und Goareng Mosinyi – die **Botswana Democratic Party (BDP).** Im Wahlkampf traten sie für einen geordneten und friedlichen Übergang in die Unabhängigkeit unter demokratischen Vorzeichen ein. Alle Gründungsmitglieder waren erfahrene, gebildete Männer mit guten Kontakten sowohl unter Intellektuellen als auch in den ländlichen Gemeinden.

Vor allem die enge, nicht von Konkurrenzdenken belastete Partnerschaft zwischen Seretse Khama, dem Präsidenten der Partei, und Ketumile Masire, ihrem Generalsekretär, verhalf der BDP zu einem starken Stand. In den Oppositionsparteien waren Grabenkämpfe an der Tagesordnung. Die zukünftige Wählerschaft fühlte sich mehr und mehr mit der BDP verbunden, zumal viele Menschen Angst hatten, eine radikale Regierung könne Südafrika herausfordern.

1963 verabschiedete die britische Regierung eine Finanzspritze von 10 Mio. Pfund, um den Übergang in die Unabhängigkeit zu ermöglichen. Zwei Jahre später vollzogen sich in Bechuanaland die ersten demokratischen Wahlen, die erstaunlich friedlich verliefen. Die BDP gewann 28 von 31 Sitzen im Parlament und am 3. März 1965 wurde Seretse Khama der erste Premierminister des neuen Landes. Von diesem Zeitpunkt an konnte sich das Protektorat selbst regieren, bis am 30. September 1966 die Unabhängigkeit erklärt, die **Republik Botswana** ausgerufen und Khama zum Präsidenten erklärt wurde.

Botswana nach der Unabhängigkeit

Der erste Staatspräsident, Seretse Khama, erbte ein armes Land. 1966 lebten ca. 550 000 Menschen in Botswana, die meisten davon Analphabeten. Hinzu kam eine verheerende Dürre. Anfänglich unterstützte Großbritannien die Regierung des neuen Landes, doch schon ein Jahr später wurden in Orapa die ersten Diamanten entdeckt und bereits sechs Jahre nach der Unabhängigkeit war Botswana auch finanziell unabhängig.

Der Löwe von Afrika

Der Erste Weltkrieg endete nicht in Europa und auch nicht am 11. November 1918. Erst am 14. November kapitulierte der letzte – und einzige unbesiegte – deutsche General, und nochmals elf Tage dauerte es, bis er sich den Engländern im heutigen Sambia ergab. Mit seiner Armee von etwa 14 000 Mann hielt Paul Emil von Lettow-Vorbeck bis zu zehn Mal so viele alliierte Soldaten jahrelang zum Narren.

Obwohl wesentlich weniger bekannt, wird der deutsche General Paul Emil von Lettow-Vorbeck (1870–1964) häufig mit Lawrence von Arabien verglichen. Wie jener galt auch er als exzellenter Guerillakämpfer. Im Laufe seiner Dienstzeit war von Lettow-Vorbeck in China, Südwestafrika und Deutsch-Ostafrika stationiert. Unter dem Brandenburger Tor in Berlin bejubelten ihn die Menschen, als er 1919 aus Afrika zurückkehrte.

Die Aufgabe des Generals in Deutsch-Ostafrika bestand darin, möglichst viele alliierte Truppen zu binden, um den Kriegsverlauf in Europa positiv zu beeinflussen. 1914 kämpfte er mit der deutschen Schutztruppe in Südwestafrika (dem heutigen Namibia), bis er im November 1914 Kommandant von Deutsch-Ostafrika (dem heutigen Tansania) wurde. Etwa vier Jahre lang standen ihm und seinen nie mehr als 14 000 Mann – 3000 deutsche Soldaten und 11 000 einheimische Askari – zwischen 130 000 und 300 000 britische, belgische und portugiesische Truppen gegenüber. Von dem vor Südafrika gesunkenen deutschen Kriegsschiff »SMS Königsberg« übernahm er Truppen sowie die Kanonen, die er zu Feldartilleriewaffen umbauen ließ.

Im August 1914 griff von Lettow-Vorbeck die britische Eisenbahn in Kenia an. Drei Monate später landete eine aus englischen und indischen Truppen bestehende Invasionsarmee in Tanga Bay, dem nördlichsten Seehafen der deutschen Kolonie, um Deutsch-Ostafrika zu erobern. Der General zog seine Soldaten vermeintlich zurück, wollte die Briten und Inder jedoch nur weiter ins Landesinnere locken. Seine Finte hatte Erfolg: Die feindlichen Soldaten gerieten ins Kreuzfeuer der Deutschen und zogen sich wieder an die Küste zurück. Dabei erbeutete von Lettow-Vorbeck moderne Waffen und Munition.

In den nächsten Jahren griffen er, seine Soldaten und die preußisch ausgebildeten Askari immer wieder nahezu ungehindert die britischen Kolonien Kenia und Rhodesien an. Sie zerstörten Forts, Eisenbahngleise und -waggons. Mit jedem Angriff wurden die Askari selbstbewusster und erfahrener.

Im März 1916 erhielt der südafrikanische Kommandant Jan Smuts den Auftrag, das Vorbeck-Problem zu lösen. Smuts war im Englisch-Burischen Krieg (1899–1902) selbst Gegner der Briten gewesen, diente aber nun unter der Kolonialmacht. Mit 45 000 Mann startete er seinen Feldzug in Südafrika und war dabei ebenso erfolglos wie die Briten.

1917 erhöhten die Alliierten den Druck auf den General. Trotz verschiedener Attacken von Kenia, Rhodesien, Kongo und Mosambik aus unternahm von Lettow-Vorbeck bis 1918 weitere Angriffe auf rhodesische Forts und nahm eines nach dem anderen ein. Vermutlich wäre diese Siegesserie noch lange so weitergegangen, hätte von Lettow-Vorbeck nicht am 11. November 1918 durch

Von seinen Gegnern gehasst, von den Askari geliebt: Paul Emil von Lettow-Vorbeck

einen britischen Gefangenen vom Waffenstillstand in Europa erfahren. Am 25. November ergab er sich in Mbaala, dem heutigen Sambia.

1935 bot Adolf Hitler von Lettow-Vorbeck den Botschafterposten in England an, doch der eigenwillige Ex-General gab deutlich zu verstehen, er habe mit den Nazis nichts am Hut. Dass er diese Gehorsamsverweigerung überlebte, ist nur seiner Beliebtheit im Volk zu verdanken. Allerdings befand er sich danach beruflich und gesellschaftlich auf dem Abstellgleis und lebte in ärmlichen Verhältnissen. Als sein ehemaliger Gegner Jan Smuts nach dem Ende des Zweiten Weltkriegs hiervon erfuhr, organisierte er mit weiteren britischen und südafrikanischen Offizieren eine kleine Pension für von Lettow-Vorbeck, so sehr respektierten die Alliierten den einstigen Feind.

Mit dem deutschen Wirtschaftsboom in den 1950er-Jahren gelangte von Lettow-Vorbeck wieder zu etwas Wohlstand. Zeit seines Lebens setzte er sich dafür ein, seinen Askari den noch ausstehenden Sold zu bezahlen. Doch erst in seinem Todesjahr 1964 beschloss der Deutsche Bundestag, die überlebenden Askari zu entlohnen. Von den 350 Veteranen konnte nur noch eine Handvoll die Ausweispapiere vorweisen, die sie 1918 vom General erhalten hatten. Andere hatten Stücke ihrer alten Uniform dabei. Da hatte der deutsche Bankier, der das Geld verteilen sollte, eine zündende Idee: Jeder Veteran bekam einen Besenstil in die Hand gedrückt und wurde auf Deutsch angewiesen, das ›Gewehr‹ zu präsentieren – was alle in vollendeter Manier taten.

General Paul von Lettow-Vorbeck starb am 9. März 1964 mit fast 94 Jahren in Hamburg. Er wurde mit militärischen Ehren bestattet. Neben Vertretern der Bundesregierung und der Bundeswehr waren auch einige seiner Askari bei den Begräbnisfeierlichkeiten anwesend, um ihm die letzte Ehre zu erweisen.

Politischer Drahtseilakt

Durch den Bürgerkrieg in Rhodesien während der 1970er-Jahre sowie Apartheid-Regierungen in Südwest- und Südafrika war Botswanas politische Position recht heikel. Flüchtlinge aus den Nachbarländern wurden aufgenommen, aber Botswana weigerte sich, eine Basis für Freiheitskämpfer zu werden. Diese Neutralität wurde oft auf die Probe gestellt, u. a. im Februar 1978, als rhodesische Soldaten über die Grenze kamen und in Lesoma 15 botswanische Soldaten töteten, die sie für Freiheitskämpfer hielten.

1980 erlangte Simbabwe, das ehemalige Südrhodesien, die Unabhängigkeit. Im gleichen Jahr starb Sir Seretse Khama. Wie in der Verfassung vorgesehen, wurde er von seinem Stellvertreter, Sir **Ketumile Masire,** als Präsident ersetzt. Masire wurde mehrfach wiedergewählt und blieb bis 1998 im Amt.

Die größte Herausforderung in seiner Regierungszeit war das Verhältnis zu Südafrika, wo der **African National Congress (ANC)** gegen das Apartheidregime kämpfte. Masire nahm zwar Flüchtlinge auf, erlaubte dem in Südafrika verbotenen ANC aber nicht, Stützpunkte in Botswana zu errichten. Ein Drahtseilakt, denn einerseits galt es gegen die Apartheid anzugehen, andererseits war man wirtschaftlich abhängig vom großen Nachbarn. 1981 bot die damalige Sowjetunion, die ebenfalls den ANC unterstützte, der **Botswana Defence Force (BDF)** Waffenlieferungen an, die diese jedoch ablehnte. Ab 1986 wurde die botswanische Armee von den USA und Großbritannien beliefert, was eine Invasion Südafrikas in Botswana verhinderte.

Grenzkonflikte

An der Ostgrenze Botswanas waren die Beziehungen zu Simbabwes Ex-Präsident **Robert Mugabe** eher gespannt als freundlich. Mit seiner berüchtigten Fünften Brigade terrorisierte er 1981–1988 die Opposition im Matabeleland, eine an Botswana grenzende Provinz Simbabwes. Flüchtlinge strömten ins Land, im März folgte der Oppositionsführer Joshua Nkomo, der gleich darauf nach London ins Exil ging. Mit der Begründung, in den botswanischen Flüchtlingslagern befänden sich Terroristen, lieferten sich simbabwische Soldaten Grenzgefechte mit der BDF.

In den späten 1980er-Jahren drangen immer wieder südafrikanische Truppen nach Botswana ein, um ANC-Anhänger zu eliminieren. Zwei Mal wurden Büros des ANC in Gaborone gestürmt. Erst mit der Unabhängigkeit Namibias 1990 und mit der Freilassung von Nelson Mandela im selben Jahr wurde es politisch ruhiger. 1992 flackerte ein Grenzkonflikt mit Namibia wegen einer winzigen Insel im Chobe River auf. Der Streit um das Eiland, in Botswana Sedudu und in Namibia Kasikili genannt, schaffte es bis zum Internationalen

Gerichtshof in Den Haag, der 1999 eine salomonische Entscheidung traf: Die Insel sei zwar botswanisches Staatsgebiet, doch Wildbeobachtungsboote aus Namibia dürften ohne Grenzformalitäten dort anlegen.

Angola entzieht durch umfangreiche landwirtschaftliche Bewässerungsprojekte dem Okavango River mehr und mehr Wasser, was sich beim Zufluss ins Delta bereits bemerkbar macht. Botswana verzichtet daher im Moment auf bereits angedachte Staudammprojekte.

Botswana heute

Von 1998 bis 2008 regierte **Festus Mogae** das Land. Ihm folgte **Ian Khama,** Seretse Khamas ältester Sohn, ins Amt. Er wurde an der britischen Militärakademie Sandhurst ausgebildet. Im Vergleich zu anderen afrikanischen Potentaten war er erfrischend bescheiden und nah am Volk. Wie gesetzlich vorgeschrieben, trat Ian Khama am 31. März 2018 nach zwei Amtsperioden zu je fünf Jahren zurück. Sein Vize Mokgweetsi Masisi übernahm die Regierungsgeschäfte – so kann afrikanische Demokratie auch funktionieren. Der neue Präsident, der das Amt 2018 übernahm, wurde 2019 vom Parlament offiziell bestätigt. Die größten Herausforderungen für die Regierungspartei BDP sind nach wie vor die Bekämpfung der Aids-Epidemie, die Diversifizierung der Wirtschaft weg von den Diamanten und die bessere Verteilung des vorhandenen Reichtums.

November 2022: Die Ehrenwache nimmt Aufstellung für Botswanas Präsident Mokgweetsi Masisi

Zeittafel

25 000–1000 v. Chr.	Die San leben über ganz Botswana verteilt und lassen Artefakte und Felsmalereien als Zeitzeugen zurück.
1000–1200	Bantu-Stämme wandern aus dem Norden ein und verdrängen die San aus ihren angestammten Gebieten. Im Hügelland bilden sich die ersten Stammesfürstentümer. Mapungubwe Hill wird das wichtigste politische Zentrum im Land.
15.–18. Jh.	Der Stamm der Bakgalagadi siedelt sich im westlichen Transvaal (Südafrika) und im östlichen Botswana an. Die Bantu-Ethnie Batswana migriert westwärts in Botswana und besiedelt das fruchtbare Land.
1816	Shaka besteigt den Zulu-Thron in Südafrika.
1820	Beginn der Difaqane-Stammeskriege.
1841	David Livingstone ist der erste Missionar in Botswana.
1866/67	In Botswana wird Gold entdeckt. Europäische Goldsucher kommen ins Land. Der Bergbau beginnt.
1885	England erklärt Bechuanaland (Botswana) zu seinem Protektorat.
1895	Die Häuptlinge Khama, Bathoen und Sebele reisen nach England, um den Transfer des Protektorats an Cecil Rhodes zu verhindern.
1904/05	Die Victoria Falls Bridge wird gebaut.
1959	Der Kupferabbau beginnt.
1962/63	Gründung der Botswana Democratic Party (BDP) mit Seretse Khama als ihrem Vorsitzenden. Der Bau der Hauptstadt Gaborone beginnt.
1966	Bechuanaland erlangt die volle Unabhängigkeit und wird zur Republik Botswana mit Sir Seretse Khama als erstem Präsidenten.
1967	In Orapa werden Diamanten entdeckt.
1980	Sir Seretse Khama stirbt. Seine Amtsnachfolge tritt Sir Ketumile Masire an.
1995	Die Regierung siedelt Tausende von San in permanente Siedlungen außerhalb des Central Kalahari Game Reserve um – nach Meinung von Kritikern aufgrund von Diamantenfunden.

Botswana wird zum ersten Internationalen Finanzservicezentrum auf dem afrikanischen Festland. Masire tritt zurück und Festus Mogae wird Botswanas dritter Präsident. Aufgrund der Aids-Epidemie fällt die Lebenserwartung von 61 (1993) auf 47 Jahre. **1998**

Sedudu Island wird vom Internationalen Gerichtshof in Den Haag als botswanisches Staatsgebiet bestätigt. **2000**

Debswana, Botswanas Diamantenminen-Gigant, stellt seinen 6000 Arbeitern freie Aids-Medikamente zur Verfügung. 38,5 % aller Erwachsenen im Land haben Aids. **2001**

Botswanas höchster Gerichtshof entscheidet, dass die San wieder in ihrem Stammesgebiet im Central Kalahari Game Reserve leben und jagen dürfen. Die Regierung akzeptiert das nur zögerlich. **2006**

Die UN erlaubt vier afrikanischen Ländern – Südafrika, Namibia, Simbabwe und Botswana – nach einem 18-jährigen Verbot einmalig, 60 t Elfenbein an Japan zu verkaufen. **2007**

Ian Khama, Sir Seretse Khamas ältester Sohn, wird Botswanas vierter Präsident. **2008**

Die Regierungspartei BDP gewinnt die Wahlen und Präsident Khama bleibt bis 2014 Präsident. **2009**

Seit dem 1. Januar werden keine Jagdlizenzen mehr vergeben. Das Nachbarland Sambia folgt diesem Beispiel und erlässt ebenfalls ein Jagdverbot. Ian Khama tritt nach den im Oktober gewonnenen nationalen Wahlen seine zweite Amtszeit als Präsident an. **2014**

»Rhinos without Borders« läuft an, ein Projekt, das die Umsiedlung von 100 Nashörnern aus Südafrika nach Botswana vorsieht. **2015**

Wie es die botswanische Verfassung vorschreibt, gibt Ian Khama nach zwei Amtsperioden von jeweils fünf Jahren das Präsidentenamt am 31. März an seinen Vize Mokgweetsi Masisi ab. **2018**

Bei den Wahlen 2019 wird Mokgweetsi Masisi offiziell zum neuen Präsidenten gewählt. Die Corona-Epidemie 2020/21 wird zu seiner größten Herausforderung. **2019**

Die Jagdquoten für 2023 werden erhöht, 336 Elefanten zum Abschuss freigegeben. Neu mit dabei sind auch Leoparden. 74 der seltenen Großkatzen dürfen 2023 legal von Trophäenjägern gekillt werden. **2023**

Gesellschaft und Alltagskultur

In Botswana leben Menschen verschiedenster Stämme friedlich nebeneinander. Da das Land nie kolonisiert wurde, ist das National- und Selbstbewusstsein der Bevölkerung sehr ausgeprägt. Die Einwohner, ob schwarz oder weiß, sehen sich in erster Linie als Batswana und erst in zweiter Linie als einer ethnischen Gruppe zugehörig.

Ethnische Vielfalt der Batswana

Etwas über 2 Mio. Menschen verschiedenster Herkunft und Stammeszugehörigkeit leben in Botswana, trotzdem gibt es in der Bevölkerung einen bemerkenswerten Zusammenhalt. Die ethnische Vielfalt im Land ist im ersten Moment etwas verwirrend. Immer wieder haben stärkere Stämme schwächere besiegt und vertrieben, was zu dem Flickenteppich der Ethnien im Land beitrug.

Tswana

Die größte ethnische Gruppe im Land ist die der **Tswana,** die gut 75 % der Bevölkerung ausmacht und sich auf zahlreiche Untergruppen und Siedlungsgebiete verteilt. Die zahlenmäßig größte Gruppe bilden die **Bakwena** (›Krokodilmenschen‹), die sich in und um Molepolole konzentrieren. Die **Bangwaketsi** haben ihren Lebensraum in Lobatse und Kanye und die **Bangwato** in Palapye sowie Serowe, von wo auch die Familie von Ex-Präsident Ian Khama stammt. Der größte Teil des Tswana-Volks lebt allerdings im benachbarten Südafrika. Für die traditionell lebenden Tswana ist der Besitz von Rindern extrem wichtig, denn durch die Anzahl der in einer Familie befindlichen Tiere wird die soziale Stellung bestimmt. Übrigens: Wie unschwer zu erkennen ist, leitet sich vom Stammesnamen der Tswana die Bezeichnung Batswana ab, der Name des botswanischen Volks. Ihre Sprache Setswana ist neben der Amtssprache Englisch die wichtigste Verkehrssprache in Botswana.

Bakalanga

Mit ca. 11 % bilden die seit über 1000 Jahren im Nordosten und im Zentrum siedelnden **Bakalanga** oder Kalanga die zweitgrößte ethnische Gruppe im Land. Sie waren ursprünglich im Hochland von Simbabwe ansässig und sind mit den dort noch immer lebenden Shona verwandt. Während der Ndebele-Invasion zur Zeit der Difaqane-Kriege (s. S. 57) flüchteten sie ins heutige Ostbotswana, die Region um Francistown. Von den Tswana unterscheiden sie sich dadurch, dass sie Ackerbau statt Viehzucht betreiben, also Bauern sind. Vieh wird nur zu Opferzwecken und als Zahlungsmittel für den Brautpreis *(lobola)* gehalten. Status und Macht symbolisiert bei den Bakalanga der Besitz von Land.

San

Botswanas erste Siedler, die **San** (›Buschmänner‹), wissenschaftlich auch Khoi-San genannt, lebten einst zurückgezogen und fernab von Dörfern in den unwirtlichsten Gebieten, wo sie ihren Lebensstil als Jäger und Sammler bis in die Gegenwart erhalten konnten. Die San waren perfekt an das harsche Wüstenklima angepasst, zogen durchs Land und ernährten sich von Wildfrüchten, doch in den frühen 1980er-Jahren begann die Regierung damit, die letzten nomadisierenden Familien gegen deren Willen in die ›Zivilisation‹ zu integrieren. Heute sind viele San auf Hilfsprogramme der Regierung angewiesen (s. Thema S. 74).

Bayei, Basubiya und Hambukushu

An den Wasserläufen des Okavango und Chobe leben eng beieinander die Flussstämme der **Bayei, Basubiya** und **Hambukushu.** Alle drei Ethnien wanderten um 1600 aus Namibia und Angola ins heutige Botswana ein. Die letzte Gruppe, 4000 Menschen, floh 1969 vor dem Bürgerkrieg in Angola nach Botswana. Eine historische Verbindung zu anderen Stämmen in Botswana besteht nicht, doch untereinander gibt es viele Ähnlichkeiten. Ihre Sitten und Gebräuche sind praktisch identisch und in jedem Stamm wird jeweils der Sohn der ältesten Schwester des Häuptlings neuer Häuptling.

Bakgalagadi

Als **Bakgalagadi** oder Kgalagadi werden Menschen verschiedener Herkunft bezeichnet, die in der Kalahari leben – der Missionar Robert Moffat vertrat die Meinung, dass die Halbwüste nach dem Stamm benannt ist. Jede der fünf Hauptgruppen siedelt in einer anderen Region. Alle haben sie eigene Stammesnamen und Sitten, und alle sprechen verschiedene Sprachen, die jedoch auf den gemeinsamen Sprachstamm Sotho zurückgehen, eine eigene Sprache und kein Setswana-Dialekt. Die Bakgalagadi leben von Subsistenzwirtschaft und Viehzucht.

Die **Bakgwatheng** siedeln im Osten der Kalahari am Rand der Wüste, wo es noch genügend Niederschläge gibt, um Ackerbau zu betreiben. Außerdem halten sie kleine Herden von Rindern, Schafen und Ziegen, bauen Eisen ab und bearbeiten es.

Die **Bangologa** und **Babolaongwe** pflegen nach wie vor eine nomadisierende Lebensweise, da sie große Herden von Schafen und Ziegen sowie ein paar Rinder besitzen, die sie bei Bedarf auch als Tauschobjekte nutzen.

Die anderen beiden, ebenfalls nomadisierenden Gruppen sind die **Baphaleng** und die **Bashaga.**

Herero

Im Norden Botswanas, rund um den Lake Ngami, lebt ein namibischer Stamm, die **Herero.** Die Mitglieder dieser Splittergruppe flohen großteils zwischen 1904 und 1905 vor der deutschen Kolonialmacht in Namibia. Wie in ihrer Heimat tragen die Frauen das traditionelle wilhelminische Kleid der ehemaligen Kolonisten, eine ›Erfindung‹ der sittenstrengen Emma Hahn, die den deutschen Männern – vor allem ihrem eigenen – den Anblick nackter Brüste ersparen wollte. Nachdem sie den Hererofrauen das Nähen beigebracht hatte, kopierten diese die stoffgewaltigen Kleider, allerdings mit einem afrikanischen Touch: helle, kräftige Farben für das Gewand und eine Kopfbedeckung mit zwei Zipfeln, die die Hörner eines Kalbs symbolisieren sollen. Obwohl die Bekleidung schwer und völlig unpraktisch ist, sieht man sie vor allem in Maun noch recht häufig.

Weiße

Neben den schwarzen Stämmen gibt es in Botswana auch **Weiße,** Nachkommen der ersten Missionare, Farmer und Händler, die sich vor über 100 Jahren im Land niedergelassen haben. Im Vergleich zu den Nachbarstaaten ist ihr Anteil bislang gering, wächst jedoch infolge des Diamantenabbaus und des langsam wieder zunehmenden Tourismus.

Riten und Gebräuche

So vielfältig die Ethnien in Botswana sind, so vielfältig präsentieren sich auch die Riten und Gebräuche. Beinahe jeder Stamm pflegt bestimmte Traditionen, die seit alters von Generation zu Generation weitergegeben werden.

Die San – von der Steinzeit in die Gegenwart

Die Ureinwohner des südlichen Afrikas, die San, waren der botswanischen Regierung aufgrund ihrer Lebensweise als umherziehende Jäger und Sammler immer ein Dorn im Auge. Obwohl ihnen das Oberste Gericht im Jahr 2006 das Recht bestätigte, auf ihrem angestammten Land im Central Kalahari Game Reserve zu leben und zu jagen, kommt es nach wie vor zu Repressalien.

Seit Jahrtausenden wird das südliche Afrika von den San bevölkert und noch heute leben rund 100 000 Buschmänner über Botswana, Namibia und Südafrika verteilt. Mit Ankunft der schwarzen Bantu-Stämme aus dem Norden Afrikas (s. S. 55) und der ersten Europäer aus dem Süden wurden die San mehr und mehr marginalisiert, was sich bis heute nicht geändert hat – ihr nomadischer Lebensstil gilt als Herumtreiberei und wird öffentlich verurteilt, obwohl er Teil einer jahrtausendealten Kultur ist.

Anfang 2013 nahmen paramilitärische Sicherheitskräfte drei San-Kinder fest, weil sie im Besitz von Antilopenfleisch waren, und im März 2013 wurden die von einem San gesammelten Früchte und Beeren beschlagnahmt, mit der Begründung, es handele sich um Nahrung für Tiere und nicht für Menschen. Dabei sind die San auf diese Lebensmittel angewiesen, um ihre Familien zu ernähren. Die Vorgehensweise der Regierung legt den Schluss nahe, dass die Einschüchterungspolitik gegenüber den Ureinwohnern in eine neue Phase geht. Beschwerden der San über Belästigungen, Repressalien und Verhaftungen durch die Regierung nehmen aktuell wieder zu.

Nach dem positiven Ausgang der Gerichtsverhandlung 2006, angestrengt durch eine Gruppe von 159 aus dem Central Kalahari Game Reserve vertriebener San unter Mithilfe von Survival International (www.survivalinternational.org), wurde dieser Gruppe die Rückkehr ins Reservat gewährt. Alle anderen San, die unerlaubt ins Reservat zurückgegangen waren, wurden von Rangern schikaniert, geschlagen oder gar kopfunter aufgehängt und schließlich von der Polizei verhaftet.

Zwar gibt es inzwischen einen Erlass, dass die 2500 ursprünglich im Central Kalahari Game Reserve lebenden San in ihren angestammten Lebensraum zurückkehren dürfen, doch wurde ihnen bislang keine Jagderlaubnis ausgestellt. Zumindest das generelle Jagdverbot in Botswana wurde wieder aufgehoben. Für die Buschmänner bedeuten fehlende Jagdlizenzen entweder Hungern oder Umsiedeln, denn die Armutsprogramme der Regierung kommen nur jenen zugute, die sich freiwillig in die Lager außerhalb des Naturschutzgebiets begeben – von den San Orte des Todes genannt, weil sie dort in erster Linie Alkoholismus, Depressionen und Krankheiten wie Tuberkulose oder Aids erwarten. Von den 1997, 2002 und 2005 aus dem Reservat vertriebenen 2500 Buschleuten lebt die Mehrheit daher außerhalb dieser von der Regierung errichteten Unterkünfte.

Es dauerte bis 2011, bis das Recht der San auf Zugang zu Wasser im Central Kalahari Game Reserve von Botswanas Berufungsgericht anerkannt wurde. Die Brunnen wurden von einem Privatunternehmen gebohrt – von der britischen Firma Gem Diamonds, die 2007 die Förderrechte für Diamanten im Reservat für 35 Mio. US-Dollar von der südafrikanischen De-Beers-Gruppe er-

Rituelle Gesänge und Tänze gehören zum kulturellen Erbe der San

worben hatte, da sich der größte Diamantenkonzern der Welt nicht auf einen Konflikt mit den Ureinwohnern einlassen wollte.

Fraglos hat eine Diamantenmine in einem Naturschutzgebiet negativere Auswirkungen auf die Umwelt als ein paar Hundert traditionell, im Einklang mit der Natur lebende San. Aktuell gibt es Diskussionen, ob die auf dem Land der San geförderten Diamanten Konfliktsteine *(blood diamonds)* sind oder nicht. Die botswanische Regierung beharrt darauf, die Steine seien ›menschenrechtlich‹ sauber. Solange ihr angestammtes Land den San aber keine Lebensgrundlage bietet und sie nicht dorthin zurückkehren können, ist es ihnen auch nicht möglich, eine Fördererlaubnis zu erteilen und von dem Deal zu profitieren.

Dabei sah es vor der zweiten Vertreibungswelle 2002 sehr positiv für die San aus. Die Regierung hatte damals einen Plan ausgearbeitet, der eine Art Biosphärenreservat für das Central Kalahari Game Reserve vorsah. In diesem Gebiet hätten die San mit ihrer traditionellen Lebensweise für ein natürliches Gleichgewicht gesorgt. Letztendlich sind Diamanten für Botswana aber wichtiger als ein paar Menschen. Ein Gerichtsurteil im Dezember 2022 verbot den San nun sogar, ihre Stammesführer im Park beizusetzen.

Ausflüge mit San in den Busch, wie sie von einigen Lodges angeboten werden (s. Aktiv unterwegs s. S. 202), sind ein unvergessliches Erlebnis und für die Ureinwohner Botswanas eine Chance, ihre Kultur zu erhalten.

Der Kgosi – Häuptling der Häuptlinge

Die verschiedenen Tswana-Stämme werden jeweils von einem König regiert, der absolute Autorität genießt, dem **Kgosi.** Ihm unterstellt sind die Häuptlinge und Unterhäuptlinge sowie ein Ältestenrat, die den normalen Stammesmitgliedern vorstehen. Den niedrigsten sozialen Stand hatten früher die Leibeigenen, quasi Sklaven, Malata genannt. Der Kgosi ist nicht nur ein spiritueller Führer, sondern fungiert auch als Richter. In seinen Entscheidungen wird er von einem Regierungsrat unterstützt. Die königliche Würde des Kgosi wird weitervererbt, was bedeutende Familiendynastien entstehen lässt. Der Kgosi hat seine Residenz immer im Zentrum einer Siedlung und neben seinem Haus steht immer die Kgotla (s. u.). Nur der Kgosi darf sich mit einem Leopardenfell schmücken, ein Zeichen höchster königlicher Würde.

Zwar haben sich die Aufgabenbereiche und der Einfluss des Kgosi inzwischen stark gewandelt, doch in traditionellen, dörflichen Gemeinschaften hat er noch immer das Sagen. Und in der Hauptstadt gibt es sogar einen Häuptlingsrat, der beratend an wichtigen Staats- und Regierungsfragen beteiligt ist. Die Mitglieder des sogenannten **House of Chiefs** leben mietfrei im Regierungsviertel von Gaborone und werden, wie Beamte, vom Staat bezahlt.

Kgotla – eine frühe Vorstufe der Demokratie

Das Tswana-Wort **Kgotla** bezeichnet sowohl einen durch Mauern oder Zaunpfähle geschützten Versammlungsort in einer dörflichen Siedlung als auch das, was sich dort abspielt, also eine Art Ratsversammlung. In dieser Mischung aus Amtsgericht und Rathaus werden Gesetze erlassen und Verträge abgeschlossen. Ein ständig brennendes Feuer wärmt Besucher und heißt sie willkommen. Nur Frauen und die rechtlosen Malata dürfen die Kgotla nicht betreten.

Bei den Versammlungen sind freie Meinungsäußerungen nicht nur möglich, sondern erwünscht. Und der Kgosi darf ungestraft kritisiert werden. Es ist sogar möglich, dass er von seinem Stamm abgewählt wird, wenn seine Entscheidungen zu unpopulär werden. All dies sind eindeutige Hinweise dafür, dass die Tswana bereits seit über 1000 Jahren eine Art Männer-Demokratie pflegen. Die Bedeutung der dörflichen Kgotla hat sich bis heute kaum verändert.

Bodenrecht – von Stammes- zu Kronland

Der Kgosi war auch für die Verteilung von Land zuständig. Einmal übertragen, konnte man es seinem Besitzer nur schwer wieder wegnehmen. Wer allerdings seine Heimat verließ, verlor damit auch seinen Grund und Boden, der in den Besitz der Dorfgemeinschaft überging.

Als die Briten das Gebiet des heutigen Botswanas zum Protektorat Bechuanaland erklärten, zogen sie Grenzen, die vorher nicht existierten. Außerdem erklärten sie das Land zum Besitz der britischen Krone, zum sogenannten **Crown Land,** und behandelten es wie ihr Eigentum. Häufig wurde Kronland auch an europäische Siedler verkauft, die dann dort ihre Farmen errichteten, wie im Tuli Block und im Ghanzi Block geschehen. Mit der Unabhängigkeit Botswanas wurde das britische Kron- zum botswanischen Staatsland. Die Verteilung der Grundstücke wird heutzutage durch den **Tribal Land Act** geregelt.

Initiationsriten – der Weg zum Mann

Wie in vielen anderen Stämmen Afrikas gab es früher auch bei den Tswana eine Beschneidungszeremonie, die den Übergang vom Kind zum Mann symbolisierte. In 5- bis 10-jährigem Abstand mussten sich alle 13- bis 18-jährigen Batswana-Jungen dieser nicht ungefährlichen und schmerzhaften Prozedur unterziehen. Nicht selten wurde die Vorhaut mit Speeren entfernt, was zu Infektionen und manchmal auch zum Tod führte. Weitere Opfer forderten die traditionell nachfolgenden Kriegs- und

Jagdspiele. Heute gibt es nur noch bei den in Mochudi lebenden Bakgatla eine modernisierte, medizinisch kontrollierte Variante dieses Initiationsritus.

Regenmacherkulte

Typisch für trockene Länder mit traditionell geprägten Gesellschaften sind die jährlichen Zeremonien des Regenmachens. Immer, wenn die Zeit zum Pflanzen kommt, bitten sowohl der Kgosi als auch der traditionelle Heiler eines Tswana-Dorfs die Geister der Ahnen, die **Badimo,** um Regen. Dann wird eine schwarze Kuh als Opfer dargebracht und ihr Blut wird mit verschiedenen Kräutern vermischt. Später verspritzt man das Blut über dem ausgemergelten Boden. Wenn es daraufhin nicht in den nächsten Tagen zu regnen beginnt, geht man davon aus, dass die Badimo schlecht gelaunt waren und weitere Tieropfer fordern.

Eine etwas andere Regenmacherzeremonie praktizieren die Bakalanga. Sie glauben an **Mwali,** den Sohn Gottes, der in der Lage ist, die Badimo freundlich zu stimmen. Heiler, die spirituell mit Mwali in Verbindung stehen, leben außerhalb der Dörfer in Höhlen. Wenn die Stammesmitglieder bei großer Trockenheit Hilfe brauchen, besuchen sie mit Opfergaben für Mwali den Heiler, der daraufhin in Trance durch ein Feuer tanzt. Diese Zeremonie kann nicht nur Dürren, sondern auch Krankheiten und Unfälle verhindern.

Ahnenkult

Vor allem für die San, aber auch für andere ethnische Gruppen Botswanas ist es völlig selbstverständlich, mit verstorbenen Ahnen Kontakt zu pflegen. Medium sind hierbei die Heiler und ein durch Tanz, Musik und Rauch initiierter Trancezustand. Die Ahnen verkörpern die eigene Herkunft und Identität.

Naturglaube

Wie die Christen beten auch die Tswana nur einen Gott an, **Modimo** genannt, der – wie der Christengott – die Welt erschaffen hat und als ihre stärkste Macht verehrt wird. Modimo wird allerdings nicht als Figur oder Gestalt angesehen, sondern als allgegenwärtige Energie. Diese Kraft erhält Unterstützung von den Geistern der Ahnen, den leicht reizbaren **Badimo,** die es ständig zu beschwichtigen gilt. Im Leben eines traditionellen Tswana werden die Badimo für alles, was passiert, verantwortlich gemacht. Als Mittelsmann zwischen seinen Untergebenen und den Badimo fungiert der Kgosi.

Ähnlich wie im Voodoo-Glauben gibt es bei den Tswana bestimmte Personen, die angeblich das Schicksal von Individuen beeinflussen können, die **Baloi.** Sie werden oft dafür bezahlt, andere Menschen zu verhexen, sei es aus Neid oder Rache. Jeder Baloi hat seine eigenen Rezepte, um Menschen zu schaden. Wie beim Voodoo ist seine Hexerei wirksamer, wenn er etwas von seinem Opfer besitzt, z. B. Haare oder Nägel. Die Handlungen eines Baloi können nur durch einen Heiler, den **Ngaka,** wieder rückgängig gemacht oder gemildert werden. Was rational denkende Europäer möglicherweise als primitiv empfinden, bestimmt den Alltag in Botswana. Die traditionellen Heiler arbeiten übrigens heute eng mit modernen Medizinern zusammen, auch im Hinblick auf die Bekämpfung von Aids.

Sprache

Setswana ist die am weitesten verbreitete Sprache im Land. Alle wichtigen Stämme, zusammen rund 70 % der Bevölkerung, verstehen und sprechen sie. Die dialektalen Unterschiede sind nicht so groß, als dass sie zu Verständnisschwierigkeiten führen würden. Setswana wurde Anfang des 20. Jh. verschriftlicht. In den ersten vier Grundschuljahren wird an botswanischen Schulen in Setswana unterrichtet.

Die offizielle Amts- und Geschäftssprache Botswanas ist jedoch **Englisch,** das fast jeder im Land versteht, spricht und schreibt. Alle großen Zeitungen erscheinen in englischer Sprache, und ab der Sekundarstufe ist das Englische in den Schulen offizielle Unterrichtssprache.

Neben Setswana gibt es noch neun weitere **Bantu-Sprachen** im Land: Tswapong (einige Tausend Sprecher), Kagalagadi (35 000), Birwa (10 000), Kalanga (160 000), Mbukushu (12 000), Herero (31 000), Ndbele (10 000), Yeyi (27 000) und Subiya (12 000). In einigen ländlichen Gemeinden wird auch **Afrikaans** verstanden, da viele Batswana als Gastarbeiter in südafrikanischen Minen arbeiten, wo eher Afrikaans als Englisch gesprochen wird.

Einige San beherrschen noch die jahrtausendealten **Klicksprachen,** von denen es in Botswana 13 verschiedene gibt: !Xoo (4000 Sprecher), =/Hua (1000–1500), //Gana (1000), /Anda (1000), Ksoe (1700–2000), Deti (wenige Hundert), Nama (200–1000), Ganadi (wenige Hundert), Shua (19 000), //Gwi (800), Ju/'Hoansi (4000–8000), Naro (8000) und =/ Kx'au//' (3000).

Wer sich ob der Schreibweise wundert: Die Symbole stehen für die verschiedenen Klicklaute. Sie entstehen dadurch, dass man die Zunge gegen bestimmte Stellen des Mundes presst und dann zurückschnellen lässt – beim / gegen die seitlichen Zähne des Oberkiefers, beim // gegen die Schneidezähne und beim ! gegen den Gaumen. Forscher nehmen an, dass es sich bei den Klicksprachen um die Urform der menschlichen Sprache handelt. Charakteristisch sind für sie auch verschieden hohe Tonlagen (hoch, mittel, tief) als Träger von Bedeutungen.

Der überwiegende Teil der Bevölkerung Botswanas bekennt sich zum christlichen Glauben

Religion

David Livingstone brachte Mitte des 19. Jh. das **Christentum** nach Botswana, das die traditionellen Stammesrituale und die Ahnenverehrung rasch verdrängte. Der erste Motswana, der zum Christentum konvertierte, war Sechele I., der Häuptling der Bakwena – eine wohl mehr politische als spirituelle Entscheidung mit dem Ziel., britisches Wohlwollen und Unterstützung zu erlangen.

Heute ist das Christentum die offizielle Religion im Land und wird von ca. 60 % der Bevölkerung praktiziert. Etwa 29 % der Christen sind Protestanten, gefolgt von Katholiken, Lutheranern, Anglikanern, Methodisten sowie **unabhängigen afrikanischen Kirchen** (11,8 %), die Elemente des Christentums mit traditioneller afrikanischer Religion verbinden. Die meisten Anhänger hat die **Zion Christian Church,** ihre Mitglieder sind am silbernen Stern mit den eingravierten Buchstaben ZCC erkenntlich, der auf ein Stück Stoff aufgenäht ist. Bei der zionistischen christlichen Kirche spielen die spirituelle und körperliche Heilung durch Reinigungsriten eine wichtige Rolle. Bei den Zusammenkünften der Gemeinde wird gesungen und getanzt und dabei fest auf den Boden gestampft, um das Böse niederzutreten.

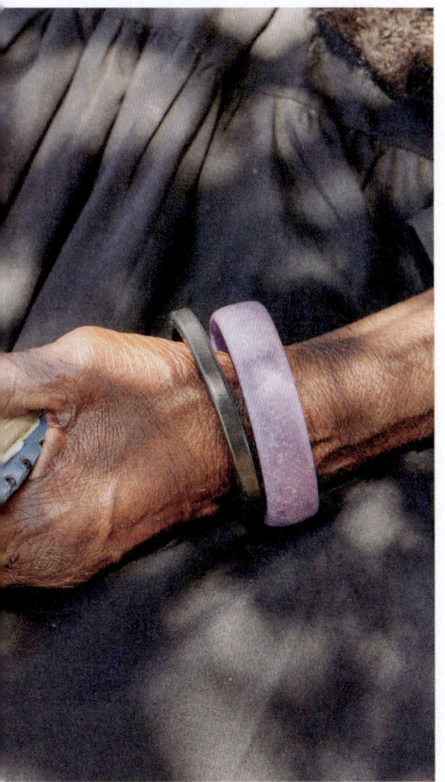

Regional unterschiedlich wird das Christentum durch **Naturreligionen** ergänzt. Es gibt außerdem einige **Moslems,** die ca. 1 % der Bevölkerung ausmachen und vor allem zu Zeiten des Protektorats aus Asien immigrierten. In Gaborone gibt es ein Meditationszentrum der **Buddhisten.** Im Gegensatz zu anderen Ländern Afrikas leben die Angehörigen der verschiedenen Religionen in Botswana friedlich mit- und nebeneinander.

Frauen in Botswana

Historisch begann die botswanische Frauenemanzipation bereits im 19. Jh. Durch Rinderpest und Dürren verloren fast alle Familien ihre Lebensgrundlage und ein Großteil der männlichen Bevölkerung musste sich als Wanderarbeiter in südafrikanischen Minen verdingen. Die Frauen blieben in ihren Dörfern und waren praktisch auf sich alleine gestellt.

Doch in der patriarchalisch ausgerichteten Tswana-Gesellschaft hat es das weibliche Geschlecht schwer. Daran vermochten bislang auch das enorme Wirtschaftswachstum des Landes und eine deutlich verbesserte Schulausbildung nichts zu ändern. Selbst im modernen Botswana sind Frauen, vor allem in verantwortlichen Positionen, Männern gegenüber benachteiligt und verdienen z. B. weniger als ihre männlichen Kollegen. Zwar brechen die traditionellen Rollen allmählich auf, aber bis zur Gleichberechtigung – oder einem weiblichen Regierungschef – dürfte noch einige Zeit vergehen.

Kunst und Kultur

Die ersten Künstler des Landes, die San, hinterließen vor Tausenden von Jahren ihre Malereien und Gravuren auf Felsen und in Höhlen. Zu den lohnendsten Botswana-Souvenirs zählen Holzschnitzereien, Lederartikel und bunt bedruckte Stoffe. In den letzten Jahren hat die Filmindustrie Botswanas faszinierende Landschaft als Drehort entdeckt.

Architektur

Die frühen Dörfer der Ureinwohner, der sesshaft gewordenen San, waren von einer kreisförmigen Dornenhecke eingefasst. Im Zentrum befanden sich von Dornen umgebene Einfriedungen, **Bomas,** in denen das Vieh lebte. Die Khoi selbst wohnten in Rundhütten, die aus mit Matten bedeckten, halbrund gebogenen, flexiblen Holzpfählen errichtet waren. Diese Behausungen konnten ohne allzu großen Aufwand zerlegt und mitgenommen werden, wenn sich der Clan auf die Suche nach neuen Weidegründen oder Wasser machte.

Tswana-Dörfer wurden bevorzugt an Hügeln oder Gewässern angelegt. Die traditionelle Hausform war rund, das Baumaterial bestand aus Lehm und das Dach wurde mit Gras gedeckt. Heute verwendet man zum Hausbau Ziegel aus Lehm, die in Formen hergestellt und in der Sonne getrocknet werden. Nach wie vor ist es in ländlichen Gebieten üblich, die Außenwände und Böden mit Kuhdung zu verputzen. In den feuchten Dung werden oft Muster eingeritzt. Beigemischte Pigmente sorgen für Variationen in den Hausfarben.

In den modernen Orten Botswanas lässt sich heute gut der Übergang von traditionell zu modern nachvollziehen. Mehr und mehr Wellblechdächer ersetzen Gras und statt Lehm und Holz kommen Zement und Fenster in Stahlrahmen zum Einsatz. Aus der englischen Protektoratszeit blieben einige Kolonialbauten erhalten.

Malerei

Felsmalereien

Botswanas bedeutendster Kunstschatz sind die **Felsmalereien in den Tsodilo Hills** (s. S. 258 und Aktiv unterwegs S. 260), einer abgelegenen Gegend im Nordwesten des Landes. Sie dokumentieren auf faszinierende Weise Tausende von Jahren menschlicher Zivilisation und gehören zu den beeindruckendsten Freiluftgalerien der Welt. Sowohl stilistisch als auch in Hinblick auf das Dargestellte unterscheiden sie sich von allen anderen Kunstwerken dieser Art im südlichen Afrika. Vermutlich lebten ihre Erschaffer, die San, so isoliert, dass kaum ein Austausch mit anderen Stämmen vonstattenging. Die heute dort beheimateten San glauben, dass ihr Gott Gaoxa die Malereien geschaffen hat, nicht ihre Vorfahren.

Die Felsmalereien – über 4500 wurden bislang gezählt – schmücken 400 verschiedene Stellen in einem Gebiet von rund 10 km² und bilden damit die weltweit dichteste Konzentration von Felskunstwerken. Zumeist befinden sie sich unter kaum geschützten Felsvorsprüngen und an schwer erreichbaren Felskanten, oft mit spektakulären Aussichten auf die umliegende Wüstenlandschaft – kein üblicher Platz für Rock Art. In den Motopo Hills von Simbabwe beispielsweise oder in den südafrikanischen Drakensbergen wurden Felsmalereien ausschließlich unter geschützten Felsüberhängen und in Höhlen angefertigt.

Im Vergleich zu den afrikanischen Nachbarländern sind die Gemälde von Tsodilo wesentlich schematischer und bergen eine Fülle an vermutlich Trancezustände symbolisierenden geometrischen Mustern. Auch handelt es sich meist um isolierte Motive, während anderswo im südlichen Afrika in der Regel größere szenische Kompositionen zu sehen sind.

Den Schwerpunkt der gemalten Tiere bilden die großen Grasfresser wie Elenantilopen, Nashörner und Giraffen – sie waren wichtiger Bestandteil der Traditionen und des Glaubens der San. Die Bilder zeigen wunderbar die charakteristische Form und die spirituelle Ausstrahlung eines jeden Tiers. Aber es sind auch Elefanten oder Löwen zu sehen, und teilweise hat man den Eindruck, Reiter auf Pferden zu erkennen. Dabei kann es sich eigentlich nur um die Griqua aus Südafrika handeln, die frühesten bekannten Reiter im südlichen Afrika, die in den 1850er-Jahren zur Elfenbeinjagd in diese Region kamen. Relativ neuzeitlich sind auch die Darstellungen von Haustieren, von denen es wesentlich mehr gibt als in anderen San-Galerien im südlichen Afrika.

Sofern menschliche Figuren dargestellt sind, handelt es sich meist um schematisch gezeichnete Männer mit erigierten Penissen. Das wird mit den Trancezuständen assoziiert, in die die San durch rhythmisches Atmen gelangten. In fortgesetztem Trancestadium erblickten die Künstler dann seltsame Tierfiguren, halb Mensch, halb Tier, die sie ebenfalls auf die Felswände bannten.

In Tsodilo sind weiße und rote Gemälde zu finden. Um Erstere zu kreieren, wurde der lokale kreideähnliche Kalkstein *(calcrete)* verwendet. Das rote Pigment gewann man aus eisenhaltigem Hämatit, der in der Hügellandschaft vorkommt. Das Gestein wurde im Feuer erhitzt, um es zu brechen und an das rote Pigment zu kommen. Durch Erhitzen konnte das oxidierte Eisen noch intensiver gefärbt werden. Wie die Farbe anschließend fixiert wurde, ist nicht ganz klar. Auf alle Fälle verband sich das rote Oxid mit der Felswand, auf die es aufgetragen wurde. Zur Anwendung kamen beim Mischen der Farben auch Materialien wie Pflanzensäfte, Blut und heißes Tierfett.

Moderne Kunst

Auch heute besitzt Botswana eine kleine, aber aktive Kunstszene, die international geschätzt ist.

Ein zu weltweitem Ruhm gelangter botswanischer Künstler ist **Isaac Chibua,** der sowohl Bilder malt als auch Skulpturen anfertigt. Ebenfalls einen Namen gemacht hat sich **Reginald Bakwena,** der die Kunstszene des Landes aktiv mitgestaltet. Er wurde u. a. zum Koordinator des Thapong Visual Arts Centre in Gaborone ernannt und organisiert Kunstworkshops in der Hauptstadt.

Kunsthandwerk

Korbflechterei

Die Körbe aus Botswana sind für ihre Qualität bekannt. Sie gehören zu den kunstvollsten der Welt und werden global exportiert. Die Korbflechter sind zumeist Frauen der Stämme Hambukushu und Bayei aus der Okavango-Region. Als Rohmaterialien dienen die Blätter der Mokolwane-Palme, die Färbemittel sind natürlichen Ursprungs. Viele Muster spiegeln die traditionelle Lebensweise und die Umwelt der Flechterinnen wider. Sie zeigen symbolische Darstellungen der Natur und der Wildtiere, aber auch abstrakte geometrische Muster.

Das National Museum in Gaborone (s. S. 127) veranstaltet jedes Jahr die National Basket & Craft Exhibition, wo einige der besten Körbe des Jahres ausgestellt werden. Sehr schöne Korbwaren bekommt man bei Botswanacraft in Gaborone (s. S. 134).

Töpferei

Obwohl nur noch in wenigen botswanischen Haushalten traditionelle Tontöpfe Verwendung finden, wird die Töpferei kommerziell in Kleinunternehmen betrieben. Jeder Hersteller hat sein eigenes Design, entweder traditionell oder modern. Es werden hauptsächlich Töpfe, Tassen, Teller und Vasen aus

Das Kunsthandwerk hat eine lange Tradition in Botswana, vor allem die Korbflechterei

rotem Ton hergestellt, die gebrannt und bunt bemalt werden.

Die Handwerkskunst der Töpferei beschränkt sich nicht auf eine bestimmte Region in Botswana. Bei Gaborone – in Thamaga, Gabane und Notwane – gibt es drei Betriebe, die schon seit vielen Jahren erfolgreich im Geschäft sind. Andere bekannte Töpfereien sind die von Maun, Serowe und Kanye.

Holzschnitzerei

Die Holzschnitzerei ist eine typische Männerarbeit und wird im ganzen Land betrieben. Jeder Schnitzer hat eine eigene Stilrichtung und spezielle Produkte im Angebot, darunter menschliche und tierische Figuren, Spazierstöcke, Stühle, Musikinstrumente, Möbel oder Küchenutensilien wie Schüsseln, Teller und Mörser. Bekannt sind insbesondere die Arbeiten der Holzschnitzer von Gantsi Craft (s. S. 323) außerhalb von Ghanzi, wo in erster Linie Masken und Figuren hergestellt werden. Viele der botswanischen Holzarten kommen bei der Holzschnitzerei zum Einsatz, vor allem jedoch Akazien- und Eisenholz.

Weberei

Obwohl die Weberei eigentlich nicht zu den traditionellen Handwerksformen der ethnischen Gruppen Botswanas zählt, haben sich in den letzten Jahren einige Weberkooperativen etabliert, die qualitativ hochwertige Stoffe aus Wolle und Baumwolle herstellen. Die Farben sind meist afrikanisch-kräftig, die Muster entweder abstrakt oder konkret, z. B. werden gern Szenen aus dem dörflichen Leben dargestellt. Am bekanntesten sind die Lentswe-la-Oodi-Weavers, die ihre Werkstatt etwas außerhalb von Gaborone haben (s. S. 142) und überwiegend Wandbehänge, Bett- und Tischdecken sowie Tücher aus Karakulwolle herstellen.

Lederarbeiten

Die Fülle an Tierhäuten ließ die Batswana schon früh zu diesem Rohmaterial greifen, um daraus Kleidung, Decken, Schlafmatten, Taschen etc. herzustellen. Obwohl im Alltag Stofftextilien inzwischen jene aus Leder abgelöst haben, wird dieses Handwerk nach wie vor betrieben. Es gibt zahlreiche kleine Handwerksbetriebe sowie ein paar kommerzielle Lederfabriken, die Handtaschen, Gürtel, Schuhe und viele andere Produkte produzieren. Pilane Leatherworks außerhalb von Mochudi (s. S. 143) ist eine Fabrik mit Shop, die besichtigt werden kann.

San-Kunsthandwerk

Schon die Vorfahren der Ureinwohner Botswanas haben bei ihren Felsmalereien ein natürliches Kunstverständnis bewiesen. Heute produzieren die San ebenfalls einzigartige Handwerksstücke, sowohl traditionelle Werkzeuge wie Pfeil und Bogen, Grabstöcke, Feuerhölzer oder lederne Schultertaschen, in denen sie einst ihre Nahrung sammelten, als auch Musikinstrumente.

Sehr schön sind auch die feinen Perlenarbeiten *(beadwork)* der San. Aus Straußeneierschalen fertigen die Buschmänner Halsketten, Armreife, Ohrringe, Kopfbänder und andere dekorative Dinge. Gute Orte, um San-Kunsthandwerk zu kaufen, sind Botswanacraft in Gaborone (s. S. 134) und Gantsi Craft in Ghanzi (s. S. 323).

Darstellende Künste

Folklore

Die Batswana haben eine reiche Tradition an Gedichten sowie tänzerischer und musikalischer Folklore, die über Generationen weitergegeben wurden und auch im modernen Leben noch eine bedeutende Rolle spielen. Viele Feste und Zeremonien beginnen mit den Lesungen eines **Mooki,** der in seinen von Musik begleiteten Gedichten allerhand Themen abarbeitet: Lobpreisungen ehrwürdiger Häuptlinge und anderer bedeutender Persönlichkeiten, Rinder, Liebe, Schönheit und das Leben im Allgemeinen. Eine Art traditioneller Rap.

Traditionelle Musik und Tanz haben in Botswana in den letzten Jahren eine Renaissance erlebt und werden inzwischen sogar in Schulen gelehrt. Die verschiedenen Stämme des Landes bereicherten die einheimische Folklore. Farbenfrohe, energetische Tänze werden in Begleitung von Gesang, Trommelschlägen, Fußrasseln, Pfeifen und Klatschen vorgeführt. Rhythmisch und expressiv, werden sie oft auch zum Erzählen von Geschichten oder im Rahmen von Heilritualen eingesetzt.

Eine erfolgreiche Jagd feiern die San mit dem **Hunting and Gathering Dance.** Die Tswana-Gruppen übernahmen diesen ›Jagd- und Sammlertanz‹ von den San, setzen ihn jedoch als **Rain Dance** (›Regentanz‹) ein.

Der bekannteste Tanz Botswanas ist der **Dikoma,** in dem der lokale Kgosi bzw. die Regierung gelobt werden. Die beste Gelegenheit, um all diese Tänze live zu erleben, ist das Kuru Dance Festival (s. S. 105).

Moderne Musik

Auch die moderne **Folkmusik** nutzt nach wie vor die traditionellen Musikinstrumente wie Trommeln, Tanzschellen, Pfeifen, Flöten und Fingerklaviere (die auch ein beliebtes Mitbringsel sind). Der bekannteste Vertreter dieser Musikrichtung ist Ndingo Johwa, ein Mitglied des Kalanga-Stamms.

Aus den Townships Südafrikas kommt der äußerst populäre **Kwaito,** eine Art afrikanischer Hip-Hop. Hier ist Odirile Sento der bekannteste lokale Interpret. Fans des **Reggae** orientieren sich an dem verstorbenen südafrikanischen Star Lucky Dube.

Literatur und Film

Literatur

Wie andere Länder Afrikas besitzt auch Botswana einer reiche Erzähltradition. Geschichten und Lieder wurden über Jahrhunderte mündlich von Generation zu Generation weitergegeben. Schriftliche Aufzeichnungen gibt es erst seit der Kolonialzeit.

Der wohl bekannteste Reiseschriftsteller, der Botswana beschrieben hat, war **David Livingstone** (1813–73). Erst 1958 erschien sein berühmtes Werk auch in deutscher Übersetzung: »Missionsreise und Forschung in Südafrika«.

Auch die jüngere Literatur ist ursprünglich englischsprachig und stammt meist von Autoren, die nicht aus Botswana stammen. Zu ihnen gehören die farbige Südafrikanerin **Bessie Head** (1937–86). Als Tochter eines schwarzen Vaters und einer weißen Mutter wurde sie im Apartheid-Südafrika geboren und zog später nach Botswana, wo sie einige sozialkritische Romane verfasste, die den harten Alltag afrikanischer Frauen aufzeigen. Einer der bekanntesten ist »A Question of Power« (1973).

Der in Simbabwe geborene britische Autor **Alexander McCall Smith** (*1948, www.alexandermccallsmith.co.uk) wurde berühmt durch seine Detektivserie um Mma Ramotswe, »No. 1 Ladies' Detective Agency« und hat mittlerweile mehr als 20 Mio. Bücher in 46 Sprachen verkauft. Seine botswanische Detektivserie wurde auch verfilmt (s. u.).

Film

Der erste internationale, im Land gedrehte Streifen war **»The No. 1 Ladies' Detective Agency«,** der auf den Bestsellern von Alexander McCall Smith basiert (s. o.). BBC und HBO nahmen sich der Verfilmung an, die 2011 in deutscher Synchronfassung erstmals auf ARTE ausgestrahlt wurde. Der 109-minütige Pilotfilm trägt den Namen »Eine Detektivin für Botswana« und wurde gefolgt von den Streifen »Eine Spur aus Gold«, »Mambas und Buschtee«, »Das afrikanische Herz«, »Eine Frage der Moral«, »Schönheit und Tugend« sowie »Ein wahrer Diamant«.

Der 2016 produzierte und zum größten Teil im Land gedrehte Kinofilm »A United Kingdom« erzählt in wunderbaren Bildern die Liebesgeschichte von Seretse Khama, dem ersten Präsidenten Botswanas, und der Engländerin Ruth Williams. Er lief im März 2017 in den deutschen Kinos an (siehe auch Tipp S. 157).

Wissenswertes für die Reise

Einfach mal abtauchen: badendes Flusspferd im Okavango Delta

Auch im Moremi Game Reserve ist Wasser das prägende Element

Ganz nah dran an Flora und Fauna ist man bei einer Pirschfahrt im offenen Safarifahrzeug

Anreise und Verkehr

Einreise- und Zollbestimmungen

... für Botswana

Deutsche, Österreicher und Schweizer erhalten ein kostenloses Touristenvisum bei der Einreise an den Flughäfen Gaborone, Francistown, Kasane und Maun sowie an allen übrigen Grenzstationen (s. S. 95). Die Aufenthaltsdauer ist auf 90 Tage pro Kalenderjahr beschränkt. Der Reisepass muss bei Einreise noch sechs Monate gültig sein und mindestens vier freie Seiten aufweisen. Kinder benötigen unabhängig vom Alter ein eigenes Reisedokument. Außerdem muss für Kinder unter 18 Jahren die Original- oder eine beglaubigte Kopie der Geburtsurkunde mitgeführt werden, aus der hervorgeht, wer die Eltern sind. Bei Einreise mit nur einem Elternteil oder anderen Erwachsenen als den Eltern ist eine beglaubigte Vollmacht des anderen Elternteils bzw. des/der Sorgeberechtigten vorzulegen. Sind die aus der Geburtsurkunde hervorgehenden Eltern nicht sorgeberechtigt, muss außerdem der gerichtliche Sorgerechtsbeschluss oder ein sonstiger amtlicher Nachweis des Sorgerechts im Original oder als beglaubigte Kopie mitgeführt werden (alle Unterlagen müssen mit amtlicher Übersetzung ins Englische vorliegen).

Wer mit dem Auto nach Botswana einreist, muss ein Formular ausfüllen, in dem die Passdaten aufgelistet sind. Zusätzlich muss der Fahrer die Fahrzeugdaten in ein Logbuch eintragen. Tipp: einen schwarzen Stift dabeihaben, denn diese sind rar und man darf die Formulare nur in dieser Farbe ausfüllen. Falls einem das Auto nicht selbst gehört, was fast immer der Fall ist, muss man neben dem Fahrzeugbrief unbedingt die Grenzpapiere vom Vermieter bzw. Besitzer des Autos mitführen, die den Fahrer autorisieren, den Wagen temporär auszuführen *(letter of authorisation)*.

Je nach Hubraum wird noch eine Straßensteuer *(road tax)* von 165 Pula fällig. Sie muss in bar oder mit Kreditkarte bezahlt werden.

Eingeführt werden dürfen pro Person 2 l Wein, 1 l Bier und Spirituosen, 400 Zigaretten, 50 Zigarren, 250 g Tabak, 50 ml Parfüm, 250 ml Eau de Toilette, 1 kg Seife. Landes- und Fremdwährung dürfen uneingeschränkt eingeführt, müssen aber deklariert werden. Die Ausfuhr der Landeswährung ist auf 50 Pula, die von Fremdwährung auf den bei Einreise deklarierten Betrag begrenzt. Die Einfuhr von Waffen ist nur für Jagdzwecke erlaubt und bedarf einer gebührenpflichtigen, auf vier Wochen begrenzten Genehmigung. Weitere Infos unter www.burs.org.bw oder bei der Botschaft.

... für Südafrika

Kein Visum erforderlich. Die maximale Aufenthaltsdauer beträgt 90 Tage. Der Reisepass muss noch mindestens 30 Tage gültig sein und bei der Einreise noch mindestens zwei freie Seiten haben. Kinder benötigen ein eigenes Reisedokument, die originale Geburtsurkunde und eine beglaubigte Kopie davon auf Englisch. Reist ein Minderjähriger nicht in Begleitung beider sorgeberechtigter Elternteile, muss außerdem nachgewiesen werden, dass der nicht anwesende Elternteil mit der Reise einverstanden ist (das erfolgt über eine eidesstattliche Versicherung mit beglaubigter Passkopie und Kontaktdaten) bzw. dass die Einverständniserklärung nicht erforderlich ist (hierzu benötigt man einen gerichtlichen Beschluss über alleiniges Sorgerecht, eine Sterbeurkunde oder Negativbescheinigung des deutschen Jugendamts, wenn die minderjährige Person in Deutschland wohnhaft ist). Diese komplizierte Regelung wurde bereits mehrfach abgeschafft, aber es gibt immer wieder Offizielle, die bei der Einreise darauf bestehen. Also sollte man auf Nummer sicher gehen und sie dabeihaben.

… für Namibia

Kein Visum erforderlich. Die maximale Aufenthaltsdauer im Land beträgt 90 Tage. Der Reisepass muss noch mindestens sechs Monate gültig sein und mindestens zwei freie Seiten aufweisen. Kinder benötigen ein eigenes Reisedokument. Selbstfahrer müssen bei der Einreise eine Straßensteuer von 371 N-$ pro Fahrzeug bezahlen. Südafrikanische Rand werden akzeptiert.

… für Sambia

Deutsche, Österreicher und Schweizer benötigen seit Januar 2023 für einen Aufenthalt von bis zu 30 Tagen (90 Tage für Österreicher) kein Visum mehr. Bei der Einreise muss der Reisepass noch mindestens sechs Monate gültig sein. Kinder benötigen ein eigenes Reisedokument.

Selbstfahrer haben eine CO2-Steuer *(carbon tax)* zu bezahlen, die etwa 400 Kwacha pro Auto beträgt und nur in Kwacha oder in bar entrichtet werden kann. Manchmal wird auch in die Papiere gestempelt, dass der Betrag bei der Ausreise zu bezahlen ist – einfacher ist es jedoch, dies sofort zu erledigen. Für die Straßensteuer werden 477 Kwacha bzw. die entsprechende Summe in US-$/Euro fällig.

… für Simbabwe

Deutsche, Österreicher und Schweizer benötigen ein gebührenpflichtiges Visum, das bei der Einreise an allen Grenzen erteilt wird und 30 Tage gültig ist. Die anfallenden Kosten – für eine Einreise 30 €, für zwei Einreisen 45 € – müssen in bar und in Devisen bezahlt werden. Reisepässe müssen bei der Einreise noch mindestens 30 Tage gültig sein. Kinder benötigen ein eigenes Reisedokument. Selbstfahrer zahlen eine in Euro, US-Dollar oder Rand zu entrichtende Straßensteuer von 270 Rand.

Der Grenzübertritt gestaltet sich etwas ›afrikanischer‹ als anderswo. Besucher müssen an drei verschiedenen Stellen Stempel einholen und Gebühren bezahlen: Immigration, Fahrzeugbehörde und Fahrzeugzulassung für die Straße. Wichtig ist es, relaxt und freundlich zu bleiben.

In Simbabwe kommt es immer wieder zu Engpässen bei der Spritversorgung. Der in diesem Buch beschriebene Exkurs über Simbabwe zu den Victoria Falls ist jedoch unproblematisch. Am besten auf dem Hinweg in Botswana volltanken und dann wieder auf dem Rückweg in Sambia.

Anreise

… mit dem Flugzeug

Europäische Fluggesellschaften fliegen die botswanische Hauptstadt Gaborone nicht direkt an. Die beste Verbindung besteht über Johannesburg in Südafrika. Täglich landen am OR Tambo Internationa Airport (www.ortambo-airport.com) in Johannesburg Flugzeuge von Lufthansa (www.lufthansa.com), British Airways (www.britishairways.com), Swiss (www.swiss.com), KLM (www.klm.com) und Emirates (www.emirates.com). Von Johannesburg aus gibt es mehrmals täglich Verbindungen nach Gaborone sowie regelmäßig nach Maun und Kasane mit Air Botswana (www.airbotswana.co.bw), Comair (www.comair.co.za) und South African Airways (www.flysaa.com). Auch vom Namibias Hauptstadt Windhoek aus wird Botswana regelmäßig angeflogen.

Die Flugzeit von Mitteleuropa nach Johannesburg bzw. Windhoek beträgt 10 Std., nach Kapstadt 12 Std. Von Johannesburg bzw. Kapstadt sind es etwa 2 Std. bis Maun oder Gaborone. Reisebüros bieten vor allem in der Nebensaison günstige Flüge um die 900 € nach Johannesburg an. Die Flüge von Südafrika bzw. Namibia nach Botswana sind mit rund 400 € vergleichsweise teuer.

… mit dem Bus

Zwischen Johannesburg und Gaborone verkehren täglich Fernbusse. Ein bewährtes Unternehmen mit sicheren Fahrzeugen ist **Intercape Mainliner.** Online-Reservierungen sind möglich unter www.intercape.co.za (tgl. ab Johannesburg 14.30 Uhr, ca. 21 Uhr Ankunft in Gaborone, ein einfaches Ticket kostet 400–450 Rand).

Unterwegs im Land

... mit dem Flugzeug

Kleinflugzeuge sind eines der wichtigsten Verkehrsmittel in Botswana, da sich viele Gebiete, besonders im Okavango Delta, am Chobe River und im Tuli Block, nur auf dem Luftweg erschließen lassen. Es gibt zahlreiche Chartergesellschaften, vor allem in Maun, aber auch in Gaborone, Francistown und Kasane. Bezahlt wird für das gesamte Flugzeug und nach Flugstunden. Daher ist es um einiges günstiger, sich zu einer Kleingruppe zusammenzufinden und gemeinsam ein Flugzeug zu chartern. Bei einer voll belegten Maschine, die je nach Größe für bis zu acht Passagiere Platz hat, kostet z. B. die Strecke Maun–Kasane ca. 400 € pro Person. Das Gepäck in den kleinen, ein- oder zweimotorigen Flugzeugen ist strikt auf 10 kg pro Person limitiert. Ist die Maschine voll belegt, bleibt Übergepäck zurück. Man sollte sich daher auf das Nötigste beschränken und statt eines sperrigen Koffers eine Tragetasche mitnehmen, die in den kleinen Gepäckabteilen der Flugzeuge leichter verstaut werden kann.

www.airbotswana.co.bw: Website der nationalen Fluggesellschaft Air Botswana mit Online-Buchungsmöglichkeiten.

www.airsafaris.co.za: Maßgeschneiderte Flugsafaris im südlichen Afrika mit jahrzehntelanger Erfahrung offeriert Cross Country Air Safaris, die vom südafrikanischen Pretoria aus operieren.

www.kalahariair.co.bw: Das 1968 in Gaborone etablierte Unternehmen ist der größte Anbieter von Charterflügen in Botswana. Die zweimotorigen Flugzeuge fliegen alle Flugplätze und -pisten im südlichen Afrika an.

www.mackair.co.bw: Mack Air ist seit 1994 im Norden Botswanas aktiv und operiert von Maun aus. Im Okavango Delta ist Mack Air auf Camp-Flugtransfers spezialisiert.

www.wilderness-air.com: Wilderness Air, zuvor Sefofane Air Charters, fliegt seit über 20 Jahren im südlichen Afrika und verfrachtet etwa 75 000 Passagiere pro Jahr in abgelegene Busch-Camps.

... mit dem Mietwagen

Wer Botswana auf eigene Faust unter die vier Räder nehmen möchte, muss sich bereits vor Reiseantritt über seine Route Gedanken machen, denn es ist um einiges günstiger, einen entsprechend ausgerüsteten Geländewagen in den Nachbarländern Namibia oder Südafrika anzumieten als in Botswana, wobei die Preise in Johannesburg nochmals etwas niedriger sind als in Windhoek. Außerdem ist die Auswahl in diesen beiden Städten viel größer als in Gaborone oder Maun. Bei einer solchen grenzüberschreitenden Tour empfiehlt es sich dann natürlich, einen Flug von Europa nach Johannesburg oder Windhoek zu buchen. Ein Großteil der Autoverleiher bietet die Möglichkeit, den Wagen beispielsweise in Südafrika anzumieten und in Namibia abzugeben. Hierfür wird zusätzlich zur Tagesgebühr eine Einwegmiete erhoben, die bei umgerechnet ca. 450 € liegt. Der Preis für 1 l Benzin oder Diesel beträgt derzeit etwa 14,60 Pula.

Botswanas Straßennetz umfasst insgesamt gut 19 000 km, doch nur etwa ein Viertel davon ist geteert, was das Land zu einem Geländewagenparadies macht. Sobald man abseits befestigter Strecken unterwegs ist, wird ein 4x4 notwendig. Reisenden mit einem normalen Pkw bleibt ein Großteil der faszinierenden Landschaften verschlossen.

Alle 4x4 werden mit folgender Campingausstattung vermietet: (Dach-)Zelt, Matratzen, Campingtisch und -stühle, komplettes Küchenset, Gaskocher und -licht, zwei Gasflaschen, Grillset, Wasserkanister, staubfreie Box und – ganz wichtig für das kalte Bier oder den gekühlten Sauvignon Blanc mitten im Busch – ein 12-Volt-Kühlschrank mit Gefrierfach.

Ein ideales Geländefahrzeug für Anfänger ist der Suzuki Jimny (120 €/Tag). Der kleine Wagen ist im Gelände sehr kompetent, allerdings gibt es ihn nicht mit Dach-, sondern nur mit frei aufstellbarem Zelt zu mieten. Landestypisch und noch relativ günstig sind die Isuzu-, Nissan- oder Toyota-Pick-ups (240 €/Tag). Etwas mehr kosten der Land Rover Defender (260 €) und der Toyota Landcruiser (270 €), ebenfalls inkl. Dachzelt und Campingausrüstung. Zu den Tageskosten kommt noch eine Eigenbeteiligung für die Vollkaskoversicherung hinzu, die durch zusätzliche tägliche Zahlungen vermindert werden kann. Die Vermieter verlangen dafür eine Kreditkartenkaution. Aufgrund der Hitze empfiehlt es sich, ein Auto mit Klimaanlage zu nehmen.

Reisende mit nur rudimentären Englischkenntnissen sollten das gewünschte Fahrzeug bereits in Deutschland anmieten und bezahlen. Bei der Abholung müssen unbedingt alle Tipps unter ›Zustandsprüfung‹ (s. S. 92) beherzigt werden. Ist man mit seinem Mietwagen nicht zufrieden, kann man nach der Rückkehr in Deutschland Regressansprüche beim Reiseveranstalter geltend machen. Bei einer Direktmiete im südlichen Afrika ist das ein Ding der Unmöglichkeit.

4x4-Vermieter in Südafrika und Namibia
Auf der Website www.natron.net/autos.htm sind diverse 4x4-Vermieter gelistet, die Geländewagen mit und ohne Ausrüstung in Gaborone, Maun und Kasane vermieten.

Avis 4x4: www.avis.co.za. Große Auswahl an guten Geländewagen mit Campingausrüstung, GPS und Landkarten. Filialen in Johannesburg, Kapstadt, Windhoek International Airport, Windhoek City, Lüderitz, Walvis Bay, Swakopmund und Tsumeb.

Asco Car Hire: 195 Manduma Ndemufayo Av., Windhoek, Namibia, Tel. 00264 61 37 72 00, www.ascocarhire.com. Der größte Geländewagen-Verleiher im südlichen Afrika hat vollausgestattete Toyota Land Cruiser, Toyota Fortuner und Doppelkabiner-Pick-ups im Programm. Website auch auf Deutsch, Vermietung von Ausrüstung.

Britz: Johannesburg, Südafrika, Tel. 0027 11 230 52 00, www.britz.co.za. Toyota Hilux in verschiedenen Ausstattungsvarianten sowie Toyota Land Cruiser und Fortuner, aber auch Nissan X-Trail, Qashqai und Renault Duster. Büros in Kapstadt, Johannesburg und Windhoek. 24-Stunden-Pannenservice oder Ersatzfahrzeug in Botswana.

Bushtrackers: Johannesburg, Südafrika, Tel. 0027 83 641 76 72, www.bushtrackers.co.za. Toyota Hilux Doppelkabiner, Hilux Safari-Camper, Fortuner, Landcruiser Standard & Camper.

Africar Hire: 7 Tienie Louw St., Windhoek, Tel. 00264 81 124 10 75, www.africar-carhire.de. Drei klassische Toyotas im Programm: Hilux, Fortuner und Land Cruiser (zwischen 1580 und 2890 N$ pro Tag, plus Camping-Ausstattung), bei längerer Miete günstiger. Website auch auf Deutsch, freier Flughafentransfer, unbeschränkte Kilometer und 24 Std. Pannenservice.

Namibia 2 Go Car Rental: Windhoek, Tel. 00264 61 42 72 20, www.namibia2go.com. Der Vermieter hat den coolen, aber sehr guten Mini-Offroader Suzuki Jimny im Programm (ab 1061,50 N$ pro Tag, plus Camping-Ausstattung), die komplett zum Camping ausgerüsteten Doppelkabiner-4x4-Pick-ups gibt es ab 2142,80 N$ pro Tag. Unbeschränkte Kilometer, Airport-Transfer.

Kwenda Safaris: Johannesburg, Südafrika, Tel. 0027 44 533 54 16, in Deutschland 08856 936 77 20, www.kwenda.co.za. Land Rover mit Vollausstattung, Fahrzeugrückgabe in Windhoek möglich, Website auf Deutsch.

Off Road Africa: Kapstadt, Südafrika, Tel. 0027 21 657 17 77, www.offroadafrica.com. Voll ausgestattete Land Rover Defender und Toyota Hilux.

Autoverleiher in Botswana
Normale Pkws und Geländewagen gibt es, etwa 25 % teurer als in Südafrika oder Namibia, auch in Botswana zu mieten bei:

Avis Car Rental: Gaborone, Francistown, Kasane und Maun Airports, www.avis.co.za.

Budget Car Rental: Gaborone, Francistown und Maun Airports, www.budget.co.za.

Europcar: Gaborone Airport, www.europcar.co.za.

4x4 Rental Maun: www.4x4hire.co.za/rentals/4x4-botswana/maun. Das Unternehmen bietet voll ausgestattete, allradgetriebene Doppelkabiner-Pick-ups an. Ohne Kilometerbegrenzung und ebenfalls mit Pannenservice.

McKenzie Self Drive 4 x 4: Maun, Tel. 068 618 75, www.mckenzie4x4.com. Voll

Wer hat hier Vorfahrt? Im Zweifelsfall sollte man den Rückwärtsgang einlegen

ausgestattete Toyota Landcruiser mit Campingausstattung, Satellitentelefon und GPS. Außerdem 24-Std.-Pannenservice. Die Autos können mit oder ohne Guide gemietet werden. Als besonderen Service bietet Self Drive Adventures Routenplanung und Campingplatzbuchung an.

Zustandsprüfung

Egal was für ein Auto angemietet wird: Ganz wichtig ist der Zustand des Wagens. Grundsätzlich kommt kein Fahrzeug infrage, das älter als drei Jahre ist. Durch die rauen Straßenverhältnisse in Botswana altert ein Mietwagen, der ohnehin eine hohe jährliche Kilometerleistung erbringen muss, extrem schnell, wird unzuverlässig und anfällig für Schäden.

Auf den ersten Blick erkennen lässt sich die Qualität der Reifen. Sind diese bereits stark abgefahren und ist eine längere Tour geplant, sollte unbedingt darauf bestanden werden, dass die Reifen erneuert werden. Ganz wichtig ist auch die Qualität des Reservereifens und des Wagenhebers. Informieren Sie sich vor Beginn Ihrer Tour beim Autovermieter in jedem Fall über den optimalen Reifendruck für Ihr Fahrzeug bei unterschiedlichen Straßenverhältnissen, um ärgerliche und unnötige Reifenpannen zu vermeiden. Für ein beladenes Allradfahrzeug empfehlen sich 2,5 bar auf Teerstraßen, 1,8 bar auf Schotterstraßen, 1,5 bar in felsigem Gelände und bis zu 0,8 bar im tiefen Sand, da der Reifen durch weniger Luft mehr Grip bekommt und elastischer wird – was ihn allerdings auch verletzlicher macht, wenn spitze Steine überfahren werden. Für einen kleinen Aufpreis sollte man einen Kompressor für das Aufpumpen der Reifen mit anmieten. Wer einmal versucht hat, einen Autoreifen mit einer Handluftpumpe bei 45 °C mit Luft zu füllen, weiß, warum.

Der nächste Schritt bei der Wagenprüfung: Weist die Windschutzscheibe bereits kleinere Schäden auf? Dann wird der nächste vom

Vordermann aufgewirbelte Stein ihr den Rest geben. Und Glasschäden sind bei den Mietwagen-Versicherungen meist ausgenommen, ebenso wie beschädigte Reifen.

Genauer betrachten sollte man auch die Unterseite des Wagens, da fast jeder Vermieter Unterbodenschäden in Rechnung stellt. Die Entscheidung für einen kleineren und günstigeren Pkw kann am Ende der Reise ein teures Erwachen mit sich bringen, da bei den Straßenverhältnissen in Botswana Schäden an der Unterseite eines normal hohen Pkws praktisch nicht zu vermeiden sind. Allein aus diesem Grund empfiehlt es sich, ein größeres und höhergelegtes Fahrzeug anzumieten. Hinzu kommt der Sicherheitsaspekt. Auch unter Tag queren Wildtiere die Fahrbahn und in einem größeren Fahrzeug ist man bei eventuellen Zusammenstößen wesentlich besser geschützt.

Versicherungen und Sicherheit

Empfohlen wird eine Vollkaskoversicherung mit Eigenbeteiligung bei Totalschaden. Vor der Übernahme des Fahrzeugs ist es daher sehr wichtig, jeden Schaden und Kratzer am Auto in einem Zustandsprotokoll aufzulisten, damit es später nicht zu Diskussionen mit dem Vermieter kommt.

Da die Diebstahl- und Hijack-Rate in Botswana, vor allem jedoch in Namibia und Südafrika recht hoch ist, werden Mietfahrzeuge aufgrund hoher Prämien oft nicht oder nur gegen Aufpreis diebstahlversichert. Viele Vermieter rüsten ihre Fahrzeuge mit Wegfahrsperren und Alarmanlagen aus, die man sich vor Fahrtantritt genau erklären lassen sollte. Ob man das Risiko eingeht oder eine Versicherung abschließt, muss jeder für sich entscheiden.

Unterwegs sollten bestimmte Verhaltensregeln beachtet werden: unter keinen Umständen Tramper mitnehmen. Wer anhält und aussteigt, sollte das Auto immer abschließen, auch wenn es sich nur um wenige Minuten handelt. Nichts sichtbar im Wagen liegen lassen. Außerhalb geschlossener Ortschaften sollte man nachts nicht mehr in einem Fahrzeug unterwegs sein, um der Gefahr eines Wildunfalls aus dem Weg zu gehen.

Pannenhilfe

Man sollte unbedingt darauf achten, dass der Vermieter auch an Sonn- und Feiertagen einen möglichst kostenlosen 24-Stunden-Pannendienst anbietet und über ein eigenes Abschleppfahrzeug verfügt. Denn wer möchte schon gerne nach einem Unfall tagelang in einer abgelegenen Gegend auf Hilfe warten müssen? Am sichersten ist es daher, zusammen mit dem Wagen ein Satellitentelefon anzumieten, da dann überall im Land Hilfe angefordert werden kann – die Reise wird dadurch deutlich entspannter. Für den Fall des Falles sollten aber unbedingt genügend Trinkwasser und Proviant zur Ausrüstung gehören. Optimalerweise kann der Vermieter auch einen Ersatzwagen stellen.

Infos für Selbstfahrer

Verkehrsregeln

Ein internationaler Führerschein muss immer mitgeführt werden. In Botswana herrscht Linksverkehr, desgleichen in Südafrika, Namibia, Sambia und Simbabwe. Dennoch gilt: rechts vor links.

Ein Handy am Ohr wird genauso streng geahndet wie Fahren ohne Sicherheitsgurt. Das Transportieren von Personen auf dem Autodach ist untersagt. Außerhalb geschlossener Ortschaften kontrolliert die Polizei häufig die Geschwindigkeit mit Radarpistolen. Die Tempolimits betragen 120 km/h außerhalb von Orten, 100 km/h kurz vor Orten, 60 km/h auf den Durchfahrtsstraßen in Städten und Dörfern bzw. 30 km/h in bebauten Gebieten. In Nationalparks und Game Reserves ist die Geschwindigkeit generell auf 40 km/h begrenzt. Strafen für Geschwindigkeitsübertretungen sind sofort in bar und in Pula zu entrichten. 10 km/h mehr als die erlaubte Geschwindigkeit belasten die Reisekasse bereits mit 350 Pula. Wenn nötig, werden Verkehrssünder von der Polizei gar zum nächsten Geldautomaten eskortiert. Entgegen anderslautenden Berichten gibt sich die Polizei in Botswana – und in den Nachbarländern – gelegentlich auch mit einem kleineren als dem geforderten Betrag zufrieden, dafür bekommt man dann keine Quittung.

Geländewagen-Fahrtipps

Auf Schotterpisten wirbeln entgegenkommende oder vorausfahrende Fahrzeuge manchmal riesige Staubwolken auf, die die Sicht erheblich beeinträchtigen. Um Kollisionen zu vermeiden, die Geschwindigkeit drosseln, auf keinen Fall überholen und im Zweifelsfall lieber kurz anhalten.

Auf sandigem Untergrund fährt es sich wesentlich leichter, wenn der Reifendruck zuvor auf etwa 0,8 bar reduziert wurde. Bei älteren Geländewagen mit manuellen Freilaufnaben darauf achten, dass diese im Offroad-Betrieb auf ›Lock‹ stehen, bei neueren Fahrzeugen geht das automatisch oder per Knopfdruck im Cockpit. Im Sand in bereits existierenden Spuren fahren und das Lenkrad nicht verkrampft festhalten, dann sucht sich der Wagen seinen Weg durch die Spuren. Falls man einzusanden droht, kein Gas mehr geben, damit sich der Wagen nicht bis zu den Achsen eingräbt. Ansonsten im Sand immer zügig fahren und erst anhalten, wenn der Untergrund wieder fester wird. Morgens ist Sand übrigens immer tragfähiger als nachmittags, wenn ihn die Sonne ausgetrocknet hat.

Bei Schlamm verhält man sich ähnlich wie bei Sand: zügig Gas geben und nicht anhalten. Angetrockneten Schlamm an den Reifen regelmäßig mit einem Stock oder Schraubenzieher entfernen, da es sonst zu einer Unwucht und zu unruhigem Fahrverhalten kommen kann.

Die Pisten auf und in der Nähe der Salzpfannen sind schon nach leichtem Niederschlag unpassierbar. Doch auch wenn es lange nicht geregnet hat, können sich unter der abgetrockneten Oberfläche Schlammpartien verbergen, weswegen man größere Salzpfannen am besten nur auf bestehenden Pisten oder am Rand, in der Nähe zu festem Untergrund durchfährt.

Auf felsigem Untergrund sollten die Reifen Straßenluftdruck haben. Bei starkem Gefälle mit dem ersten Kriechgang im Untersetzungsgetriebe und wenig Gas fahren. Um Aufsetzer zu vermeiden, sollte der Beifahrer aussteigen.

Flüsse nur dann queren, wenn sie nicht zu tief sind – bei Unsicherheit erst einmal abwarten, wie andere Fahrzeuge durchkommen. Zu Beginn der Regenzeit bergen überschwemmte Pisten im Okavango Delta und im Moremi Game Reserve zusätzliche Überraschungen in Form von Krokodilen und Flusspferden – auf keinen Fall den Fluss durchwaten, um die Wassertiefe zu checken. Ist sie in Ordnung, den niedrigsten Kriechgang wählen und langsam, aber mit gleichmäßigem Gasgeben durchfahren. Die Luftzufuhr muss immer deutlich über dem Wasserspiegel liegen, damit der Motor kein Wasser ansaugt. Deshalb montieren viele Verleiher einen Ansaugschnorchel an ihre Mietwagen – jene schwarzen Plastikungetüme, die aus der Motorhaube nach oben führen.

Zwischen März und Juni, also direkt nach der Regenzeit, wächst überall auf den Pisten Gras. Beim Fahren bläst es die Samen vor den Kühler, abgerissenes Gras bleibt unter dem Fahrzeug hängen, der Motor erwärmt sich mehr und das trockene Gras kann sich am oft glühend heißen Auspuff entzünden und den Geländewagen in Brand setzen. Also etwa alle 10 bis 15 km anhalten und den Wagen kontrollieren, vor allem in Auspuffnähe. Abhilfe schaffen die dichten Gaze-Netzstoffe, die auch vor Zeltfenstern angebracht werden. Sie lassen, wenn sie vor den Kühler gespannt werden, kühlende Luft durch, aber keine Grassamen. Wichtig: immer die Temperaturanzeige im Auge behalten.

Zu guter Letzt die Fauna im Land: Tierische Probleme bereiten in Einzelfällen eigentlich nur Elefanten, alle anderen Tiere flüchten in der Regel vor dem Motorengeräusch. Bei den meisten Konfrontationen mit Elefanten handelt es sich um Scheinangriffe, die sich aber auf Allrad-Neulinge trotzdem ziemlich adrenalinfördernd auswirken können. Grundsätzlich gilt: Niemals in Herden hineinfahren und vor allem zu Elefanten mit Jungtieren gebührenden Abstand halten. Im Zweifelsfall Rückwärtsgang einlegen und langsam zurücksetzen, um die Situation zu entschärfen.

Idealerweise fährt man schwierige, abgelegene Offroad-Strecken im Konvoi, also zusammen mit mindestens einem anderen Geländewagen. Im Falle einer Panne oder wenn man feststeckt, kann man sich gegenseitig helfen.

Grenzübergänge und Veterinärzäune

Als Selbstfahrer sollte man genügend Zeit für die Grenzübergänge einplanen. Die Formalitäten können bis zu zwei Stunden dauern. Unbedingt daran denken, dass es zwei Kontrollpunkte gibt, Ein- und Ausreise. Wer also knapp ankommt, schafft vielleicht eine Station, steht aber dann im Niemandsland vor der bereits geschlossenen anderen Grenze. Insgesamt gibt es 27 Grenzübergänge zwischen Botswana und seinen Nachbarländern. Hinweis: Öffnungszeiten werden in Afrika generell sehr unverbindlich gehandhabt.

Um die Ausbreitung von Tierseuchen zu verhindern, gibt es im ganzen Land spezielle Zäune, die Wild- und Nutztiere voneinander trennen. Wo diese Zäune Straßen kreuzen, überprüft die Veterinärkontrolle mitgeführte Lebensmittel. Offenes Fleisch und Milchprodukte ohne Genehmigung werden konfisziert und vernichtet. Manchmal werden auch die Schuhe der Reisenden desinfiziert. Generell gilt, dass von Norden nach Süden kein Obst, Fleisch oder Milchprodukte mitgeführt werden dürfen. Von Süden nach Norden ist das kein Problem. Manche Touristen mussten schon ihr Fleisch vor Ort anbraten.

Botswana–Namibia

Mamuno–Buitepos (Trans-Kalahari-Highway): 7–18 Uhr
Muhembo–Shakawe: 6–18 Uhr
Ngoma Bridge: 7–18 Uhr
Impalila Island: 7–18 Uhr

Botswana–Sambia

Kazungula Bridge: 6–22 Uhr

Botswana–Simbabwe

Kazungula Road: 6–18 Uhr
Pandamatenga: 8–16 Uhr

Seit Mai 2021 überqueren Reisende den Sambesi auf der Kazungula-Brücke

Maitengwe: 6–18 Uhr
Ramokgwebana–Plum Tree: 7–20 Uhr
Matsiloje–Mphoengs: 6–18 Uhr

Botswana–Südafrika

Pont Drift–Mashatu: 7–16 Uhr (unpassierbar, wenn der Limpopo überflutet ist, die Seilbahn transportiert nur Fußgänger)
Martin's Drift–Groblersbrug: 8–18 Uhr
Platjan: 8–16 Uhr (ist der Limpopo überflutet, geht es über die Brücke bei Mothlabaneng)
Zanzibar: 8–16 Uhr (der Grenzübergang ist unpassierbar, wenn der Limpopo-Fluss überflutet ist)
Parr's Halt–Stockpoort: 8–18 Uhr
Sikwane–Derdepoort: 6–19 Uhr (der kleinste Grenzübergang mit relativ kurzen Wartezeiten, Favorit des Autors)
Tlokweng Gate–Kopfontein: 6–24 Uhr
Ramotswa–Swartkopfontein: 6–22 Uhr
Pioneer Gate–Skilpadshek: 6–24 Uhr
Ramatlabama: 6–22 Uhr
Phitshane Molopo–Makgobistad: 7–16 Uhr
Bray: 7–16 Uhr
Makopong: 8–18 Uhr
McCarthy's Rest: 8–18 Uhr
Middleputs: 7.30–16 Uhr
Bokspits–Gemsbok: 8–16.30 Uhr
Two Rivers–Twee Rivieren: 7.30–16 Uhr

Übernachten

Botswana ist ein Traumland zum Campen, am besten im sicheren Dachzelt auf einem Geländewagen. Zumindest zwischendurch sollte man sich eine der wunderbaren Lodges gönnen, die es an den schönsten Stellen des Landes gibt. In Ballungsgebieten finden sich teils komfortable, aber immer langweilige Hotels. Pensionen, B & Bs und Guesthouses sind im Kommen, aber längst noch nicht so verbreitet wie in Namibia oder Südafrika. Budgetunterkünfte und Backpackerhostels fehlen bislang fast vollständig.

Die Preiskategorien (s. S. 98) in diesem Reiseführer beziehen sich auf Standard-Doppelzimmer in der Hochsaison mit Frühstück bzw. auf einen Stellplatz für zwei Personen. Bei den Lodges enthalten die Preise praktisch immer alle angebotenen Aktivitäten wie Pirschfahrten, Mokoro-Trips oder Fußsafaris. Hochsaison ist in Botswana während der Oster- und Weihnachtszeit und in den trockenen Monaten von Juni bis September.

Hotels

Nur in den Städten bzw. in größeren Orten Botswanas gibt es Hotels, die in erster Linie auf die Bedürfnisse von Geschäftsreisenden und nicht auf die von Touristen ausgerichtet sind. Unter vier Sternen sind sie oft in einem erbarmungswürdigen Zustand. Einen recht guten Standard bieten die Häuser der im südlichen Afrika operierenden Cresta-Gruppe (www.crestahotels.com). Stadthotels kosten umgerechnet zwischen 90 und 140 €.

Pensionen, B & Bs und Guesthouses

Pensionen, B & Bs und Guesthouses gibt es eigentlich nur in Ortschaften, und sie sind dort meist anhand der Ausschilderung einfach zu finden. In den letzten Jahren haben auch in Gaborone einige Privatunterkünfte eröffnet. In der Regel handelt es sich um einfache Quartiere, für die man pro Doppelzimmer zwischen 70 und 100 € bezahlt.

Safari Lodges und Tented Camps

Die teils märchenhaft schönen Lodges und Camps in Botswanas Nationalparks sind fast durchweg sündhaft teuer. Für eine Übernachtung im Doppelzimmer bzw. Luxuszelt einschließlich Vollpension berappt man hier gut und gerne 800 bis 1200 € pro Person. Doch mindestens einmal im Urlaub sollte man sich

einen solchen Luxus gönnen – konzentrieren Sie sich einfach ganz auf die Erfahrung und denken Sie nicht darüber nach, wie der eiskalte Gin Tonic in Ihre Hand gelangt ist. Während Sie im Okavango Delta unter einem 3000 Jahre alten Affenbrotbaum sitzen und genüsslich an Ihrem Drink nippen, geht die Sonne in einem fast halluzinogenen Farbenrausch hinter einer Herde Elefanten unter. Der aufgewirbelte Staub schimmert goldgelb im Gegenlicht. Etwas früher am Nachmittag sahen Sie Ihren ersten Löwen-Kill und nun fragen Sie einen Ranger mit enzyklopädischem Wissen, wie sich Leoparden von Geparden unterscheiden. Später, nach einem ausgezeichneten Gourmetessen, begleitet von erlesenen Weinen, kuscheln Sie sich in frisch riechende Bettlaken aus ägyptischer Baumwolle. Und nebenbei hören Sie Flusspferde prusten, Elefanten trompeten und Löwen brüllen. Busch-Surround-Sound live – ein unvergessliches Erlebnis.

LODGETIPPS DES AUTORS

Jack's Camp und **San Camp,** Makgadikgadi Pans, s. S. 201
Savute under Canvas und **Ngoma Safari Lodge,** Chobe National Park, s. S. 276, 279
Little Mombo Camp, Okavango Delta, s. S. 248
Mashatu Camp, Tuli Block, s. S. 171
Kalahari Plains Camp, Central Kalahari Game Reserve, s. S. 331
River Club, Livingstone, Sambia, s. S. 316
Victoria Falls Safari Club, Victoria Falls, Simbabwe, s. S. 295
Madikwe River Lodge, Madikwe Game Reserve, Südafrika, s. S. 149

Nicht alltäglich: die &Beyond Sandibe Okavango Safari Lodge im Okavango Delta

Preiskategorien

€	bis 100 Euro
€€	100 bis 250 Euro
€€€	über 250 Euro

Preise für ein Doppelzimmer in der Hochsaison inkl. Frühstück oder Stellplatz für 2 Pers.

Camping

In Botswana gibt es eine stattliche Zahl von Campingplätzen, teils staatlich, teils privat geführt, aber zumeist mit einem sehr guten Standard. In den Nationalparks darf grundsätzlich nur auf ausgeschilderten und vorgebuchten Plätzen übernachtet werden. Außerhalb der Schutzgebiete sollte man Landbesitzer oder Dorfvorsteher fragen, wo man sein Fahrzeug für eine Nacht abstellen darf. Die Preise für eine Übernachtung für zwei Personen rangieren zwischen 20 und 50 € pro Nacht.

... in Nationalparks

Generell gilt in Botswana die Politik des *high-revenue-, low-volume*-Tourismus (hohe Einkünfte, geringe Touristenzahlen), was die Anzahl der in Nationalparks zur Verfügung stehenden Campingplätze limitiert. Dies hat zur Folge, dass alle staatlichen Plätze bei den Büros des **Department of Wildlife and National Parks (DWNP)** vorgebucht werden müssen. Normalerweise reserviert man Stellplätze in den nördlichen Parks (Chobe, Moremi, Nxai Pan, Makgadikgadi Pans) in Maun und die südlichen Parks (Central Kalahari, Kgalagadi) in Gaborone: zentrale Buchung Tel. 039 714 05; Büro in Gaborone, Queen's Rd., Tel. 031 807 74; Büro in Maun, Kubu St., Tel. 068 612 65; alle Mo–Sa und meist auch Fei 7.30–12.45, 13.45–16.30, So 7.30–12 Uhr. Online-Buchungen funktionieren nicht immer und kosten etwas mehr.

Vor einigen Jahren begann die Privatisierung einiger der staatlichen Campingplätze, die daraufhin teils sehr schön hergerichtet und mit komfortablen Sanitärblöcken ausgestattet wurden. Die Buchungen dieser Plätze werden von vier Unternehmen gehandhabt:

Big Foot Safaris, Tel. 039 533 60, www.bigfoottours.co.bw (Kubu Island/Lekhubu, Letiahau, Piper, Sunday, Passarge & Motopi in der Kalahari)

Xomae Group, Tel. 068 622 21, www.xomaesites.com (Third Bridge & Nxai Pan)

Kwalate Safaris, Tel. 068 614 48, www.kwalatesafaris.com (Ihaha, Xakanaxa & South Gate)

SKL Camps, Tel. 068 653 36, 33 69, www.sklcamps.com (Savuti, Linyanti, Kumaga & Khwai)

Wer romantisches Campen liebt, kommt in Botswana garantiert auf seine Kosten

... auf die ›wilde‹ Art

Außerhalb der Schutzgebiete kann man in Botswana nahezu überall wild campen. Bei der Wahl eines Stellplatzes in der freien Natur gibt es allerdings einiges zu beachten. Was wie ein Pfad durch den Busch aussieht, ist nicht zu empfehlen, denn es könnte sich um einen Wildwechsel handeln, auf dem nachts alle möglichen Tiere unterwegs sind. Auch sollte man genügend Abstand zu Wasserlöchern halten, da nachts oft Tiere zum Trinken kommen. Weiten Abstand halten sollte man auch von trockenen Flussbetten – plötzliche Überschwemmungen *(flash floods)*, die ihren Ursprung oft in weit entfernten Unwettern haben, können das Fahrzeug wegspülen und zur Todesfalle werden. Bei einem Gewitter sollte das Zelt nicht der höchste Punkt in der Landschaft sein und in sumpfigen Gebieten sollte man nicht in Niederungen campen, wo sich morgens und abends meist feuchter Nebel sammelt. Generell gilt, rechtzeitig einen Platz für die Nacht zu suchen, damit man noch bei Tageslicht die Umgegend inspizieren kann.

Nahrungsmittel (vor allem frische Früchte) und kleinere Ausrüstungsgegenstände sollte man nachts auf keinen Fall im Freien liegen lassen, sondern in den Kühlschrank bzw. in Kisten packen und im Fahrzeug verstauen. Vor dem Innenzelt abgestellte Schuhe vor dem Anziehen gründlich ausschütteln – Spinnen, Skorpione oder kleine Schlangen könnten in der Nacht darin Unterschlupf gesucht haben.

Feuer gehören zu einem Camp unbedingt dazu. Schutz vor Löwen und Hyänen bieten die Flammen allerdings nicht. Entweder man bringt gekauftes Holz mit oder sammelt vor Ort abgestorbenes Holz – vor dem Aufheben unbedingt mit einem Stock umdrehen, um zu sehen, ob sich Skorpione oder Schlangen darunter verbergen. Um die Feuerstelle mit dem Spaten einen Schutzring ziehen, aus dem alles entfernt wird, was Feuer fangen kann. Vor der Abreise die rußgeschwärzten Steine und die Asche vergraben. Als Toilette hebt man ein etwa 10 cm tiefes Loch aus (in dieser Tiefe funktioniert das Kompostieren), das Klopapier verbrennt man nach Gebrauch. Nie in Flüssen bzw. Quellen Kleidung, Geschirr oder sich selbst waschen, da das Wasser von Menschen und Tieren zum Trinken benutzt wird. Immer jeglichen Abfall mitnehmen, das gilt natürlich auch für Übernachtungen in Nationalparks.

CAMPING-BUCHUNGSSERVICE FÜR SELBSTFAHRER

Auf einer selbst organisierten Campingtour von Südafrika bzw. Namibia über Botswana zu den Victoria Falls in Simbabwe und Sambia hat man bis zu acht verschiedene Ansprechpartner und Zahlungsadressen für die Nationalpark-Eintrittsgebühren und die Campingplätze. Der Aufwand, einen solchen Trip zusammenzustellen, ist also sehr hoch. Da man überdies bereits elf Monate im Voraus buchen kann, sind viele Plätze schnell voll. Um die Organisation einer Campingtour auf eigene Faust zu erleichtern, haben sich einige Veranstalter darauf spezialisiert, regelmäßig die Campingplätze nach Stornierungen abzufragen. Man schickt lediglich die ungefähre Reiseroute, die Reisepassnummer, das Ablaufdatum des Reisepasses und sein Geburtsdatum zu. Sodann werden freie Campingplätze recherchiert und gebucht. Die Kosten für diesen Service richten sich nach dem Aufwand, bewegen sich aber üblicherweise zwischen 50 und 120 € – eine lohnende Investition, denn man spart sehr viel Zeit und Arbeit. Bei den folgenden beiden bewährten Veranstaltern kann die Korrespondenz auf Deutsch erfolgen: **Come-Along Safari,** www.come-along-safari.com, und **Bwana Tucke Tucke,** www.bwana.de. Nur Englisch gesprochen wird bei **Travel Wild Africa,** www.travelwildafrica.com.

Essen und Trinken

Vegetarier haben es nicht leicht in Botswana. In den Restaurants und Lodges gibt es meist Rind oder Wild – von Kudu über Elenantilope, Springbock und Strauß bis zu Gnu. In der Nähe von Gewässern kommt auch frischer Fisch auf den Tisch. Begleitet wird das Mahl von lokal gebrautem Bier oder aus Südafrika importierten Weinen.

Wo essen?

Botswana besitzt nur sehr wenige gute Restaurants, die vor allem in der Hauptstadt Gaborone, vereinzelt auch in Francistown zu finden sind. Neben der italienischen, portugiesischen und französischen ist hier auch die chinesische und die indische Küche vertreten. In fast allen anderen Orten und selbst entlang der Hauptrouten muss man sich zumeist mit Fastfood oder Sandwiches aus Schnellrestaurants begnügen (z. B. der südafrikanischen Wimpys-Kette), in denen die Qualität fast immer genauso mäßig ist wie der Service. Das Kontrastprogramm bieten die exklusiven Lodges: Ganz gleich wie abgelegen sie auch liegen mögen – hier werden exzellente Gourmetspeisen kredenzt, zubereitet von Chefköchen aus Europa oder Südafrika.

Für Selbstfahrer, die nicht in den Lodges absteigen, ist die bessere Alternative eindeutig Selberkochen bzw. Grillen. Seinen Proviant kann man in Supermarktketten wie Spar, Woolworths Choppies und Shoprite aufstocken. In Gaborone gibt es moderne Einkaufszentren, gut sortierte Supermärkte finden sich in Lobatse, Mahalapye, Palapye, Selebi-Phikwe, Francistown und Maun. Auch größere Tankstellen haben Shops. 80 % von dem, was in Botswana konsumiert wird, ist importiert, hauptsächlich aus Südafrika. Daher liegen die Lebenshaltungskosten höher als in den Nachbarländern. Im Vergleich zu Europa sind aber z. B. die Preise für Fleischprodukte niedrig.

Was essen?

Von einem botswanischen Nationalgericht zu sprechen ist aufgrund der ethnischen Vielfalt im Land unmöglich. Das, was die Menschen essen, ist natürlich davon abhängig, wo sie leben. Dort, wo genügend Niederschläge fallen, wird in erster Linie Hirse angebaut. Diese wird zu einem Mehl gemahlen und mit kochendem Wasser oder saurer Milch gemixt. Dadurch entsteht eine Paste, **Bogobe** genannt, die dünn und mit Zucker als Frühstück gegessen oder angedickt, in der Konsistenz von Kartoffelbrei, als Lunch oder Dinner serviert wird. Dazu gibt es Fleisch *(seswa)* und Tomaten *(moro)* oder getrockneten Fisch *(salted dried fish)*. Zur Herstellung von Bogobe wird oft auch Maismehl aus Südafrika benutzt, da Mais im botswanischen Klima nicht so gut gedeiht. Dieses Grundnahrungsmittel heißt in Sambia *nshima,* in Simbabwe *sadza* und in Südafrika *mealie pap*.

Auf den Speisekarten sehr einfacher Restaurants steht zumeist einheimische Kost wie **Seswa** oder **Chotlo,** ein stark gesalzenes Fleischgericht entweder mit Rind oder Ziege. Das Fleisch wird zerkleinert und in einem gusseisernen, dreibeinigen Topf *(potjie)* gegart. Auch dazu gibt es in der Regel Bogobe. Ebenfalls populär ist **Serobe,** weich gekochte Innereien von Ziege, Schaf oder Rind.

Brotmehl wird ebenso importiert wie Maismehl. Gebacken werden vor allem **Matemekwane** (Klöße), **Diphapahtha** (Fladenbrot) sowie **Magwinya,** krapfenähnliche Kuchen.

Obwohl Botswana angeblich das beste **Freilandrindfleisch** der Welt produziert, gibt es im Land selbst nur wenige Orte, wo es in Spitzenqualität serviert wird – der weitaus größte Teil geht in den Export. Mit Ausnahme eines exzellenten Steakrestaurants in Gaborone (s. S. 133) bekommt man gutes Rindfleisch eigentlich nur in den luxuriösen Lodges serviert.

Etwas für kulinarische Abenteurer sind die raupenähnlichen **Mopane-Würmer,** die von den Blättern der gleichnamigen Bäume gesammelt und dann geröstet, gekocht oder gebraten werden. Wer sich zum Verzehr der Tierchen überwinden kann, wird vom nussigen Geschmack positiv überrascht sein.

Preiskategorien

€	bis 10 Euro
€€	10 bis 25 Euro
€€€	über 25 Euro

Preise für ein Hauptgericht

Getränke

Das traditionelle botswanische Bier, **Chibuku** oder **Bojalwa,** ist trüb und mehlig und wird aus Mais oder Hirse gebraut. Es schmeckt sehr sauer und hat die Konsistenz eines dünnen Breis. Auf dem Land wird das Bier in Tongefäßen gelagert und zum Trinken in ausgehöhlte Kürbisse geschüttet. Außerdem kann man es wie Milch in Tetrapacks kaufen, allerdings nur in den inoffiziellen Township-Kneipen, den *shebeens.*

Ein Trost für Fans des Gerstensafts: Überall im Land bekommt man auch ›richtiges‹ lokales **Bier** wie St. Louis oder das nach dem deutschen Reinheitsgebot gebraute Windhoek Lager. Ebenfalls nach deutschem Reinheitsgebot gebraut wird Hansa Pilsener aus Namibia. Wer unbedingt Kopfschmerzen haben möchte, probiert die südafrikanischen ›Chemiebiere‹ Castle, Amstel oder Black Label. In Simbabwe trinkt man das einheimische Zambezi Lager und in Sambia das Mosi – beide schmecken gut.

Die in Botswana und seinen Nachbarländern verkauften **Weine** kommen sämtlich aus Südafrika. Ihre Qualität ist hervorragend, doch die Preise sind eher gehoben. Im Okavango Delta, in der Region Makgadikgadi und im Ngamiland wird ein höllisch starker Palmwein *(lala palm wine)* aus dem fermentierten Saft der Palmen destilliert. Sein lokaler Name ist **Muchema.** Ein anderer traditioneller und vor allem ›steifer‹ Botswana-Drink ist **Kgadi,** destilliert aus braunem Zucker, Pilzen oder Früchten.

An nicht-alkoholischen Getränken wird vor Ort Fanta und Coca-Cola produziert. **Ginger Beer** ist ein Ingwerbier, das entgegen seinem Namen alkoholfrei ist.

Süffige Bierkonkurrenz aus dem Nachbarland Simbabwe: Zambezi Lager

Outdoor

Im Gegensatz zu Südafrika und Namibia ist der Tourismus in Botswana noch nicht sehr weit entwickelt. Das Land bietet zwar hervorragende Safarimöglichkeiten, aber nur wenige andere Outdooraktivitäten, zumindest nicht für Individualreisende. Bei 99 % des Angebots muss man Gast einer Lodge oder Mitglied einer Reisegruppe sein, um beispielsweise an Bootstrips in einem traditionellen Einbaum *(mokoro)*, Ausritten mit Pferden oder Buschwanderungen teilzunehmen. Ganz anders in den Nachbarländern Namibia und Südafrika, wo es ausgeschilderte Wanderwege, gewartete 4x4-Trails, Möglichkeiten zum Felsklettern, Heißluftballonfahrten, Höhlenwanderungen, unterschiedliche Arten von Wassersport etc. gibt.

Buschwanderungen

Die von vielen Lodges angebotenen Buschsafaris zu Fuß sind eine spannende Möglichkeit, die Fauna und Flora Botswanas aus nächster Nähe kennenzulernen. Eine solche Wanderung empfiehlt sich jedoch nur mit einem erfahrenen Führer – man ist zu Fuß deutlich verwundbarer als in einem Wagen, selbst wenn es sich dabei um einen offenen Land Rover handelt. Man sollte nur mit einem Guide losgehen, der bewaffnet ist und mit der Waffe auch umgehen kann. Weitere Informationen über Safaris zu Fuß finden sich in den Reisekapiteln.

Geländewagentouren

Im südlichen Afrika hat sich das Geländewagenfahren (*4x4ing* oder *off-roading*) in den letzten Jahren zu einem richtiggehenden Lifestyle entwickelt. Langsam über scheinbar unüberwindliche Objekte zu kriechen oder sich durch dicken Schlamm zu wühlen, wird immer mehr zur beliebten Freizeitbeschäftigung. Inzwischen gibt es vor allem in Südafrika viele Anbieter, die auf Privatland Geländewagenstrecken unterschiedlicher Schwierigkeitsgrade eingerichtet haben und dort auch Kurse anbieten, z. B. **www.hennops.co.za, www.saadventure.co.za.**

Golf

Im Vergleich zu den Nachbarländern sind die Möglichkeiten für Golfer in Botswana ziemlich eingeschränkt. Die Website www.top100golfcourses.com/golf-courses/africa/botswana listet genaue Beschreibungen der botswanischen Plätze. Touristen können für rund 20 US-$ pro Tag Mitglied in den jeweiligen Golfklubs werden. Hinzu kommen die Greenfees von 10 bzw. 15 US-$ für 9 bzw. 18-Loch-Plätze. Die Ausrüstung kann vor Ort gemietet werden.

Der älteste Golfklub Botswanas mit 18 anspruchsvollen Löchern befindet sich im Zentrum von **Gaborone** (www.ggc.co.bw). 15 km nordöstlich des Zentrums lädt der zum Phakalane Golf Estate Hotel (www.phakalane.com) gehörige 18-Loch-Platz zu einem Spiel inmitten des afrikanischen Buschs ein. Der Wettbewerbsplatz ist der mit Abstand beste im ganzen Land.

Der 9-Loch-Golfplatz **Jwaneng** (Tel. 077 30 65 33) liegt etwa 160 km westlich von Gaborone auf dem Gelände der Debswana-Mine, in deren Besitz er ist. Mit seinen gigantischen Bäumen, die eine natürliche Barriere darstellen, und einem kleinen Wasserlauf, der umspielt werden muss, gilt er als schwierigster im Land.

Weitere Klubplätze gibt es in **Lobatse** (Tel. 072 17 80 79, 9 Loch), ca. 75 km südlich von Gaborone, in **Francistown** (9 Loch, kein Gras) im Nordosten Botswanas sowie 147 km südlich davon in **Selebi-Phikwe** (18 Loch). Der Golfplatz in **Kasane** (9 Loch)

Pferdesafaris in Botswana sind nur etwas für Könner

auf dem Gelände der Mowana Safari Lodge am Ufer des Chobe River darf nur von Hotelgästen bespielt werden. Wer einen Abstecher nach Sambia macht, kann in **Livingstone** (https://golftoday.co.uk/category/courses/africa/zambia) den zweitältesten Golfplatz des Landes bespielen. Er wurde 1908 gegründet und 2006 wiedereröffnet.

Rafting, Bungee-Jumping & mehr

Besser als in Botswana ist die Freizeitindustrie in Sambia und Simbabwe entwickelt. Einen Abstecher dorthin kann man für einen Raftingtrip auf dem Sambesi nutzen, einen der weltbesten – und abenteuerlichsten – Flüsse für diese Sportart. In den beiden Orten Victoria Falls und Livingstone, den Adrenalinzentren im südlichen Afrika, findet man etwa eine Autostunde von der botswanischen Grenze bei Kasane/Kazungula entfernt unzählige Anbieter, die diesen Trip organisieren. Im Angebot sind auch Kajakfahrten unterhalb der Viktoriafälle und Badeausflüge zum Devil's Pool direkt an ihrem Rand, Bungeesprünge von der Victoria Falls Bridge über den Sambesi, Ultraleichtflüge, Abseiling und vieles mehr. Die Websites **www.shearwatervictoriafalls.com**, **www.safpar.com** und **www.bunduadventures.com** geben Auskunft über die verschiedenen Angebote und die Preise.

Reiten

Die natürlichste Art, auf Safari zu gehen, ist auf dem Pferderücken. Die vor allem im Okavango Delta und im Tuli Block angebotenen, meist mehrtägigen Reitsafaris empfehlen sich jedoch nur für erfahrene Reiter. Eine der besten Adressen für organisierte Pferdesafaris in Botswana ist **www.africanhorseback.com.**

Feste und Veranstaltungen

Viele Veranstaltungen in Botswana haben sich aus traditionellen Dorf- bzw. Stammesfesten heraus entwickelt, Musik und Tanz stehen dabei im Vordergrund.

Februar

1971 wurde im iranischen Ramsar die World Wetlands Convention unterzeichnet. Daran erinnert alljährlich am 2. Februar der World Wetlands Day, an dem sich auch Botswana mit einer Vielzahl von Aktivitäten beteiligt. Diese umfassen geführte Exkursionen, das Pflanzen von Bäumen sowie Ausstellungen und Symposien zu Umweltthemen.

März

Ausgelassene Karnevalsatmosphäre herrscht während des **Maitisong Festivals** (www.maitisong.org) in Gaborone, das alljährlich im März stattfindet. Es treten Sänger und Tänzer sowohl aus Botswana als auch aus anderen afrikanischen Ländern auf. Neun Tage lang kann man Anfängern und Profis bei ihren Straßenshows zusehen.

Ansonsten finden im Maitisong Cultural Centre regelmäßig Veranstaltungen aller Art statt – Pop-, Jazz- und Rockkonzerte, Chorabende, Darbietungen traditioneller und kontemporärer Musik, Theater- und Tanzvorstellungen, Filmvorführungen etc.

Mit dem Körper Geschichten erzählen: Tänzer in Maun

Ebenfalls im März ist Gaborone Austragungsort des **Autumn Music Festival** mit Konzerten kontemporärer, afrikanischer Jazzmusik.

April

Im späten April bietet das zweitägige **Maun Festival** Liveentertainment von afrikanischer Musik bis zu Dichterlesungen, Tanz, Theater und visuellen Künsten.

Mai

Beim **Tjilenje (Ngwao Boswa) Cultural Festival,** das in Nlapkhwane im Nordosten Botswanas stattfindet, stehen traditionelle Wettkämpfe sowie Tanz auf dem Programm.

Juni

An drei Tagen Mitte Juni wird das anspruchsvolle Offroad-Rennen **Toyota 1000 Desert Race** ausgetragen. Für Autos, Motorräder und Quadbikes gibt es verschiedene, jährlich wechselnde Strecken, Start- und Zielpunkt ist jeweils der Jwaneng Sports & Showground Complex. Die Sieger sind zur Teilnahme an der Rallye Dakar berechtigt. An etwa 20 Wegpunkten können Zuschauer die Action hautnah erleben.

Juli

Beschaulicher geht es im Juli beim **National Music Eisteddfod Festival** zu. In Selebi-Phikwe treffen sich Chöre aus ganz Botswana zu einem Wettstreit. Am dritten Wochenende im Juli wird der **President's Day,** der ›Tag des Präsidenten‹ gefeiert – vier Tage Ferien, in denen viele Batswana in ihre Heimatorte zurückkehren, um dort gemeinsam zu tanzen und zu singen.

August

Eine der größten traditionellen Tanzveranstaltungen ist das dreitägige **Kuru Dance Festival** (Facebook: ›Kuru Dance Festival‹), das im August auf der Dqae Qare Game Farm bei D'kar stattfindet, der einzigen von San geführten Farm in Botswana. Es wird vom Kuru D'Kar Trust organisiert, der sich die Förderung der San-Kultur zur Aufgabe gemacht hat und auch talentierte San-Maler unterstützt.

Oktober

Beim **Domboshaba Dance Festival,** einem weiteren bedeutenden Kulturfestival, steht das kulturelle Erbe der Kalanga im Mittelpunkt. Geboten werden traditionelle Kalanga-Musik, -Tänze und -Speisen. Ein neuerer Programmpunkt des Events ist ein Halbmarathon über 21,2 km von Sebina nach Makuta.

Reiseinfos von A bis Z

Alkohol

Praktisch alle Restaurants und Unterkünfte schenken Alkohol aus. Es gibt vor allem Bier aus Namibia und Wein aus Südafrika. Die Weinlisten der Lodges konkurrieren teilweise mit den besten Gourmettempeln der Welt. Alkohol für Selbstversorger ist wie in Namibia und Südafrika nur in speziellen lizenzierten *bottle stores* käuflich zu erwerben.

Auskunft

Die Botswana Tourism Organisation unterhält derzeit keine Vertretung in Deutschland, stellt aber auf ihrer Website und in den sozialen Medien aktuelle Infos bereit.

... in Botswana

Botswana Tourism Organisation
Fairgrounds Office Park, Block B
Private Bag 00275, Gaborone
Tel. 039 131 11
www.botswanatourism.co.bw
Tipps auf der Website, aber kein öffentliches Touristenbüro für Laufkundschaft.

Barrierefrei reisen

Botswana ist für Menschen mit Handicap durchaus bereisbar. Viele Unterkünfte bieten behindertengerechte Zimmer. Zwar gibt es noch keine entsprechend ausgestatteten Geländewagen für Selbstfahrer, einige Veranstalter bieten aber Reisen in Fahrzeugen mit hydraulischem Rollstuhllift. Tipps für barrierefreies Reisen weltweit bietet u. a. die Website www.abletravel.com. Ein auf Reisende mit Handicap spezialisierter Veranstalter ist z. B. **Endeavour Safaris,** mit Sitz in Kapstadt, Südafrika, Infos unter www.endeavour-safaris.com.

Botschaften und Konsulate

... in Deutschland

Botschaft der Republik Botswana
Altensteinstr. 48A, 14195 Berlin
Tel. 030 88 719 50 10
www.embassyofbotswana.de
Mo–Fr 9–17 Uhr

Honorarkonsulat der Republik Botswana
Steinhöft 5–7, 20459 Hamburg
Tel. 040 732 61 91

Honorarkonsulat der Republik Botswana
Am Hirschsprung 4, 51109 Köln
Tel. 0221 84 4 9 54, jpconsulting@t-online.de

Honorarkonsulat der Republik Botswana
Theresienhöhe 12, 80339 München
Tel. 089 83 93 07 23 20
botswana-munich@web.de

... in Österreich

Honorarkonsulat der Republik Botswana
Linke Wienzeile 4, 1060 Wien
Tel. 01 587 96 16
meixner@meixner.com

... in der Schweiz

Botschaft der Republik Botswana
80, rue de Lausanne, 1202 Genève
Tel. 02 29 06 10 60
www.botswanamission.ch
Auch zuständig für Österreich.

... in Botswana

Deutsche Botschaft
P. O. Box 315, Queens Road, Plot 1079–1084
Main Mall, Gaborone
Tel. 039 531 43
Notfall-Tel. 071 30 01 39
www.gaborone.diplo.de
Mo–Fr 9–12 Uhr oder nach Vereinbarung.

Deutsches Honorarkonsulat
Okavango Air Rescue
Moeti Road, Plot 448, Maun
Tel. 06 86 16 16
maun@hk-diplo.de

Österreichisches Honorarkonsulat
Plot 50667, Block B 3
Fairground Holdings Park, Gaborone
Tel. 039 515 14
doreen@doreenkhama.com

Schweizer Konsulat
Bryte Risk Services, 7th Floor Building 2
(Fairscape Tower), Fairscape Precinct
Plot 70667, Gaborone
Tel. 077 154 34 91, 073 635 010
gaborone@honrep.ch

Drogen

Besitz und Konsum von Drogen jeder Art sowie Weitergabe und Handel sind verboten. Verstöße werden mit Freiheitsstrafen von 8 bis 25 Jahren geahndet. Die Haftbedingungen in den botswanischen Gefängnissen sind prekär.

Einkaufen

Kunsthandwerk

Botswanisches Kunsthandwerk wird von Straßenhändlern oder – deutlich teurer – in den Souvenirshops der Hotels und Lodges zum Kauf angeboten. Besonders schöne Mitbringsel sind die aus Palmblättern handgeflochtenen **Körbe** *(Botswana baskets)* sowie **Schmuck aus Straußeneierschalen,** den die San produzieren. Die Websites der beiden Kunsthandwerksläden Botswanacraft in Gaborone (www.botswanacraft.bw) und Gantsi Craft in Ghanzi (Facebook ›Gantsi Craft‹) geben einen guten Überblick darüber, was das Land an hochwertigen Souvenirs zu bieten hat.

In Oodi, ca. 20 km nordöstlich von Gaborone, stellt die Kooperative Lentswe-la-Oodi-Weavers (s. S. 142) handgewebte Tücher, Decken, Teppiche und Wandbehänge aus Karakulwolle mit traditionellen botswanischen Motiven her.

In Livingstone (Sambia) und Victoria Falls (Simbabwe) findet man unzählige Souvenirshops mit einer Riesenauswahl. Typisch sind hier vor allem **Holzschnitzereien.** Ein skurriles Andenken, das in Victoria Falls verkauft

Aus den Schalen von Straußeneiern werden kleine Schmuckperlen angefertigt

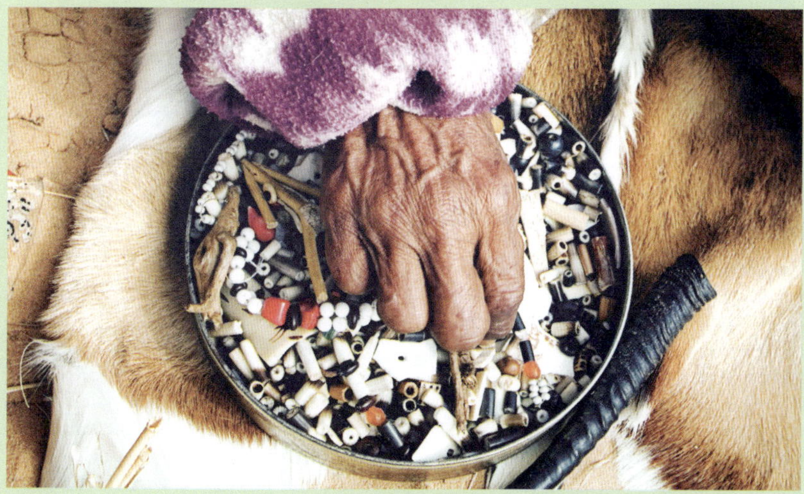

wird, sind die alten Simbabwe-Dollar-Scheine mit Nennwerten in Milliardenhöhe – Erinnerungen an die galoppierende Inflation, bevor 2013 die Landeswährung aufgegeben wurde.

Diamanten

Seit 2013 können Diamanten bei autorisierten Händlern an den Flugplätzen von Gaborone, Kasane und Maun erworben werden. Während zuvor alle Steine zur Weiterverarbeitung exportiert wurden, bleiben die Rohdiamanten nun zum Teil im Land, wo man sie sortiert und poliert. Es existiert ein striktes Zertifikationssystem, das Käufer über die Herkunft und den Wert der Steine informiert. In Zukunft will man Touristen nicht nur bearbeitete lose Diamanten verkaufen, sondern auch lokal inspirierte und vor Ort produzierte Schmuckstücke.

Handeln

In allen Ländern des südlichen Afrikas ist Handeln üblich und es wird erwartet, dass man feilscht. Bei Ständen an der Straße und auf Märkten sowie in kleineren Geschäften also nie den erstgenannten Preis zahlen, sondern zumächst einmal ein Angebot machen, das mindestens 25 % darunter liegt. In größeren Läden, Supermärkten und Großhandelsketten sind die Preise allerdings fix.

Elektrizität

Die Stromspannung beträgt 220/240 Volt. Es werden sowohl 2-polige als auch 3-polige Stecker verwendet. Sofern Adapter benötigt werden, liegen sie in Hotels und Lodges bereit. Zur Sicherheit sollte man jedoch von daheim einen Universaladapter mitbringen.

Die Lodges sind meist nicht an das Stromnetz angeschlossen. Sie erzeugen ihre Elektrizität mit Solarzellen oder Generator selbst. Oft reicht der Stromfluss aber nicht einmal aus, um einen Fön zu betreiben.

In den Städten schwankt die Stromspannung teils erheblich, weswegen man anfällige Geräte wie Tablets oder Notebooks nur mit Spannungsregler betreiben sollte.

Feiertage

1./2. Jan.: Neujahr (New Year)
Karfreitag (Good Friday)
Ostermontag (Easter Monday)
1. Mai: Tag der Arbeit (Worker's Day)
Christi Himmelfahrt (Ascension)
1. Juli: Sir Seretse Khama Day
15. Juli: Tag des Präsidenten (President's Day)
30. Sept.: Unabhängigkeitstag (Botswana Day)
25. Dez.: Weihnachten (Christmas Day)
26. Dez.: 2. Weihnachtsfeiertag (Boxing Day)

Fotografieren

Botswana ist ein Paradies für Tierfotografen. Um jedoch Suchbilder zu vermeiden, sollte man mindestens ein 300-mm-Objektiv besitzen. Ein Filter schützt die Linse vor UV-Strahlung und Kratzern. Die beste Zeit zum Fotografieren ist früh am Morgen, kurz nach Sonnenaufgang, bzw. – noch besser – der späte Nachmittag kurz vor Sonnenuntergang. Dann sind die Farben wunderschön und die Sicht meist klar. Wer vom Safariwagen aus fotografiert, sollte etwas Weiches zum Unterlegen für die Kamera dabeihaben. Manche Lodges halten für solche Fälle mit Bohnen gefüllte Säckchen *(bean bags)* bereit.

Genügend Speicherkarten *(memory cards)* und Batterien mitnehmen, da diese in Botswana oft schwierig zu bekommen und teuer sind. Wer kein Laptop mitführt, um die Fotos herunterzuladen, kann sie auch auf einem externen Speicher *(storage device)* sichern, den es für riesige Datenmengen gibt. Wichtig: Ladegerät nicht vergessen. Praktisch alle Lodges, auch die sehr abgelegenen, bieten Ladestationen für ihre Gäste.

Menschen bitte nur ablichten, wenn sie ihre Zustimmung dazu gegeben haben. Das Fotografieren und Filmen von Militäranlagen und -fahrzeugen, Soldaten, Polizisten, VIPs, Grenzen und offiziellen Gebäuden ist verboten, darauf sollte unbedingt geachtet werden. Auf keinen Fall darf man Felszeichnungen berühren oder mit Wasser benetzen, um kontrastreichere Fotos zu bekommen, da sie durch Schweiß und Wasser zerstört werden.

Frauen

Frauen reisen in Botswana relativ unbelästigt und genießen auch ohne einen Mann an ihrer Seite Respekt. Am besten Jeans und T-Shirts mit nicht allzu tiefem Ausschnitt tragen, damit Männer die für sie eventuell zu freizügige Bekleidung nicht missverstehen. Ansonsten wird keine Probleme haben, wer die üblichen Regeln beherzigt: abgelegene Ziele nur in Begleitung ansteuern, nachts nicht alleine Auto fahren und keine Anhalter mitnehmen. Für ledige Frauen empfiehlt sich ein ›Ehering‹ an der linken Hand.

Geld

Währungen und Kurse in Botswana

Die Währung in Botswana ist der Pula (BWP), der sich in 100 Thebe unterteilt. In der lokalen Tswana-Sprache heißt Pula ›Regen‹, und da dieser sehr rar ist, bedeutet Pula auch ›Segen‹. Thebe heißt übersetzt ›Schutzschild‹. Es gibt Geldscheine im Wert von 10 (grün), 20 (rot), 50 (braun), 100 (blau) und 200 (lila) Pula sowie Münzen in den Nominationen 1, 2 und 5 Pula sowie 5, 10, 25 und 50 Thebe.

Der Pula ist eine der stabilsten Währungen Afrikas. Im Juli 2023 lag der Umtauschkurs bei 1 € = 14,52 BWP, 1 CHF = 14,96 BWP. Aktuelle Tageskurse unter www.oanda.com, Link ›Currency Converter‹.

... in den Nachbarländern

Sambia hat Anfang 2013 eine Währungsreform durchgeführt. Zwar heißt die neue Währung immer noch Kwacha (ZMW), doch wurde der Wert der bisher im Umlauf befindlichen Banknoten durch 1000 geteilt, d. h., es wurden jeweils drei Nullen am Ende entfernt. Seither gibt es neue Banknoten und Münzen, die alten Zahlungsmittel verloren am 30. Juni 2013 ihre Gültigkeit. Wechselkurs: 1 € = 21,38 ZMW, 1 CHF = 21,9 ZMW (Juli 2023).

In **Simbabwe** sind der südafrikanische Rand (ZAR) und der US-Dollar (US-$) die offiziellen Zahlungsmittel, die auch von Geldautomaten ausgegeben werden. Im Umlauf ist nur Papier-, kein Münzgeld – es wird entweder auf- oder abgerundet oder man bekommt statt Kleingeld ein Tütchen mit Erdnüssen. Wechselkurs: 1 € = 20,36 ZAR = 1,07 US-$, 1 CHF = 20,97 ZAR = 1,1 US-$ (Juli 2023).

In **Namibia** ist der Namibia-Dollar (N-$) direkt an den südafrikanischen Rand (ZAR) gekoppelt, d. h., er steigt und fällt mit diesem im Verhältnis 1 : 1. Rand, auch in Münzform, werden überall in Namibia akzeptiert. Wechselkurs: 1 € = 20,36 N-$, 1 CHF = 20,97 N-$ (Juli 2023).

Südafrika hat als Landeswährung den Rand (ZAR), der in Papier- und Münzform im Umlauf ist. Wechselkurs: 1 € = 20,36 ZAR, 1 CHF = 20,97 ZAR (Juli 2023).

Geldbeschaffung

Es gibt sieben große Bankhäuser in Botswana sowie Wechselstuben. Banken sind üblicherweise montags bis freitags 8.30 bis 15.30 Uhr und samstags 8.30 bis 10.45 Uhr geöffnet.

SPERRUNG VON BANK- UND KREDITKARTEN

bei Verlust oder Diebstahl*:
0049-116 116
oder 0049-30 4050 4050
(* Gilt nur, wenn das ausstellende Geldinstitut angeschlossen ist, Übersicht: www.sperr-notruf.de)
Weitere Sperrnummern:
- MasterCard: 0049 8000 71 35 42
- VISA: 0049 800 811 84 40.
- American Express: 0049 69 97 97 1000
- Diners Club: 0049 69 900 150 135/136

Bitte halten Sie Ihre Kreditkartennummer, Kontonummer und Bankleitzahl bereit!

Mit Kredit- oder Bankkarte und PIN-Nummer kann sowohl in Botswana als auch in den Nachbarländern an vielen Bankautomaten (ATMs) Bares gezogen werden. Fast überall kann man auch mit Kreditkarte bezahlen, wobei die VISA Card die beliebteste ist. Achtung: In Simbabwe werden nur VISA-Karten akzeptiert!

Südafrikanische Rand, US-Dollar und Euro werden mancherorts in Botswana, z. B. an Tankstellen, in Restaurants und Hotels, als Zahlungsmittel angenommen, allerdings zu einem schlechteren Kurs als dem bankühlichen. Fremdwährungen tauscht man daher am besten bei der Ankunft am Flughafen oder direkt an der Grenze in Pula um.

Gesundheit

Vorsorge

Für Botswana sind keine Impfungen vorgeschrieben oder notwendig. Im Mai 2023 wurden die letzten Covid-bedingten Reisebeschränkungen aufgehoben. Sambia und Simbabwe verlangen noch immer einen negativen Covidtest bei der Einreise, der nicht älter sein darf als 72 Std. bei Sambia, 48 Std. bei Simbabwe, Ausnahme: Vollgeimpfte mit Nachweis. Südafrika und Namibia haben wie Botswana alle Covidregeln gekippt. Sambia steht auf der Liste der Gelbfieberländer. Wer von einem der Nachbarländer nach Sambia ein- oder von dort wieder in einen der angrenzenden Staaten ausreist, muss eine gelbe Impfkarte mitführen und eine Impfung gegen Gelbfieber nachweisen. Kontrolliert wird das allerdings nur sehr lasch. Botswana ist vor allem in den nördlichen Regionen Malariagebiet. Ein Problem ist die hohe HIV-Infektionsrate von 25 % (s. S. 54). Ausführlichere Informationen finden sich auf den folgenden Websites: Auswärtiges Amt, **www.auswaertiges-amt.de,** die Reisemedizin, **www.die-reisemedizin.de,** Fit for travel, **www.fit-for-travel.de.**

Reiseapotheke

Wer über Johannesburg oder Windhoek anreist, wird in diesen Städten hervorragend sortierte Apotheken auf europäischem Niveau vorfinden. Aber auch in den wichtigen Städten Botswanas und im sambischen Livingstone gibt es eine gute Arzneimittelversorgung. Abseits der Hauptzentren kann man jedoch keine Medikamente kaufen. Selbstfahrer, die in abgelegene Gebiete reisen, sollten daher unbedingt eine Reiseapotheke mitführen. Darin enthalten sein sollten: antiseptische Tücher oder Seife in einer Plastikbox, Antihistamin-Tabletten gegen allergische Beschwerden, Antiseptikum (z. B. Jod), Aspirin oder Paracetamol, Blasenpflaster für Fußsafaris, Insektenspray, Lippenbalsam mit Sonnenschutzfaktor, Malaria-Prophylaxe (z. B. Malarone), Feuchtigkeitscreme, Pflaster und sterile Verbände, Sonnenschutz, Brandpflaster, Antibiotika (z. B. Norfloxacin oder Ciprofloxacin), antibiotische Augentropfen, sterile Spritzen (falls man in ein kleines Krankenhaus muss), starkes Schmerzmittel (z. B. Codeine Phosphate, hilft auch bei starkem Durchfall), Pinzette, Wasserdesinfektionstabletten, Ersatzbrille oder -kontaktlinsen, spezielle Medikamente für chronisch Kranke.

Krankenversicherungsschutz

Um bei einem medizinischen Notfall nicht auf den Kosten sitzenzubleiben, empfiehlt sich der Abschluss einer Reisekrankenversicherung mit Rückholdienst. Im Krankheitsfall zahlt man beim Arzt oder im Krankenhaus bar oder per Kreditkarte und rechnet zu Hause mit der Krankenversicherung ab. Die Behandlung chronischer Krankheiten wird meist nicht erstattet.

Gesundheitsgefahren

Das **Leitungswasser** ist fast überall in Botswana sicher zu genießen. Im Zweifelsfall sollte man fragen oder Mineralwasser kaufen, das es in fast jedem Laden und Supermarkt gibt.

Während der Regenzeit ist **Malaria** im Okavango Delta und an den Victoria Falls ein Problem. Die Prophylaxe mittels starker Kombinationspräparate ist umstritten, weil sie keinen 100%igen Schutz bietet und zum Teil erhebliche Nebenwirkungen verursacht. Sollte trotz einer Vorbeugung Malaria ausbrechen, ist die Krankheit außerdem schwieriger zu diagnostizieren und zu heilen. Viel besser ist es daher, den sogenannten mechanischen Schutz anzuwenden, d. h. bereits die Stiche zu vermeiden: Langärmelige Hemden und lange Hosen tragen, vor allem in der Dämmerung, wobei helle Kleidungsfarben weniger Anziehungskraft auf Moskitos ausüben als dunkle Farben. Außerhalb geschlossener Räume helfen brennende Moskitospiralen *(moskito coils)*, im Innern Teebaum- oder Lavendelöl in einer Duftlampe bzw. ein paar Tropfen auf der Bettdecke und den Glühbirnen. Auch die regelmäßige Einnahme von Knoblauchpillen reduziert Stiche, da die Moskitos den Geruch der Haut dann nicht mögen. Die gleiche Wirkung haben Anti-Insektenmittel. Nachts sollte man unter einem Moskitonetz schlafen. Wer sich gegen die Prophylaxe entscheidet, sollte etwa sechs Tage bis sechs Monate nach seiner Rückkehr aus einem gefährdeten Gebiet auf Symptome wie Gliederschmerzen, Schnupfen, Erkältung, Fieber etc. achten. Treten diese auf, sofort ein Tropeninstitut konsultieren und Malariaverdacht äußern, damit sehr schnell Gegenmaßnahmen eingeleitet werden können. Innerhalb von 48 Stunden nach dem Eintreten der ersten Symptome ist Malaria problemlos zu heilen. Grundsätzlich sollte jeder vor der Reise das Malariarisiko zusammen mit seinem Hausarzt erwägen. In botswanischen, namibischen und südafrikanischen Apotheken kann man einen Malaria-Selbsttest kaufen, was die zeitaufwendigen und teuren Bluttests im Krankenhaus erspart. Fällt der Test unterwegs positiv aus, nimmt man die beigefügten Tabletten ein und konsultiert sofort nach der Reise einen Arzt.

Bilharziose *(bilharzia)* wird durch einen Parasiten übertragen, der im Wasser lebt und Darm, Blase sowie andere Organe von Säugetieren und Menschen befallen kann. Die Symptome zeigen sich nach etwa sechs Wochen, eingeleitet durch eine gewisse Lethargie und Schwäche nach zwei bis drei Wochen. Bei Blut im Stuhl oder Urin unbedingt einen Arzt aufsuchen! Die Krankheit ist dann leicht und schnell heilbar. Bilharziose-Gefahr besteht nur im äußersten Nordwesten Botswanas und dort auch nur in der Nähe von menschlichen Siedlungen. Um sich vor der Krankheit zu schützen, sollte man weder Wasser aus Gewässern stromabwärts von Ansiedlungen trinken noch darin baden oder sich damit waschen.

Die HIV-Infektionsrate ist nach wie vor hoch, Betroffene sind auf Unterstützung angewiesen

Die **Schlafkrankheit** *(sleeping sickness)* wird durch einen Parasiten verursacht, der auf Menschen durch den Stich einer infizierten Tsetsefliege übertragen wird. Das Insekt ist etwas größer als eine Stubenfliege und sieht aus wie eine Pferdebremse. Aufgrund ihrer festen Körper lassen sich die Insekten nur mit Schwierigkeit zerquetschen. Nicht jeder der schmerzhaften Stiche führt zum Ausbruch der Krankheit. Sollte die Stelle allerdings anfangen sich zu entzünden oder sollten Symptome wie Lymphknotenschwellungen und starke Kopfschmerzen auftreten, muss ein Arzt aufgesucht werden. Wie Bilharziose kommt auch die Schlafkrankheit nur im äußersten Nordwesten Botswanas vor und ist selbst dort durch häufiges Sprühen von Insektiziden äußerst selten. Zur Vorbeugung schützt man sich mit den gleichen Mitteln wie gegen Moskitos.

Ärztliche Versorgung

Botswana gilt als eines der medizinisch bestausgestatteten Länder südlich der Sahara. Die ärztliche Versorgung in staatlichen Krankenhäusern ist im ganzen Land gut, doch für Touristen empfehlen sich die Privatkliniken:

Lenmed Bokamoso Hospital: Plot 4769, Block 1, Mmopane, Molepolole Road, Tel. 036 940 00, www.lenmed.co.za. Das größte private Krankenhaus Botswanas.

Life Gaborone Private Hospital: Plot 8448, Segoditshane Rd., Mica Way, Gaborone, Tel. 036 856 00, www.lifehealthcare.co.za. Von einem südafrikanischen Unternehmen gemanagtes Privatkrankenhaus.

Tati River Clinic/Riverside Hospital: 424 Baines Av., Francistown, Tel. 024 125 18, Facebook: ›Riverside Private Hospital‹. Privatkrankenhaus mit 24-Std.-Notdienst.

Delta Medical Centre: 720/721 Tsheko Tsheko Rd., Old Mall, Maun, Tel. 068 614 11. Moderne Privatklinik.

Internetzugang

Internetcafés gibt es in fast allen urbanen Zentren Botswanas. Der Zugang kostet etwa 4 €/Std. Die meisten Hotels und Lodges sowie viele Restaurants und Cafés verfügen über WLAN-Hotspots. Whatsapp-Nachrichten und E-Mails können somit auch ohne SIM-Karte empfangen werden.

Karten

Es gibt einige sehr gute Karten zu Botswana. Die beste Empfehlung ist die vom Autor bevorzugte Papierkarte **Tracks4AfricaBotswana** (23 €) in Kombination mit dem jährlich aktualisierten **Tracks4Africa-GPS-Paket Botswana** (19 €). Beide wurden zur ergänzenden Verwendung konzipiert. Die Papierkarte im Maßstab 1 : 1 000 000 ist die größte verfügbare für Botswana und ermöglicht eine perfekte Routenplanung, da sie u. a. Reisezeiten und Distanzen nennt. Was in der Karte eingezeichnet ist, findet sich auch auf den GPS-Karten: ausführliche Infos über Campingplätze, Attraktionen und Öffnungszeiten der Grenzen, eine Karte des Kgalagadi Transfrontier Park, detaillierte Karten von Moremi, Gaborone, Maun, Kasane und Savuti, alle Orte mit Touristeninformationen. Die Straßen, Wege, POIs *(points of interest* = wichtige Orte, z. B. Tankstelle, Polizei, Unterkunft) wie auch die Distanzen und Zeitinformationen reflektieren die Erfahrungen von Hunderten von Mitgliedern der Tracks4Africa-Gemeinde. Jede eingezeichnete Straße wurde mehrfach mit GPS aufgezeichnet und immer wieder verifiziert. Wer zusätzlich zur Papierkarte die GPS-Version verwendet, braucht nicht umständlich die Koordinaten aus der Karte zu lesen, denn jeder Punkt auf der Papier- ist auch in der GPS-Karte vorhanden. Letztere listet 33 396 Straßenkilometer und 4380 POIs auf. Jedes Jahr im Mai gibt es ein Gratis-Update. Die Daten werden heruntergeladen (Windows 8,7 MB, Mac 8,5 MB). Die GPS-Version läuft auf allen Garmin-Geräten, die Karten darstellen können, z. B. Nüvi, Colorado, Oregon, Montana, eTrex und Zumo. Achtung: Auf Geräten von anderen Anbietern, u. a. TomTom, Falk, Medion, Apple iOS und Android, funktionieren die

PLUG IN AND GO – GPS LEICHT GEMACHT

Wer sich davor scheut, ellenlange GPS-Daten in den Computer einzutippen oder Daten downzuloaden, für den hat Tracks4Africa etwas Besonderes im Programm: Für 99 € gibt es alle 16 GPS-Einzelkarten für Afrika auf einer Speicherkarte, einzeln gekauft würden alle Karten mehr als doppelt so viel kosten. Die kleine Speicherkarte wird einfach nur in das Garmin-Navigationsgerät geschoben – und schon geht's los. Wer oft im südlichen Afrika unterwegs ist oder seinen Botswana-Trip mit einem Besuch in den Nachbarländern verbinden möchte, für den lohnt sich die Investition auf alle Fälle: Auf der Micro-SD-Karte **Traveller's Africa** sind 717 775 km Routen und 119 717 POIs gespeichert. Die sechsmonatigen Updates sind kostenlos. Infos unter www.tracks4africa.de.

Karten nicht. Bezugsadresse: Tracks4Africa, Hinrichshöh 23a, 24632 Lentföhrden, Tel. 04192 905 41 76, www.tracks4africa.de, Versand aus Deutschland und der Schweiz.

Nicht-Garmin-Besitzer können die GPS-Daten ihrer geplanten Reiseroute manuell in ihre Geräte eingeben.

Gut zur Übersicht geeignet ist die **Globetrotter Travel Map Botswana** im Maßstab 1 : 1 750 000 von New Holland Publishers. Sie ist in Buchläden in Südafrika und Botswana für 155 Rand erhältlich oder kann bei www.mapstudio.co.za bestellt werden.

Mit Kindern unterwegs

Aufgrund der langen Fahrstrecken meist abseits befestigter Straßen könnte ein Trip mit kleineren Kindern recht anstrengend werden. Auch die potenzielle Malariagefahr im Norden des Landes ist für viele Eltern ein Grund, nicht mit ihren Kids auf Safari nach Botswana zu gehen. Andererseits bleiben die Tierbegegnungen unvergesslich – Biologieunterricht live. Einzigartig sind auch das Zusammentreffen mit Buschmännern, ein Spaziergang mit Erdmännchen oder ein Elefantenritt.

Beim Campen müssen Eltern besonders gut aufpassen. Kinder sollten im Busch nie alleine herumlaufen, da sie eine verführerisch leichte Beute für Löwen, Leoparden und vor allem Tüpfelhyänen darstellen. Nicht zu vergessen die Schlangen und Skorpione, die sich gerne unter Steinen verstecken.

Buschsafaris mit Ranger im offenen Geländewagen sind aus Sicherheitsgründen meist erst ab sechs Jahren möglich. Einige Lodges akzeptieren keine Gäste unter zwölf Jahren, andere bieten spezielle Kinderprogramme an.

Kleidung und Ausrüstung

Tagsüber genügen T-Shirt und Shorts. Für kühle Abende und zum Schutz vor Moskitostichen in der Dämmerung empfehlen sich leichte Pullover und lange Hosen in hellen Farben. Wer im Südwinter unterwegs ist, sollte auch einen Fleece und evtl. eine Jacke einpacken. Ein Hut und eine Sonnencreme mit hohem Lichtschutzfaktor sind immer angeraten. Wer campt und im Busch herumläuft, sollte feste, knöchelhohe Schuhe tragen. Zum Autofahren genügen Sandalen. Selbst in den teuren Lodges geht es am Abend recht leger zu, nur Shorts sind out.

Empfehlenswert ist ein Fernglas für die Wildbeobachtung. Auch eine Taschen- bzw. Stirnlampe schadet nicht, sollte der Generator einmal ausfallen. Bei Bootstouren im Okavango Delta kann die Mitnahme von wasserdichten Packsäcken sinnvoll sein.

Klima und Reisezeit

Botswana hat ein semiarides Klima mit heißen Sommern von Dezember bis März und kühlen, trockenen Wintern zwischen Juli und August. Dezember und Januar sind die heißesten Monate, in denen die Durchschnittstemperaturen um die 40 °C liegen. Im Winter herrschen tagsüber moderate 20 bis 25 °C, doch nachts können die Temperaturen bis auf 3 bis 8 °C sinken und in der Kalahari sogar unter den Gefrierpunkt fallen.

Im Südsommer ist Regenzeit in Botswana, aber die Niederschläge fallen unberechenbar und von Gebiet zu Gebiet unterschiedlich. Jede Region hat daher ihre beste Reisezeit, die in den jeweiligen Reisekapiteln ausführlicher erläutert wird.

Von den Temperaturen her haben die Nachbarländer Sambia und Simbabwe ein mit Botswana vergleichbares Klima. Das ganze Jahr über ist es heiß und nur während des Südwinters im Juni/Juli kühlt es nachts ein wenig ab. Die beste Reisezeit für die Victoria Falls hängt davon ab, wie man das Naturschauspiel erleben möchte. Gegen Ende der Trockenzeit im November und auch noch im Dezember führen die Fälle am wenigsten Wasser. Dann sind Spaziergänge bis an den Rand möglich und die sonst vom Wasser bedeckten spektakulären Klippen vollständig zu sehen. Sobald die *rainy season* im Februar/März ihrem Ende entgegengeht, schwellen die Fälle wieder kräftig an und führen im April das meiste Wasser. Die Gischt kann dann allerdings so hoch spritzen, dass man die Fälle in ihrer Gesamtheit nur von einem Flugzeug aus erfassen kann.

Klimadaten Gaborone

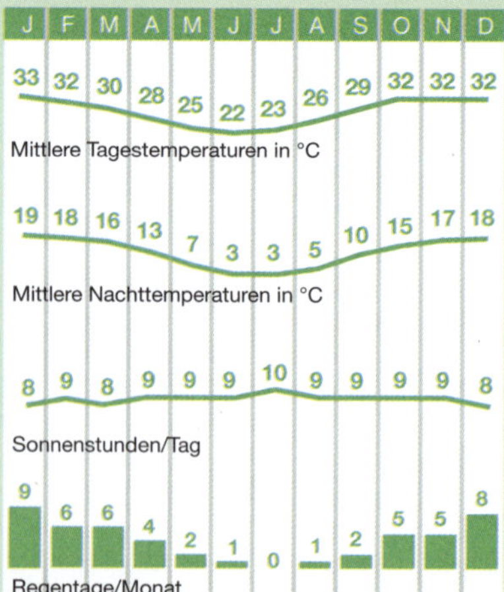

LGBTQ+

In Botswana steht Homosexualität seit Juni 2019 nicht mehr unter Strafe. In Sambia und Simbabwe ist sie jedoch gesetzlich verboten.

Namibias Oberster Gerichtshof hat 2023 eine gleichgeschlechtliche Ehe als rechtens angesehen und damit ist das Land mit dieser Entscheidung erst das zweite auf dem Kontinent, nach Südafrika. Botswana wird wohl bald nachziehen. Namibia ist etwas toleranter und Südafrika hat seit 1994 eine der liberalsten Verfassungen der Welt, die u. a. Homoehen legalisiert.

Links

Allgemeine Infos zu Botswana

www.info.bw: Eine fast vollständige Liste aller Websites in Botswana sowie Wettervorhersagen für die größeren Städte im Land.

www.botswanatourism.co.bw: Die offizielle Website von Botswana Tourism. Viele interessante Tipps und Vorstellung der verschiedenen Regionen mit Aktivitäten, allgemeine Reiseinformationen und Links zu Unterkünften.

www.expertafrica.com: Ausführliche Infoseiten auf Englisch zu Botswana.

www.airbotswana.co.bw: Die Website der nationalen Fluggesellschaft Air Botswana.

Unterwegs in Botswana

www.namibia-forum.ch: Obwohl sie Namibia-Forum heißt, bietet diese Website auch sehr viele wertvolle und vor allem aktuelle Tipps zu Botswana – erstellt von Reisenden, die erst vor Kurzem im Land unterwegs gewesen sind. Man kann im Forum Fragen stellen und seine eigenen Fotos und Erfahrungen veröffentlichen. Ein Muss für alle Selbstfahrer im südlichen Afrika.

www.botswana.co.za: Tipps für Selbstfahrer auf Englisch.

http://tracks4africa.co.za: Essenzielle Website für all jene, die mit einem gemieteten Geländewagen in Botswana unterwegs sind.

www.capeunionmart.co.za, www.capestorm.co.za: Hier kann man Safarikleidung und -ausrüstung bestellen.

Sambia und Simbabwe

www.zambiatourism.com: Website des Touristenbüros von Sambia.

www.zimbabwetourism.net: Eine Seite mit vielen touristischen Informationen zu Simbabwe (auf Englisch).

www.victoriafalls-guide.net: Englischsprachiger Online-Reiseführer für Victoria Falls.

www.elephantswalk.com: Shopping- und Künstlerdorf in Victoria Falls.

Literatur

Unterhaltung

Head, Bessie: Sternenwende (1997), Maru (1998), Orangen und Zitronen. Geschichten von Zärtlichkeit und Macht (1999), RegenWolkenZeit (2000), Göttingen. Die farbige Südafrikanerin Bessie Head beschreibt das Land sozialkritisch, aber trotzdem nicht langweilig.

McCall Smith, Alexander: Ein Krokodil für Mma Ramotswe. Der erste Fall der No. 1 Ladies' Detective Agency (1999), Ein Gentleman für Mma Ramotswe (2000), Ein Koch für Mma Ramotswe (2001), Keine Konkurrenz für Mma Ramotswe (2002), Ein Fallschirm für Mma Ramotswe (2003), Ein Kürbis für Mma Ramotswe (2004), Blaue Schuhe für eine Kobra (2006), Der Gecko und das Unglücksbett (2007), Mma Ramotswe und der verschollene Bruder (2008), Übles Spiel mit Mma Ramotswe (2009), Mma Ramotswe und das verhängnisvolle Bett (2010), Schweres Erbe für Mma Ramotswe (2014), The Double Comfort Safari Club (2010, engl.), The Saturday Big Tent Wedding Party (2011, engl.), The Limpopo Academy of Private Detection (2012, engl.), The Minor Adjustment Beauty Salon (engl. 2013), The Handsome Man's De Luxe Café (engl. 2014), The Woman who walked in Sunshine (engl. 2015), Precious and Grace (engl. 2016), The House of unexpected Sisters (engl. 2017), The Colours of Cattle (engl. 2018), To the Land of Long Lost Friends (2019), How to raise an elephant (2020). Die Serie des britischen Autors um die vollschlanke Motswana-Frau Precious Ramotswe, die erste weibliche Detektivin im Land, bietet eine wunderbare Einstimmung auf Botswana.

Owens, Mark und Delia: Der Ruf der Kalahari, München 1987. Das junge Forscherpaar lebte sieben Jahre in der Kalahari und berichtet anschaulich und spannend darüber. Derzeit nur antiquarisch erhältlich.

Van der Post, Laurens: Das dunkle Auge Afrikas (1994), Die verlorene Welt der Kalahari (1995), Das Herz des kleinen Jägers (1995), Wenn Stern auf Stern aus der Milchstraße fällt (1995), Durchs große Durstland müsst ihr zieh'n (1996), Der Jäger und der Wal (1998), Zürich. Einer der großen Schriftsteller Südafrikas beschreibt sehr anschaulich und poetisch das Leben in Afrika.

Williams, Susan: Colour Bar (2006). Das Buch zur Liebesgeschichte von Präsident Seretse Khama und Ruth Williams. Grundlage für den 2017 erschienenen Film »A United Kingdom« (s. S. 157).

Hintergrundinfos

Ansperger, Franz: Politische Geschichte Afrikas im 20. Jahrhundert, München 1992. Ein gutes Hintergrundwerk.

Ki-Zerbo, Joseph: Die Geschichte Schwarz-Afrikas, Frankfurt 1981. Noch ein Werk auf Deutsch zur Geschichte der Region.

Pakenham, Thomas: The Scramble for Africa, New York 1992. Bestes Buch zur Geschichte des südlichen Afrikas, leider nur auf Englisch.

Naturführer

Barlow, Thomas und Wisniewski, Winfried: Kosmos Naturreiseführer Südliches Afrika, Stuttgart 1998. Ausführliche Beschreibung der wichtigsten Natursehenswürdigkeiten in Südafrika, Namibia und Botswana mit Tier- und Pflanzenführer, illustriert durch zahlreiche Farbfotos und detaillierte Zeichnungen.

Maße und Gewichte

Botswana hat wie Deutschland, Österreich und die Schweiz das metrische System. Das früher übliche angloamerikanische Einheitensystem findet nur noch ausnahmsweise Verwendung, z. B. bei Entfernungs- (Meile, Fuß) und Temperaturangaben (Fahrenheit).

Medien

Radio und Fernsehen

Botswana hat eine Reihe von Radiosendern, die allerdings nur in der Nähe von größeren Städten empfangen werden können. Es gibt die beiden staatlichen Stationen Radio Botswana 1 (RB1) und Radio Botswana 2 (RB2) sowie die unabhängigen Sender Duma FM, Gabz FM und Yarona FM.

Botswana Television (BTV) wurde im Jahr 2000 etabliert und gehört, wie die beiden staatlichen Radiosender, zum Department of Information and Broadcasting. Fast alle Menschen mit Fernseher in Botswana sind mit dem südafrikanischen Satellitennetzwerk von Multichoice (www.dstv.co.za) verbunden.

Zeitungen

Die meistgelesenen Zeitungen in Botswana sind der »Botswana Guardian« und »Mmegi – The Reporter«. Einmal wöchentlich erscheint der »Monitor«, eine Schwesterpublikation von »Mmegi«. Zu den in Botswana publizierten Zeitungen gehören weiterhin die »Botswana Gazette«, »Midweek Sun« sowie die staatliche, kostenlose Tageszeitung »Daily News«. In vielen Hotels liegt der touristisch orientierte »Botswana Advertiser« aus. Links zu allen Zeitungen Botswanas finden sich unter www.onlinenewspapers.com/botswana.htm.

Nachtleben

Ein ernsthaft als solches zu bezeichnendes Nachtleben mit Diskos, Klubs und Kinos gibt es nur in den drei großen Städten Gaborone, Francistown und Maun. Bei Einheimischen am beliebtesten sind die Kasinos in den Hotels. Expats treffen sich abends im Restaurant und nehmen anschließend noch den einen oder anderen Drink in ihrer bevorzugten Hotelbar.

Nationalparks

Selbstfahrer, die in den Nationalparks auf Campingplätzen übernachten wollen, müssen diese vor allem in der Hauptreisezeit langfristig im Voraus reservieren (s. S. 98). Wer keinen Buchungsbeleg vorweisen kann, wird an den Zufahrtstoren der Parks in der Regel abgewiesen. Nur am Sedudu Gate des Chobe NP und am Two Rivers Gate des Kgalagadi Transfrontier NP finden auch Tagesbesucher Einlass.

Die Eintrittsgebühren können direkt am Parkeingang bezahlt werden. Am besten hat man den entsprechenden Geldbetrag passend dabei. Weitere Zahlstellen sind die Büros des **Department of Wildlife and National Parks (DWNP)** in Gaborone, Tsabong, Ghanzi, Kang, Letlhakane, Maun, Kasane und Francistown (Adressen in den Reisekapiteln). Theoretisch kann die Zahlung per VISA-Karte erfolgen, doch oft funktionieren die Kreditkartenmaschinen nicht. Dann muss bar bezahlt werden – in Pula, US-Dollar, Rand oder Euro. Die Kurse sind allerdings nicht so gut.

Notfälle

Ambulanz: 997 (kostenlos)
Polizei: 999 (kostenlos)
Feuerwehr: 998 (kostenlos)
Medizinische Rettung: 911 (kostenlos)
Medizinische Luftrettung: 3901601
Mascom-Notruf: 122
Orange-Notruf: 112
Be-Mobile-Notruf: 1333

Öffnungszeiten

Die meisten Geschäfte in Botswana sind unter der Woche zwischen 8.30 und 17 Uhr und an Samstagen von 9 bis 13 Uhr geöffnet. Große Supermärkte haben Montag bis Samstag von 8–17 Uhr geöffnet, manchmal auch am Sonntagvormittag. *Bottle stores* öffnen und schließen meist zwei Stunden später. In entlegeneren Gebieten haben die Shops am Abend oft länger offen, schließen dafür aber meist über Mittag.

Ämter und Behörden sind in der Regel montags bis freitags von 7.30 bis 12.30 und von 13.45 bis 16.30 Uhr geöffnet.

Post

Der staatliche Postservice liegt in den Händen von Botswana Post, www.botspost.co.bw, die selbst in den abgelegensten Ortschaften eine Filiale besitzt. Die Öffnungszeiten sind in der Regel montags bis freitags 8.15 bis 12.45 und 14 bis 16 sowie samstags 8.30 bis 11.30 Uhr. Die Schneckenpost ist langsam, aber im Gegensatz zu Südafrika und Namibia zuverlässig und günstig. Ansichtskarten bzw. Briefe nach Europa kosten per Luftpost 7 Pula.

Rauchen

Die Nichtrauchergesetze werden etwas weniger streng gehandhabt als in Südafrika. Manche Restaurants erlauben das Rauchen in Bars. In den Lodges gibt es Raucherecken, auf Pirsch mit Rangern herrscht jedoch Rauchverbot.

Reisekasse

Botswana hat sich nie als Billigreiseziel vermarktet und setzt gezielt auf hochpreisigen Tourismus. Das Preisniveau liegt auf europä-

Bunte Mischung: Erdnüsse, Mopane-Würmer und Lollipops werden am Straßenstand verkauft

ischem Niveau und damit höher als in den Nachbarländern Südafrika und Namibia, aber niedriger als in Sambia und Simbabwe. Simbabwe ist ungefähr 20 % billiger als Sambia.

Im Restaurant: Essen in einem günstigen, einfachen Lokal 70 Pula; Drei-Gänge-Dinner für zwei Personen in einem mittelpreisigen Restaurant 300 Pula; Burger mit Pommes und Coke im Fast-Food-Restaurant 75 Pula; 0,5 l einheimisches Bier 20 Pula; 0,33 l importiertes Bier 25 Pula; Cappuccino 25 Pula; 0,33 l Coke oder Pepsi 15 Pula; 0,33 l Wasser 10 Pula.

Im Laden: 1 l Milch 20 Pula; 500 g frisches Weißbrot 15 Pula; 1 kg Reis 18 Pula; 12 Eier 25 Pula; 1 kg lokaler Käse 65 Pula; 1 kg Hühnerbrust 65 Pula; 1 kg Tomaten 28 Pula; 1 kg Kartoffeln 25 Pula; 1 Salatkopf 20 Pula; 1 kg Äpfel 28 Pula; 1 kg Orangen 25 Pula; 1,5 l Wasser 20 Pula; 1 Flasche Wein mittlere Preisklasse 80 Pula; 0,33 l importiertes Bier 24 Pula; 1 Schachtel Zigaretten 60 Pula.

Spartipps

Kurz vor der Regenzeit ist Nebensaison in Botswana. Das Klima eignet sich noch zum Reisen, aber die Preise sind erheblich günstiger. Am besten die jeweiligen Websites der Unterkünfte nach den günstigsten Angeboten (manchmal auch Last Minute) durchsuchen. Für Einzelreisende gibt es meist Einzelzimmer, sodass man nicht den Preis für ein Doppelzimmer zahlen muss. Kinderermäßigung bietet praktisch jede Unterkunft.

Sicherheit

Botswana ist ein relativ sicheres Reiseland. Vorsicht sollte man nur abends in Gaborone, Francistown und Maun walten lassen: Besser ohne Schmuck und Handtasche ins Restaurant gehen oder mit dem Mietwagen bzw. Taxi vorfahren und dabei Fenster und Türen gut verschlossen halten. Diebstähle und Raubdelikte gegen Touristen, besonders Einzelreisende, nehmen vor allem in Maun zu. Von abendlichen oder gar nächtlichen Spaziergängen ist generell abzuraten. Das Gleiche gilt für Überlandfahrten in der Dunkelheit. Neben erhöhter Gefährdung durch kriminelle Übergriffe besteht das Risiko eines Verkehrsunfalls wegen unbeleuchteter Fahrzeuge oder Tieren auf der Straße. Zu jeder Tageszeit ist Vorsicht bei den kleinen, unbewirtschafteten Rastplätzen an Landstraßen angebracht, wo es wiederholt zu Überfällen auf Touristen gekommen ist. Zivilisten dürfen in Botswana keine militärisch aussehende Kleidung tragen.

In Hinblick auf Korruption ist Botswana das Musterkind unter den afrikanischen Staaten. Wer Bestechungsgelder annimmt oder anbietet, muss mit strafrechtlicher Verfolgung durch das 1990 gegründete Directorate on Corruption and Economic Crime rechnen.

Verhaltenstipps

Die Menschen um einen herum im Auge behalten, fixieren und anlächeln. Nicht als unbeholfener Tourist auffallen, wenn man durch eine Stadt läuft, stattdessen zuvor eine Route festlegen und unterwegs nicht ständig in den Stadtplan starren. Wenn man sich verlaufen hat, ins nächste Café oder Geschäft gehen und dort nach dem Weg fragen. Wertgegenstände nicht für jeden sichtbar tragen, sondern in einer zusammengeknüllten Plastiktüte oder einem kleinen Rucksack. Falls es wirklich zu einem Überfall kommt, sollte man ein oder zwei Zehn-Pula-Scheine lose in der Tasche haben und diese widerstandslos herausgeben, zumeist rennen die Täter damit sofort weg.

Für Selbstfahrer gilt: Den Wagen bei Einkäufen und Besorgungen nicht unbeaufsichtigt lassen, sondern eine Person zur Aufsicht abstellen oder für ein paar Pula einen Wächter beauftragen. Keine Wertgegenstände sichtbar im Auto liegen lassen.

In Simbabwe hat die schwierige politische, wirtschaftliche und soziale Lage der Bevölkerung zu einem Anstieg der Kriminalität geführt. Hier sollten beim Autofahren auch tagsüber die Fenster geschlossen und die Türen von innen verriegelt sein, um z. B. Taschendiebstahl an roten Ampeln zu verhindern.

Sprache

Zwar werden in Botswana insgesamt 26 verschiedene Sprachen gesprochen, doch ein Großteil der Bevölkerung versteht Setswana, das neben Englisch die zweite offizielle Landessprache ist. Es handelt sich um ein Idiom der Tswana-Stämme, denen die meisten Batswana angehören. Während der ersten vier Grundschuljahre werden botswanische Kinder in Setswana unterrichtet.

Es ist ein Zeichen von Respekt, wenn man als Besucher zumindest ein paar Wörter Setswana beherrscht (s. S. 358). Außerdem sprechen die Menschen in abgelegenen Gebieten nur ganz wenig oder gar kein Englisch, sodass ein paar Brocken Setswana ganz hilfreich sind.

Wer nach dem Weg fragt, sollte sich entsprechend der einheimischen Sitte zunächst höflichkeitshalber nach dem Befinden der angesprochenen Person erkundigen. Einen Mann spricht man in Botswana mit »Rra« an, eine Frau mit »Mma«.

Telefonieren

Botswana verfügt über eines der besten Telekommunikationssysteme in Afrika. Von fast jedem Telefon kann weltweit telefoniert werden, allerdings sind die Gespräche – auch innerhalb des Landes – recht teuer. Für Ortsgespräche bezahlt man 0,70 Pula, ein Anruf innerhalb des Landes kostet 0,90 Pula pro Minute und ein Überseetelefonat je nach Uhrzeit zwischen 3 und 3,50 Pula pro Minute (Hotels berechnen meist einen ordentlichen Aufschlag). In fast allen Dörfern gibt es öffentliche Telefone, die entweder mit Münzen oder Telefonkarten (erhältlich in vielen Shops und auf den Postämtern) funktionieren.

Für **Mobiltelefone** gibt es in Botswana drei Netzanbieter: Mascom Wireless (www.mascom.bw), der mit dem südafrikanischen Anbieter MTN kooperiert, Orange Botswana (www.orange.co.bw), der von France Telecom unterstützt wird, sowie BTC (www.btc.bw). Um mit dem eigenen Handy vor Ort günstige Gespräche führen zu können, besorgt man sich am besten bei einem der einheimischen Netzanbieter eine Prepaid-SIM-Karte.

In abgelegenen Gebieten ist man zur Kommunikation auf ein **Satellitentelefon** angewiesen. Man kann ein solches Gerät im Handel kaufen (um 750 €) oder für die Dauer der Reise beim Fahrzeugvermieter oder bei Firmen wie Satfon in München (www.satfon.de) leihen (ab 4,50 € pro Tag).

Internationale Vorwahlen

Botswana: 00267
Südafrika: 0027
Namibia: 00264
Simbabwe: 00263
Sambia: 00260
Deutschland: 0049
Österreich: 0043
Schweiz: 0041

Trinkgeld

In Restaurants ist ein Trinkgeld von 10 % auf den Rechnungspreis üblich. Bei Hotelangestellten sind 2,50 € pro Tag angemessen. Einem Ranger, der die Pirschfahrten in den privaten Lodges leitet, sollte man pro Tag und Teilnehmer umgerechnet ca. 10 € geben, ebenso dem *poler,* der bei Mokoro-Touren den Einbaum steuert.

Zeit

Botswana liegt in der Zeitzone der Central African Time (CAT). Während der mitteleuropäischen Sommerzeit (MESZ) gibt es gar keine Zeitverschiebung, im europäischen Winter muss man die Uhr eine Stunde vorstellen.

Wegen der Lage des Landes am Südrand des Tropengürtels geht die Sonne in Botswana um 6 Uhr auf und um 18 Uhr unter (im Sommer etwa eine halbe Stunde später) – beides ist eine Sache weniger Minuten. Man tut gut daran, diese verkürzte Tageslichtdauer bei der Reiseplanung zu berücksichtigen.

Unterwegs in Botswana

»Das Okavango Delta ist ein erstaunlicher Anblick: Der große Okavango-Fluss fließt nicht Richtung Meer, sondern ins Landesinnere, in den Sand der Kalahari.«
Alexander McCall Smith (*1948)

Eine Bootsfahrt durch das Gewässerlabyrinth des Okavango Delta gehört zu den Highlights einer Botswana-Reise

Molepolole
Gaborone

Kapitel 1

Gaborone und der Südosten

Botswanas Hauptstadt Gaborone gehört zu den am schnellsten wachsenden Städten Afrikas. Erst Ende der 1960er-Jahre begann sich das einstige Dorf zu entwickeln, in dem sich seither etwa 232 000 Menschen angesiedelt haben. Dadurch, dass die Stadt so jung ist, hat sie keinen historischen Kern bzw. typisch afrikanischen Charakter und entsprechend wenig Sehenswürdigkeiten im klassischen Sinn. Dafür bieten sich in den modernen Einkaufszentren nahezu unbeschränkte Shoppingmöglichkeiten, von denen insbesondere Selbstfahrer profitieren, die sich hier mit Proviant versorgen können. Auch Souvenirs lassen sich hier problemlos einkaufen – sei es im Thapong Visual Arts Centre in der City oder in den Kunsthandwerksdörfern der Umgebung: Kolobeng, Thamaga, Oodi und Mochudi. Hier bekommt man alles, was dem heimischen Wohnzimmer einen afrikanischen Touch verpasst.

Da keine Airline direkte Flugverbindungen von Europa nach Botswana unterhält und es nur ein sehr begrenztes – überdies teures – Angebot an Mietwagen in Gaborone gibt, beginnen viele Besucher ihre Reise im südafrikanischen Johannesburg, das lediglich 275 km südöstlich der botswanischen Hauptstadt liegt und auf einer gut ausgebauten Straße leicht in einem halben Tag zu erreichen ist. Um sich ›tierisch‹ auf Botswanas Fauna einzustimmen, empfehlen sich jedoch ein oder zwei Übernachtungen im südafrikanischen Madikwe Game Reserve unmittelbar an der Grenze zu Botswana. Das private Wildreservat ist malariafrei und nur einen Leopardensprung von Gaborone entfernt. Aber auch die nähere Umgebung der Hauptstadt ermöglicht Erstkontakte mit der botswanischen Fauna. Sowohl im Gaborone Game Reserve als auch im Mokolodi Game Reserve tummeln sich Großsäuger in erstaunlicher Vielzahl, denen man bei Pirschfahrten nahekommt.

Im Zentrum von Gaborone prägen zahlreiche moderne Gebäude das Gesicht der jungen Stadt

Auf einen Blick: Gaborone und der Südosten

Sehenswert

Mokolodi Nature Reserve: Das stadtnahe Wildreservat bietet botswanische Fauna quasi vor der Haustüre. In dem 50 km² großen Schutzgebiet im Süden der Hauptstadt tummeln sich Elefanten, Nashörner, Zebras, Elen- und Kuhantilopen, Kudus, Impalas und Warzenschweine sowie ein zahmer Gepard (s. S. 137).

Thamaga: Das Kunsthandwerksdorf ca. 40 km westlich von Gaborone ist für seine qualitativ hochwertigen Töpferwaren berühmt (s. S. 141).

Madikwe Game Reserve: In dem privaten Reservat an der südafrikanisch-botswanischen Grenze kann man sich auf die botswanische Fauna einstimmen. Das Highlight ist der große Wildhundbestand (s. S. 147).

Schöne Routen

Kgale Hill: Der Hügel dominiert die Hauptstadt. Drei Wanderwege führen in jeweils etwa einer Stunde nach oben – die steile Rusty's Route, der etwas längere Transfeldt Trail und ein Pfad über den Sattel zum Cross Kopje (s. S. 131).

Rundfahrt durchs Hügelland westlich von Gaborone: Ein schöner Halbtagesausflug führt in die pittoreske Landschaft westlich der Hauptstadt, wo man u. a. die Kunsthandwerksdörfer Kolobeng und Thamaga besuchen kann (s. S. 140).

Meine Tipps

Gaborone Game Reserve: Das 5,5 km² große Naturschutzgebiet bietet stadtnah Zebras, Elen- und Kuhantilopen, Kudus, Warzenschweine und Impalas (s. S. 130).

The Beef Baron Grill: Botswana-Freilandrind in exzellenter Qualität gibt es in Gaborone im Restaurant des Grand Palm Permont Walmont (s. S. 133).

Livingstone Memorial am Kolobeng River: Das in den 1840er-Jahren erbaute Haus des berühmten englischen Forschers und Entdeckers findet sich 40 km westlich von Gaborone (s. S. 140).

Lentswe-la-Oodi Weavers im Dorf Oodi: Etwa 20 km nördlich von Gaborone an der Straße nach Francistown kann man eine Weberei besichtigen und bunt bedruckte, traditionelle Stoffe kaufen (s. S. 142).

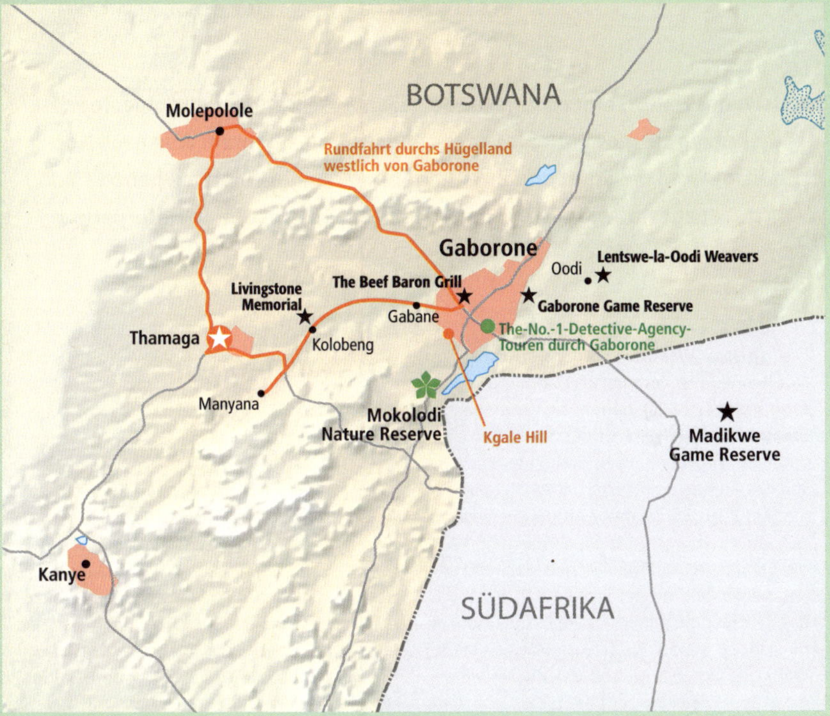

Ein kleines Päuschen am Unabhängigkeitsdenkmal in Gaborone

The-No.-1-Detective-Agency-Touren durch Gaborone: Die Bücher von Alexander McCall Smith haben Botswana, Gaborone sowie die fiktive Heldin, die einzige weibliche Detektivin im Land, Mma Ramotswe, weltberühmt gemacht. Eine populäre BBC-Fernsehserie folgte. Auf einer geführten Tour kann man die Schauplätze von Buch und Film besuchen (s. S. 136).

Gaboronе

▶ 2, L 13

Botswanas Hauptstadt ist eine junge, rasant wachsende Metropole. Touristen benutzen sie meist nur als Durchgangsstation auf ihrem Weg nach Norden, obwohl die Stadt und ihre Umgebung einiges zu bieten haben – von gut ausgestatteten Shopping Malls bis zu interessanten Naturparks.

Geschichte

Die sichere Wasserversorgung durch den Ngotwane River veranlasste Häuptling Gaberone in den 1880er-Jahren, sich mit seinem Stamm der Batlokwa an der Stelle der später nach ihm benannten Stadt niederzulassen. Bis Anfang der 1960er-Jahre bestand die Siedlung aus kaum mehr als 1000 Häusern. Der Aufschwung kam 1964, als die außerhalb des Landes, im südafrikanischen Mafikeng gelegene Verwaltung des Protektorats noch vor der Unabhängigkeit Botswanas nach Gaborone verlegt wurde. Ausschlaggebend für die Wahl des Orts war neben der Wasserversorgung auch die Nähe zur bereits existierenden Bahnlinie von Südafrika nach Simbabwe, dem früheren Südrhodesien.

1968 wurde Gabs, wie **Gaborone** von Einheimischen genannt wird, zur Stadt deklariert und wächst seither rapide. Anfänglich vergrößerte sich die Siedlung – für afrikanische Verhältnisse überaus geplant – in konzentrischen Kreisen um die alten Gebäude. Doch schon bald wurde wild dazugebaut, sodass das Straßennetz heute recht verwirrend ist. Die Stadt besitzt einige moderne Hotels, Kinos, Restaurants und Nachtklubs, aber keinen historischen Stadtkern, der zum Bummeln einladen würde. Dafür gilt Gaborone mit seinen vielen Shopping Malls als Einkaufsparadies der Region. Das Durchstreifen der Einkaufszentren mit trendigen Boutiquen, Restaurants und Coffee Shops ersetzt in Gaborone den Stadtspaziergang. Verglichen mit anderen afrikanischen Hauptstädten ist Gaborone übrigens sehr sicher.

Sehenswertes

Im Zentrum

Cityplan: S. 129

Regierungsviertel

Den Mittelpunkt Gaborones bildet das Regierungsviertel, das sich östlich der Hauptverkehrsader, dem Nelson Mandela Drive, erstreckt. Moderne Verwaltungsgebäude bestimmen hier das Bild. Im Zentrum dieser sogenannten **Government Enclave** findet sich ein gepflasterter Platz mit einer **Statue von Sir Seretse Khama** 1 , dem ersten Präsidenten Botswanas. Außerdem erhebt sich hier ein **Kriegerdenkmal,** das an die Batswana erinnert, die ihr Leben für das britische Empire gegeben haben.

Etwas westlich des Platzes, umgeben von weiteren hohen Regierungsgebäuden, steht die **National Assembly** 2 , das Haus der Nationalversammlung.

Geschäftsviertel

Östlich der Government Enclave erstreckt sich entlang der Queens Road die riesige **Main Mall** 1 (s. S. 131), Gaborones ältestes Einkaufszentrum aus den 1960er-Jahren, welches das Zentrum des modernen Geschäftsviertels bildet.

Gegenüber liegt die **Town Hall** 4 , wo der Bürgermeister residiert und andere städtische Büros untergebracht sind. In der **Bibliothek** 5 gleich daneben gibt es viele Bücher zur Geschichte, Kultur und zu den Menschen Botswanas.

Three Chiefs Monument Park 6

Der **Three Chiefs Monument Park** erinnert an einen entscheidenden Wendepunkt in der Geschichte Botswanas: Die drei Häuptlinge – Kgosi Khana III. von den Bangwato, Kgosi Sebele I. von den Bakwena und Kgosi Betheon I. von den Bangwaketse – verhandelten erfolgreich mit der britischen Regierung gegen eine Einverleibung ihres Landes in die British South Africa Company von Cecil Rhodes (s. S. 59).

National Museum & Art Gallery 7

161 Queens Rd., Tel. 036 104 00, Di–Fr 9–18, Sa, So 9–17 Uhr

Das 1968 eröffnete **National Museum & Gallery** dokumentiert die Natur- und Kulturgeschichte Botswanas. Es sind Exponate zur Fauna, Bevölkerung und Geschichte des Landes ausgestellt, außerdem Kunstgegenstände aus dem Afrika südlich der Sahara. Im Innenhof macht eine Art Freilichtmuseum mit dem dörflichen Leben in Botswana vertraut.

Die 1975 angegliederte **Kunstgalerie** organisiert regelmäßig Ausstellungen mit Gemälden, Skulpturen, Grafiken und Fotografien nationaler und internationaler Künstler. Auch die National Basket & Craft Exhibition (s. S. 81) findet hier statt.

Somarelang Tikologo Ecological Park 8

South Ring Rd., Ecke Kaunda Rd., Tel. 039 137 09, www.somatiko.weebly.com, Facebook: ›Somarelang Tikologo‹, Mo–Fr 9–17 Uhr, Eintritt frei

Im kleinen **Somarelang Tikologo Ecological Park,** der von einer Nichtregierungsorganisation betrieben wird, bekommen Besucher einen nachhaltigen Lebensstil präsentiert. Auf dem Gelände finden sich ein

HÄRTE 10

Im Süden des Regierungsviertels zieht das zehnstöckige **Orapa House** 3 die Blicke auf sich. Das der Debswana Diamond Company gehörende, moderne Gebäude ist so konstruiert, dass zwar natürliches Tageslicht, aber keine direkte UV-Strahlung nach innen dringen kann – das ist wichtig für die Arbeit, die hier verrichtet wird: Im Orapa House werden die wertvollen Rohdiamanten aus der Kalahari bewertet und sortiert. Über 100 Mio. dieser Edelsteine gehen jährlich durch die erfahrenen Hände von etwa 200 Sortierern, die strengstens überwacht werden. Ebenso viele Sicherheitskräfte sind für Botswanas wertvollstes Gebäude zuständig.

Es ist zwar etwas umständlich, aber wer entsprechendes Interesse hat und etwas Geduld mitbringt, kann sich für einen Besuch und eine geführte Tour im Orapa House anmelden. Für die Genehmigung, die mindestens zehn Tage vor dem beabsichtigten Termin beantragt werden sollte, werden folgende Angaben benötigt: Name, Geschlecht, Alter, Herkunft, Passnummer, Schuhgröße und Name des Arbeitgebers. Das gleiche Prozedere ist erforderlich für eine Minentour, die aber nicht immer genehmigt wird (Nelson Mandela Dr., Ecke Khama Cr., Tel. 039 511 31, 036 142 00, www.debswana.com, immer Mi und Fr kostenlose Touren).

Motsete Drive
Western Bypass
Garamotlhose Rd.
BOSEJA
Willie Seboni Road
Artesia Rd.
Belabela Rd.
Boswaneope Rd.
FEYA
Tshoswane Rd.
Bosele Rd.
Kgalagadi Brauerei
Nelson Mandela Drive
Segoditshane River
Hatsalatladi Way
Nyerere Drive
Nkangaripane
Tsokwane Cr.
Nshambachiwe Way
Mokotsumo Way
Hatsalatladi Way
Hatsalatladi Way
Tlhanasanku Rd.
MADIBENG
Sobhuza Rd.
Mokotsumo Way
Mathabeng Way
Mathabeng Way
Pelotshetlha Way
NTLOEDIBE
Independence Avenue
President Dr.
North Ring Road
Molepolole Road
Matante Drive
Aresutalane Way
President Dr.
State House Drive
SADC House
BADIRI
BOTSWE-LOLO
Barclays Training Centre
MABUDISA
Themashange Rd.
Lebatlane Rd.
Omaweneno Rd.
siehe Detailkarte
Bank of Botswana
Mooka Cr.
Roman Cathedral
Kalakamate Rd.
Fire Brigade
Molepolole Road
Government Enclave
Crescent
Queen's Road
Bodlaknudu Rd.
Botswana Road
Lebanon
Ministry of Agriculture
Trinity Church
Kudumaste Dr.
Lebatlane Rd.
Railway Gods Yard
Barclays House
Khama
Independence Avenue
Omaweneno Rd.
USA
Dutch Reformed Church
Mosekangwetsi Dr.
Gaborone Station
MMARAKA
Botswana Housing Corporation
Evangelical Lutheran Church
Kaunda Road
Station Rd.
Motlakase House
Ministry of Surveys and Mapping
New Lobatse Road
Nelson Mandela Drive
Selekangwetsi Dr.
Tshikitshane Rd.
MADIRELO
Water Utilities Corporation
Old Lobatse Road
SEKGWA
Nkurumah Rd.
Kaunda
Independence Avenue
Willoughby Way
Kudumatse Dr.
BONTLENG
UB West Campus
Malope Way
Bank of Botswana
Mooka Cr.
Matsitama Rd.
Morara Cl.
Emang Cl.
Pilane Rd.
Gobuang Rd.
Isheko Cl.
State Dr.
Roman Cathedral
Queen's Road
Crescent
Independence Avenue
Pula
Circle
Botswana Road
BABUSI
Kudumatse Dr.
Old Lobatse Road
Machel Drive
State Dr.
Khama
Kutlwano Cl.
Kagisano
Babusi
Rbinson Rd.
Trinity Church
Malebogo
Khwai Cl.
Etsesana
Baitiri
Barclays House
Dutch Reformed Church
Seboko Rd.
Kgasa Rd.
Boipuso Hall
0
200
400 m

Gaborone

Sehenswert

1 Statue von Sir Seretse Khama
2 National Assembly
3 Orapa House
4 Town Hall
5 Bibliothek
6 Three Chiefs Monument Park
7 National Museum & Art Gallery
8 Somarelang Tikologo Ecological Park
9 Gaborone Game Reserve
10 Thapong Visual Arts Centre
11 Gaborone Dam
12 Kgale Hill

Übernachten

1 The Grand Palm Permont Walmont
2 Cresta Lodge
3 Big Five Lodge
4 Oasis Motel
5 Planet Lodges
6 Brackendene Lodge
7 Gaborone Hotel
8 Mokolodi Backpackers
9 Beams Campsite

Essen & Trinken

1 Rhapsody's
2 Sanitas Restaurant
3 The Daily Grind
4 Bull & Bush
5 The Courtyard Restaurant

Einkaufen

1 Main Mall
2 African Mall
3 Riverwalk Mall
4 Game City

Fortsetzung S. 130

5 Molapo Crossing
6 Fairgrounds Mall
7 Square Mart
8 Westgate
9 Kagiso Mall
10 Flohmarkt
11 Kunsthandwerksmarkt
12 Botswanacraft

Abends & Nachts

1 Maitisong Cultural Centre
2 Gaborone Sun Hotel

Biogarten, das einzige Recyclingzentrum der Stadt, ein Kinderspielplatz und ein sogenannter Green Shop, in dem man Hüte, Taschen, Matten, Schmuck und Kinderspielzeug kaufen kann – alles aus recycelten Materialien hergestellt. Im Angebot sind außerdem Wüstenfrüchte, getrocknet oder frisch.

Östlich des Zentrums

Cityplan: S. 129

Gaborone Game Reserve 9

Ca. 1 km östlich des Stadtteils Broadhurst, vom Limpopo Drive aus ausgeschildert, Tel. 035 844 92, tgl. 6.30–18.30 Uhr, 20 Pula/Pers., 10 Pula/Auto

Das praktisch mitten in der Stadt gelegene, 5,5 km² große **Gaborone Game Reserve** wurde bereits im Jahr 1988 von der Kalahari Conservation Society gegründet und steht in der Besuchergunst an dritter Stelle aller Wildreservate Botswanas. Es ist ideal dafür geeignet, dem Großstadttrubel für eine Weile zu entfliehen und dabei erste Kontakte mit der Fauna des Landes zu knüpfen. Zu sehen sind Zebras, Oryx-, Kuh- und Elenantilopen, Kudus, Impalas sowie Warzenschweine. Auch die Vogelbeobachtungsmöglichkeiten sind sehr gut, insbesondere in dem sumpfigen Marschland sowie rund um die Teiche im Ostteil des Schutzgebiets. Es gibt zwei gut unterhaltene Picknickplätze und einen Wildbeobachtungsstand. Am Eingang des Schutzgebiets erhält man eine detaillierte Karte, auf der alle Wege verzeichnet sind.

Village

Südöstlich des Zentrums schließt ein Stadtteil an, der schlicht **Village** genannt wird. Das ›Dorf‹ entstand im Jahr 1890 und diente eine Zeit lang als Verwaltungszentrum für den südlichen Teil des Bechuanaland-Protektorats. Hier gab es einst ein Fort (1891/92), das erste Postamt der Region, ein Gefängnis und einen Friedhof. Die beiden Letzteren sind erhalten geblieben und können besichtigt werden. Auf dem Friedhof ist u. a. eine Reihe von Grabsteinen zu sehen, die Namen der im Zweiten Burenkrieg gefallenen Soldaten tragen.

Thapong Visual Arts Centre 10

Gegenüber der Village Clinic, Tel. 031 617 71, Facebook: ›Thapong Visual Arts Centre‹, Mo–Fr 8–13, 14–15 Uhr, Eintritt frei

Im 1902 erbauten, ehemaligen Haus des Richters ist heute das **Thapong Visual Arts Centre** untergebracht. Manche Räume dienen als Studios und Ausstellungsräume, in denen junge, aufstrebende Künstler ihre Werke präsentieren, in anderen werden regelmäßig Workshops, Seminare und Kunstkurse für Kinder veranstaltet.

Südlich des Zentrums

Cityplan: S. 129

Gaborone Dam 11

Ca. 5 km südlich des Zentrums liegt der **Gaborone Dam,** kurz Gabs Dam genannt. Der Stausee liegt attraktiv inmitten hoher Hügel und dichtem, wildreichem Busch. Seit seiner Erbauung 1963 versorgt er die Hauptstadt mit Wasser vom Ngotwane River und ist ein beliebtes Wochenendziel für die Einwohner von Gaborone. In den Jahren 1965 und 1966 füllte sich der Damm infolge starker Regenfälle komplett auf und lief über. Daraufhin wurde zehn Jahre später die Dammmauer um 8 m erhöht. 2015 fiel er dann nach langer Dürre komplett trocken, um dann nach heftigen Regenfällen im Februar 2017 wieder überzulaufen. Im Juni 2023 war er zu etwa 55 % voll.

Momentan gibt es einen Picknickplatz am Ostufer, den Kalahari Fishing Club (s. S. 134) sowie den Gaborone Yacht Club (s. S. 134), der in der Mitte des Sees auf einer Insel liegt. Hier findet man auch ein Restaurant, eine Bar und einen Swimmingpool, alles mit Blick auf den See. Für Restaurantgäste wurde ein Bootspendelverkehr eingerichtet. Gegen ein Eintrittsgeld von 30 Pula sind übrigens auch Nichtmitglieder willkommen.

Der Gaborone Dam ist sehr fischreich. Es gibt Barsche, Brassen und Barben. Schwimmen sollte man in dem Gewässer allerdings unter keinen Umständen, denn es beheimatet einige Krokodile – von der Bilharziose-Gefahr einmal abgesehen.

Kgale Hill 12

Gaborone wird dominiert vom knapp 1300 m hohen **Kgale Hill** *(kgale* = der Platz, der ausgetrocknet ist), der sich 7 km südlich der Stadt erhebt. Drei gut markierte Wege führen auf den Hügel, von dessen Spitze man eine schöne Aussicht auf den Gaborone Dam, die City und die größte Shopping Mall der Stadt, Game City, hat – vor allem am späten Nachmittag, wenn sich der Himmel verfärbt, ein tolles Panorama.

Alle drei Wanderwege haben ihren Ausgangspunkt am Quarry-Parkplatz gegenüber der Satellitenstation. Um hierher zu gelangen, fährt man vom Einkaufszentrum Game City (s. S. 132) etwa 2 km in südliche Richtung. Der Parkplatz liegt kurz vor der Abzweigung zum St. Josephs College. Achtung: Der Wagen steht auf dem Parkplatz nicht sicher, also entweder keine Wertsachen im Auto zurücklassen oder einen Parkwächter anheuern, dem man nach (!) Rückkehr von der Wanderung etwa 5 Pula bezahlt. Eventuell kann man sein Auto auch am Einkaufszentrum abstellen und die 2 km bis zum Startpunkt der Wanderung zu Fuß laufen.

Vom Parkplatz aus quert man über Betontreppen einen Viehzaun. Unmittelbar dahinter weist eine Schautafel die drei Wanderrouten aus. Es gibt zum einen die steile **Rusty's Route,** den etwas längeren **Transfeldt Trail** sowie die Strecke über den Sattel zum **Cross Kopje.** Jeder Weg nimmt etwa eine Stunde in Anspruch. Am Kgale Hill lebt ein Trupp Paviane und ein Pärchen Schwarzer Adler *(black eagles)* nistet alljährlich in den verwitterten Klippen direkt unter dem Gipfel.

Shopping Malls

Cityplan: S. 129

Gaborones urbanes Leben spielt sich in den zahlreichen Einkaufszentren ab, die sich über die ganze Stadt verteilen. Die Shopping Malls haben in der Regel täglich von 9 bis 18 Uhr geöffnet.

Main Mall

Facebook: ›Gaborone Main Mall‹

Direkt im Stadtzentrum liegt die **Main Mall 1,** die komplett renoviert wurde. In der Fußgängerzone dieses Einkaufszentrums findet man ein Postamt, Internetcafés, Banken, Büros, die zentrale Polizeistation von Gaborone, Friseure und natürlich jede Menge Geschäfte. Lizenzierte Straßenverkäufer verkaufen Kunsthandwerk und Klamotten. Das Cresta President Hotel (s. S. 133) liegt praktisch im Zentrum der Mall. Seine Terrasse ist ein beliebter Treffpunkt zum Mittagessen oder auf einen Drink.

African Mall

Kaunda Rd., Ecke Independence Av., Tel. 031 709 92‹

In Fußentfernung von der Main Mall liegt die **African Mall 2,** ein kleineres Einkaufszentrum mit Geschäften vorwiegend für den Alltagsbedarf und mit vielen kleinen Restaurants, die indisches, chinesisches und lokales Essen sowie Fast-Food servieren.

Riverwalk Mall und Game City

Facebook: ›Riverwalk Mall‹

Relativ neu und im amerikanischen Stil erbaut sind die **Riverwalk Mall 3** an der Tlokweng Road, die zum botswanisch-süd-

Das Three Chiefs Monument erinnert an die drei Diplomaten, die sich den Briten entgegenstellten

afrikanischen Grenzübergang führt (Tel. 037 001 86), sowie **Game City** 4 am Fuß des Kgale Hill (Tel. 072 26 82 66). Beide verfügen über Kinokomplexe, in denen die neuesten Holly- und Bollywood-Streifen gezeigt werden, sowie eine große Fülle von edlen Markenboutiquen, Restaurants und Fast-Food-Filialen, Safari-Ausstattern, Buch- und Musikgeschäften sowie Kunst- und Kunsthandwerksläden. Fast alle Geschäfte, Banken und viele Tourismusunternehmen haben südafrikanische Besitzer.

Kleinere Einkaufszentren

Außerdem gibt es in Gaborone noch einige kleinere Shoppingkomplexe mit Läden, Restaurants und Internetcafés, darunter **Molapo Crossing** 5 (Western Bypass/Molopolole Road Junction, Tel. 037 100 00), **Fairgrounds Mall** 6 (Samora Machel Dr., in der Nähe der Cresta Lodge), **Square Mart** 7 (Lobatse Rd., Ecke 4th Commercial St.), **Westgate** 8 (beschilderte Abfahrt von der A 1 zwischen Hatsaladladi St. und Willie Seboni St.) und **Kagiso Mall** 9 (Tsholofelo Park).

Infos

Botswana Tourism Board: Main Mall, im Cresta President Hotel, Tel. 039 594 55, www.botswanatourism.co.bw, Mo–Fr 8–17 Uhr.

Department of Wildlife and National Parks (DWNP): Moedi House Fairgrounds, Tel. 0267 397 1405, Facebook: ›Department of Wildlife & National Parks‹.

Im Internet: Facebook ›Events in Gaborone‹ informiert über Restaurants und aktuelle Veranstaltungen in Gaborone.

Übernachten

Casino Royale – **The Grand Palm** 1 **:** Bonnington Farm Rd., Tel. 036 377 77, www.grandpalm.bw. Eines der typischen und überteuerten 5-Sterne-Casino-Hotels, wie sie in den 1970er-Jahren in Südafrikas Sun City modern waren – nur ohne den damals dort gebotenen Service. Dafür sind die im Beef Baron Grill servierten Steaks unbestritten die besten im Land (s. S. 133). €€

Schöner Garten – **Cresta Lodge 2:** Samora Machel Dr., Tel. 039 753 75, www.crestalodge.net. Die ›Lodge‹ mit ihren 158 Zimmern ist die Cresta-Alternative zum President Hotel. Sie liegt etwas ruhiger in einer schönen Gartenanlage mit Pool. Das Innendekor der Zimmer könnte aus jedem beliebigen Businesshotel der Welt stammen. €€

Reetgedeckt – **Big Five Lodge 3:** Plot 807–815, Mogoditshane, 8 km nordwestlich von Gaborone in Flugplatznähe, Tel. 035 005 00. Übernachtung in reetgedeckten Chalets mit Bad und AC. Swimmingpool und großer Barbereich. €

Zentrale Lage – **Cresta President Hotel:** Main Mall 1 Tel. 039 536 31, www.crestahotels.com/hotels/botswana/cresta-president. Das komfortable Stadthotel in zentraler Lage gehört zur Cresta-Gruppe. 92 Zimmer, Swimmingpool, Terrassenrestaurant. €

Grenznah – **Oasis Motel 4:** Tlokweng Rd., Tlokweng, 6 km östlich von Gaborone, Tel. 039 283 96, www.oasis.co.bw. Das angenehm gestaltete Motel bietet komfortable Zimmer mit Sat-TV. Es liegt an der Strecke vom Hauptgrenzübergang Johannesburg–Gaborone, nur 1,2 km von der Riverwalk Mall entfernt. €

Ansprechend – **Planet Lodges 5:** South Ring Rd., Plot 514, Tel. 039 032 95, und Bokaa Rd., Block 3, Tel. 039 101 16, www.planetlodges.com. Untergebracht in zwei sehr schönen Häusern. Komfortabel, sehr gutes Preis-Leistungs-Verhältnis, Restaurant, Pool, Wäsche wird noch am gleichen Tag gewaschen. €

Familiär – **Brackendene Lodge 6:** Tati Rd., Tel. 039 128 86, Facebook: ›Brackendene Lodge‹. Mehr B & B als Hotel. Einfache, saubere Zimmer, ordentliches Restaurant im Haus. €

Günstig und sauber – **Gaborone Hotel 7:** Central Bus Rank, Tel. 039 227 77, www.gaboronehotel.com. Einfaches Casino-Hotel mit 44 Zimmern in der Nähe des Bahnhofs. Etwas laut. €

Buschfeeling – **Mokolodi Backpackers 8:** Plot 86, Mokolodi, 9 km südlich von Gaborone (vom Lobatse–Gaborone-Highway die Abfahrt zum Mokolodi Game Reserve nehmen, Tel. 074 11 11 65, www.backpackers.co.bw. In idyllischem Busch-Ambiente mit viel Platz, zwei Chalets und vier Schlafsäle. €, Camping €

Camping – **Beams Campsite 9:** Legolo Rd., Madibeng, Tel. 073 91 19 12. Der einzige Campingplatz im Stadtgebiet liegt sehr zentral nördlich der City. €

Essen & Trinken

Die besten Steaks – **The Beef Baron Grill & Rib Room 1:** im The Grand Palm (s. S. 132), Facebook: ›The Beef Baron Grill & Rib Room‹, Mo–Sa 18.30–22.30 Uhr. Botswana ist weltberühmt für die exzellente Qualität seiner Steaks von Freilandrindern – und hier gibt es die allerbesten im ganzen Land: eine Woche abgehangen und auf den Punkt gegrillt. Allerdings wartet man ziemlich lange auf sein Essen. Reservierung empfohlen. €€

Fleisch satt – **Chatters 2:** in der Cresta Lodge (s. links), tgl. Lunch und Dinner. Gutes Restaurant mit Steaks und anderen Fleischgerichten. €€

Trendy – **Rhapsody's 1:** Airport Junction Shopping Centre, Shop 45, Tel. 075 392 39 89, www.rhapsody.co.bw, tgl. Frühstück, Lunch und Dinner. Das coole Franchise-Restaurant aus Südafrika hat eine Filiale direkt am Flughafen. Es ist bekannt für sein fantastisches Beef Espetada, ein 450-g-Rumpsteak, gewürzt mit schwarzem Pfeffer und grobem Salz, aufgespießt zwischen Lorbeerblättern und dann über offenem Feuer gegrillt. Auch die Weinauswahl ist gut. Nach Einbruch der Dunkelheit Jazz und Blues live. €€

Edel-Chinese – **Bai Sheng 1:** im The Grand Palm (s. S. 132), Facebook: ›Bai Sheng Restaurant‹, Mo–Sa 18–22 Uhr. Chinese mit guten Gerichten. €€

Mit Garten-Ambiente – **Sanitas Restaurant 2:** Gaborone Damm, am Machel Drive, Tel. 039 313 58, www.sanitas.co.bw, Di–So 8–16.30 Uhr. Essen im grünen Garten eines Gartenzentrums. Es gibt Frühstück und Lunch, sowie Kuchen, Milkshakes, prima Kaffee und natürlich – Nomen est omen – Tee. €

Indisch – **Ashoka Palace:** in der African Mall 2 (s. S. 131), Tel. 031 654 52, Facebook: ›Ashoka Palace‹, Mo–Fr 11–15, 18–22.30, Sa, So 11.30–15.30, 18–22.30 Uhr. Ausgezeichneter Inder, die Kellner servieren die leckeren Gerichte in traditionellen Outfits. €

Brasilianisch – **Rodizio:** in der Riverwalk Mall 3 (s. S. 131), Tel. 039 244 28/29, Facebook ›Rodizio Brazilian Restaurant‹, tgl. Lunch und Dinner. Brasilianisches Restaurant mit All-you-can-eat-Festpreisen und Speisen à la carte. Die Fleischgerichte sind fantastisch. Fr und Sa abends Livemusik. Ein richtig cooler Platz. Neben Primi Piatti die beste Empfehlung in Gabs. €–€€

Best Cappuccino – **The Daily Grind** 3 **:** 133 Independence Av., Tel. 074 55 08 02, Facebook: ›The Daily Grind BW‹, So–Fr 12–22.30, Sa 18.30–22.30 Uhr. Unseren täglichen Kaffee brühe uns heute. Hier steht Kaffee im Vordergrund, nicht wie anderswo in der Stadt als nachträglicher Einfall. Dazu gibt es leckere Gerichte. €

Steak und Pizza – **Bull & Bush** 4 **:** vom Mandela Drive in die Legolo Road, Madibeng, Central Business District, dem ›Police‹-Wegweiser folgen, Tel. 039 750 70/71, www.bullbush.com, Facebook ›Bull & Bush‹, tgl. Lunch und Dinner. Seit 1995 werden hier in britischem Pub-Ambiente prima Steaks und Pizzas serviert. €

Tolle Lage – **The Courtyard Restaurant** 5 **:** Botswana Craft, Magochanyama Rd., Tel. 073 10 04 00, www.botswanacraft.com, Frühstück 9–12, Lunch 12–15 Uhr. Traditionelle botswanische Küche wird hier auf hohem Niveau serviert. Wer sich nicht traut, für den gibt es prima Pizza aus dem Holzofen. €

Asiatisch – **Simply Asia:** in der Riverwalk Mall 3 (s. S. 131), Shop 31, Tel. 039 120 08, www.simplyasia.co.za, tgl. 11.30–21.30 Uhr. Südafrikanisches Kettenrestaurant mit sehr guter asiatischer Küche, vor allem thailändische und indische Gerichte. €

Einkaufen

Malls – **African Mall** 2 **:** s. S. 131. Die afrikanischste Mall der Stadt gibt sich eher bescheiden. Viele Fast-Food-Filialen, farmfrische Produkte. **Riverwalk Mall** 3 **:** s. S. 131, Facebook: ›River Walk Mall‹. Die beste Mall in Gaborone mit coolen Restaurants und Geschäften. **Game City** 4 **:** s. S. 131. Die größte überdachte Mall in Botswana.

Märkte – Neben der Kagiso Mall (s. S. 132) gibt es einen **Flohmarkt** 10 im Freien. Einen **Kunsthandwerksmarkt** 11 *(craft market)* findet man kurioserweise im Broadhurst Industrial Area, einem kleinen Industriegebiet, wo das nette Market Café zu einer Pause vom Stöbern einlädt (Nakadi St., Facebook: ›The Craft Market‹).

Kunsthandwerk – **Botswanacraft** 12 **:** Western Bypass zwischen Flughafen und Kubu Road, Tel. 039 224 87, www.botswanacraft.com, Facebook: ›Botswanacraft‹, Mo–Fr 8–18, Sa 8–17, So 9–13 Uhr. Auf Kunst und Kunsthandwerk Botswanas und anderer Länder Afrikas spezialisiert, gewinnt aber auch immer mehr Bedeutung als Veranstaltungsort.

Abends & Nachts

Jedes Wochenende gibt es in Gaborone Entertainment live – von afrikanischer Musik über traditionelle Tanzvorführungen bis zu Jazz- und Blueskonzerten.

Veranstaltungszentrum – **Maitisong Cultural Centre** 1 **:** Maruapula Way, Tel. 039 718 09, auf dem Gelände der Marua Pula Secondary School, Tel. 073 67 18 09, www.maitisong.org, Facebook: ›Maitisong‹. Das wohl populärste und aktivste Kulturzentrum von Gabs, regelmäßig Konzerte, Theater- und Tanzvorführungen. **Botswanacraft** 12 **:** s. S. 134. Veranstaltet ebenfalls manchmal Musikkonzerte.

Spielcasinos – **Gaborone Sun Hotel** 2 **:** Chuma Dr., Tel. 036 160 00, **The Grand Palm** 1 **:** s. S. 132. **Gaborone Hotel** 7 **:** s. S. 133.

Aktiv

Angeln – **Kalahari Fishing Club** 11 **:** Gaborone Dam, Tel. 071 37 92 85.

Segeln und Schwimmen – **Gaborone Yacht Club** 11 **:** Gaborone Dam, Tel. 071 57 97 07, Facebook: ›Gaborone Yacht Club‹. Hier können auch Boote geliehen werden.

Modern und großzügig angelegt: das Geschäfts- und Einkaufszentrum von Gaborone

Pirschfahrten – **Mokolodi Nature Reserve:** www.mokolodi.com, s. S. 137. In dem ca. 15 km südlich von Gaborone gelegenen Naturschutzgebiet werden verschiedene geführte Touren angeboten, darunter 2-stündige, auch nächtliche Pirschfahrten im offenen Geländewagen (Erw. 200 Pula, Kinder 175 Pula), geführte Wanderungen mit garantierter Nashorn- und Giraffenbeobachtung (800/700 Pula) sowie ein geführter Besuch des Reptilienparks (Erw. 100 Pula, Kinder 50 Pula).

Termine

Maitisong Festival (März): (s. S. 104). Das Festival findet in und um Gaborone statt und bietet lokale Livemusik, Paraden, Lesungen, Tanz und Theater. Es zelebriert die reiche Kultur von Nordwest-Botswana. Alle Einkünfte kommen der Förderung lokaler Schulen zugute.

Botswana Day Celebrations (30. Sept.): Der Unabhängigkeitstag wird jedes Jahr mit Musik und Tanz gefeiert.

Verkehr

Flüge: Der Sir Seretse Khama International Airport, Tel. 039 584 40, liegt etwa 15 km nordwestlich der Stadt. Regelmäßige Verbindungen bestehen nach Johannesburg und Kapstadt in Südafrika, Windhoek in Namibia, Livingstone in Sambia sowie in die botswanischen Städte Kasane, Maun und Francistown. Fluginfos unter Tel. 039 145 18, 039 528 12. Es gibt keinen offiziellen Transfer und nur selten Taxis zwischen Flughafen und City, doch die Hotels und Gästehäuser organisieren den Transport für ihre Gäste.

Busse: s. S. 89

Mietwagen: s. S. 90

THE-NO.-1-DETECTIVE-AGENCY-TOUREN DURCH GABORONE

Tour-Infos

Start: Abholung an der jeweiligen Unterkunft
Dauer: 3 Std.
Buchung: Die Detektiv-Tour durch Gaborone veranstaltet nur **Tours by Locals,** www.toursbylocals.com.

Kosten: 3 Std. (9–12 Uhr) zu Fuß 100 US-$ pro Person und Tour; die Preise beinhalten je nach Tour den Transfer zum Startpunkt, Fahrt im Minibus, einen professionellen Führer, Lunch, Eintrittsgelder und Unterkunft.

Mma Precious Ramotswe, die fiktive Heldin in Alexander McCall Smiths Bestseller »The Number 1 Ladies' Detective Agency«, hat Botswana international berühmt gemacht. Auf einer geführten Tour besucht man u. a. das Filmset, das von dem britischen Regisseur Anthony Mingella errichtet wurde, um die Filme gleichen Namens zu drehen. In einer Stichstraße am Fuß des Kgale Hill errichtete die Produktionsgesellschaft ein Stückchen Vergangenheit: einen Straßenzug, der das frühere, alte Gaborone zeigt, komplett ausgestattet mit Fahrradreparaturwerkstatt, Kolonialwarenhandlung, Metzger, Schönheitssalon und Freiluftrestaurant. Ältere Einwohner der Stadt bestätigten, dass es in Gaborone früher tatsächlich so ausgesehen hat. Auch die Autowerkstatt von Mma Ramotswes Ehemann Mr. J. L. B. Matekoni, »Tlokweng Road Speedy Motors«, wurde wunderbar vom Buch in die filmische Wirklichkeit transportiert.
Je nach Länge führen die Mma-Ramotswe-Touren aber auch zu den verschiedenen Lokalitäten, die die Buchserie inspiriert haben, einschließlich des Heimatdorfs der botswanischen Miss Marple, Mochudi. Im dortigen Museum, untergebracht im ehemaligen Schulgebäude, erfährt man einiges über die Geschichte der Protagonistin und die Kultur Botswanas. Mittags wird ein authentisches Tswana-Essen serviert. Außerdem geht es zu dem Ort, wo der Autor McCall Smith die ›echte‹ Mma Ramotswe getroffen hat, die Inspiration für seine international erfolgreiche Buchserie.
Die halbtägige Tour zu Fuß führt an viele Orte in der City von Gaborone, die Mma Ramotswe in den Büchern aufsucht. Unterwegs liest der Guide passende Stellen aus den Büchern vor. Wer die Minibustour bucht, lernt außerdem den Schauplatz von Mma Ramotswes erstem Fall, ihr Lieblingscafé und ihr Haus im Zebra Drive kennen. Dieser Trip ist die Kurzfassung der Tagestour, die vor Mma Ramotswes Haus beginnt. Von hier aus folgt man den Spuren der Detektivin. Es geht zu Tlokweng Road Speedy Motors, dem Haus von J. L. B Matekoni und zum President Hotel, auf dessen Terrasse Mma Ramotswe immer ihren geliebten Rooibostee trinkt.
Es gibt nur einen Veranstalter, Africa Insight, der diese Touren offiziell und mit dem Segen des Autors durchführen darf. Zeiten und Daten werden ›afrikanisch‹ gehandhabt. Wer die Bücher noch nicht kennen sollte, wird spätestens nach der Tour Lust auf ihre Lektüre bekommen. Oder man schaut sich den Film an.

Umgebung von Gaborone

Obwohl die meisten Botswana-Besucher möglichst schnell zu den touristischen Highlights im Norden und Nordwesten des Landes aufbrechen, gibt es auch rund um Gaborone einiges zu entdecken, von kleinen Wildreservaten bis zu Kunsthandwerkerdörfern.

Südlich von Gaborone

▶ 2, K/L 13/14

Karte: S. 139

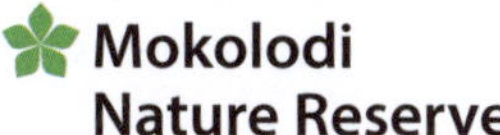

Mokolodi Nature Reserve

Tel. 031 619 55, www.mokolodi.com, tgl. 7–18 Uhr, Restaurantgäste werden auch später eingelassen, 200/175 Pula Erw./Kinder, Pirschfahrten Erw. 300 Pula, Kinder 225 Pula

Knapp 15 km südlich von Gaborone liegt das ca. 30 km² große **Mokolodi Nature Reserve,** das 1994 von der Mokolodi Wildlife Foundation als Wildschutzgebiet und Umwelterziehungszentrum etabliert wurde. Das bewaldete Reservat erstreckt sich in einem weiten Tal zwischen den **Mokolodi Hills** und dem von Leoparden und Stachelschweinen bewohnten **Magic Mountain** und beheimatet eine große Anzahl an Tieren: Elefanten, Nashörner, Giraffen, Zebras, Gnus, Elen-, Oryx- und Kuhantilopen, Strauße, Tüpfelhyänen, Impalas sowie einen zahmen Geparden, mit dem man sich fotografieren lassen kann. Außerdem leben hier drei junge Elefanten, die von Mahouts aus Sri Lanka trainiert wurden und mit denen man spazieren gehen kann.

Zu den Aktivitäten gehören Pirschfahrten, die auch nachts durchgeführt werden. Nashörner und Giraffen bekommt man dabei eigentlich immer zu Gesicht. Berühmt ist Mokolodi für die geführten Wanderungen, die unbedingt im Voraus gebucht werden sollten. Unterwegs bieten sich hervorragende Fotomotive, beispielsweise von einem versteckten Wildbeobachtungssitz direkt an einem Elefantenbadeplatz, wo man den grauen Riesen sehr nahe kommen kann. Es gibt auch geführte Ausritte und einen Schlangenpark. Die abendlichen Safaris können mit einem Busch-Grill-Dinner *(bush braai dinner)* kombiniert werden.

Nur Mitglieder der Friends of Mokolodi (FOM) dürfen mit ihrem eigenen Auto in den Park fahren. Alle anderen müssen die zweistündigen, von einem Ranger begleiteten Pirschfahrten buchen. Als FOM-Mitglied gibt es außerdem eine 20%ige Ermäßigung auf Eintrittspreise und Aktivitäten. Für jene, die alle Angebote in Anspruch nehmen wollen, lohnt sich eventuell die Mitgliedschaft für ein Jahr.

Für Selbstfahrer existiert ein gut entwickeltes Netz von Pisten zur Wildbeobachtung, wobei einige Strecken ziemlich ausgefahren sind. Ein Geländewagen ist daher empfehlenswert. Im Park gibt es ein Restaurant (Di–So 8–21, So bis 18 Uhr), eine Bar und einen Souvenirshop. Wer nur das Restaurant besucht, zahlt keinen Eintritt. Die meisten Hotels in Gaborone bieten Transfers zum Park an.

Übernachten

Stadtnahe Wildnis – **Mokolodi Nature Reserve:** 14 km südlich von Gaborone an der Lobatse Road, Tel. 031 619 55, 031 615 47 (Restaurant), www.mokolodi.com. Wer nicht in Gaborone übernachten, sondern schon etwas Buschluft schnuppern möchte, ist hier richtig. Am grasbewachsenen Steilufer eines von Nashörnern bevorzugten Wasserlochs stehen fünf

Chalets für Selbstversorger mit Kühlschrank, Gasherd und Grillplatz. Außerdem gibt es einen Campingplatz mit acht idyllisch gelegenen Stellplätzen, alle mit eigener Spültoilette. Chalets je nach Größe ab 990 Pula. €

Lion Park Resort 1

Lobatse Rd., Tel. 073 29 30 00, Facebook: ›Lion Park Resort‹, Do–So 10–19.30 Uhr, Erw. 90 Pula, Kinder 75 Pula

Die in Käfigen zur Schau gestellten Löwen im einstigen St. Clair Lion Park gibt es schon lange nicht mehr. Der recht neue Wasservergnügungspark **Lion Park Resort** 20 km südlich von Gaborone trägt allerdings weiterhin das ›Lion‹ in seinem Namen. Es gibt Swimmingpools, Wasserrutschen, einen Wellenpool und sogar eine 4x4-Strecke.

Otse und Manyelanong Game Reserve

Tel. 053 371 81, Eintritt frei, Registrierung im Rangerbüro am Eingang nötig

Das Dorf **Otse** 2 liegt ca. 50 km südlich von Gaborone an der Straße nach Lobatse. Nördlich vom Ort erhebt sich der **Otse Hill,** mit 1489 m Botswanas höchster Punkt. In den steilen Klippen oberhalb von Otse erstreckt sich das **Manyelanong Game Reserve** 3. Dieses Naturreservat wurde etabliert, um die Kapgeier zu schützen, die seit über 100 Jahren hier nisten. Die Initiative, sich der gefährdeten Vögel anzunehmen, kam spät, aber noch rechtzeitig. In der Brutkolonie leben heute wieder etwa 100 der Aasfresser. Das Wildreservat umfasst praktisch den kompletten Berg sowie ein außerhalb davon gelegenes, eingezäuntes Areal, in dem sich die Nistplätze befinden. Dieses Gebiet darf nicht betreten werden, doch der Zugang zum Berg mit seiner Geierkolonie ist möglich. Am besten lassen sich die Vögel von Mai bis August bzw. September beobachten. Um zum Reservat zu gelangen, muss man in Otse am Wegweiser ›Moeding College‹ von der Lobatse–Gaborone Road abbiegen. An der folgenden Gabelung geht es rechts und dann in Richtung des hohen, felsigen Hügels. Es gibt weder Campingplätze noch Lodges in dem Gebiet.

Lobatse 4

Die Stadt **Lobatse,** 72 km südlich von Gaborone, hat etwa 80 000 Einwohner und war Hauptstadtkandidat, bevor sich die Regierung aufgrund der besseren Wasserversorgung für Gaborone entschied. Lobatse ist nach Häuptling Molebatse benannt und der Standort der **Botswana Meat Commission,** der ›Fleischkommission‹. Sie wurde 1966 etabliert und umfasst ein großes, modernes Schlachthaus, eine Fleischfabrik und eine Gerberei. In Maun und Francistown gibt es Filialen. Von hier gelangt das qualitativ hochwertige botswanische Freilandrind auf Grills in vielen Ländern der Welt. Der Schlachthof erfüllt strengste EU-Richtlinien und gilt als größter in Afrika.

Früher war Lobatse Ziel der Rindertrecks aus dem Norden. Vor allem aus Ghanzi trieben die Farmer ihr schlachtreifes Vieh in wochenlangen Märschen durch die Kalahari. Seit der Fertigstellung des Trans-Kalahari-Highway erledigen Lkws den Transport.

Limpopo-Quelle

In der Nähe von Lobatse befindet sich die Quelle des **Limpopo River,** den schon Rudyard Kipling beschrieb – als große, grau-grüne, träge Masse von Wasser, die durch drei Länder fließt, um schließlich in den Indischen Ozean zu münden. Bei Lobatse heißt der Fluss noch **Ngotwane River.** Unter diesem Namen bildet er die Grenze zwischen Botswana und Südafrika bis zum **Ngotwane Dam.** Dieser entwässert direkt in den **Gaborone Dam,** von wo der Fluss seine Reise Richtung Südwesten nach **Parr's Halt** fortsetzt. Dort ändert er seinen Namen, wird zum Limpopo River und bildet erneut die nationale Grenze bis zum östlichsten Punkt des Landes, wo Botswana, Südafrika und Simbabwe am Zusammenfluss von Limpopo und Shashe River aufeinandertreffen.

Kanye 5

Das pittoreske Dorf **Kanye** 92 km südwestlich von Gaborone ist das kulturelle Zentrum des Bangwaketsi-Stamms. Es wurde von Häuptling Makaba im späten 18. Jh. als wehrhafte Hügelsiedlung gegründet. Um an die Macht zu kommen, hatte Makaba zuvor seinen eigenen Vater getötet – *kanye* bedeutet in der lokalen Sprache ›zerstören‹.

Das Dorf wurde oft von Angreifern belagert, u. a. vom berühmt-berüchtigten König Mzilikazi (s. S. 57) auf seiner Migration nach Bulawayo. Auch der deutsche Gangster Jan Bloem versuchte das Dorf einzunehmen. Als Jan Blüm in Thüringen geboren, emigrierte er 1780 in die Kapkolonie. Nachdem er seine Frau ermordet hatte, floh er in die südafrikanische Northern Cape Province, die einzige Provinz des Landes ohne Polizeigewalt. Dort, in der Nähe des heutigen Kimberley, lebte er mit den Korana, einem Khoisan-Unterstamm. Später zog der Deutsche weiter in die Gegend des heutigen Upington in Südafrika, wo er mit einem anderen Korana-Clan lebte. Er heiratete eine Korana-Frau. Innerhalb von zehn Jahren mauserte er sich zu einem professionellen Viehdieb und stieg zum reichsten Mann im Norden der gesetzlosen Kapprovinz auf. Er kaufte Pferde, Waffen und scharte eine schlagkräftige Kampftruppe um sich. Mit dieser Armee von Korana-Kriegern zog Jan Bloem 1798 nach Botswana, um das Bangwaketsi-Königreich anzugreifen. Der Stamm besaß Kupfer und Elfenbein, auf die es Bloem abgesehen hatte. Makaba hörte rechtzeitig von dem geplanten Angriff des Deutschen und befestigte Kanye mit zusätzlichen Steinmauern. Bloems Armee wurde in einen engen Bergpass gelockt und dort mit Felsbrocken beworfen. In der nachfolgenden Schlacht von Matlhabanelong wurden Jan Bloems Männer fast vollständig aufgerieben. Er selbst überlebte, starb aber kurz darauf an einer Quelle bei Taung, die Makaba hatte vergiften lassen.

Daraufhin übernahm sein Sohn, Bloem II., das Amt des Häuptlings und wurde ein mächtiger Militärführer in der Region. Er kämpfte mit den Tswana gegen die gefürchteten Ndebele-Krieger von Mzilikazi. Die südafrikanische Stadt Bloemfontein ist nach ihm benannt. Zum Zeitpunkt seines Todes 1799 galt er praktisch als Einheimischer. Nur wenige Menschen wussten, dass sein Vater aus Deutschland stammte. Kanye hat über die Jahrhunderte hindurch alle Angreifer abgewehrt und ist heute ein wichtiges und aufstrebendes urbanes Zentrum.

Übernachten

Klein und günstig – **Motse Lodge:** von Lobatse kommend nach der BP-Tankstelle in Kanye rechts abbiegen, von dort 3 km (die Lodge ist ausgeschildert), Tel. 054 803 63. Kleine Anlage mit reetgedeckten Chalets im Rundhausstil. Die dazugehörige Campsite ist recht einfach gehalten und für das Gebotene teuer. €

Essen & Trinken

Es gibt einige gute, traditionelle Restaurants im Ort, die typische Batswana-Gerichte auf der Speisekarte haben.

Mein Haus – **Ko Gae Café:** in der Main Kanye Mall, Tel. 054 413 23. ›Mein Haus‹ *(ko gae)* serviert, meist zu Livemusik, u. a. *seswaa,* gekochtes und zerriebenes Rindfleisch.

Westlich von Gaborone

► 2, K/L 12/13

Karte: S. 139

Gabane 6

Gabane liegt 15 km westlich von Gaborone an der Straße nach Kanye. Aufgrund der Nähe zur Hauptstadt hat sich der Ort schnell entwickelt. Moderne Bauten stehen neben traditioneller Tswana-Architektur, die sich durch Wandmalereien auszeichnet.

In Gabane gibt es, wie auch in Thamaga (s. S. 141), eine Töpferei (Facebook: ›Gabane Pottery‹) und gleich daneben eine Glasbläserei. Beide verkaufen teilweise sehr schöne Stücke zu angemessenen Preisen. In unmittelbarer Nachbarschaft liegt ein Zuchtgarten mit einheimischen Nutzpflanzen.

Kolobeng Mission 7

Ca. 5 km nach Gabane überquert die Kanye Road den Kolobeng River. Direkt nach der Brücke führt eine kurze Piste zur **Kolobeng Mission** mit dem **Livingstone Memorial** und den Ruinen von **David Livingstone's House.** Die Missionsstation wurde in den 1840er-Jahren erbaut, ihre Kirche war die erste in Botswana. Hier konvertierte Häuptling Sechele zum christlichen Glauben und wurde getauft. An diesem Ort befand sich auch die erste Schule und das erste Bewässerungsprojekt im Land. Die Grundmauern der Gebäude sind noch zu sehen. Ebenso einige Gräber, u. a. am Flussufer das von Livingstones Tochter Elizabeth.

Für handbemalte Töpfereiprodukte ist Thamaga the place to be

Manyana 8

Im Ort **Manyana** 40 km südwestlich von Gaborone steht **Livingstone's Tree,** ein 400 Jahre alter Feigenbaum, der angeblich gepflanzt wurde, als David Livingstone hier missionarisch tätig war. Unter ihm soll er gepredigt haben. Der Baum hat sich vor mehr als 20 Jahren in drei Teile gespalten, die jedoch einzeln weiterwachsen.

Mma Sechele's Cave

Ganz in der Nähe von Manyana liegt **Mma Sechele's Cave,** in der die Bakwena die erste Frau von Häuptling Sechele versteckten, als die Buren in die Region einfielen.

San-Felszeichnungen

Etwa 500 m nördlich der kleinen Siedlung, an der Straße westlich des Flusses, finden sich einige etwa 1500 Jahre alte **Felszeichnungen.** Im Südosten Botswanas gibt es nur sehr wenige davon. Vom Stil her erinnern sie an Kunstwerke in Simbabwe. Zu sehen sind mittlerweile recht ausgebleichte Giraffen, Oryxantilopen, Elefanten sowie menschliche Figuren. Die Malereien wurden wahrscheinlich von Khoi-Hirten angefertigt und stehen inzwischen unter Denkmalschutz.

Sowohl die Felszeichnungen als auch die Höhle sind täglich zu besichtigen und es wird kein Eintrittsgeld verlangt. Die lokalen Guides sind freundlich und hilfsbereit.

Thamaga

Facebook: ›Thamaga Pottery‹, Führungen tgl. 8–17 Uhr

Ungefähr 12 km nach **Kolobeng** zweigt in **Mmankgodi** eine Straße rechts Richtung **Thamaga** ab, ein Ort, der aufgrund seiner Töpfereiwaren und seines Kunsthandwerks über die Grenzen der Region hinaus bekannt ist. Im **Botswelelo Centre** findet sich der **Thamaga Pottery Shop,** der Gebrauchsgüter allerhöchster Qualität verkauft. Hier werden auch Töpfereiprodukte von Pelegano Village Industries aus Gabane und von den Dinkgwana Potters, die zwischen Kanye und Lobatse ansässig sind, angeboten. Der Workshop kann im Rahmen einer ca. 30-minütigen, kostenlosen Führung besichtigt werden.

Jenseits von Thamaga schlängelt sich die Straße durch die Hügel in Richtung Trans-Kalahari-Highway, der sich durch die Wüste ca. 700 km bis nach Namibia zieht (s. S. 335). Von der Kreuzung mit dem Highway sind es nach links 82 km bis Jwaneng, einer der reichsten Diamantenminen der Welt, und weitere 519 km nach Ghanzi. Wer an der Kreuzung rechts abbiegt, gelangt wieder zurück nach Kanye und Lobatse.

Livingstone's Cave 9

41,5 km nördlich von Thamaga, in Richtung Molepolole, ist links von der Straße im Felshang **Livingstone's Cave** zu erkennen. Eine Legende besagt, dass Häuptling Secheles spiritueller Ratgeber verkündete, David Livingstone werde beim Betreten der Höhle sofort tot umfallen. Der englische Forscher nahm die Herausforderung an und überlebte – was Sechele angeblich so beeindruckte, dass er zum christlichen Glauben übertrat. Etwa 700 m nördlich der Höhle stehen die Mauerreste einer Missionsstation.

Molepolole 10

Molepolole liegt 50 km nordwestlich von Gaborone. Für Reisende mit Ziel Kalahari ist dies der letzte Ort, um sich mit allem Notwendigen zu versorgen. 61 km weiter in Richtung Nordwesten ist dann Letlhakeng erreicht, das Tor zur Kalahari. Die in Molepolole lebenden Menschen gehören zum Stamm der Bakwena. An die Missionsgeschichte des Orts erinnern heute der noch erhaltene **Glockenturm** von 1907 und eine alte **Kirche.** Beide befinden sich gegenüber der Abzweigung nach Letlhakeng.

Kgosi Sechele I. Museum

Di–Fr 9–12, 14–16, Sa 11–16 Uhr, Eintritt frei

Im Ort selbst lohnt ein Besuch im **Kgosi Sechele I. Museum,** das die Geschichte der Bakwena dokumentiert. Ein Teil der Exponate befindet sich im Freien. Untergebracht ist das Museum im restaurierten Polizeigebäude von 1902. Ausgestellt sind lokales Kunsthandwerk, historische Fotos und Gemälde. Es gibt eine kleine Galerie und einen Souvenirshop, der lokale Künstler fördert. Das Museum veranstaltet die jährliche Kweneng-Kunstausstellung, den Kweneng-Schulkunstwettbewerb und das Dithubaruba Kulturfestival.

Das Museum ist nach dem Häuptling benannt, der die Bakwena von 1833 bis 1892 regierte. Er machte Molepolole 1864 zu seiner Hauptstadt. Jedes Jahr organisierte Sechele eine Jagdexpedition in die Chobe-Region, um an Elfenbein zu gelangen. Somit wurde Molepolole ein wichtiger Handelsposten. Sechele gab der Annexion Botswanas durch die Briten 1885 nicht seinen Segen. 1887 arbeitete die Mehrzahl der erwachsenen Männer in Molepolole an der britischen Eisenbahnlinie, die vom Kap nach Rhodesien führte. Ihre Abwesenheit wirkte sich negativ auf das Dorf aus. Es herrschte Hunger, und Sechele war gezwungen, die Essenspakete, die die Briten per Ochsenwagen schickten, anzunehmen.

Termine

Dithubaruba Cultural Festival (Anfang Sept.): Jährliches Kulturfestival der Bakwena im Kgosi Sechele I. Museum mit Tänzen, Konzerten, Theateraufführungen und Lesungen.

Nördlich und östlich von Gaborone

► 2, L 12/13

Karte: S. 139

Oodi 11

Weberei Mo–Fr 8–16.30, Sa, So 10–16.30 Uhr

Im Ort **Oodi,** etwa 20 km nordöstlich von Gaborone, findet man eine Kooperative von Webern, die **Lentswe-la-Oodi-Weavers** (›Die felsigen Hügel von Oodi‹), die Wandbehänge, Tisch- und Bettdecken sowie Tücher aus Karakulwolle mit traditionellen botswanischen Mustern und Motiven anfertigen. Viele Wandteppiche erzählen ganze Geschichten. Das Entwicklungshilfeprojekt wurde bereits

1973 von dem schwedischen Paar Ulla und Peder Gowenius ins Leben gerufen, um der Bevölkerung eine Verdienstquelle zu erschließen. Das Weben, Färben und Spinnen wird in Handarbeit erledigt. Die erfolgreiche Firma gehört der lokalen Gemeinde, die alle Gewinne daraus erhält.

Modipane und Modipe Hill

2 km südöstlich von Oodi ist **Modipane** 12 am Fuß des **Modipe Hill** erreicht. Die Häuser des Dorfs sind gänzlich aus Lehm erbaut. Etwa auf halber Höhe des Hügels befinden sich einige Steinstrukturen, bei denen es sich um die Überreste eines spätsteinzeitlichen Sotho-Tswana-Dorfs handelt, das zwischen dem 15. und 19. Jh. bewohnt war.

Mochudi 13

Etwa 40 km nördlich von Gaborone zweigt rechts die 5 km lange Zufahrt nach **Mochudi** ab (30 000 Einw.). Im alten Teil des Ortes stehen noch einige traditionelle Wohnanlagen mit Rundhütten und der königlichen *kgotla,* dem traditionellen Platz der Stammesverwaltung. Von hier aus führt ein ausgeschilderter Pfad den Hügel hinauf zum sehenswerten regionalkundlichen Museum.

Phuthadikobo Museum

Mo–Fr 8–17, Sa, So 14– 17 Uhr, Eintritt frei

Das **Phuthadikobo Museum** ist im ehemaligen Schulhaus untergebracht, einem Gebäude von 1921, das koloniale und kapholländische Stilelemente vereint. Davor stehen zwei gut erhaltene Ochsenwagen, die zuletzt in den 1970er-Jahren benutzt wurden.

Von Bedeutung ist aber vielmehr die Lage des Museums auf dem **Phuthadikobo Hill,** der Heimat der Bakgatla. Der Hügel diente dem Stamm früher als Ort der Ruhe und spiritueller Heilungen. Hier wie auch auf dem Modipe Hill (s. oben) trafen sich die Bakgatla, um traditionelle Rituale wie das Regenmachen abzuhalten. Das Museum bewahrt die Legenden und Mythen der Bakgatla und erzählt u. a. von einem riesigen Drachen bzw. einer Regenschlange *(kgwanyape),* die in den Hügeln zu Hause ist. Außerdem findet sich im Museum eine faszinierende Sammlung von Fotografien, die von Anthropologen gemacht wurden. Einige der Bilder gehen auf das Jahr 1896 zurück. Sie dokumentieren die Kultur der Bakgatla und die raschen Veränderungen ihres Lebensstils im Botswana des 20. Jh. Es sind auch viele Artefakte ausgestellt wie z. B. Nackenringe der Bakgatla-Frauen und Initiationstrommeln aus dem 19. Jh. sowie mehrere Bibeln, die Mitgliedern der königlichen Bakgatla-Familie vor über 100 Jahren von Missionaren geschenkt wurden. Dem Museum angeschlossen ist ein Kunsthandwerksladen. Die Aussicht vom Hügel auf das Umland ist grandios.

Matsieng Footprints 14

Etwa 6 km nördlich vom Mochudi-Abzweig an der A 1 sind die **Matsieng Footprints** ausgeschildert. »Vor langer Zeit, als die Erde weich war, lebte ein Riese in einer dunklen Höhle, in die niemals Sonnenlicht gelangte. Er wohnte an diesem düsteren Platz, bis er seine Leute und Tiere ins Tageslicht führte.« Dies ist eine von mehreren Versionen der Legende des Riesen Matsieng, die von Generation zu Generation weitergegeben wird – noch heute gibt es in Botswana eine starke Erzähltradition.

In einem umzäunten Gebiet finden sich zwei tiefe Löcher im Sandstein, die als Matsiengs Fußabdrücke interpretiert werden, sowie einige Khoisan-Felsgravuren. Die Abdrücke, die sich vor ein paar natürlichen Felsenpools befinden, erinnern in ihrer Form in der Tat an menschliche Füße. Einer weiteren Legende zufolge sollen hier die Urmenschen aus den Löchern im Fels gekommen sein, gefolgt von allen Tieren der Erde. Dabei hinterließen sie die Fußspuren im Fels, die von Forschern auf ein Alter von rund 3000 Jahren geschätzt werden. Für den Zutritt zum Gelände benötigt man den Verwalter, der sich tagsüber meist in Sichtweite des Tors aufhält und dieses dann gerne aufsperrt.

Von Johannesburg nach Gaborone

Johannesburg ist einer dieser Orte, der sich Besuchern nicht bereitwillig öffnet – er möchte entdeckt und erobert werden. Es lohnt sich: Entgegen anderslautender Gerüchte gibt es in Joburg oder Jozi, wie die Stadt von ihren Bewohnern liebevoll genannt wird, durchaus einige interessante und besuchenswerte Ecken.

Johannesburg

► 2, O 15/16

Johannesburg ist mit 6,2 Mio. Einwohnern (2023) Südafrikas größte Metropole. Je nach Flugplan kann man hier durchaus ein oder zwei Nächte verbringen, bevor es im gemieteten Geländewagen nach Botswana weitergeht. Die urbane Erneuerung Johannesburgs ist faszinierend. Viele der verkommenen Innenstadtbereiche, in denen wunderbare historische Gebäude stehen, wurden in den letzten Jahren revitalisiert. Nun ziehen die Menschen wieder zurück in die City, nachdem sie zuvor in neu entstandene urbane Zentren wie Midrand oder Sandton im Norden ausgewichen waren. Stadtviertel wie Parkhurst, Craighall Park, Parkview, Melville, Parktown North, Linden, Vilakazi Street, Greenside, Norwood und Kensington wirken mit ihren unzähligen Cafés, Restaurants, Gästehäusern und Shops mehr wie kleine Dörfer als wie Teile eines urbanen Konglomerats.

Ein weiteres Markenzeichen der Metropole sind ihre Unmengen von Bäumen. In dem auf 1600 m gelegenen Johannesburg besteht die natürliche Vegetation eigentlich aus Grasland. Seit der Stadtgründung vor mehr als 125 Jahren haben die Einwohner Bäume gepflanzt. Viele Bäume. Bis heute über 10 Mio. Damit sind die nördlichen Stadtteile Johannesburgs der größte von Menschen erschaffene subtropische Wald der Welt. Im Vorlauf zur Fußball-WM 2010 wurden allein im Township-Konglomerat Soweto weitere 200 000 Bäume gepflanzt.

Maboneng Precinct

286 Fox St., Tel. 0027 72 880 95 83, www.mabonengprecinct.com, Facebook: ›The Maboneng Precinct‹

Auf der Liste der Sehenswürdigkeiten ganz oben steht ein wunderbares urbanes Erneuerungsprojekt in der City. Östlich des Zentrums liegt das **Maboneng Precinct** mit dem Komplex **Arts on Main.** Die einst heruntergekommenen Gebäude beherbergen nun neben Penthouse-Apartments und schicken Boutiquehotels auch diverse Restaurants und tolle Läden. Im Maboneng Precinct findet jeden Sonntag von 10 bis 15 Uhr sowie, außer im Januar, jeden ersten Donnerstagabend im Monat von 19 bis 23 Uhr der Food- und Designermarkt **Market on Main** statt, wo man typische Gerichte probieren und Kunst erwerben kann.

44 on Stanley

www.44stanley.co.za

Ebenfalls einen Bummel wert sind die revitalisierten Lager- und Fabrikgebäude **44 on Stanley** nördlich des Bahnhofs. Hier wurden die einstigen Backsteinruinen stilsicher und liebevoll in einen Shoppingkomplex im Industrielook verwandelt. Es gibt ein paar tolle Restaurants, Kneipen und Läden, eine Buchhandlung und Kunstgalerien.

Newtown

Im zentralen Stadtviertel **Newtown** südlich des Bahnhofs lohnt das **Market Theatre** einen Besuch, ein Museumskomplex, der aus dem ehemaligen Obst- und Gemüsemarkt entstanden ist. In dem Gebäude aus dem Jahr 1913 be-

Soweto, das Symbol der Apartheid-Ära, sollte man nur geführt erkunden

finden sich heute das **Bensusan Museum of Photography** sowie das **Museum Africa,** in dem einige der in Botswana gemalten Bilder von Thomas Baines (s. S. 205) hängen (121 Bree St., Tel. 0027 11 833 56 24, Eintritt frei). Und wie der Name bereits andeutet, gibt es hier auch ein **Theater** (56 Margaret Mcingana, Ecke Wolhuter St., Tel. 0027 11 832 16 41, www.markettheatre.co.za). Wenn man vor dem Market-Theatre-Komplex steht, finden sich links davon, in der Seitenstraße sowie unterhalb der Stadtautobahn-Überführung, die besten Graffitis der Stadt.

Wenn man vor ein paar Jahren Fotos der attraktiven Graffitis im Newtown-Distrikt von Johannesburg City schießen wollte, ging das nur unter dem Schutz von Polizei oder Bodyguards. Seitdem hier die **Newton Junction Mall** (www.newtownjunctionmall.co.za), einer der angesagtesten Shoppingplätze, ihre Türen geöffnet hat, ist das anders. Interessierte nehmen an den **Johannesburg Graffiti & Street Art Tours** teil. Der Veranstalter City Skate Tours (www.cityskatetours.co.za, 550 Rand p. P.) spaziert mit kleinen Gruppen durch das Herz der Graffiti- und Straßenkunstszene von Jozi. Bei den etwa zweistündigen Fußtouren wird die Geschichte der Spraykunst diskutiert, international und lokal, auf Wunsch auch mit Top-Jozi-Graffiti-Künstlern.

Soweto

Südafrikas berühmt-berüchtigtes Township-Konglomerat **Soweto** besucht man aus Sicherheitsgründen am besten im Rahmen einer geführten Minibustour. Die Veranstalter (s. S. 147) holen einen an den Hotels ab.

Gold Reef City

Shaft 14, Northern Parkway, Ormonde, Tel. 0027 11 248 68 00, www.goldreefcity.co.za, tgl. 9.30–17 Uhr, Erw. 250 Rand, Kinder unter 3 J. frei, Minentour 90 Rand/Pers. extra

Wer sich für die Geschichte des Landes interessiert, sollte den historischen Themenpark **Gold Reef City** besuchen, der das Johannesburg zur Pionierzeit zeigt. Der Vergnügungspark liegt auf dem Gelände einer ehemaligen Mine, die auf einer **Underground Mine Tour** besichtigt werden kann. Als Kumpel auf Zeit darf man dann in 200 m Tiefe durch Schacht Nr. 14 spazieren. Am Ende der Tour wird ein Goldbarren live gegossen. Im Komplex steht u. a. die älteste noch funktionierende Münzpresse der Welt, die der damalige Präsident Paulus Krüger aus Deutschland importierte. Eine rekonstruierte Stadt mit viktorianischen Häusern zeigt eindrucksvoll, wie Johannesburg vor 100 Jahren ausgesehen hat.

Apartheid Museum

Northern Parkway, Ecke Gold Reef Rd., Ormonde, Tel. 0027 11 309 47 00, www.apartheidmuseum.org, Di–So 9–17 Uhr, Erw. 150 Rand, Kinder100 Rand

Mit Südafrikas jüngster Vergangenheit befasst sich das gegenüberliegende **Apartheid Museum.** Auf 6000 m² wird in Video- und Fotodokumenten gezeigt, was während dieser Zeit im Land passiert ist. Umso erstaunlicher war der relativ friedliche Übergang zur Demokratie im Jahr 1994.

Übernachten

Nachhaltiges Boutiquehotel – **The Peech Hotel:** 61 North St., Melrose, Tel. 0027 11 537 97 97, www.thepeech.co.za. Vom Besitzer James Peech geführte Unterkunft. Mittlerweile 22 Zimmer mit Solarstrom, Brauchwassernutzung, Mülltrennung und Bambusböden. Der Luxus kommt aber auch nicht zu kurz – von hochwertiger Bettwäsche bis zum Veuve-Cliquot-Keller ist alles vorhanden. Kostenloses WLAN. €€

Oase der Ruhe – **The Parkwood:** 72 Worcester Rd., Parkwood, Tel. 0027 11 880 17 48, www.theparkwood.com. In Gehweite zu Rosebank mit seiner herrlichen Shopping Mall und der Gautrain-Bahnstation befindet sich dieses kleine, elegante Boutiquehotel. Zwei Swimmingpools in einem herrlichen Garten. €€

Trend-Spot – **Radisson Red:** Rosebank, 4 Parks Blvd., Oxford Parks, Dunkeld, Tel. 010 023 35 80, www.radissonhotels.com. Eines von Südafrikas coolsten Kettenhotels hat ein Pendant zu dem in Kapstadts Silo District eröffnet. Auch hier ist das Interieur hip und cool. Und Oui Bar & Ktchn ist alles andere als ein typisches Hotelrestaurant, empfiehlt sich daher auch für Nichtgäste. Es gibt wie fast überall in Südafrika prima Steaks vom Freilandrind, hausgemachte Burger, aber auch Vegetarisches und Veganes, dazu diverse Craft-Biere. Wenn Sie schon mal auf der Website sind, checken Sie die Zimmer. €

Kunst am Bau – **12 Decades Johannesburg Art Hotel:** 286 Fox St., Maboneng Precinct, Tel. 0027 10 410 54 60, www.12decadesartho tel.co.za, Facebook: ›12 Decades Johannesburg Art Hotel‹. Die 12 Zimmer des Kunsthotels wurden von verschiedenen Designern ausgestattet und spiegeln die fast 130-jährige Architekturgeschichte von Johannesburg wider. Für die Stadt sehr günstige Preise. €

Essen & Trinken

Fleischeslust aus Argentinien – **And Then There Was Fire:** R 540 Kromdraai Rd., Krugersdorp, Tel. 064 537 44 73, www.andthentherewasfire.com, Do–So 11–16 Uhr. Hier passt einfach alles: die Umgebung, vor allem die Lage mitten im großen, faszinierenden **Nirox-Skulpturenpark** (www.niroxarts.com), die herrliche Einrichtung und die fantastische, schmackhafte argentinische Küche, deren schwerpunktmäßige Fleischgerichte auf holzbefeuerten Grills zubereitet werden. €€

Afrikas höchste Bar – **Alto 234:** Leonardo Hotel, 75 Maude St., Sandton, Tel. 011 806 68 88, https://alto234co.za, tgl. 11–23 Uhr. Mit 234 m ist das Leonardo das höchste Gebäude Afrikas, und Alto 234 somit die höchste Rooftop-Bar auf dem Kontinent. Die Aussicht über Johannesburg ist atemberaubend – und vor allem abends beeindruckend. Auch wegen des hier stehenden Moet-Champagner-Automaten, dem einzigen seiner Art in Afrika. Mit speziellen an der Rezeption erhältlichen Münzen lassen sich hier perfekt gechillte 200-ml-Chandon-Fläschchen ziehen. Cheers! Dachbesuch auf der Website vorbuchen! €€

Bella Italia – **Café Picobella Trattoria:** Melville, Tel. 0027 11 482 43 09, Facebook ›Cafe Picobella Trattoria‹. Pizzas und andere delikate italienische Gerichte in einem fast sakralen Ambiente mit Madonnenbildern, Kerzen und schwülstigen Kronleuchtern. Pizza und Hauptgerichte €.

Bistro-Atmosphäre – **CNR Café:** Buckingham Av., Ecke Rothesay Av., Craighall Park, Tel. 0027 11 880 22 44, Facebook: ›Cnr Cafe Craighall Park‹, Mo–Sa 8–22, So 8–16 Uhr. Bistro-Atmosphäre mit europäischem Touch. Der Besitzer Greig ist fast immer anwesend – wenn er nicht gerade auf seiner Vespa unterwegs ist, um frische Zutaten einzukaufen. €

Bäckerei und mehr – **Vovo Telo:** Lynnwood Bridge, Luynwood Bridge Shopping Centre, 4 Ecke Lynwood & Daventry St., Lynnwood Ridge, Tel. 0027 12 348 08 90, Mo–Sa 7–17, So 8–15 Uhr, www.vovotelo.co.za. Die Edelbäckerei hat drei Filialen in Johannesburg. Neben legendären Brotsorten auch leckere Hauptgerichte. Einer der besten Frühstücksplätze in Jozi. €

Dschungel-Camp kulinarisch – **Jungle Restaurant:** 71 Van Riebeeck Ave., Edenvale, Tel. 068 548 01 40, Facebook: ›JungleEdenvale1609‹, Di 15–21, Mi, Do 12–21, Fr, Sa 12–22, So 12–17 Uhr. Bekannt für leckere Burger und üppige Milkshakes. Detailverliebt und servicebetont. Die ›Pommes‹ kommen spiralförmig am Holzstab, die Eiscreme zu Locken gerollt mit farbigen Toppings. Einige der Burger-Brötchen sind grün, Dschungel halt. Musik und Ambiente passen dazu. An einigen Tischen sitzt man statt auf Stühlen auf Schaukeln. €

Abends & Nachts

Kneipentour – Sowohl die Locations **44 on Stanley** (s. S. 144) und der **Maboneng Precinct** (s. S. 144) als auch der Stadtteil Melville bieten sich für eine abendliche Kneipentour an. **Melville** ist so etwas wie das Kreuzberg Johannesburgs. Die Bewohner sind eher alternativ eingestellt und das Leben spielt sich nachts auf der Straße ab, genauer gesagt in der 7th Street.

Aktiv

Soweto-Tour – Empfehlenswerte **Veranstalter** sind u. a. www.sowetotour.co.za, www.soweto.co.za, www.sowetoguidedtours.co.za und www.sowetotours.co.za.

Verkehr

Flüge: Der **OR Tambo Airport** liegt östlich der Stadt. Die hochmoderne Schnellbahn **Gautrain** (www.gautrain.co.za) verbindet ihn mit Johannesburgs Zentrum (206 Rand einfach) und mit der nördlichen Nachbarstadt Pretoria (234 Rand einfach).

Busse: s. S. 89

Weiterfahrt Richtung Botswana

Von Johannesburg aus gibt es zwei praktikable Möglichkeiten für die Weiterreise Richtung Botswana. Wer mehr Zeit zur Verfügung hat, fährt von Johannesburg über **Pretoria** (Tshwane, ▶ 2 O/P 15) die **Magaliesberge** (▶ 2, N 15) und **Sun City** (▶ 2, N 14) in den **Pilanesberg National Park** (www.pilanesberg-game-reserve.co.za, ▶ 2, M/N 14) und von dort über kleine Nebenstraßen weiter ins Madikwe Game Reserve (s. u.).

Ist die Zeit begrenzt, geht es auf der mautpflichtigen N 4 über **Rustenburg** (▶ 2, N 15), **Swartruggens** (▶ 2, M 15) und **Groot Marico** (▶ 2, M 15) nach **Zeerust** (▶ 2, L 14). Von dort fährt man auf der R 49 gen Norden Richtung Botswana. Nach 85 km, kurz vor der Grenze, geht es durch das Abjarterskop Gate ins Madikwe Game Reserve. Für die ca. 250 km von Johannesburg bis hierher benötigt man nur drei bis vier Stunden.

Madikwe Game Reserve ▶ 2, L 13/14

www.madikwe-game-reserve.co.za, tgl. 6–18 Uhr, Eintritt Erw./Kinder 240/150 Rand pro Tag

Nach der urbanen Johannesburg-Safari wird es im malariafreien **Madikwe Game Reserve** wilder. 750 km^2 misst dieses 1991 gegründete Naturschutzgebiet, das in puncto Größe an vierter Stelle in Südafrika steht. Die Elefantendichte wird nur noch von der im Kruger National Park übertroffen.

1993 begann die staatlich unterstützte Operation Phoenix, bei der über einen Zeitraum von sechs Jahren mehr als 8000 Tiere in

Zebrastreifen im Busch – in Botswana ist das allgegenwärtig

das Gebiet umgesiedelt wurden. Die ersten Raubtiere setzte man 1996 aus – zuerst Geparden, dann Wildhunde und Hyänen, später Löwen aus dem Etosha National Park in Namibia und dem benachbarten Pilanesberg National Park. 180 Elefanten kamen aus dem Gonarezhou Game Reserve in Simbabwe, wo sie sonst aufgrund einer verheerenden Dürre gestorben wären. Eine echte Erfolgsstory, denn bis heute ist die Population der Dickhäuter im Madikwe Game Reserve auf gut 250 angewachsen. Insgesamt leben 12 000 Tiere in dem Naturschutzgebiet, darunter die Big Five Löwe, Leopard, Nashorn, Elefant und Büffel. Dazu gesellen sich die üblichen Gras- und Buschfresser wie Antilopen, Zebras und Giraffen. Auch etwa 350 Vogelarten wurden registriert.

Eine Besonderheit sind die zwei Rudel *(packs)* Wildhunde – eine Tierart, deren Fortbestand extrem gefährdet ist. Clever wie sie sind, haben die Tiere gelernt, ihre Beute in die Zäune zu hetzen, die das Reservat umgeben. Um die *wild dogpacks* aufzuspüren, fahren die Ranger mit ihren Gästen daher oft in Zaunnähe herum. Wildhunde sind die seltensten Raubtiere im südlichen Afrika und sehr sozial. Kämpfe zwischen Artgenossen kommen fast nie vor. Sie haben viel Energie und riesige Jagdgebiete, in denen sie bis zu 35 km täglich zurücklegen. Ihre Beutetiere hetzen sie meist zu Tode.

Das Madikwe Game Reserve in Südafrikas North West Province grenzt im Nordwesten an Botswana, im Süden an die Dwarsberg Mountains und im Osten an den Marico River. Geografisch wird dieser Landschaftstyp, der bis nach Botswana hineinreicht, Sandveld genannt. Er besteht aus mit Inselbergen bestückter Gras- und Buschsavanne, durchsetzt von Akazien und Flusswald. Im Reservat wird nachhaltiger Tourismus praktiziert, d. h., die umliegenden Gemeinden haben am Einkommen, das der Park generiert, teil. Madikwe

kann ganzjährig bereist werden. Im Südsommer herrschen Temperaturen zwischen 25 und 40 °C, im Südwinter zwischen 3 und 23 °C.

Übernachten

Im Madikwe Game Reserve gibt es 20 Lodges, aber keine Campingplätze. Die Lodges bieten luxuriöse Buschaufenthalte mit Pirschfahrten in offenen Geländewagen. Auf den folgenden Websites sind alle Unterkünfte gelistet: www.madikwegamereserve.co.za, www.madikwe.net (unter ›Madikwe Specials‹ interessante Sonder- und Last-Minute-Angebote).

Big Five am Fluss – **Madikwe River Lodge:** S24°41 04/E26°25 37, Tel. 0027 14 778 90 00, www.dreamresorts.co.za. Attraktive Unterkunft mit 16 reetgedeckten, afrikanisch dekorierten Chalets in einem Flusswald. Von den privaten Holzbalkonen überschaut man das Flusstal. Günstigere Last-Minute-Angebote auf der Website. Übers Wochenende müssen mindestens zwei Übernachtungen gebucht werden. Preis inklusive zwei Pirschfahrten, Vollpension und Getränke. €€€

Echte Öko-Buschlodge – **Mosetlha Bush Camp:** Anfahrtsbeschreibung auf der Website, Tel. 0027 11 444 93 45, www.thebushcamp.com. Authentisches Camp in Familienbesitz, nachhaltiger Tourismus ist hier nicht nur ein Marketing-Schlagwort. Das von der Lodge ausgebildete Personal stammt aus den an den Park grenzenden Dörfern. Beim Bau wurde so wenig wie möglich in die Natur eingegriffen. Es gibt neun recht einfache, erhöht auf Pfählen erbaute Holzhütten auf einem Gelände, das zaunlos in das Reservat übergeht (Duschen und Toiletten außerhalb der Hütten). Es gibt weder Strom noch fließendes Wasser, das wird von den Angestellten zu den Safariduschen gebracht und auf Holzöfen erwärmt. Die günstigste Unterkunft im Reservat. Preis inkl. zwei Pirschfahrten, Vollpension und Getränke. €€

Über die Grenze nach Gaborone ▶ 2, L/M 13

Für die Weiterfahrt nach Botswana gibt es zwei Möglichkeiten: entweder zurück auf die R 49 und über den geschäftigen Hauptgrenzübergang **Kopfontein/Tlokweng Gate** (6–24 Uhr) oder – ein Favorit des Autors – über den winzigen Grenzübergang **Derdepoort–Sikwane** (6–19 Uhr) im Nordosten des Madikwe Game Reserve. Hier haben die Grenzer noch Zeit für einen Plausch, denn es herrscht kaum Verkehr. Von Sikwane sind es 83 km bis Gaborone, vom Kopfontein/Tlokweng Gate 17 km. Die erste Siedlung, die man durchquert, wenn man auf der Schnellstraße vom Grenzübergang Kopfontein/Tlokweng nach Botswana einreist, ist nach 15 km **Tlokweng.** Hier wurde in den frühen 1890er-Jahren ein koloniales Fort gebaut und von hier initiierte Cecil Rhodes (s. S. 59) 1895 den fehlgeschlagenen Putsch gegen die südafrikanische Burenrepublik, der Auslöser des Englisch-Burischen Kriegs war. Damals stand in Tlokweng nur eine Handvoll Häuser.

Francistown
Mashatu
Game Reserve

Kapitel 2

Francistown und der Osten

Mehr als 80 % der Fläche Botswanas wird von der Kalahari eingenommen, die es jedoch nicht ganz schafft, den östlichsten Teil des Landes zu erreichen. Hier gibt es einen schmalen Streifen Land, auf dem mehr Niederschläge fallen als in allen anderen Regionen, und wo entsprechend die besten Voraussetzungen für eine erfolgreiche Landwirtschaft herrschen. Nicht von ungefähr leben fast 80 % der Bevölkerung in diesem Gebiet, das sich über gut 400 km zwischen Gaborone und Francistown erstreckt.

Für Touristen ist besonders der äußerste Nordosten an der Grenze zu Simbabwe und Südafrika interessant, der sogenannte Tuli Block. Hier liegen einige wunderbare Wildreservate, die weniger bekannt und besucht sind. Die meisten Besucher ziehen die berühmteren Safaridestinationen Chobe National Park und Okavango Delta vor, obwohl es der Tuli Block von der Wildbeobachtung her leicht mit diesen Regionen aufnehmen kann. Und das fast immer malariafreie Gebiet liegt nur etwa 530 km vom südafrikanischen Johannesburg entfernt.

Landschaftlich kontrastiert der Tuli Block deutlich mit dem von weiten Ebenen bestimmten Rest Botswanas. Hier gibt es Felsen, Hügel und Trockenflüsse. Die Lebensader der Region ist der Limpopo River mit seinem dichten Uferwald. Im östlichsten Teil des Tuli Block liegt das Northern Tuli Game Reserve, das größtenteils aus privaten Wildreservaten besteht und sich bis zum Motloutse River zieht. Hier empfiehlt sich die Buchung einer Lodge, da sich das Selbstfahren aufgrund ausgedehnter privater Ländereien schwieriger gestaltet als im Rest Botswanas. Von all den geologischen Besonderheiten des Landes gehört Solomon's Wall, eine Basaltwand am Ufer des Motloutse River, zu den faszinierendsten.

Felsige Erhebungen sorgen im Northern Tuli Game Reserve für perfekte Aussichtspunkte

Auf einen Blick: Francistown und der Osten

Sehenswert

Mashatu Game Reserve: In diesem ca. 460 km² großen Naturreservat lebt mit über 800 Elefanten die größte Dickhäuterpopulation der Welt auf Privatland (s. S. 169).

Mapungubwe National Park: Namensgeber dieses südafrikanischen Nationalparks war das gleichnamige Königreich, eine alte Zivilisation, die zwischen 1220 und 1290 hier ihre Hauptstadt hatte (s. S. 175).

Lepokole Hills: Die südlichen Ausläufer der simbabwischen Matopo Hills faszinieren durch ihre gewaltigen verwitterten Granitblöcke (s. S. 177)

Schöne Routen

Limpopo-Shashe Transfrontier Conservation Area: Dieses grenzüberschreitende, ein Areal von 4872 km² umfassende Schutzgebiet im Dreiländereck Botswana, Südafrika und Simbabwe erlaubt im Gegensatz zu den botswanischen Nationalparks auch nächtliche Pirschfahrten (s. S. 162).

Pirschfahrten im Northern Tuli Game Reserve: Auf den Pistennetzwerken einiger privater Wildschutzgebiete lassen sich Pirschfahrten mit Leoparden-Garantie in einem offenen Geländewagen unternehmen (s. S. 168).

Meine Tipps

Khama Rhino Sanctuary: Das Schutzgebiet bietet fantastische Möglichkeiten, den gefährdeten Nashörnern näherzukommen und sie zu fotografieren (s. S. 155).

Tswapong Hills: Eine der am wenigsten bekannten und erschlossenen Regionen Botswanas (s. S. 157).

Mashatu Cableway: Wenn der Limpopo River Hochwasser führt, gelangen Besucher in einer Drahtkäfig-Seilbahn ans andere Ufer – eine spannende Erfahrung, die man sich bei entsprechender Wetterlage nicht entgehen lassen sollte (s. S. 165).

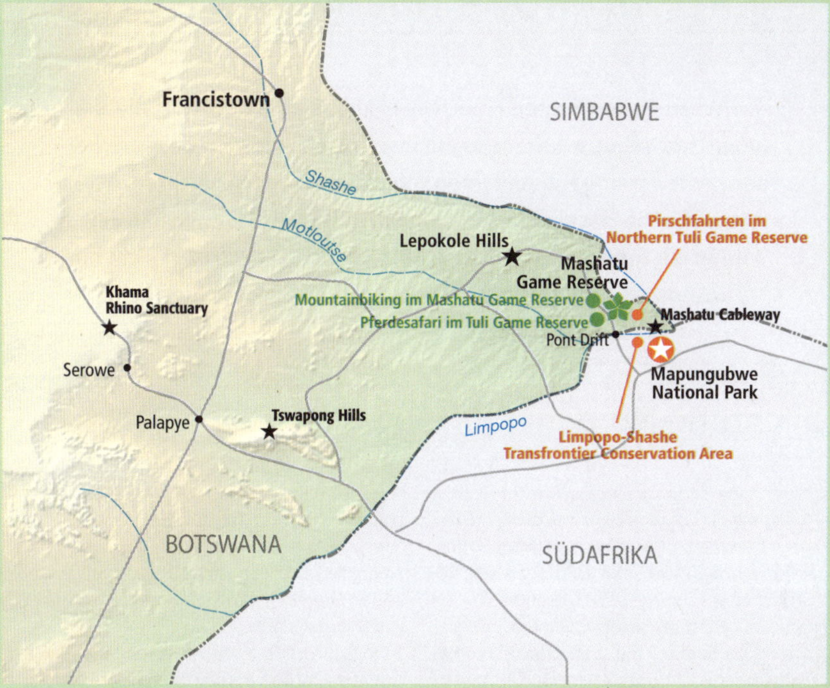

Besonders intensive Naturbegegnungen ermöglicht eine Safari zu Pferd

Mountainbiking im Mashatu Game Reserve: Wo sonst in der Welt führt ein Mountainbike-Guide ein geladenes Gewehr mit sich (s. S. 170)?

Pferdesafari im Tuli Game Reserve: Für das Wild bilden Reiter und Pferd eine Einheit – entsprechend neugierig wird der große, eigenartig aussehende Grasfresser beäugt (s. S. 174).

Von Gaborone nach Francistown

Zwischen Gaborone und Francistown kommen sowohl Naturliebhaber als auch Großwildfreunde auf ihre Kosten. Wie eine Oase erscheinen die Tswapong Hills mit ihren Wasserfällen und Schluchten, deren touristische Erschließung vor ein paar Jahren begonnen hat. Seit Jahren ein Topziel ist das Khama Rhino Sanctuary, wo man nicht nur Nashörner, sondern auch viele andere Tiere beobachten kann.

Auf der A1 in Richtung Norden

Die A 1 von Gaborone ins 435 km nordöstlich gelegene Francistown ist zweispurig ausgebaut. Trotzdem oder gerade deshalb ist Vorsicht geboten. Vieh und Wild benutzen die Straße ebenso gerne wie Fußgänger. Vor allem bei erhöhter Geschwindigkeit und tief stehender Sonne kann man diese Verkehrsteilnehmer leicht übersehen. Ein Übriges zu der gefährlichen Situation tragen botswanische Autofahrer bei, die zumeist unerwartet langsam unterwegs sind, selbst in neuen, großen Autos. Darüber hinaus könnte man meinen, sie benutzten den Rückspiegel lediglich für kosmetische Zwecke.

Alternativroute über Buffel's Drift ▶ 2, L 13–P 9

152 km nördlich von Gaborone kreuzt der Wendekreis des Steinbocks bzw. der südliche Wendekreis *(Tropic of capricorn)* die Straße, große Schilder weisen unübersehbar darauf hin. Hier zweigt eine beschilderte Piste nach rechts Richtung **Buffel's Drift** (▶ 2, M 11) am Limpopo River ab. Dieser ehemalige Grenzposten ist zwar heute geschlossen, aber von dort aus führt eine 137 km lange Geländewagenpiste auf botswanischer Seite am Flussufer entlang nach Norden bis Machaneng im südlichen Teil des Tuli Block (s. S. 162).

Mahalapye ▶ 2, M 10

Von der Abzweigung nach Buffel's Drift sind es noch ca. 46 km auf der A 1 bis in den wenig attraktiven, staubigen Ort **Mahalapye,** der bereits in den Tropen liegt. Zahlreiche Läden, Tankstellen und Fast-Food-Filialen säumen die Durchgangsstraße, die zwischen felsigen Hügeln im Westen und dem Flussbett im Osten verläuft.

Seine größte Wachstumsrate hatte Mahalapye in den 1990er-Jahren zu verzeichnen, als die nationale Eisenbahnverwaltung hierher verlegt wurde. Interessanterweise leben einige Hereros in der Stadt. Diese haben sich in den 1920er-Jahren hier angesiedelt, nachdem sie vor den Deutschen aus Namibia geflohen waren. Der ursprüngliche Name von Mahalapye, Mhalatswe, bedeutet in der lokalen Sprache übrigens Schwarzfersenantilope *(impala),* die früher in großer Zahl in der Region lebte.

Im Jahr 1862 gründete ein gewisser John Mackenzie in Mahalapye eine Missionsstation, in der er 14 Jahre lang lebte. Während dieser Zeit unterstützte der Engländer die lokalen Häuptlinge dabei, mithilfe des Empire die gefürchtete Bureninvasion abzuwehren. Die Ruinen der Kirche sind heute noch zu sehen, ebenso der große, flache *church bell stone* (›Kirchenglockenstein‹), der, wenn man einen anderen Stein dagegenschlägt, wie eine Kirchenglocke klingt und sogar weithin zu hören ist.

Shoshong ▶ 2, M 10

30 km westlich von Mahalapye liegt das historische Dorf **Shoshong,** von 1850 bis 1890 die Ngwato-Hauptstadt, über die Häuptling Khama (s. S. 60) herrschte. Dieser gelangte zu Bekanntheit, als er in den späten 1870er-Jahren den Durstland-Trekkern *(dorsland trekker),* einer Gruppe glückloser Buren, die Erlaubnis gab, sein Land zu durchqueren.

Die etwa 500 Buren hatten die Transvaal-Provinz Südafrikas verlassen, um ihr Glück weiter nördlich in Afrika zu finden. Ihr Ziel war das große Durstland jenseits der Kalahari, wo sie eine neue Republik gründen wollten. Mit Ochsenkarren durchquerten sie in drei Teams die Kalahari, verloren die Orientierung und waren nahe am Verdursten, bevor sie von Buschmännern gerettet wurden. Durch deren Hilfe gelangten die Buren bis Ghanzi. Aber nach der Trockenheit in der Kalahari wurde es für sie am Okavango noch schlimmer. Schlafkrankheit und Malaria dezimierten Mensch und Tier. Nur wenige von ihnen erreichten 1881 Angola, wo sie sich für einige Jahrzehnte ansiedelten, bevor ihre Nachkommen nach Namibia zogen.

Serowe ▶ 2, M 9

Der von felsigen Hügeln umgebene Ort **Serowe** 108 km nördlich von Shoshong liegt an der Route, die vom Osten Botswanas in die Kalahari, die Makgadikgadi Pans sowie nach Maun und ins Okavango Delta führt. Serowe hat etwa 70 000 Einwohner und ist die Hauptstadt des Bangwato-Stammes, der bevölkerungsstärksten Ethnie unter Botswanas Tswana-Stämmen. Die Stadt wird daher oft als das größte traditionelle ›Stammesdorf‹ Afrikas bezeichnet.

Thathaganyane Hill

In Serowe erblickte Botswanas erster Präsident, Sir Seretse Khama, das Licht der Welt. Er liegt zusammen mit seiner Frau Ruth und anderen wichtigen Mitgliedern der königlichen Familie, einschließlich König Khama III., auf dem Gipfel des **Thathaganyane Hill** begraben. Der Friedhof ist allein schon wegen seiner herrlichen Aussicht auf Stadt und Umland einen Besuch wert.

Khama III. Memorial Museum

Khama III. Memorial Museum, Thataganyane Hill, Facebook: ›Khama III Memorial Museum‹, Di–Fr 8–12.30, 14–16.30, Sa 9–12.30, 14–16 Uhr, Erw. 50 Pula, Kinder 25 Pula

Das **Khama III. Memorial Museum** befindet sich im 1910 erbauten **Red House,** einem herrlichen viktorianischen Gebäude, das mit finanzieller Unterstützung aus Dänemark wundervoll restauriert wurde. Das Museum am Fuß des Friedhofhügels zeigt u. a. Exponate zur Kultur der Bangwato und San, eine Naturausstellung sowie Manuskripte und Briefe der südafrikanischen Schriftstellerin Bessie Head, die lange Zeit in Serowe wohnte und das Dorfleben zum Thema eines ihrer Bücher machte: »Serowe: Village of the Rain Wind«.

Einkaufen

Benzin & Essen – Im Ort gibt es mehrere Tankstellen, die auch Fast-Food verkaufen, sowie Supermärkte für den Einkauf von Proviant.

Khama Rhino Sanctuary ▶ 2, M 9

www.khamarhinosanctuary.org.bw, tgl. 7–19 Uhr, Erw. 96,85 Pula, Kinder 48,45 Pula, Auto 119,20 Pula

25 km nordöstlich von Serowe, an der Straße nach Orapa, wurde im Kalahari-Sandveld 1992 das 43 km² große **Khama Rhino Sanctuary** etabliert, um den letzten noch existierenden Nashörnern Botswanas eine Überlebenschance zu geben. 1991 gab es nur noch neun Nashörner im Land, und bis das Reservat ein Jahr später seine Pforten öffnete, waren bereits vier weitere Nashörner abgeschlachtet worden. Bis 2023 ist die Zahl auf 285 Breitmaul- und 23 Spitzmaulnashörner angestiegen. Schutzpatron des Nashornparks ist Bangwato-Oberhäuptling und Ex-Staatspräsident Ian Khama. Vor Ort bewachen bewaffnete Anti-Wildererereinheiten der botswanischen Armee die gefährdeten Tiere – Tag und Nacht.

Von Anti-Wilderereinheiten bewacht: die Nashörner im Khama Rhino Sanctuary

Serowe Pan

Die **Serowe Pan,** eine große Tonpfanne, bildet das Zentrum des Schutzgebiets, in dem heute 30 Rhinos – vier Spitzmaul- und 26 Breitmaulnashörner – sowie Giraffen, Zebras, Gnus, Kuhantilopen, Leoparden, Hyänen, bis zu 4 m lange Felspythons *(rock pythons)* und 230 verschiedene Vogelarten leben. Das von der lokalen Gemeinde nachhaltig geführte Reservat verfügt über ein gutes Netzwerk an Wildbeobachtungspisten. Ausflüge zum Nashorn- und Giraffenaufspüren (500 Pula) und Naturwanderungen (350 Pula) können hier ebenso gebucht werden wie Pirschfahrten, die sowohl tagsüber (350 Pula) als auch in der Nacht (Mindestteilnehmerzahl 4 Pers., 350 Pula/Pers.) durchgeführt werden.

Übernachten

Der mit dem Nashorn schläft – **Khama Rhino Sanctuary:** Tel. 046 307 13, www.khamarhinosanctuary.org.bw. Schöne Campsite und einige Chalets für Selbstversorger im Schutzgebiet. Ein Restaurant serviert traditionelle Gerichte. €

Palapye ▶2, N 9

Etwa 49 km östlich von Serowe bzw. 70 km nördlich von Mahalapye liegt an der A 1 **Palapye,** in dessen Umgebung große Kohlevorkommen entdeckt wurden. Auch hier gibt es Benzin und ein paar Läden. Die Stadt gilt als Botswanas *powerhouse:* Das kohlebefeuerte Kraftwerk Morupule Power Station deckt fast den gesamten Strombedarf des Landes. Wie bei Mahalapye ist auch der alte Name von Palapye, Phalatswe, eine lokale Bezeichnung für die Schwarzfersenantilope *(impala).*

Alternativen für die Weiterfahrt

Von Palapye sind es noch ca. 170 km auf der A 1 nach Francistown, Botswanas zweitgrößter Stadt. Etwa auf halber Strecke zweigt in **Serule** (▶ 1, N 8) eine Straße nach Selebi-Phikwe (s. S. 166) ab, dem Ausgangspunkt für einen Besuch im äußersten Osten des Landes, der wie ein Sporn nach Simbabwe und Südafrika hineinreicht: das nördliche Ende des Tuli Block (s. S. 162).

Tswapong Hills

▶ 2, N/O 9/10

Etwa 50 km östlich von Palapye und der A 1 gehören die **Tswapong Hills** zu den unentdeckten Perlen Botswanas und sind dennoch ohne Geländewagen auf guten Straßen erreichbar. Mehr als 1000 Mio. Jahre alt, bedecken die Hügel ein Gebiet von ca. 1200 km². Sie ragen bis zu 400 m über ihre Umgebung auf und haben ein eigenes Mikroklima. Das Gebiet kontrastiert stark mit der umliegenden, semiariden Kalahari. Es gibt saftig-grüne Vegetation, Quellen und Bäche, Wasserfälle und Felsenpools. Über Äonen komprimierte Gesteinsformationen aus Sand- und Eisenstein, Quarziten und Schiefer geben den Tswapong Hills ihre charakteristischen Farben. Die bizarr verwitterten Felsen mit ihren abgeflachten Gipfeln und steil abfallenden Wänden machen die Region einzigartig.

Archäologische Fundstücke beweisen, dass die Gegend schon früh besiedelt war. Verzierte Tonscherben, Eisenschmelzer und rote Ockermalereien unter Felsüberhängen legen Zeugnis davon ab, dass hier bereits vor 2000 Jahren Menschen lebten. In den Tagebüchern der Entdecker und Forscher des 19. Jh. werden häufig die Eisenmacher *(iron makers)* von Tswapong erwähnt, denn hier wird schon seit vielen Hundert Jahren Eisen bearbeitet.

Die Tswapong Hills sind bei den Einwohnern von Gaborone als Wochenendziel beliebt. Zu den beliebtesten Aktivitäten gehören Wandern, Klettern und Schwimmen. Die Gegend ist touristisch bislang kaum erschlossen, doch es ist geplant, hier künftig mehr Aktivsportarten und Übernachtungsmöglichkeiten anzubieten. Ein erster Schritt in diese Richtung war der Campingplatz Manonnye Gorge.

DEN STERNEN SO NAH

Das britische Kinodrama »A United Kingdom« erzählt von der Liebesgeschichte des Bamangwato-Königs Seretse Khama und der Engländerin Ruth Williams. Der Film beruht auf dem 2006 geschriebenen Buch »Colour Bar« von Susan Williams und kam 2017 in die deutschen Kinos, rechtzeitig zum 50. Jahrestag der Gründung Botswanas. Zu einer Zeit, als in Südafrika die Apartheid-Politik herrschte, und bereits ein Kuss zwischen Schwarz und Weiß mit Gefängnis bestraft wurde, lernte Seretse Ruth während seines Studiums in England kennen. Trotz aller Widrigkeiten heirateten Khama und Williams 1949. Der mächtige Nachbar Südafrika setzte daraufhin die englische Regierung, die das Protektorat Betschuanaland nach dem Zweiten Weltkrieg verwaltete und von den südafrikanischen Uranlieferungen abhing, heftig unter Druck. Khama durfte England daraufhin nicht verlassen. Erst 1956 kehrte er aus dem Exil nach Afrika zurück. In den Folgejahren gründete er die Botswana Democratic Party und wurde nach der Unabhängigkeit erster demokratischer Präsident Botswanas – und Ruth die First Lady. Seretse starb 1980 im Alter von nur 59 Jahren an Krebs, Ruth lebte bis zu ihrem Tod auf einer Farm in Botswana und starb dort 2002. Der älteste Sohn des Paares, Ian, war bis 2018 Präsident des Landes. Ein wunderschöner, positiver Film, den jeder, der nach Botswana reist, vorher ansehen sollte.

Moremi Gorge

Wasser ist die Hauptattraktion in der Hügellandschaft. Das verwundert nicht, denn sie liegt in einer ansonsten völlig ariden Umgebung, in der die Verdunstung normalerweise höher ist als die Summe aller Niederschläge. Im Laufe von Jahrmillionen schnitten die saisonalen Flüsse tiefe Schluchten in das Gestein, allen voran die **Moremi Gorge,** eines der meistbesuchten Highlights in den Tswapong Hills. Man erreicht den Canyon auf einem ausgeschilderten Fußpfad. In dem unter Denkmalschutz stehenden Gebiet stürzen sich drei permanente Wasserfälle über Felsen in die Tiefe, einer davon volle 10 m hoch. Das Wasser sammelt sich dann in einer von Farnen und Moos gesäumten Lagune.

Gootau

Eine weitere Attraktion der Tswapong Hills findet sich in den Felswänden beim Dorf **Gootau** (▶ 1, N 10), wo die nördlichste Nistkolonie von Kapgeiern beheimatet ist. In der gesamten Hügellandschaft wurden bislang 345 verschiedene Vogelarten identifiziert. Auch die Flora ist einzigartig. Vor allem die Orchideen an den Wasserfällen sind wunderschön. Etwa 100 essbare Pflanzen wurden gefunden. Aufgrund des üppigen Wasservorkommens lebt in den Tswapong Hills auch fast die Hälfte aller in Botswana vorkommenden Schmetterlinge. Nur Wild ist selten geworden. In abgelegenen, isolierten Ecken gibt es heute noch ein paar Kudus, Leoparden, Paviane und Schwarzfersenantilopen. Vor 100 Jahren dagegen waren hier noch riesige Herden von Elefanten, Büffeln, Giraffen und Antilopen beheimatet.

Übernachten

Naturnah Campen – **Manonnye Gorge:** vom Dorf Moremi ausgeschildert, Moremi Manonnye Conservation Trust, Tel. 049 182 44. Attraktiver Naturcampingplatz mit Sanitäranlagen – ein idealer Ausgangspunkt, um zu den drei Wasserfällen zu wandern. Die lokale Gemeinde betreibt das **Goo-Moremi Gorge Resort** (Facebook: ›Goo-Moremi Gorge Resort‹) an den Fällen, wo es sich herrlich naturnah nächtigen lässt. €

Francistown ▶ 1, N 7

Cityplan: rechts

Francistown ist eine der ältesten Städte von Botswana und der Ort, wo der erste Goldrausch im südlichen Afrika stattfand. Heute leben knapp 90 000 Menschen in der zweitgrößten urbanen Siedlung des Landes, die auch Hauptstadt des Nordens genannt wird. Aufgrund seines schnellen Wachstums hat Francistown leider kaum etwas vom einstigen Goldgräberimage bewahrt. Fast alle alten Häuser aus der Gründerzeit des Orts fielen in den 1970er-Jahren der Modernisierung zum Opfer.

Durch seine Lage am Knotenpunkt einer Eisenbahnlinie und der Hauptstraßen nach Maun im Westen, Kasane im Norden und Bulawayo in Simbabwe wuchs Francistown in den letzten Jahren rapide an. Es gibt diverse moderne Einkaufszentren und Großhändler mit zahlreichen Kunden aus dem benachbarten Simbabwe. Besucher finden außerdem ein paar Hotels, Casinos und Nachtklubs sowie ein großes Krankenhaus, eine Bücherei und farbenprächtige Märkte. Somit bietet sich Francistown als Etappenziel auf dem Weg nach Norden an.

Geschichte

Die menschliche Besiedlung lässt sich in Francistown bis zu 80 000 Jahre zurückverfolgen. 1867 entdeckte der deutsche Geologe Karl Mauch am Tati River das erste gelbe Edelmetall und löste damit einen Goldrausch aus, der die ganze Gegend verändern sollte. Als wenig später 60 km entfernt noch mehr Gold gefunden wurde, kamen Goldsucher sogar aus Australien, um hier ihr Glück zu suchen. Quasi über Nacht wurde an der neuen Fundstelle Francistown aus dem Boden gestampft.

Die Stadt ist nach dem Engländer Daniel Francis benannt, der in den 1860er-Jahren in die Tati-Region kam und die Gründung von Francistown durch den Verkauf von Grundstücken an die Öffentlichkeit organisierte. Er erwarb außerdem die Schürfrechte von den hier ansässigen Matabele und gründete die Tati Company. 1869 wurde gezielt mit dem Goldabbau begonnen und für kurze Zeit war die Stadt am Tati River Botswanas wichtigstes Wirtschaftszentrum.

Ursprünglich bestand der Ort nur aus einer Straße, die parallel zur Cape-to-Cairo-Eisenbahn verlief. Wie in einem Goldgräbernest üblich, drängten sich hier Kneipen, in denen es wild zuging, und Geschäfte, die alles feilboten, was die Goldgräber so brauchten oder

Francistown

Sehenswert

1 Supa Ngwao Museum
2 Tachila Nature Reserve

Übernachten

1 Cresta Marang Gardens
2 Cresta Thapama
3 Tati River Lodge
4 Diggers Inn

Essen & Trinken

1 Nando's Chicken

Einkaufen

1 Nzano Centre Mall
2 Gold Valley Shopping Centre

was sie sich zulegten, wenn sie ein paar Nuggets gefunden hatten. Der Name der Hauptstraße, Blue Jacket Street, geht auf einen alten Goldgräber namens Sam Andersen zurück. Bevor dieser nach Botswana kam, hatte er als erster Mensch die westaustralische Wüste zu Fuß durchquert und dadurch erheblichen Ruhm erlangt. In Francistown war Andersen bekannt wie ein bunter Hund; seinen Spitznamen bekam er, weil er nie ohne sein Lieblingskleidungsstück aus dem Haus ging: eine Jeansjacke *(blue jacket)*.

In den 1940er-Jahren war Francistowns Blüte schon wieder vorbei. Da sich das Gold im Osten Botswanas in Quarzgängen befindet, ist es für die Schürfer schwierig abzubauen. Viele Goldsucher zogen daher nach Südafrika weiter und die Minenarbeiten wurden eingestellt. Erst vor ein paar Jahren begann im Westen der Stadt wieder eine neue Mine mit dem Goldabbau.

Sehenswertes

Supa Ngwao Museum 1

Central Ring Rd., Tel. 024 030 88, Mo–Sa 9–13, 14–17 Uhr, Eintritt frei

Die Geschichte der Stadt wird anhand vieler alter Fotos im kleinen **Supa Ngwao Museum** aufbereitet. Im einstigen Haus der Regionalverwaltung sind außerdem Artefakte der lokalen Kalanga-Kultur wie Holzschnitzereien, Flechtarbeiten, Keramik und Musikinstrumente ausgestellt. Der Museumsshop, der die stolze Zahl von gut 200 männlichen und weiblichen Kunsthandwerkern ernährt, verkauft authentische handgemachte Souvenirs.

Tachila Nature Reserve 2

Tel. 024 123 13, Facebook: ›Tachila Nature Reserve‹, tgl. 7–18 Uhr, 20 Pula/Pers., 20 Pula/Fahrzeug, Übernachtung in Selbstversorgerhütten €

Was wäre Francistown ohne seine gut besuchten Straßenmärkte?

5,8 km östlich der Stadt liegt am Shashe River das 80 km² große, gemeinnützige **Tachila Nature Reserve.** Im Stil des Mokolodi Nature Reserve in Gaborone (s. S. 137) wird auch hier Kindern und Jugendlichen die Natur nähergebracht. Besucher können Pirschfahrten unternehmen und übernachten.

Übernachten

Bestes Hotel vor Ort – **Cresta Marang Gardens** 1 : 4 km östlich von Francistown, Tel. 024 239 91, www.crestahotels.com. Hier schläft man in Rundhäusern oder Holzhütten, die auf Stelzen am Tati River errichtet wurden. Zur Unterkunft gehören eine große Gartenanlage und ein Pool. Die Gäste des schattigen Campingplatzes dürfen den Hotelpool benutzen. €€

Businesshotel – **Cresta Thapama** 2 : Blue Jack St., Tel. 024 138 72, www.crestahotels.com. Viel von Geschäftsleuten gebuchtes Hotel. Grillrestaurant, Bar am Swimmingpool. €–€€

Moderne Einrichtung – **Tati River Lodge** 3 : an der Matsiloje Road ca. 5 km südlich der Stadt, Tel. 024 060 00, Facebook: ›Tati River Lodge‹. 80 Zimmer in einem Komplex reetgedeckter Bauten, Campingplatz. €

Solide Mittelklasse – **Diggers Inn** 4 : Village Mall, Tel. 024 405 44, www.diggersinn.co.bw. Günstiges Stadthotel mit 40 Zimmern. €

Günstig auf dem Land – **Tachila Nature Reserve** 2 : s. S. 160

Essen & Trinken

Made in Südafrika – **Nando's Chicken** 1 : St. Patrick St., Shop 46, Galo Mall, Tel. 036 003 00, Facebook: ›Nando's Francistown Galo‹, Sa–Do 9.30–22, Fr 9.30–23 Uhr. Bei einer der (weltweit) erfolgreichsten südafrikanischen Fast-Food-Ketten liegt man nie falsch. Die portugies. Hühnchengerichte sind immer gut. Vor allem im kulinarisch unterversorgten Francistown. €

Einkaufen

Malls – **Nzano Centre Mall** 1 : Main St. **Gold Valley Shopping Centre** 2 : an der Straße zum Hotel Cresta Marang Gardens.

Kunsthandwerk & Souvenirs – **Supa Ngwao Museum** 1 : s. S. 159

Verkehr

Flüge: Vom Francistown Airport, Tel. 024 134 20, fliegt Air Botswana täglich nach Gaborone (www.airbotswana.co.bw).

Busse: Tgl. mit diversen Gesellschaften morgens nach Maun, Kasane und Gaborone.

Umgebung von Francistown

In und um Francistown gibt es viele Hinweise auf die Minengeschichte der Region. Zahlreiche Relikte finden sich rund um die aufgelassenen Minen **Blue Sky, Monarch** und **Todd's Creek,** die leider noch nicht touristisch erschlossen sind. Dass der Goldbergbau noch viel weiter zurückreicht als in die 1860er-Jahre, kann man am Tati River sehen. Entlang des Flusses finden sich Zeugen prähistorischen Goldabbaus, sog. *dolly holes.* In diesen eigens gegrabenen Löchern zertrümmerte man wie in einem Mörser das Erz. Wer sich das aus der Nähe anschauen möchte, sollte im Supa Ngwao Museum (s. S. 159) von Francistown das englischsprachige Büchlein »Exploring Tati« (Marope Research, 1999) von Catrien van Waarden kaufen. Es hat die Minengeschichte und Archäologie der Gegend zum Thema und beschreibt detailliert diverse nicht ausgeschilderte Lokalitäten. Die Angestellten des Museums geben ebenfalls auf Wunsch Tipps für Trips in die Umgebung.

Thakadu Mine

Für Selbstfahrer erreichbar ist u. a. die Kupfermine **Thakadu** (▶ 1, L/M 13) 65 km westlich von Francistown. Von der Kreuzung nördlich der Stadt, an der es rechts nach Nata und links nach Orapa abgeht, fährt man zunächst 71 km auf der A 30 Richtung Orapa. Dann zweigt man rechts ab und fährt 3 km nordwärts, bis man an eine Kreuzung kommt. Hier geht es links und nach 200 m ist Thakadu (S21°03 04/E26°46 16) erreicht, die größte von 67 bekannten prähistorischen Kupferminen Botswanas.

Tuli Block

Als schmaler Streifen erstreckt sich der landschaftlich wunderschöne Tuli Block entlang dem Limpopo River und der südafrikanischen Grenze von Gaborone bis in den äußersten Südosten Botswanas. Das maximal 20 km breite, aber rund 350 km lange Gebiet besteht aus kommerziell nutzbarem Farmland, in dem sich u. a. das mit 1200 km^2 größte private Wildschutzgebiet des südlichen Afrikas befindet, das Northern Tuli Game Reserve.

Wissenswertes über den Tuli Block

Geschichte

Das Tuli-Gebiet ist historisch bedeutsam und besitzt viele archäologische Ausgrabungsstätten. Es finden sich u. a. Beispiele der wunderbaren Felskunst der San-Ureinwohner und über die Region verstreut liegen Überreste von Siedlungen aus der Mapungubwe-Ära, einem Vorläufer der Great-Zimbabwe-Zivilisation (s. rechts). Am Ufer des Limpopo River lebend, unterhielt die hochentwickelte Gesellschaft im 13. Jh. intensive Handelskontakte, die bis nach Indien, Ägypten und China reichten. Besucher können die Ruinen der beiden aufeinanderfolgenden Hauptstädte des Königreichs, Mmamagwa auf botswanischer Seite und Mapungubwe auf südafrikanischer Seite, besichtigen. In Mapungubwe, das zum Weltkulturerbe der UNESCO gehört, wurden einzigartige Kunstgegenstände gefunden.

Im Jahr 1885 übereignete Häuptling Khama III. vom Stamm der Bangwato das Tuli-Land an die britische Regierung. Es sollte eine Pufferzone werden, um die burische Expansion von Südafrika her aufzuhalten und den Briten einen Korridor für ihre geplante Eisenbahn von Kapstadt nach Kairo zur Verfügung zu stellen. Es stellte sich jedoch heraus, dass das Gebiet aufgrund der vielen zu querenden Limpopo-Zuflüsse ungeeignet für eine Bahnlinie war. Diese wurde letztendlich weiter westlich gebaut. Die Briten übertrugen die Verwaltung der Eisenbahn an Cecil Rhodes (s. S. 59) und dessen British South Africa Company (BSAC), mit deren Hilfe schon Rhodesien kolonisiert worden war. Die BSAC teilte den für sie nutzlos gewordenen Tuli Block 1904 kurzerhand in verschiedene Grundstücke auf und verkaufte diese an europäische Farmer.

Im Laufe der Zeit wurden mehr und mehr dieser Farmen zusammengelegt. Die Regierung machte Druck auf die Besitzer, ihr Land besser zu nutzen, und so entstanden die ersten Wildreservate. In den 1960er-Jahren beschlossen 35 Farmer mit aneinandergrenzenden Grundstücken, all ihre Zäune zu entfernen, um dem Wild die Möglichkeit zu geben, wieder frei umherzuziehen. Das **Northern Tuli Game Reserve (NTGR)** war geboren, das heute den gesamten Tuli Block nördlich des Motloutse River umfasst.

2006 beschlossen die Regierungen von Botswana, Südafrika und Simbabwe, ihre Schutzgebiete am Limpopo und Shashe River in einem gemeinsamen, 4872 km^2 großen Park zusammenzulegen. Seither wird durch weitere Aufkäufe von Privatland das Projekt Schritt für Schritt umgesetzt. Das **Limpopo-Shashe Transfrontier Conservation Area (TFCA)** ist damit nach dem Kgalagadi Transfrontier Park der zweite grenzüberschreitende Friedenspark, an dem Botswana betei-

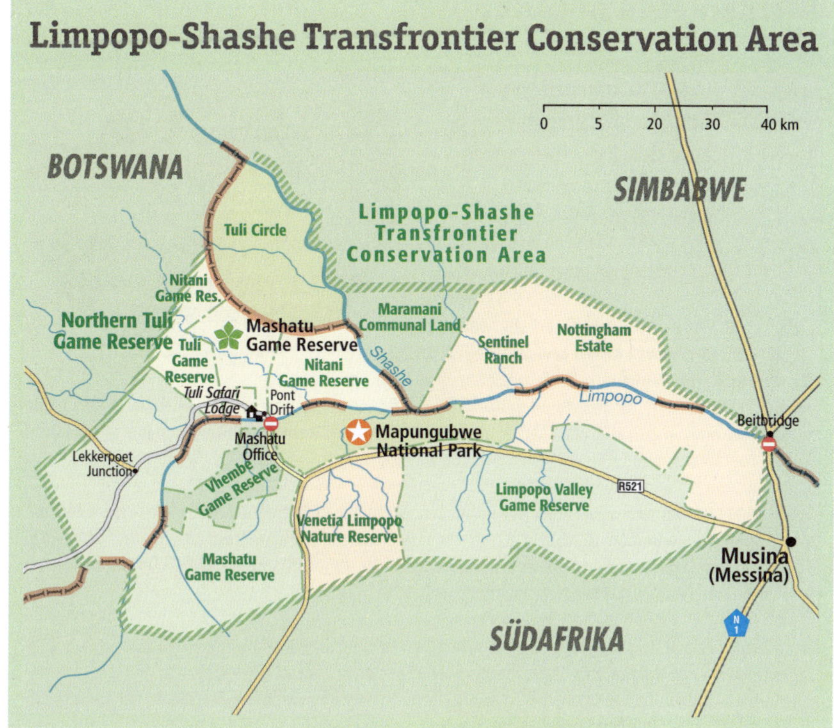

ligt ist. Ist das Projekt einmal abgeschlossen, wird der Park ganz unterschiedliche Gebiete beinhalten: Staatsland in Simbabwe, südafrikanisches Nationalparkland sowie Privatland in Südafrika, Simbabwe und Botswana, einschließlich des Northern Tuli Game Reserve und einiger Rinderfarmen.

Flora und Fauna

Die Tier- und Pflanzenwelt im Naturschutzgebiet ist äußerst vielfältig. Es gibt ausgedehnte Flusswälder, offenes Grasland und felsige Hügellandschaften. Etwa 1400 Elefanten leben hier, weiterhin Löwen, Leoparden und Geparden sowie mehr als 350 verschiedene Vogelarten. Über 800 der Elefanten sind im Northern Tuli Game Reserve beheimatet, das damit die weltweit größte Population der Dickhäuter auf Privatland besitzt.

Beste Reisezeit

Die beste Zeit zur Wildbeobachtung im Tuli Block sind die Monate April bis Dezember, wenn sich die Tiere an den verbliebenen Wasserstellen sammeln. Die Sommertemperaturen von Oktober bis April sind extrem hoch. Und selbst im Winter können die Tagestemperaturen noch 35 °C erreichen. Dafür sind die Nächte dann sehr kalt.

Orientierung

Auf einer Länge von rund 350 km, doch nur 10 bis 20 km breit, erstreckt sich der **Tuli Block** von seiner östlichsten Ecke, wo sich Shashe River und Limpopo River treffen, bis zum Notwane River im Süden, von Buffel's Drift im Südwesten bis Pont Drift im Nordosten. Für Touristen am interessantesten ist

Afrikanische Hochkulturen

Schon vor etwa 1000 Jahren gab es in Botswana, Südafrika und Simbabwe hochentwickelte Gesellschaften. Neben Überresten von Siedlungen fanden Archäologen auch Skulpturen aus Gold, Kupfer und Eisen.

Einst eine blühende Stadt: Mapungubwe Hill

Am 8. April 1933 meldeten die »Illustrated London News« einen sensationellen archäologischen Fund: ein Grab unbekannter Herkunft, vermutlich aus dem 13. Jh., das sich auf dem Gipfel eines natürlichen Felsenforts befand. Die Fundstätte am Limpopo River, Mapungubwe Hill, liegt auf dem Gelände der südafrikanischen Farm Greefswald.

Seit damals haben sich viele Forscher näher mit Mapungubwe befasst, einer einst florierenden Metropole, die zwischen 1030 und 1290 von afrikanischen Königen regiert wurde. Die beiden Ausgrabungsstätten Mapungubwe und K 2 wurden im Jahr 2003 zum UNESCO-Weltkulturerbe und 2004 zum Mapungubwe National Park (s. S. 176) erklärt.

Das Faszinierende an Mapungubwe ist, dass hoch entwickelte afrikanische Zivilisationen schon Jahrhunderte existierten, bevor die ersten Europäer den schwarzen Kontinent kolonisierten. Mapungubwe gilt mittlerweile als die am weitesten entwickelte Gesellschaft, die es früher im Südlichen Afrika gab. Sie bildete die Wurzel der Simbabwe-Kultur.

Bei den Ausgrabungen in Mapungubwe wurden auch wunderbar gefertigte Goldarbeiten zu Tage gefördert. Spektakulärster Fund war ein kleines, goldenes Nashorn – so groß, dass es auf eine Handfläche passt. Es steht mittlerweile symbolisch nicht nur für Mapungubwe, sondern für die gesamte Kultur Südafrikas.

Eine reiche Auswahl an archäologischen Stätten besitzt auch das botswanische Mashatu Game Reserve (s. S. 169). Die interessanteste ist Mmamagwa nahe dem Motloutse River. Zur Mapungubwe-Kultur gehörend, war auch Mmamagwa etwa 100 Jahre lang von K 2-Eisenzeit-Menschen bewohnt. Der Handel mit anderen Nationen veränderte ihren Lebensstil. Rinder waren nach wie vor von Bedeutung, aber Glasperlen, gewebte Stoffe und Porzellan lösten die Tiere als Statussymbole ab und führten zur Herausbildung einer sozialen Elite in der dörflichen Gesellschaft.

Klimatische Veränderungen hatten dramatische Folgen für die Mapungubwe-Kultur. Mangels ausreichend Niederschlag konnten die Menschen nicht länger Landwirtschaft betreiben und Vieh halten. Sie zogen daher vom Limpopo Valley nach Nordosten. Im heutigen Simbabwe entstanden ein neues Handelszentrum und die Great-Zimbabwe-Kultur, deren gleichnamige Hauptstadt einen herrlichen Steinpalast, einen Hof sowie gewaltige Natursteinwände umfasste, die aus 900 000 Steinblöcken errichtet worden sind. Politische Unruhen führten die Great-Zimbabwe-Kultur um 1450 in den Niedergang.

das **Northern Tuli Game Reserve** mit seinen herrlichen Lodges, die tierreiche Pirschfahrten mit fast 100-prozentiger Leoparden-Garantie anbieten. Im äußersten Osten, wo das Land wie ein Horn in die beiden Nachbarländer Südafrika und Simbabwe hineinreicht, wurde ein Großteil des Tuli Block zum grenzüberschreitenden **Limpopo-Shashe Transfrontier Conservation Area (TFCA)** ernannt. Die Grenze zu Simbabwe bildet der Shashe River, Südafrika wird durch den Limpopo River von Botswana getrennt.

Anfahrtsvarianten

Die Hauptrouten in den Tuli Block sind gut zu befahrene Schotterpisten, die theoretisch auch mit einem normalen Pkw zu schaffen sind. Achtung: Wer nicht in einer der privaten Lodges eingebucht ist, darf nicht von den Hauptstrecken abweichen oder eine der für Pirschfahrten angelegten Pisten benutzen.

Von Mahalapye

Eine erste Zufahrt zweigt 152 km nördlich der Hauptstadt Gaborone von der A 1 ab (s. S. 154). Die zweite praktikable Anfahrtsmöglichkeit beginnt in **Mahalapye** (s. S. 154) und empfiehlt sich für Gäste der Lodges, die im Gebiet des Northern Tuli Game Reserve liegen. In Mahalapye fährt man am Ortsrand nach der Brücke rechts ab in Richtung Machaneng und südafrikanischer Grenze. In **Machaneng** (▶ 1, N 11) hält man sich rechts, die Schotterpiste ist gut unterhalten. Nach dem Passieren des Grenzpostens **Parr's Halt/Stockpoort** (8– 16 Uhr, ▶ 1, N 11) ist die Strecke sogar geteert. Kurz vor **Ellisras** (neuer Name Lephalele) geht es links ab nach **Swartwater** (▶ 1, O 10) und über **Alldays** weiter nach **Pont Drift** (▶ 1, Q 9), wo man wieder über die Grenze zurück nach Botswana fährt. Die sandige Furt des am weitesten im Nordosten liegenden Grenzübergangs kann nur befahren werden, wenn der Limpopo River trocken ist. Nach heftigen Regenfällen überquert man den Fluss in einer abenteuerlichen Drahtkäfig-Seilbahn, der **Mashatu Cableway** (65 Pula/Pers. einfach, Gepäck 125 Pula). Dann schickt die Lodge, in der man ein Zimmer gebucht hat, ein Fahrzeug zum Grenzparkplatz, um ihre Gäste abzuholen. Bei der Zimmerreservierung bereits die Abholzeit vereinbaren.

Von Palapye

Eine Alternative ist die etwa gleich lange Strecke von **Palapye** (▶ 1, N 9) über **Sherwood** (▶ 1, O 10) ins südafrikanische **Martin's Drift** (▶ 1, O 10). 2 km hinter der Grenze stößt man wieder auf die geteerte Straße Richtung Norden über Swartwater nach Pont Drift. Wahlweise kann man auch auf botswanischer Seite Richtung Norden fahren. In Martin's Drift hält man sich links und folgt dann dem Limpopo River durch **Zanzibar** (▶ 1, P 9) und **Baines Drift** (▶ 1, P 9) bis Pont Drift (s. links). Die Abzweigungen zur Mashatu Lodge und zur Tuli Safari Lodge befinden sich kurz vor Pont Drift, nachdem der Motloutse River über- und die Talana Farm durchquert wurden.

Von Serule oder Selebi-Phikwe

Auch zwischen Palapye und Francistown gibt es noch zwei Routen in den Tuli Block und in das Northern Tuli Game Reserve. Ca. 75 km nördlich von Palapye zweigt in **Serule** (▶ 1, N 8) eine Straße nach **Selebi-Phikwe** (s. S. 166) ab. Von hier führt die landschaftlich schönere Variante auf einer guten Teerstraße über **Sefophe** (▶ 1, O 9) und **Bobonong** (▶ 1, P 8) nach **Lekkerpoet** (▶ 1, Q 9). Man kann auch die direkte Strecke über **Tsetsebjiwe** (▶ 1, P 9) nehmen. Dies ist nicht nur eine gute Zufahrtsstraße in den Tuli Block, sondern auch eine beliebte Abkürzung für Selbstfahrer, die von Johannesburg über Ellisras und Selebi-Phikwe ins Innere Botswanas unterwegs sind.

Eine reizvolle Strecke für 4x4-Fahrer führt von Selebi-Phikwe über **Bobonong** (▶ 1, P 8), **Gobojango** (▶ 1, P/Q 8) und **Motlhabaneng** (▶ 1, Q 9) in den Tuli Block.

Übernachten

Die im Folgenden beschriebenen Unterkünfte liegen auf der Route, die auf botswanischer Seite vom Grenzübergang Martin's Drift zum Grenzübergang Zanzibar führt.

Am Fluss gelegen – **Kwa Nokeng Lodge & Camping:** nach dem Martin's Drift Border Post zur Caltex-Tankstelle direkt an der Grenze weiterfahren, dort liegt der Eingang zur Lodge, www.kwanokeng.com. Unterkunft findet man in klimatisierten Bungalows auf Holzpfählen, in Chalets, Safarizelten für zwei Personen oder auf dem Campingplatz. Aufgrund der Nähe zur Straße ist es tagsüber ein bisschen laut. Von der Lodge aus werden u. a. Offroad-Touren per Enduro, Quadbike und Geländewagen in den Tuli Block veranstaltet. €

Grenznah und günstig – **Oasis Lodge:** ca. 2 km vom Grenzübergang Zanzibar entfernt, von dort ausgeschildert, Tel. 071 31 33 99, 072 73 32 34, Facebook: ›Oasis Lodge Zanzibar‹. Günstige 2-Sterne-Lodge mit Unterkünften in River-Chalets, Rundhäusern und Suiten. €

Camping am Limpopo – **African Ranches River Camp:** nach dem Martin's Drift Border Post 20 km zum Ort Sherwood, hinter dem Dorf rechts abbiegen (direkt nach dem Viehzaun), nach 22 km liegt der Eingang rechter Hand, Tel. 072 65 36 06, www.africanranch.com. Wunderbar unter großen Bäumen am Fluss gelegener Campingplatz. Feuerholz kostenlos. €

Ziegenhunde

Die Einwohner von **Molalatau** (s. rechts) haben eine geniale Methode entwickelt, um ihr Vieh vor den Angriffen wilder Tiere zu schützen: Sie züchten ›Ziegenwelpen‹. Hundewelpen werden Ziegenmüttern mit Jungtieren gegeben, die diese wie ihren Nachwuchs säugen und aufziehen. Sobald sie größer sind, begleiten sie die Ziegenherden in den Busch und verteidigen sie gegen Raubtiere. Und obwohl die Hunde bei einer direkten Konfrontation nichts gegen die viel größeren Raubtiere ausrichten könnten, genügt meist schon der Überraschungseffekt einer bellenden ›Ziege‹, um potenzielle Angreifer in die Flucht zu schlagen. Die Dorfbewohner zeigen gegen ein Trinkgeld gerne ihre Ziegenhunde *(goat dogs).*

Von Selebi-Phikwe zum Motloutse River

Karte: S. 163

Selebi-Phikwe ▶ 1, O 8

66 km östlich von Serule (s. S. 165) und der A 1 liegt die Minenstadt **Selebi-Phikwe,** Botswanas drittgrößtes urbanes Zentrum. Nach Fertigstellung der Teerstraße zum Grenzübergang Martin's Drift liegt der Ort nun verkehrsgünstig zwischen Johannesburg und Botswanas Attraktionen im Norden.

Ursprünglich gab es zwei Dörfer, Selebi und Phikwe, die sich über einem reichen Kupfer-Nickel-Vorkommen befanden. Nach Entdeckung der Rohstoffe in den 1960er-Jahren wurden die Mine und im Waldland zwischen Selebi und Phikwe ein neuer Ort gegründet, der den heutigen Doppelnamen erhielt.

Zum Motloutse River

Von Selebi-Phikwe führt eine Teerstraße über **Sefophe** (▶ 1, O 9) ins 84,4 km entfernte **Bobonong** (▶ 1, R 8). Nordöstlich von hier erstrecken sich die faszinierenden Lepokole Hills, die unbedingt einen Abstecher wert sind (s. S. 177). Die Strecke ins Northern Tuli Game Reserve führt von Bobonong nach Süden.

Über **Molalatau** (▶ 1, P 9) geht es nach **Lekkerpoet** (▶ 1, Q 9) weiter, wo man auf die Piste von **Platjan** (▶ 1, P/Q 9) nach **Pont Drift** (▶ 1, Q 9) stößt. Hier hält man sich links und kommt nach 16,4 km an die tief versandete Furt durch den **Motloutse River.** Die Durchfahrt ist nur mit Allradfahrzeugen möglich, und auch nur dann, wenn der Fluss kein Wasser führt. Ist er unpassierbar, muss man die weiter nördlich liegende Brücke bei **Motlhabaneng** (▶ 1, Q 9) nehmen. Der Motloutse River (*motloutse* = ›großer Elefant‹) trennt kommerzielles Farmland von den privaten Tuli-Wildschutzgebieten und wird an dieser Stelle an beiden Ufern von steilen Dolomitwänden flankiert, eine davon ist die berühmte Solomon's Wall (s. S. 169).

Mountainbiker bei der Überquerung des meist ausgetrockneten Motloutse River

Aktiv

Klettern – Die beiden spektakulären Granitfelsen am Ortseingang von Mothlabaneng sind wie geschaffen zum Klettern.

Übernachten

Im Kolonialstil – **Motswiri Tented:** S22°20 656/E28°54 232, 26 km vom Platjan Border Post entfernt (von dort ausgeschildert), Buchung über Wild at Tuli Safaris, Tel. 074 75 75 13, www.wildattuli.com. Zeltunterkünfte im Kolonialstil mit Bad und Außendusche sowie Bar und Restaurant auf einer Insel im Limpopo River zwischen Molema Camp und Platjan. Man erreicht das Camp über eine Hängebrücke. Geführte Pirschfahrten und Buschwanderungen sind im Preis inbegriffen. €–€€

Spezialist für Fußsafaris – **Serolo Safari Camp:** an der südafrikanischen Grenze zwischen Platjan und Pont Drift, Tel. 072 19 56 43, www.tulitrails.com. Zeltcamp für Selbstversorger, das sich auf Fußsafaris spezialisiert hat. Safarizelte mit Duschen, voll ausgestattete Gemeinschaftsküche, Wasserloch am Camp. Es werden auch zweiwöchige Wildaufspürkurse *(wildlife tracking courses)* und Survivalkurse *(wilderness survival courses)* durchgeführt. Darüber hinaus gibt es Pirschfahrten und Buschwanderungen. Für Selbstversorger €

Nachhaltig – **Mohawe Bush Camp:** S22°16 747/E28°57 370, ca. 49 km östlich des Platjan-Grenzpostens, von der Grenze ausgeschildert, Tel. 072 54 30 39, www.tulitrails.com. Von der Tuli Safari Lodge initiierte, nach-

haltig geführte Unterkunft in Kooperation mit drei lokalen Dorfgemeinschaften. Übernachtung entweder in Holzhäuschen oder auf einem Campingplatz mit Sanitärblock und Grillbereich. Die Anlage liegt direkt am Mohawe River unter riesigen, Schatten spendenden Nyala-Berry-Bäumen. Das Wasser für das rustikale Camp wird aus dem Limpopo gepumpt. Im Angebot sind Fußsafaris (300 Pula/Pers., Pirschfahrten (320 Pula/Pers.), Nachtfahrten (350 Pula/Pers.) und der Molema 4x4 Trail für Selbstfahrer (450 Pula pro Tag und Fahrzeug). €

Für Selbstversorger – **Limpopo River Lodge:** nach dem Platjan Border Post links halten (ausgeschildert), 5 km von der Grenze entfernt, Tel. 0027 11 72 10 60 98, www.limpo poriverlodge.co.za. Chalets und Rundhütten mit voll ausgestatteter Küche für Selbstversorger und, ein Stück von der Lodge entfernt, ein Campingplatz am Flussufer mit reetgedecktem Sanitärblock, Grillplatz, kaltem und heißem Wasser, aber ohne Trinkwasser. Feuerholz wird bereitgestellt. €

Northern Tuli Game Reserve ▶ 1, Q 9

Karte: oben

Der Motloutse River bildet eine natürliche Grenze zwischen dem Farmland und den Wildschutzgebieten. Gleich nach der Furt erreicht man den beschilderten Eingang in das gut 3000 km² große **Northern Tuli Game Reserve (NTGR),** das größte private Naturschutzgebiet im südlichen Afrika, das aus einem Zusammenschluss privater Wildreservate und Schutzkonzessionen besteht. Besucher, die nicht in einer der hiesigen Lodges gebucht haben, dürfen nur die Durchgangsstrecken benutzen, keine der seitlich abzweigenden Pisten. Ein Eintrittsgeld wird nicht verlangt.

Etwa 20 000 Tiere leben in dieser nordöstlichsten Ecke Botswanas, dort, wo der Shashe River und der Limpopo River aufeinandertreffen. Das Schutzgebiet ist aufgeteilt in drei Hauptkonzessionen, **Nitani Game Re-**

serve, Mashatu Game Reserve und **Tuli Game Reserve,** die sich wiederum in mehrere kleinere Reservate unterteilen.

Die Landschaft im Northern Tuli Game Reserve mit ihren dominanten, aus den Mopanewäldern aufragenden Basaltformationen, ihren hoch aufgetürmten Sandsteinhügeln und -rücken und ihrem Netzwerk aus Trockenflüssen unterscheidet sich erheblich vom Rest Botswanas. Auch Flusswälder und offenes Grasland gehören zum Landschaftsbild dazu. Übrigens: Während nächtliche Pirschfahrten in allen anderen botswanischen Nationalparks verboten sind, gibt es in privaten Reservaten und Konzessionen keine solchen Auflagen. Besuchern bietet sich also hier die Möglichkeit, auch die nachtaktive Fauna wie Servale, Ginsterkatzen, Hyänen, Leoparden, Stachelschweine, Buschbabys und Erdferkel zu erleben.

 Mashatu Game Reserve

Nordwestlich des Nitani Game Reserve erstreckt sich das **Mashatu Game Reserve** über ein 460 km^2 großes Areal zwischen dem Shashe River und dem Limpopo River. Savanne, Flusswälder, offenes Marschland und verwitterte Sandsteinformationen charakterisieren die Landschaft des Reservats – und eine ganze Menge Elefanten. Sie stammen von den einst gewaltigen Limpopo-Herden ab, die aufgrund unkontrollierter Jagd und Wilderei in der Region gut 60 Jahre lang ausgerottet waren. Aber nach 1947 kehrten sie langsam in die Tuli-Gegend zurück und heute leben wieder 1400 Dickhäuter im Tuli Block, 800 davon im Mashatu Game Reserve.

Solomon's Wall 1

Zu den weiteren Highlights des Reservats gehört **Solomon's Wall,** eines der beeindruckendsten geologischen Phänomene im Osten Botswanas. Die 30 m hohe und 10 m breite Basaltwand ragt mitten im – meist trockenen – Flussbett des Motloutse River auf. Vor Jahrmillionen fungierte sie als natürliche Mauer, die einen riesigen See aufstaute. Wann immer der See voll war, bildeten sich Wasserfälle, die über die Wand herabstürzten. Benannt wurde das Naturdenkmal nach der legendären Mine von König Solomon, die der britische Schriftsteller Henry Rider Haggard (1856–1925) in seinem gleichnamigen Roman verewigte – wahrscheinlich deshalb, weil sich im Flussbett heute wie damals Halbedelsteine wie Quarz und Achat finden lassen. Für die in dieser Region lebenden Menschen ranken sich zahlreiche Mythen um Solomon's Wall. Wenn der Motloutse River Wasser führt, bildet sich an der Basis der Wand eine Art Whirlpool, in dem eine große Schlange leben soll. Sobald jemand dem Pool zu nahe kommt, springt die Schlange heraus, hypnotisiert den Unglücklichen und zieht ihn dann ins Wasser.

Der Motloutse River entspringt westlich von Francistown. Vor geologisch langer Zeit transportierte er Diamanten in seinem Flussbett, wo sie sich ablagerten. In den 1950er-Jahren fand man an Solomon's Wall die ersten dieser Steine in Botswana. Nach zwölf Jahren intensiven Prospektierens wurde die Diamantenader von Orapa entdeckt, heute der zweitgrößte Kimberlitschlot der Welt.

Mmamagwa 2

Nur ein paar Kilometer östlich von Solomon's Wall liegen die Reste der ehemaligen Stadt **Mmamagwa,** auch bekannt unter der Bezeichnung **Motloutse Ruins.** Bereits vor Jahrtausenden lebten an diesem Ort Jäger und Sammler der San. Vor etwa 3000 Jahren, so nehmen Archäologen an, kamen die ersten Bantu-Stämme – Zizo genannt – in das Gebiet. Ihre Tonscherben und Kraalgrundrisse sind heute noch zu sehen. Die Zizo wurden später vom Leopard-Kopje-Stamm, von Archäologen K2-Menschen (s. S. 164) genannt, verdrängt. Diese praktizierten einen anderen Töpferstil und begannen damit, Gold abzubauen und zu bearbeiten. Zu dieser Zeit nahm bereits der Handel mit bunten Perlen zu, die Handelsnetzwerke weiteten sich aus. Selbst mit den weit entfernt lebenden Arabern wurden Waren ausgetauscht. Zu den Funden, die man bei den Ruinen auch in der Gegenwart noch macht,

MOUNTAINBIKING IM MASHATU GAME RESERVE

Tour-Infos

Start: am Pont-Drift-Grenzposten
Dauer: 4 Tage/3 Nächte
Voraussetzungen: Der Veranstalter stimmt die Touren auf Fitness und Stärke der Teilnehmer ab. Generell sollte man jedoch bereits einige Erfahrung haben, da man täglich 30–40 km bzw. 4–5 Std. im Sattel sitzt.
Kosten: 450 US-$/Pers. und Tag inkl. Begleitfahrzeug, Mietbike, Vollverpflegung und Übernachtung in einfachen Camps
Teilnehmer: keine Kinder unter 12 Jahren
Infos und Buchung: Cycle Mashatu, Auskünfte Tel. 0027 84 670 32 66, Reservierungen Tel. 0027 82 446 68 10, info@mtbsafaris.com, www.mtbsafaris.com

»Wie weit kann ein wütender Elefant ein Mountainbike werfen?« Der Guide mit dem Gewehr auf dem Rücken überlegt nur kurz und antwortet dann, ohne eine Miene zu verziehen: »Kommt darauf an, ob du noch drauf sitzt oder nicht.« Mit dem Bike auf ausgetretenen Wildpfaden durch

den Busch zu radeln, ist eine fast noch intensivere Erfahrung als auf dem Rücken eines Pferds. Während Letzteres im Ernstfall davongaloppieren kann, hilft hier nur Strampeln. Und auch vom Fahrradsattel aus wirken Elefanten unheimlich groß.
Bei der **Mashatu Wilderness Trail Tour** trifft man sich am Pont-Drift-Grenzposten auf der südafrikanischen Seite des Limpopo River. Am ersten Tag sind es nur etwa 2 Std. bis zur Übernachtungsstätte, einem rustikalen Buschcamp im Herzen des Mashatu Game Reserve. Einige Guides sind mit dem Gepäck vorausgefahren und haben das Camp bereits errichtet. Das Essen wird auf offenem Feuer zubereitet, dazu gibt es eisgekühlte Getränke und vorher eine Eimerdusche. Dann folgt die erste Nacht im afrikanischen Busch.
Am nächsten Morgen gibt es frisch aufgebrühten Kaffee und ein leichtes Frühstück. Bald nach dem Start erfährt man, weshalb Mashatu auch Land der Giganten genannt wird. Die etwa 30 km lange Tagesetappe führt über eine einspurige Piste, die migrierende Elefanten über Jahrhunderte in den Busch gestampft haben. Links und rechts der Strecke ragen Felsen auf und schlängeln sich sandige Flussbetten durch die Landschaft. Eine Gruppe von Elefanten läuft vorbei. Man kann sie sogar riechen, eine Mischung aus Zoo- und Zirkusgeruch. Die Mutter schnuppert mit dem Rüssel in Richtung der Radler. Der Guide gab kurz zuvor das »Freeze«-Kommando: Alle stillhalten! Selbst Flüstern ist verboten. Zwischen den Adrenalinmomenten werden Kaffee und süßes Gebäck gereicht. Am Nachmittag unternimmt man noch eine Pirschfahrt im Geländewagen.
Am dritten Tag geht es zunächst Richtung Norden, wieder auf alten Elefantenpfaden. Neben Dickhäutern gibt es auch Baumriesen zu bewundern: jahrhundertealte Affenbrot- und Bleiwurzbäume. Die Landschaft steigt leicht aus dem Limpopo-Tal an, dann rollen die Räder Richtung Westen weiter, durch das Valley of Elephants, das ›Tal der Elefanten‹. Nächstes Etappenziel ist der Motloutse River mit seinen fotogenen Sandsteintürmen. Geschlafen wird diesmal unter dem Sternhimmel in einem Kgotla-Camp, d. h. auf einem der traditionellen Versammlungsplätze *(kgotlas)* botswanischer Stämme.
Um einen guten Vergleich zu nennen: Eine Pirschfahrt auf dem Mountainbike verhält sich zu der im Geländewagen wie das Erleben eines Korallenriffs im Neoprenanzug unter Wasser anstatt im Glasbodenboot. Die Gefahr beim Mountainbiking im Busch ist, dass man ohne Motor sehr leise unterwegs ist. Das ist o. k., wenn man einen Strauß oder Springbock erschreckt. Die laufen weg. Bei einem Löwen unterm Baum oder einer Elefantenherde beim Staubbad sieht das schon etwas anders aus.

gehören Scherben von Straußeneiern sowie venezianische Perlen.

Da sowohl Solomon's Wall als auch Mmamagwa auf dem Land der Mashatu Lodge liegen, sind sie auch nur für deren Hausgäste zugänglich. Beide Highlights werden im Rahmen der Cultural Tour (90 US-$/Pers.) besichtigt. Die Chancen, bei den vor Ort organisierten Pirschfahrten Leoparden und Löwen zu sehen, sind sehr hoch, fast garantiert. Im Reservat werden auch andere interessante Aktivitäten angeboten, beispielsweise Mountainbiking (Infos und Buchung s. S. 170).

Übernachten

Elefantenparadies – **Mashatu Main Camp:** Reservierung unter Tel. 0027 11 268 23 88, Lodge-Tel. 026 453 21, 026 452 63, www.mashatu.com. Es gibt 14 luxuriöse Suiten und einen tollen Swimmingpool im Schatten großer Bäume; vom Essensbereich der Lodge hat man einen herrlichen Blick auf ein mit Flutlicht illuminiertes Wasserloch. €€€

In die Natur integriert – **Mashatu Tent Camp:** Acht weit auseinanderstehende Luxuszelte, 45 Min. und Welten entfernt vom Mashatu Main Camp. Das Zeltcamp ist perfekt an die umgebende Natur angepasst. €€€

DORFLEBEN

Viele Lodges in der Umgebung des Northern Tuli Game Reserve organisieren Ausflüge in die Dörfer, die an das Schutzgebiet angrenzen, u. a. nach **Motlhabaneng** (▶ 1, Q 9), **Lentswe-le-Moriti** (▶ 1, Q 9) und **Mathathane** (▶ 1, R 9). Eine Tour durch Motlhabaneng führt zur lokalen *kgotla,* dem traditionellen Dorfgericht und Versammlungsplatz, wo man den Häuptling trifft. Außerdem wird eine Grundschule besucht, in der die Kinder traditionelle Tänze vorführen. Highlight des Ausflugs ist ein Besuch im Dorfhaus. Hier erklären die verschiedenen Generationen ihren Lebensstil und demonstrieren u. a. die Kunst des Korbflechtens. Botswana ist berühmt für seine einzigartigen Korbflechtarbeiten (s. S. 81). Die Dorfbesuche sind Bestandteil der All-inclusive-Programme der Lodges.

Aktiv

Mountainbiketrips – **Cycle Mashatu** bietet Pirschtouren mit dem Fahrrad an (s. Aktiv unterwegs S. 170).

Predator Drives – In Begleitung von Raubtierforschern, die die Wanderbewegungen der Leoparden im **Mashatu Game Reserve** genauestens studieren, geht es auf die Suche nach den gefleckten Großkatzen. Da die Tiere mit Sendern ausgestattet sind, können sie garantiert aufgespürt werden. Man verbringt nicht nur einen Nachmittag und die ersten Abendstunden mit den wohl attraktivsten Katzen der Welt, sondern unterstützt mit einer solchen Tour gleichzeitig ein Projekt, das für die Erhaltung der Leoparden von großer Bedeutung ist.

Tuli Game Reserve 3

An Mashatu angrenzend liegt das ca. 75 km² große **Tuli Game Reserve** am westlichen Rand des Kalahari-Buschlandes. Hier gibt es drei Wildansitze *(game hides),* die sich an Wasserlöchern befinden. An einem davon können bis zu vier Gäste übernachten.

Übernachten

Klassiker – **Tuli Safari Lodge:** S22°12 842/ E29°05 687, am Limpopo River, erreichbar über Platjan (69 km in Richtung Nordosten, ausgeschildert) oder Pont Drift (7 km Richtung Westen, ausgeschildert), Tel. 026 453

Solomon's Wall: 30 m ragt die Basaltwand am ›Ufer‹ des Motloutse River in die Höhe

03, www.tulilodge.com, Facebook: ›Tuli Safari Lodge and Tuli Bush Camps‹. Die schöne 4-Sterne-Lodge ist eine der ältesten in der Region. Sie liegt in einem grünen Garten im Schatten majestätischer Bäume. Großer Pool mit flachem Bereich für Kinder. €€€

Direkt am Limpopo – **Koro River Camp & Koro Island Camp:** Tel. 0027 82 316 13 63, www.the-africa-experience.com. Luxuriös, abgelegen, aber kinderfreundlich. Nachhaltige Bewirtschaftung. Gäste können Wildschutzprogramme live miterleben. Sehr gut kommentierte Pirschfahrten mit kundigen Rangern. Highlights: die Sichtung der hier häufig vorkommenden Leoparden und Schabrackenhyänen. Das Camp verfügt über 7 große Luxuszelte mit Außendusche. Bar und Restaurant haben ebenfalls Leinwände, was mehr Naturnähe verspricht. Abends gibt es Drei-Gänge-Menüs aus Kgomotso's Kitchen. €€€

Einfach am Ufer des Limpopo – **Kwadiwa Ranch:** etwa 25 km flussaufwärts vom Platjan-Grenzposten, Tel. 076 475 132, www.kwadiwaranch.com (S22°52 593/E28°69650). Das Camp mit Safarizelten befindet sich direkt am Ufer des Limpopo River (600 Pula für 2 Pers. im Zelt). Es gibt außerdem zwei Häuschen für Selbstversorger (bis 4 Pers.). Gemeinsamer Dusch- und Toilettenblock. Exklusiver sind die Chalets am Fluss. €

PFERDESAFARI IM TULI GAME RESERVE

Tour-Infos

Start: nahe dem Grenzposten Pont Drift
Dauer: 8 Tage/7 Nächte (4 versch. Touren)
Länge: insgesamt jeweils ca. 260 km, tgl. 20–30 km
Saison: Febr.–Nov.
Voraussetzungen: Die Teilnahme empfiehlt sich nur für erfahrene Reiter, da man 4–7 Std. täglich auf dem Pferd sitzt; Mindestalter 12 Jahre; nicht schwerer als 90–95 kg, Reitkappenpflicht
Kosten: etwa 3800 €/Pers. je nach Veranstalter und Saison inkl. Übernachtungen in Luxuszelten und Vollpension; Transfer ab/nach Johannesburg etwa 650 € pro Pers.
Teilnehmer: max. 8 Reiter pro Gruppe
Buchung: Limpopo Valley Horse Safaris, Lentswe le Moriti, Tel. 072 32 00 24, www.lvhsafaris.co.za (auch auf Dt.), bei den deutschen Veranstaltern www.reit-safari.de, www.reiterreisen.com oder dem südafrikanischen Unternehmen www.ridinginafrica.com

Die Gäste verbringen jeweils die erste und letzte Nacht in einem luxuriösen Zeltcamp unter Mashatubäumen am Ufer des Limpopo River. Sie können eines von 35 schönen, sehr gut abgerichteten Pferden auswählen. Mit einem bewaffneten Guide und einem weiteren Führer als Back-up reitet man in die unendliche Weite des Northern Tuli Game Reserve, wo man Elefanten, Löwen, Leoparden, Wildhunden und verschiedenen Antilopenarten begegnet – Botswanas Wildnis hautnah.

Die hiesigen Pferde kennen nur zwei Arten der Fortbewegung: gehen oder galoppieren. Trab ist out. Die Übernachtungen unterwegs finden im Freien statt, irgendwo im Reservat, also ohne Strom und fließend Wasser. Das Licht kommt von Kerzen und vom Lagerfeuer, das Duschwasser aus Eimern, die in die Bäume gehängt werden. Ein transportabler Elektrozaun und ein bewaffneter Guide schützen die Pferde und ihre Reiter nachts vor Raubtieren. Es hat etwas von einem Westernfilm, wenn man so neben dem Feuer sitzt, die Pferde daneben angebunden, in geräumigen Zelten stehen bequeme Betten mit herrlicher Bettwäsche bereit – o. k., Letzteres entspricht nicht ganz dem Cowboyalltag, ist aber nach einem anstrengenden Reittag trotzdem willkommen. In der Ferne heult ein Kojote, pardon Schakal. Dann beginnt die kleine Nachtmusik mit Grillenzirpen, Pferdeschnauben – und Löwengebrüll.

Die Buschdinner werden trotz der Wildnis zelebriert. Ein Koch zaubert gleich mehrere Gänge auf die Teller und zum Runterspülen gibt es einen südafrikanischen Merlot. Am nächsten Morgen geht es früh weiter. Immer wieder hält der Guide an, erklärt den Unterschied zwischen Leoparden- und Gepardenspuren oder identifiziert Tierlaute. Highlight der Trips ist das Galoppieren mit Giraffen oder mit einer Zebraherde. Oder vielleicht doch das Aufspüren einer Elefantenherde beim Staubbad in einem ausgetrockneten Fluss?

Der Boden ist weich und sandig, der Wind weht wie von Zauberhand in die andere Richtung, sodass die Dickhäuter die Reiter nicht wahrnehmen und lange vom Sattel aus beobachtet werden können. »Elefanten sehen nicht besonders gut, dafür riechen und hören sie umso besser«, erklärte der Guide mit dem Gewehr über der Schulter. Und was war seine bisher gefährlichste Situation? »Einmal stellten sich mir zwei Löwen in den Weg, die musste ich mit der Lederpeitsche wegjagen. Mein Pferd spürte instinktiv, dass Wegrennen den Tod bedeutet hätte. Der Jagdinstinkt der Großkatzen wäre dadurch sofort geweckt worden. Löwen erreichen im Sprint bis zu 70 km/h. Da haben Ross und Reiter keine Chance, zu entkommen.« Und wie oft hat er sein Gewehr schon benutzt? »Nur einmal, aber der Gast hat wirklich genervt«, kommt die trockene Antwort.

Tuli Circle ▸ 1, Q 8/9

Im Nordosten des Northern Tuli Game Reserve schließt sich der eigenartig geformte **Tuli Circle** an das Schutzgebiet an. Eigentlich definiert sich die botswanisch-simbabwische Grenze durch den Shashe River, mit Ausnahme dieses grenzüberschreitenden Stück Lands, das wie ein Halbkreis ins botswanische Staatsgebiet hineinragt. Im Jahr 1891 wurde es der British South Africa Company von Khama III. als Pufferzone übertragen, angeblich, um zu vermeiden, dass sich eine Rinder-Lungeninfektion auf das Vieh in Fort Tuli ausweitete. Interessant ist allerdings, dass der Halbkreis der exakten Reichweite der größten damals im Fort stationierten Artilleriekanone entsprach! Bisher ist das Gebiet nicht touristisch erschlossen.

Mapungubwe National Park

▸ 1, Q/R 9

Karte: s. S. 177

Tel. 0027 12 428 91 11, www.sanparks.org, Sept.–März tgl. 6–18.30, April–Aug. tgl. 6.30–18 Uhr, Erw. 252 Rand, Kinder 126 Rand

Auf südafrikanischer Seite erstreckt sich entlang dem Limpopo River der 28 km² große **Mapungubwe National Park.** Namensgeber war das Königreich von Mapungubwe, eine alte Zivilisation, die zwischen 1220 und 1290 hier ihre Hauptstadt hatte (s. S. 164). Über sieben Jahrhunderte lang war die Stätte in Vergessenheit geraten, bis ein dort lebender Farmer die Universität von Pretoria auf die Ruinen aufmerksam machte. Heute besitzt das dortige Mapungubwe Museum die größte archäologische Goldsammlung im Afrika südlich der Sahara. Beim **Mapungubwe Hill** handelt es sich um einen 30 m hohen und etwa 300 m langen Sandsteinhügel mit einem flachen Gipfel. Er besteht aus verschiedenen Sedimentschichten, abgebrannten Häusern und Haushaltsabfällen. Die südliche Terrasse war von 1030 bis 1290 etwa 260 Jahre lang besiedelt, der Gipfel des Hügels etwa 70 Jahre lang, von 1220 bis 1290. Mapungubwe bedeutet ›Hügel des Schakals‹.

In Gräbern machte man faszinierende Funde, u. a. Holzschnitzarbeiten in Form eines Nashorns, eines Zepters und einer Schale, die mit Goldfolie überzogen waren. Symbole wie diese wurden zusammen mit wichtigen Personen wie Königen begraben. Entdeckt wurden außerdem Goldschmuck und Glasperlen. Letztere stammen aus Ägypten und Indien und wurden von den K2-Menschen gegen Gold und Elfenbein getauscht. Ein Teil dieser Glasperlen wurde offensichtlich eingeschmolzen und in neue Formen gegossen – die ältesten bislang entdeckten Glasobjekte, die im südlichen Afrika ihren Ursprung haben. Im 15. Jh. verließen alle Bewohner des hoch entwickelten Königreichs das Land, ließen Paläste und Siedlungen zurück. Der Grund ist nicht ganz klar. Aber Forscher gehen davon aus, dass klimatische Veränderungen dazu geführt haben, dass keine Landwirtschaft und Tierhaltung mehr möglich waren.

Die Landschaftsbild des Parks prägen Sandsteinfelsen, Mopane- und Auenwälder sowie Affenbrotbäume. Nur 35 km der Pisten sind für Pkws geeignet, weitere 100 km sind Geländewagen vorbehalten. Den Tank sollte man am besten in Alldays (65 km vom Eingang), Messina (70 km vom Eingang) oder Dongola (30 km östlich des Parks) auffüllen, im Park selbst gibt es keine Tankstelle.

Übernachtung

... im Park:

Es gibt diverse Übernachtungsmöglichkeiten im Park und am Infozentrum ein Restaurant. Alle Übernachtungen können online gebucht werden unter www.sanparks.org.

Für jeden Geschmack etwas – **Leokwe Camp:** das Hauptcamp, Cottages für 2 Pers. €–€€; **Limpopo Forest Tented Camp:** €; **Tshugula Lodge:** Buschlodge für maximal 4 Pers. €–€€; **Vhembe Wilderness Camp:** das komplette Camp €; **Mazhou Camping Site:** €

... außerhalb des Parks:

Zurück zur Natur – **Mapesu Private Game Reserve:** Tel. 0027 83 633 07 95, www.mapesu.com, Facebook: ›Mapesu Reserve‹. Riesiges privates Wildnisreservat, in dem mittlerweile mehr als 12 000 Antilopen und 400 ver-

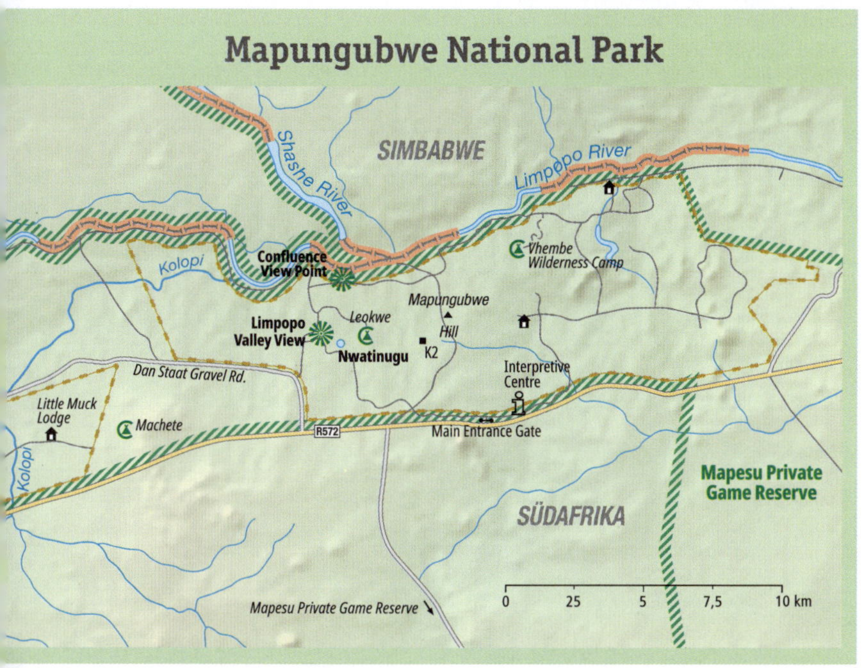

schiedene Vogelarten leben. Ziel war und ist es, die Natur und das Wild zu schützen und mehr und mehr Farmland zu renaturalisieren. Es gibt den Mapesu-Campingplatz sowie das Wilderness Tented Camp zum Übernachten. €–€€

Ruhig gelegen – **Mopane Bush Lodge:** am westlichen Rand des Nationalparks, an der R 572 zwischen Pont Drift und Messina (Musina), Tel. 0027 15 534 10 54, 534 79 06, www.mopanebushlodge.com. Die acht reetgedeckten Chalets im privaten, 60 km² großen Mapesu Nature Reserve liegen – wie der Name bereits andeutet – in schönem Mopanewaldland. €€€

Lepokole Hills ▶ 1, P 8

Nordöstlich von Bobonong (s. S. 166) erstrecken sich die **Lepokole Hills,** die südlichen Ausläufer der simbabwischen Matopo Hills. Die beeindruckende Granithügellandschaft bietet hervorragende Wander- und Klettermöglichkeiten. Außerdem gibt es eine ganze Reihe von archäologischen und historischen Fundstätten, einschließlich Felsmalereien der San, die zu den besterhaltenen in Ostbotswana zählen. Zu finden sind weiterhin Überreste eisenzeitlicher Siedlungen und ummauerter Ruinen im Stil von Great Zimbabwe (s. S. 164). Die Hügel waren für die im Osten Botswanas lebenden San der letzte Zufluchtsort vor der immer näher rückenden Zivilisation.

Besucher müssen Proviant und alles Benötigte selbst mitbringen. In Bobonong gibt es nur rudimentäre Versorgungsmöglichkeiten. Von dem Dorf führt ein holpriger Geländewagen-Track etwa 15 km weit in die Hügel. Es gibt keine öffentlichen Campingplätze, wer in der Region wild campen möchte, sollte aus Höflichkeit den Häuptling *(kgosi)* in Bobonong um Erlaubnis fragen, der auch Führer für Wanderungen in der Hügellandschaft vermittelt.

Nur zur Regenzeit kann man im Mapungubwe National Park beobachten, wie sich der Limpopo River mit dem Shashe River vereinigt

Nata
Ntwetwe Pan
Sua Pan

Kapitel 3

Makgadikgadi Pans

Wer aus einem dicht besiedelten Gebiet kommt, den werden die unendlichen Weiten der silbrig-weiß schimmernden Makgadikgadi Pans im ersten Moment vermutlich etwas verunsichern. Die Salzpfannen, mit etwa 16 000 km² die größten der Welt, sind die Überreste eines riesigen Sees, der einst einen großen Teil von Nordbotswana bedeckte. Als Chobe und Sambesi vor ein paar Tausend Jahren ihre Flussläufe änderten, schrumpfte der See zunächst, wurde dann immer salziger und trocknete schließlich ganz aus.

Heute findet man in dieser weltabgeschiedenen Region völlige Einsamkeit und absolute Ruhe. Eine Fahrt ins Zentrum der Salzpfannen mit einem Geländewagen, der unbedingt mit GPS ausgestattet sein sollte, gehört zu den Highlights eines Besuchs in Botswana. Als Alternative empfiehlt sich eine organisierte Quadbiketour in die Makgadikgadi Pans mit Übernachtung – aber nur in der Trockenzeit zwischen April und Oktober, denn selbst wenn es nur leicht geregnet hat, können die Wege durch die Pfannen zu einer tückischen Falle werden.

In der Regenzeit im November migrieren Tausende von Zebras und Gnus in diese Region. Wasservögel aus ganz Afrika bevölkern die dann mit Wasser knöchelhoch gefüllten Pfannen, um hier zu brüten. Flamingos färben riesige Flächen rosa ein.

Einer der faszinierendsten Plätze im ganzen südlichen Afrika befindet sich im Südosten der Makgadikgadi Pans: Kubu Island. Die ›Insel‹ aus Granitfelsen ragt nur etwa 20 m aus der tischflachen, weißen Ebene heraus und ist von jahrtausendealten Affenbrotbäumen (baobabs) bewachsen. Hier nach einer Tausendsternenacht einen goldenen Sonnenaufgang zu erleben ist ein unvergessliches Erlebnis.

In Jack's Camp werden Vorbereitungen für die hereinbrechende Nacht getroffen

Auf einen Blick: Makgadikgadi Pans

Sehenswert

Nata Bird Sanctuary: Ein von der lokalen Gemeinde unterhaltenes Naturschutzgebiet am Rand der Sua Pan (s. S. 192).

Kubu Island: Ein magischer Ort in der Sua Pan – Granitfelsen flankieren uralte Baobabbäume, mysteriöse Steinmauern zeugen von alten Kulturen und fossile Strände sind die Überbleibsel eines einstigen Superseees (s. S. 197).

Green's Baobab: Der als National Monument unter Schutz stehende Affenbrotbaum mit seinen historischen Graffiti auf der Rinde gilt als einer der ältesten und größten Baobabs in ganz Afrika (s. S. 204).

Baines' Baobabs: Die sieben Affenbrotbäume – auch Seven Sisters genannt – wurden von zahllosen Malern und Fotografen verewigt (s. S. 214).

Schöne Routen

Sua Pan: Eine faszinierende, 8 km lange Geländewagenstrecke führt durch das Nata Bird Sanctuary direkt bis zum Rand der Sua Pan (s. S. 192).

Nach Kubu Island: Es gibt mehrere Routen zu der Insel mitten in der Sua Pan, bei allen gilt: Der Weg ist nicht minder faszinierend als das Ziel. Am einfachsten gelangt man von der A 30 im Süden über Mmatshumo nach Kubu Island (s. S. 199).

Route der Baobabs: Die gewaltigen Affenbrotbäume waren Navigationshilfen für die ersten europäischen Forscher und Missionare. Mit Geländewagen und GPS lassen sich die einstigen Landmarken heute nacheinander ›erfahren‹ (s. S. 204).

Meine Tipps

Planet Baobab zwischen Nata und Gweta: Das coole und verkehrsgünstig an der A 3 gelegene Camp bietet neben bezahlbaren Übernachtungsmöglichkeiten auch eine skurrile Bar mit Kronleuchtern aus Bierflaschen sowie 17 Affenbrotbäume (s. S. 197).

Camping in der Pfanne: Den unendlichen Sternenhimmel im weißen Nichts der Salzpfannen erleben – ein Erlebnis, das man nie vergisst (s. S. 200).

Jack's Camp und San Camp in der Ntwetwe Pan: Diese beiden luxuriösen Zeltcamps zählen zu den schönsten im südlichen Afrika. Bei Jack's wird der Safaristil der 1940er-Jahre lebendig und San ist ein marokkanischer Traum in Weiß (s. S. 201).

Wenn das Wasser in den Salzpfannen verdunstet ist, bilden sich brüchige Salzkrusten

Quadbiketrip in die Salzpfanne: Abenteuerlicher und staubiger Ausflug auf vierrädrigen Motorrädern, deren weiche Reifen kaum Spuren hinterlassen (s. S. 194).

Spaziergang mit San: Die Buschmänner zeigen, wie man Wasser findet, Fallen baut und Feuer macht (s. S. 202).

Wanderung mit Erdmännchen: Die putzigen Tiere sind immer in größeren Sozialverbänden unterwegs und akzeptieren bei ihrer Suche nach Nahrung auch menschliche Begleitung (s. S. 206).

Östliche Makgadikgadi Pans

Makgadikgadi Pans ist der Oberbegriff für die gesamte Region der Salzpfannen im Norden Botswanas. Die einsamen weißen Ebenen gehören zu den faszinierendsten Gebieten des Landes. Bei Einsetzen der Regenzeit, wenn das frische Grün aus dem Boden sprießt, migrieren Tausende von Gnus und Zebras dorthin. Auch Wasservögel aus ganz Afrika sammeln sich. Und über allem wachen jahrtausendealte Affenbrotbäume.

Wissenswertes über die Makgadikgadi Pans

Bei den 16 619 km^2 großen **Makgadikgadi Pans** handelt es sich um ein System von mehreren Salzpfannen mit Sandwüste dazwischen. Die größte individuelle Salzpfanne der Welt befindet sich in Bolivien: der 10 619 m^2 große Salar de Uyuni, der im Gegensatz zu Makgadikgadi praktisch nie Wasser führt. Makgadikgadis Hauptwasserzufuhr stammt vom Nata River, der nördlich der Salzpfannen in Simbabwe entspringt. Nach ausgiebigen Regenfällen kommt das kostbare Nass auch aus Westen vom Boteti River, der vom Okavango River gespeist wird.

David Livingstone (s. S. 314) beschrieb als erster Europäer die gewaltigen Salzpfannen. Im 19. Jh. durchquerte er sie und orientierte sich dabei an einem uralten Affenbrotbaum, dem Chapman's Baobab, als einziger Landmarke weit und breit. Kaum zu glauben, dass Livingstone damals mit Ochsenkarren schaffte, was heute selbst mit gut ausgerüsteten Geländewagen und GPS ein Abenteuer ist.

Flora

Die Makgadikgadi Pans gliedern sich in vier Hauptvegetationszonen: **Flusswald** *(riverine woodland)*, **Buschland** *(scrubland)*, **Grasland** *(pure grassland)* und Salzpfannen *(salt pans)* mit **Palmenwaldland** *(palmtree woodland)* an ihren Rändern. Am schönsten ist das Gebiet an der Ostgrenze, wo Palmenhaine mit gelbem Grasland wechseln. Die für die Pfannenränder typischen Mokolwanepalmen kommen auch im Okavango Delta vor.

In der Pfanne selbst wachsen salzresistente Sukkulenten *(Hoodia)* mit schönen, aber unangenehm riechenden, rotbraunen Blüten. Das kurze, gelbliche, dornenartige Gras wird *prickly salt grass* genannt. Manchmal bilden sich sogar Salzkristalle an den Blättern, ohne dass das den Pflanzen in irgendeiner Art und Weise schadet. An den Flüssen gedeihen teils prächtige Kameldornbäume.

Fauna

Von April bis November wandert das Wild Richtung Westen, d. h. von den Pfannen zum Boteti River, wo es zu dieser Zeit meist noch Wasser gibt. In der gut bewaldeten Gegend finden sich dann Ducker, Buschböcke, Kudus und Zebras ein. In den permanenten Pools leben sogar Flusspferde und Krokodile, Einwanderer aus dem Okavango Delta.

Fossilienfunde beweisen, dass zu feuchteren Zeiten das gesamte Spektrum der afrikanischen Fauna hier vertreten war, sogar Elefanten, Büffel und Nashörner. Bei Jack's Camp finden sich gelegentlich heute noch Elefanten ein, die versuchen, an die Nüsse der Palmen heranzukommen und dabei teilweise an den Safarizelten entlangscheuern, für die Gäste höchst adrenalinfördernd.

Die Wolkenkratzer der Termiten

Zu den faszinierendsten Gebilden in den Salzpfannen Botswanas gehören die Termitenbauten, oft die einzigen Erhebungen weit und breit. Sie ragen wie Türme aus dem flachen Grasland der Makgadikgadi Pans auf und sind, wenn man sich näher mit ihrem Innenleben beschäftigt, echte Wunder der Natur.

Hunderttausende von blinden Arbeitstermiten kommunizieren nur über Pheromone und bauen gemeinsam gewaltige, über 3 m hohe Strukturen mit Tonnen von Material. Sandkorn für Sandkorn. Unter dem Turm befindet sich das Nest, das in verschiedenen Kammern Bruträume, Nahrungslager, Zellulose zersetzende Pilzkulturen und die Suite der Königin enthält. Die Queen produziert bis zu 30 000 Eier am Tag und lebt viele Jahre lang, was bedeutet, dass die Baubewohner allesamt Brüder und Schwestern sind.

Um ein Überhitzen des Baus zu vermeiden, haben die Termiten eine ausgeklügelte natürliche Klimaanlage entwickelt. Warme Luft steigt in einem zentralen Kamin von den Nestkammern im unteren Bereich bis in dünnwandige Ventilations-Belüftungsschächte nahe der Bauoberfläche. Hier kühlt sich die Luft ab und reichert sich mit Sauerstoff an, bevor sie wieder durch verschiedene Passagen nach unten zirkuliert. Bevor die Luft in die Nestkammern zurückgelangt, strömt sie durch feucht gehaltene Kühltunnel.

So erhalten die Termiten eine 100%ige Luftfeuchtigkeit und eine konstante Temperatur von 29 bis 31 °C, was die erfolgreiche Produktion von Eiern und Jungen ermöglicht. Nilwarane *(monitor lizards)* machen sich das zunutze, indem sie Löcher in die Termitenhügel graben, dort ihre Eier ablegen, die Öffnung versiegeln und ihren Nachwuchs sicher ausbrüten lassen.

Nach Regenfällen, wenn die Umstände es erlauben, produziert die Termitenkönigin geflügelte, fruchtbare Männchen und Weibchen, sogenannte Geschlechtstiere, die die Kolonien in großer Zahl verlassen, um sich zu paaren und neue Nester zu etablieren. Diese Massenflüge sind Festessen für Erdferkel, Frösche, Spinnen sowie Falken und andere Greifvögel.

Die Termiten haben durch ihre faszinierenden Bauten auch der Wissenschaft einen Dienst erwiesen. Forscher fanden nämlich heraus, dass Größe und Verbreitung der Termitenhügel eng mit den Veränderungen der jährlichen Niederschlagsmenge und der Vegetation zusammenhängen. Die Insekten bauen ihre Nester bevorzugt in Regionen, in denen die Erde weder zu feucht noch zu trocken ist.

Etwa 40 000 Termitenhügel wurden kartiert, aus der Verteilung leiteten die Wissenschaftler Muster ab. Diese ermöglichen auch Voraussagen dazu, wie sich die Landschaft in Zukunft durch den Klimawandel verändern wird.

Die Löwen und Hyänen von Makgadikgadi

Mit den ersten Regenfällen im November migrieren gewaltige Herden von Zebras und Gnus ins offene Grasland der Salzpfannen, um zu fressen und ihre Jungen zu bekommen. In der Trockenzeit konzentriert sich das Wild am Boteti River. Die Löwen müssen sich diesem drastischen Wechsel anpassen.

Einige haben sich darauf spezialisiert, den Herden zu folgen, anstatt feste Reviere zu haben. Andere bleiben in dem trockenen Gebiet zurück. Es gibt hier keine großen Rudel, meist jagen nur zwei weibliche Löwen gemeinsam. Sie haben riesige Reviere bis zu 1000 km^2, da sie in dem kargen Landstrich sonst nicht genügend Beute finden. Männliche Löwen treffen immer wieder mit solchen ›Frauen‹-Duos zusammen. Sie patrouillieren bis zu 50 km in einer Nacht.

Die Löwen finden etwa sieben Monate im Jahr kein Wasser. Die gesamte Feuchtigkeit, die sie benötigen, stammt von ihrer Beute. Gleich nachdem sie eine Oryxantilope niedergestreckt haben, schlitzen sie Bauch und Magen auf, um die dort enthaltene Flüssigkeit zu trinken, bevor diese im trockenen Wüstenboden versickert. Viel Großwild gibt es nicht in der Trockenzeit, daher jagen die Löwen auch Erdferkel und Stachelschweine. In den letzten Jahren haben sie eine Vorliebe für behäbiges, botswanisches Freilandrind entwickelt, das sie zu Hunderten töten, was Konflikte mit den Subsistenzranchern nach sich zieht. Diese legen Giftköder und Fallen aus und töten die Löwen, sobald sich die Tiere außerhalb der Parkgrenzen bewegen. Allerdings handelt es sich in fast allen Fällen der Rinderopfer um herumstreunende Tiere, die oft genug im Park selbst unterwegs sind. Ein Verlegen des Viehzauns, der streunende Rinder davon abhält, in den Park zu laufen, könnte eine Lösung sein.

Die Schabrackenhyäne *(brown hyena)* ist kein so guter Jäger wie ihr muskulöser Artgenosse, die Tüpfelhyäne. Im südlichen Afrika, wo nur noch rund 10 000 Exemplare leben, gilt sie als gefährdet. In den Makgadikgadi Pans leben etwa 150 erwachsene Tiere. Die Schabrackenhyäne hat sich an die wüstenhaften Umweltbedingungen angepasst. Sie ist nachtaktiv und frisst praktisch alles, von Gras über Aas bis zu Straußeneiern, Wüstenmelonen und Skorpionen. Bei ihrer Nahrungssuche legen die Aasfresser bis zu 65 km pro Nacht zurück. Ihre Clangebiete erstrecken sich über Areale zwischen 200 und 1000 km^2. Eine ihrer wichtigsten Nahrungsquellen in Makgadikgadi sind die Reste von Löwen-Kills. Schabrackenhyänen leben in kleinen Gruppen zwischen zwei und zehn Mitgliedern. Die Tiere gehen allerdings immer solo auf Nahrungssuche. Im Gegensatz zum charakteristischen ›Lachen‹ der Tüpfelhyänen sind Schabrackenhyänen praktisch lautlos. Die Kommunikation über lange Distanzen erfolgt durch Duftmarken im Grasland, die etwa alle 150 m angelegt werden. Eine Schabrackenhyäne zu sehen ist ein sehr seltenes Erlebnis. 2000 wurde nahe Jack's Camp das Brown Hyena Project ins Leben gerufen, um das Raubtier zu erforschen und zu schützen.

Obwohl ihre Zahlen durch Viehzäune und die Jagd stark zurückgegangen sind, ziehen im November noch immer riesige Herden von Gnus und Zebras in die weiten Grasflächen der Makgadikgadi Pans, begleitet von Hunderten von Oryx-, Kuh- und Elenantilopen. Diese Migration ist, neben derjenigen in der Serengeti, nach wie vor die beeindruckendste Wildwanderung der Welt.

Ganzjährig finden sich die robusten Springböcke in den Pfannen ein. Im Mopanewald der Nxai Pan halten sich die Busch fressenden Kudus, Pferde-, Schwarzfersen- und Halbmondantilopen auf. Dort gibt es außerdem viele Giraffen und einige Elefanten.

So viele Gras- und Buschfresser locken natürlich auch Raubtiere an. Löwen folgen der Migration, vor allem den Zebras in der Boteti-Region. Geparden halten sich hauptsächlich in der Nxai Pan auf, während Leoparden den dichten Buschwald am Boteti River vorziehen. Tüpfelhyänen finden sich im Waldland und Schabrackenhyänen direkt an den Pfannen. Wenn Wildhunde in die Region kommen, dann ebenfalls in die Nxai Pan.

Zwei auf Chief's Island im Okavango Delta ausgesetzte Breitmaulnashörner (s. S. 242) haben es mittlerweile bis in die Boteti-Region des Makgadikgadi Pans National Park geschafft. Desert & Delta Safaris, die Besitzer der Leroo La Tau Lodge, haben ein weiteres ›spendiert‹, das ursprünglich aus dem Khama Rhino Sanctuary bei Serowe stammt.

Unter den Kleinsäugern ist der Springhase *(spring hare)* der wohl skurrilste Vertreter. Er ist insbesondere in der Abenddämmerung unterwegs und eigentlich gar kein richtiger Hase. Er gehört zu den Nagetieren, sieht aber mit seinen langen Ohren und dem dicken Schwanz aus wie eine Mischung aus Känguru und Kaninchen. Tagsüber leben die Hüpfnager in ihren Bauten, die sie zur eigenen Sicherheit oben mit Erde verschließen. Nachtaktive Räuber wie Eulen, Dachse und Luchse lieben die Springhasen ebenso wie die Einheimischen, bei denen sie oft auf den Tisch kommen. Schätzungen zufolge werden jährlich etwa 2,5 Mio. Springhasen in Botswana gejagt.

Beste Reisezeit

Die Makgadikgadi Pans können in den Sommermonaten von Oktober bis Mai unglaublich heiß werden. Linderung verschaffen dann nur gelegentliche Regenfälle, oft verbunden mit Gewittern. Wenn sich Wasser in den Pfannen befindet, kann es durch die hohe Verdunstungsrate unangenehm schwül werden.

Im Winter, also zwischen den Monaten Juni und September, sind die Tage zwar warm, aber die Nächte können bitterkalt werden. Die Temperaturen fallen dann manchmal bis unter den Gefrierpunkt. Im Oktober gibt es häufig Windstürme und die Luft ist dadurch sehr staubig.

Orientierung

Die Teerstraße zwischen Nata und Maun teilt das Ödland. Ein Großteil der Region ist uneingezäuntes Ranchland, in dem das Wild weitgehend von Vieh verdrängt wurde. Dafür reißen Löwen immer wieder mal Rinder und Esel. Insgesamt gibt es drei ausgewiesene Naturschutzgebiete.

Im Süden des Gebiets liegen die ausgedehnten, trockenen Niederungen von **Sua (Sowa) Pan** und **Ntwetwe Pan** mit ihren ›Inseln‹ aus Granit und fossilierten Sanddünen, umrahmt von Grasland und Akazien-Baumsavanne. Der **Makgadikgadi Pans National Park** erstreckt sich zwischen der Westgrenze der Ntwetwe-Pfanne und dem Boteti River. Das kleine **Nata Bird Sanctuary** in der nordöstlichsten Ecke der Sua Pan wurde etabliert, um die im Nata River Delta saisonal brütenden Wasservögel zu schützen.

Im Norden breitet sich der Nxai-Pan-Komplex aus, einschließlich der grasbewachsenen **Nxai Pan,** der **Kgama Kgama Pan** sowie der **Kudiakam Pan,** wo die berühmte Gruppe der **Baines' Baobabs** steht. Sie alle gehören zum ehemals separaten **Nxai Pan National Park,** der nach Süden hin erweitert wurde und mit dem Makgadikgadi Pans National Park nun ein durchgehendes Naturschutzgebiet bildet.

Das Fahren auf Salzpfannen birgt viele Gefahren und will geübt sein

Fahren auf Salzpfannen

Beim Befahren der Pisten in den Pfannen und ihrer Umgebung gibt es einiges zu beachten. Ideal ist es, mit einem anderen Geländewagen im Konvoi zu fahren, das bietet Sicherheit. An Campingplätzen oder in Gästehäusern finden sich oft Gleichgesinnte, denen man sich anschließen kann. Hat ein Fahrzeug eine Panne oder fährt sich fest, ist Hilfe ganz nah. Wer alleine unterwegs ist, sollte zur Sicherheit ein Satellitentelefon mitführen.

Bei Fahrzeugen mit zuschaltbarem Allradantrieb muss man sichergehen, dass dieser eingelegt ist. Dann den Reifenluftdruck auf 0,8 bis 1 bar verringern. Ohne GPS in die Pfannen zu fahren ist ein unkalkulierbares Risiko. In heftigen Sandstürmen verliert man schnell die Orientierung und nimmt die falsche Piste. Immer das Ende eines Sandsturms abwarten, bevor man weiterfährt. Auch Rinder- und Wildspuren können Pistenverläufe manchmal unkenntlich machen.

Niemals in die Nähe der Pfannen fahren, wenn es geregnet hat. Dunkle Stellen sind eindeutig feucht. Oft sieht man es dem Untergrund aber nicht an, dass er nass ist, da die Sonne gerade die oberste Lage abgetrocknet hat. Unter der scheinbar festen Kruste kann sich grundloser Lehm befinden. Daher niemals die Hauptpisten verlassen und querfeldein fahren. Erstens beschädigt das die Pfanne und zweitens sind die Chancen, nach einer Panne gefunden zu werden, erheblich geringer. Auch sollte man nicht zu schnell fahren. Trifft man plötzlich auf eine feuchte Stelle, verzögert es das Fahrzeug so heftig, dass es sich überschlagen kann.

Spürt man, dass man sich auf schmierigem Untergrund befindet, möglichst am Gas bleiben, auch wenn das Fahrzeug hin und her rutscht. Hier gilt die Devise, möglichst schnell wieder festeren Boden unter die Reifen zu bekommen. Steckt man erst einmal fest, ist es nicht einfach, das Auto wieder aus dem zähen, schwarzen Lehm zu befreien. Es kann Stunden oder Tage dauern. Und wenn man alleine unterwegs ist, hilft nicht einmal eine Seilwinde, da sich weit und breit kein Baum findet, um das Kabel zu befestigen. Es sei denn, man macht es wie die Einheimischen: Etwa 6 m vom Auto entfernt ein Loch graben, das etwas größer ist als das Reserverad. Dann das Seil der Winde am Reserverad befestigen und dieses im Loch vergraben. Mit diesem Erdanker sollen sich Fahrzeuge tatsächlich schon selbst aus dem Schlamassel befreit haben.

Am abenteuerlichsten sind die Strecken von Kubu Island nach Gweta und von Gweta nach Mopipi. Die beiden Pisten queren lange Pfannenabschnitte und können sehr gefährlich werden.

Von Francistown nach Nata ▶ 1, N 7–L 5

188 km sind es auf der A 3 von Francistown nach Nata. Die Landstraße ist recht schmal, ab und zu ein bisschen holprig. Wie fast überall in Botswana laufen Esel, Kühe und Ziegen frei herum. Ganz offensichtlich schmeckt das Gras direkt am Straßenrand besonders gut, denn dort halten sie sich bevorzugt auf. Was zu sehr verhaltener Fahrweise zwingt. Um nächtliche Kollisionen mit den Tieren zu vermeiden, hat Botswana ein Gesetz eingeführt, das dessen Halter verpflichtet, ihnen reflektierende Ohrstecker zu verpassen.

Immer wieder liegen Kadaver am Straßenrand, die sofort von der Gesundheitspolizei des Buschs, den Geiern, entsorgt werden. Trotz Hitze und Einsamkeit finden sich allerdings auch echte Polizisten mit Radarpistolen in den Büschen. Und manchmal beträgt die zulässige Höchstgeschwindigkeit nur 60 km/h. Ein Polizist steht immer hinter der Radarpistole, der andere sitzt ein Stückchen weiter im Auto. Bei Übertretungen bekommt man dann einen kleinen, handgeschriebenen Zettel, auf dem die zu schnell gefahrenen Stundenkilometer notiert sind, und wird zur Kasse gebeten. Aber selbst Uniformträger sind in Botswana relaxter als ihre Kollegen in den Nachbarländern. Nach einer freundlichen Unterhaltung geht es für reuige Touristen zumeist straffrei weiter. Wer Pech hat, zahlt. Manchmal mit, manchmal etwas günstiger ohne Quittung.

Sua Pan Mine

163 km hinter Francistown erreicht man den **Dukwe Veterinary Checkpoint** (▶ 1, M 6) am gleichnamigen Veterinärzaun und nochmals 10 km weiter eine Kreuzung, an der eine Teerstraße nach links zur **Sua Pan Mine** (▶ 1, L 6) führt. Was auf der Landkarte wie ein toller Abstecher in die Sua Pan aussieht, lohnt derzeit noch nicht die 16,6 km lange Anfahrt, zumal man die gleiche Strecke auch wieder zurückfahren muss. Bei der Mine handelt es sich um eine Fabrik am Ende der Sackgasse. Verbotsschilder verhindern den Zugang zur Pfanne und außer ein paar Gnus am Straßenrand gibt es nichts zu sehen.

In der Sua Pan Mine werden seit 1991 jährlich rund 300 000 t Ätznatron *(soda ash)* sowie Salz gewonnen. Das Ätznatron wird in erster Linie nach Südafrika exportiert, wo es u. a. in der Glasindustrie verwendet wird. Salz wurde bereits von den San hier abgebaut, daher auch der Name der Pfanne: *Sua* bzw. *sowa* bedeutet ›Salz‹ in der Sprache der Buschmänner. Sie verkauften das Mineral an Mitglieder des Bakalanga-Stamms, die damit Fleisch pökelten. Am Rand der Pfannen sind noch einige ihrer alten *salt pits* zu sehen.

Die Firma Botash, der die Mine gehört, baut jedoch nicht nur natürliche Ressourcen ab, sondern gibt auch etwas an die Natur und die umliegenden Gemeinden zurück. Bis 2016 verwandelten Botash und Birdlife Botswana die flamingoreichen Gebiete der Makgadikgadi-Pfannen durch die Etablierung eines Schutzgebiets in nachhaltige Touristenattraktionen. Die Mine befindet sich etwa 30 km von einem der Flamingo-Brutplätze entfernt. Der Flamingopark gehört nun der Regierung und der lokalen Gemeinde. Botash bildet auch Bewohner der umliegenden Dörfer aus – z. B. im Umgang mit Computern und in Grundlagen der Unternehmensführung, der Buchhaltung, des Marketing und der Kundenbetreuung –, damit diese später Tourismusbetriebe wie Gästehäuser, Campingplätze und Tourunternehmen selbstständig führen und unterhalten können.

Flamingos

Weltweit gibt es sechs verschiedene Arten von Flamingos, zwei davon leben im südlichen Afrika: der Zwergflamingo und der Rosaflamingo. Die nomadisierenden Vögel kommen von Südafrika bis zum Roten Meer vor.

Flamingos sind Watvögel, die in flachen Seen herumstapfen. Die Makgadikgadi Pans bieten ihnen in der Regenzeit die idealen Voraussetzungen hierfür. *Pink tide* wird das dann hier genannt, die ›rosafarbene Flut‹. Zur Nahrungsaufnahme läuft oder schwimmt der Zwergflamingo *(lesser flamingo)* im Wasser, bewegt dabei seinen Kopf von einer zur anderen Seite und nimmt so hauptsächlich blaugrüne Algen von der Wasseroberfläche auf. Der Rosaflamingo *(greater flamingo)* taucht seinen Kopf samt Schnabel unter.

Der Rand des Schnabels weist eine Lamellenstruktur auf, die zusammen mit der Zunge einen Filterapparat bildet, ähnlich den Barten der Bartenwale. Damit können die Vögel Plankton aus dem Wasser oder aus dem Schlamm filtern, den sie mit ihren Beinen aufwühlen. In der Trockenzeit ruhen Tausende von Shrimps in den Böden der Pfannen. Sie erwachen erst zum Leben, wenn es feucht wird. Barben überleben im Schlamm, bis es regnet. Die Vögel, die von Walvis Bay in Namibia, von Kimberley in Südafrika und aus Kenia kommen, ernähren sich dann von den Shrimps und Fischen.

Die wunderschöne charakteristische Rosafärbung ihres Gefieders resultiert aus der Aufnahme von Carotinoiden mit der Nahrung. Diese sind vor allem in planktonischen Algen enthalten. Flamingos wandeln diese Carotinoide mithilfe von Enzymen in der Leber um. Dabei entstehen Pigmente, die in die Haut und Federn ausgewachsener Flamingos eingelagert werden. Jungvögel haben ein graues Gefieder mit keinen oder wenigen rosa Pigmenten. Auch die unnatürliche Ernährung in Zoos führt dazu, dass Flamingos dort kein rosa, sondern eher ein weißes Gefieder haben.

Beide Flamingoarten leben sehr gesellig und die Schwärme können Millionen von Mitgliedern haben. Üblicher sind jedoch zusammengehörige Gruppen von mehreren Hundert Vögeln. Nur selten brüten Flamingos im südlichen Afrika, und wenn, dann entweder in den Makgadikgadi Pans (das größte Brutgebiet in Afrika), im ebenfalls botswanischen Lake Ngami oder in Namibias Etosha-Pfanne. Dafür müssen jedoch ideale Bedingungen herrschen, was normalerweise nach den Regenfällen zwischen März und Juni der Fall ist.

Dann bauen beide Flamingoarten niedrige Lehmkegel im Wasser. Obenauf legen sie ein, seltener zwei Eier in eine kleine Ausbuchtung. Die kleinen Dome schützen die Jungvögel vor der Hitze. Beide Eltern brüten die Eier dann abwechselnd etwa einen Monat lang aus, bis die Küken schlüpfen. Nach einer weiteren Woche scharen sich alle Jungvögel zusammen und gehen mit den Eltern auf Futtersuche. Etwa zehn Wochen später können sie fliegen und kommen alleine zurecht.

Bis zu diesem Zeitpunkt stellt das Austrocknen der Pfannen die wohl größte Gefahr dar, denn manchmal müssen die Altvögel mit den noch flugunfähigen Küken gut 150 km laufen, um gegen Ende der Regenzeit das letzte Wasser in der nördlichen Sua Pan zu erreichen. Viele der Küken überleben diesen anstrengenden Trip nicht. 1969 wurde in der namibischen

Zwischen März und Juni bevölkern riesige Flamingoschwärme die Salzpfannen

Etosha-Pfanne eine Rettungsoperation gestartet, nachdem diese ausgetrocknet war. Tausende von Küken wurden von Rangern zur benachbarten Fisher-Pfanne transportiert, die noch unter Wasser stand.

Die beiden Arten kann man am besten an ihren Schnäbeln unterscheiden. Der des Rosaflamingos ist fast ganz weiß mit einer schwarzen Spitze, der des Zwergflamingos ist komplett dunkel. Aus größerer Entfernung erscheint der Körper des Rosaflamingos eher weiß, der des Zwergflamingos ist pinkfarbener und kleiner. Der beste Platz, um beide Flamingoarten in Botswana zu sehen, ist die Sua Pan. Aber nur, wenn Regenfälle die Pfanne gefüllt haben.

Interessant ist die erstaunlich vielfältige vokale Kommunikation der Flamingos. Sie reicht von nasalen Huptönen bis zu einem Grunzen und Knurren. Diese Kommunikation dient dazu, die Gruppen zusammenzuhalten. Spezifische Laute lösen ein bestimmtes Verhalten aus. Eltern erkennen ihren Nachwuchs anhand dieser ›Sprache‹. Setzen Sie sich einfach mal an einen Pfannenrand und hören Sie zu.

Piste zum Dukwe Veterinary Checkpoint

Von Francistown gibt es für Geländewagenfahrer eine gute Alternativstrecke für den Weg Richtung Nata, die am Ostrand der Sua Pan entlangführt – wenig befahren, daher deutlich abenteuerlicher.

Zum Kwadiba Gate

Anstatt der A 3 wählt man etwas nördlich von Francistown die nach Westen verlaufende A 30 in Richtung Letlhakane und Orapa. Nach 161 km Teerstraße ist das **Tlalamabele Gate** (S21°18 369/E26°13 981, ▶ 1, L 7) erreicht. Es blockiert die Hauptstraße und ist rund um die Uhr besetzt. Direkt vor dem Tor geht es nach rechts auf die Piste nach Norden.

Nach ca. 20 km Fahrt entlang dem Pfannenrand taucht noch ein weiteres Tor auf, das **Tlhapana Veterinary Gate** (▶ 1, L 7). Das nächste Tor, das **Kwadiba Gate** (S20°54 907/E26°16 571, ▶ 1, L 6/7), befindet sich 28,7 km weiter nördlich. Auf dem Weg dorthin geht es durch schönes Mopanewaldland. Kurz vor dem Tor steht links ein großer Affenbrotbaum, in den u. a. das Wort ›Ker‹ eingeritzt ist. Niemand weiß, wer der Mann mit dem Vornamen Ker war, der sich hier verewigt hat. Der Baobab war mit Sicherheit ein wichtiger Wegweiser auf der Western Old Lake Route, die von 1880 bis ins frühe 20. Jh. von den Händlern benutzt wurde, die gen Norden zum simbabwischen Grenzposten Mpandamatenga, zum Sambesi und ins Barotseland im heutigen Sambia unterwegs waren.

Abstecher nach Kukonje Island

Direkt nach dem Kwadiba Gate zweigt eine gut ausgefahrene Piste nach Westen ab. Nach 7 km ist **Kukonje Island** (S20°55 002/E26°12 206, ▶ 1, L 7) erreicht. Die auch Kokonje oder Kukome genannte Insel befindet sich in etwa auf gleicher Höhe wie die 38 km weiter westlich gelegene Kubu Island (s. S. 197). Auch hier gibt es fossile Strände und archäologische Fundstücke zu entdecken. Die Insel ist nicht ganz so spektakulär wie Kubu Island, da es deutlich weniger Affenbrotbäume gibt, aber dafür ist sie weniger besucht. Wie Kubu ist auch Kukonje ein heiliger Ort für den Bakalanga-Stamm, der hier seine Regenmacherrituale abhält. Im Norden von Kukonje Island befindet sich eine kleine Anhöhe, von der man nicht nur eine fantastische Aussicht über die Pfanne hat, sondern auch prima wild campen kann. Alternativ lässt es sich genauso schön unter dem riesigen Affenbrotbaum übernachten.

Obwohl es sehr reizvoll erscheinen mag, die 38 km quer durch die Pfanne nach Kubu Island zu fahren, sollte man das selbst in der Trockenzeit nicht tun. Es gibt keine festgelegte Route und an manchen Stellen bleibt die Pfanne ganzjährig feucht.

Weiterfahrt zur A 3

Vom Kwadiba Gate sind es knapp 50 km bis zum **Dukwe Veterinary Checkpoint** (S20°10 029/E25°56 898) an der geteerten A 3 von Francistown nach Nata. Als einzige ›Hindernisse‹ auf dieser Strecke gibt es zwei Flussdurchquerungen mit recht steilen Uferböschungen, die nach Regenfällen unpassierbar sind.

Nata Bird Sanctuary

www.nataconservationtrust.org.bw, tgl. 7–19 Uhr, 100 Pula/Pers., 50 Pula/Fahrzeug

Etwa 30 km weiter nördlich vom Dukwe Veterinary Checkpoint funktioniert nachhaltiger Tourismus bereits ganz prima. Ein Schild weist nach links zum **Nata Bird Sanctuary** (S20°17 347/E26°18 123, ▶ 1, L 5/6). Das 230 km² große Naturschutzgebiet im östlichen Zipfel der Makgadikgadi Pans wird von vier lokalen Gemeinden unterhalten, den Nata, Senoka, Mmanxote und Maposa. In den frühen 1990er-Jahren erkannte die Regierung, dass Naturschutz nicht ohne die Einbeziehung der umliegenden Gemeinden funktionieren kann. Schließlich entfernten die Dorfgemeinschaften etwa 3000 Rinder aus dem Gebiet, das anschließend eingezäunt wurde. Seit 1993 ist das Nata Bird Sanctuary nun der Öffentlichkeit zugänglich. Im gleichen Jahr gewann es bereits den sehr begehrten Tourism-for-Tomorrow-Preis der Südhalbkugel.

Eine 8 km lange, sandige Piste führt von der A 3 bis zum Rand der **Sua Pan** und zu einem hölzernen Beobachtungsturm. Nach Sommerregen in Simbabwe füllt der Nata River das Naturschutzgebiet und es bildet sich ein flacher See, der Pelikane und Flamingos anzieht. Das Nata Bird Sanctuary gilt derzeit als einer der besten Plätze in Botswana, um Flamingos zu beobachten. Doch auch andere Federträger findet man hier, insgesamt wurden 165 verschiedene Vogelarten gezählt. Außerdem gibt es Gnuherden und Springböcke sowie frei laufende Rinder.

Schon nachdem der erste Regen gefallen ist, wird die Fahrt zum Pfannenrand zum kleinen Abenteuer. Das Wasser steht dann auf der Piste, die man keinesfalls verlassen sollte. Auch wenn es links und rechts ›trockener‹ aussehen sollte, ist der Untergrund dort, wo die Piste verläuft, am härtesten.

Vom Eingang zum Nata Bird Sanctuary sind es nur 8,5 km Richtung Westen, also nach links, bis zur rechts der Straße liegenden Nata Lodge (S20°13 536/E26°15 903, s. u.). Gäste können dort eine Sundowner-Pfannentour ins Nata Bird Sanctuary im offenen Landcruiser buchen (31 US-$/Pers.), außerdem Quadbiketouren mit Guide.

Übernachten

Buschchalets – **Nata Lodge:** 8,5 km nordwestlich vom Nata Bird Sanctuary bzw.10 km östlich von Nata, Tel. 062 000 70, www.underonebotswanasky.com/nata-lodge. Hier empfangen die Gäste 22 reetgedeckte, auf Holzpfählen erbaute Chalets im afrikanischen Stil. Großer Pool und gut bestückter Souvenirladen, wo es u. a. die sehr guten Botswana-Landkarten von Veronica Roodt zu kaufen gibt. Alle Badezimmer haben frei stehende Badewannen, Außenduschen und Klimaanlagen. Zwei Family Chalets können jeweils vier Personen beherbergen, eines ist behindertenfreundlich ausgestattet. Außerdem gibt es zehn auf Holzplattformen erbaute Safarizelte, ebenfalls mit Bad und Außenduschen, erbaut unter Schatten spendenden Marulabäumen. Die Lodge veranstaltet Sundowner-Trips in offenen Geländewagen durch das Nata Bird Sanctuary bis zur Sua Pan (3 Std., 50 US-$/Pers.). €€

Camping – **Nata Lodge Camping:** Tel. 062 000 70, www.natalodge.com. Auf dem Gelände der Nata Lodge findet sich ein schöner Campingplatz mit Platz für etwa 150 Personen. Es gibt zwei reetgedeckte und halboffene Sanitärbereiche mit heißen und kalten Duschen. Der Campingplatz hat auch Strom und Steckdosen. €; **Community Rest Camp:** am Eingang zum Nata Bird Sanctuary, Tel. 071 54 43 42, 071 54 43 42. Einfache Campsite mit heißen Duschen, Spültoiletten, Grillplätzen, Internet, kleinem Restaurant und Shop. Das Camp liegt an einem umgestürzten Affenbrotbaum, der nun horizontal weiterwächst. €

Nata

9,8 km sind es noch von der Nata Lodge bis **Nata** (S20°12 691/E26°10 869, ▶ 1, L 5), wo sich eine der wichtigsten Straßenkreuzungen im Norden Botswanas befindet. Von hier führt die A 33 nach Norden Richtung Kazungula und Kasane, das nach 302 km gut ausgebauter Teerstraße erreicht ist. Richtung Westen führt die A 3 über Gweta nach Maun.

Der Hauptgrund für einen Stop in Nata ist Benzin. Es gibt drei Tankstellen, in der namens Engen befindet sich eine Filiale der südafrikanischen Fast-Food-Kette Wimpys. Das Essen ist zwar eher mäßig, der Kaffee dafür erstaunlich gut. Die Klimaanlage funktioniert und WLAN ist kostenlos. Selbstversorger finden im Ort ein paar Shops sowie einen Bäcker und einen Metzger.

Übernachten

Stopover – **North Gate Lodge:** im Zentrum neben der Astron/Caltex-Tankstelle, Tel. 062 111 56, 072 90 97 10. Die tiefrot gestrichene Lodge empfiehlt sich nur als Stopover-Unterkunft, falls die Nata Lodge (s. links) ausgebucht sein sollte. 24 Zimmer mit Bad, AC und TV. Die Zimmer zum Pool oder Garten, nicht die zur Tankstelle hin buchen. Bar, Restaurant, Internet und WLAN. €

QUADBIKETRIP IN DIE MAKGADIKGADI PANS

Tour-Infos

Start: Planet Baobab Rest Camp (s. S. 197), Jack's Camp (s. S. 201), San Camp (s. S. 201) oder Camp Kalahari (s. S. 201)

Dauer: 6 Tage/5 Nächte

Saison: April bis November

Buchung: Nur Uncharted Africa unternimmt Quadbiketouren nach Kubu Island. Verbindliche Anmeldungen werden entweder direkt im Planet Baobab Rest Camp (s. S. 197) oder bei Natural Selection Travel in Südafrika (Tel. 0027 21 001 15 74, www.naturalselection.travel), entgegengenommen. Die Tour findet nur bei mindestens 4 Teilnehmern statt.

Kosten: Die Kosten variieren abhängig vom Startpunkt. Da sich die Preise schnell ändern können, bitte kurz vor dem Besuch die genauen Tarife in Erfahrung bringen. Pro Person und Tag/Nacht muss man mit ungefähr 700–2000 US-$ rechnen.

Ein Trip mit Quadbikes durch die Salzpfannen nach Kubu Island ist die wohl intensivste Art und Weise, diese einzigartige Region Botswanas zu erleben. Quadbikes sind kleine Kraftfahrzeuge mit vier Rädern und weichen, dicken Niederdruckreifen, die auf dem Untergrund fast keine Spuren hinterlassen.

Super Sande, der über 2 m große und in Botswana geborene Guide, führt vor, wie die Tourteilnehmer ihre *kikois*, die bunten Tücher, ähnlich denen der Beduinen, richtig um den Kopf binden. Das sieht nicht nur abenteuerlich aus, sondern schützt unterwegs auch vor Kälte und Staub. Immer zwei Personen sitzen auf einem Quadbike. Der Beifahrer ist zwischen einer gewaltigen Bettrolle und dem Piloten eingeklemmt, was zumindest schön warm hält. Um keine neuen Spuren in die Pfannen zu fräsen, geht es im ›Gänsemarsch‹ in die schemenlose weiße Einsamkeit.

Immer wieder stoppt Super Sande, um mit den Gästen ein paar Schritte zu gehen. Die Salzkruste knirscht beim Darüberlaufen wie leicht angefrorener Schnee. Was auf den ersten Blick öde und leer aussieht, entpuppt sich bei genauerem Hinsehen als ein Ort kleiner Tragödien. Der ausgetrocknete Kadaver eines Stachelschweins ist so außergewöhnlich, dass er nicht nur mitgenommen wird, sondern später als ganz besonderes Ausstellungsstück im Museum von Jack's Camp in einer Glasvitrine endet. Im Salz konserviert finden sich außerdem die Überreste einer Eule und anderer Vögel, diverse Knochen sowie steinzeitliche Werkzeuge und Pfeilspitzen. Super Sande ist ein exzellenter Spurenleser. Seit fast 35 Jahren lebt er im Busch und begleitet Touristen durch Botswana. Einen besseren und erfahreneren Guide kann man sich kaum wünschen.

Die domförmigen Flamingonester sehen von Weitem aus wie Behausungen auf einem anderen Planeten. Wenn sich die Pfannen mit Wasser füllen, brüten hier Tausende der Vögel. Menschen sollten zu dieser Zeit den Salzpfannen fernbleiben. Wer versucht, die Ebenen in der Feuchtperiode zu queren, hat keine großen Überlebenschancen. Hier, so erzählt der Guide, sind schon viele Fahrzeuge für immer verschwunden.

Jetzt, zur Trockenzeit, ist der Staub manchmal so fein, dass er hinter den Reifen fast zu explodieren scheint. Trotz der *kikois* bekommt jeder Mitfahrer sein Wüsten-Make-up verpasst. Der Staub bedeckt die Gesichter wie Puder, lässt dabei nur die Augen frei – was nach dem Abnehmen der Sonnenbrillen unheimlich witzig aussieht.

Dann lässt Super Sande die Teilnehmer erneut anhalten und weist sie dazu an, sich in einem Kreis aufzustellen, Rücken an Rücken. »Nun lauft geradeaus, zählt bis 40 und legt euch dann auf den Boden. Versucht, eine Weile ganz still zu sein und nicht zu reden. Ich rufe euch in etwa einer halben Stunde.« Das Gefühl der endlosen Leere hat etwas Meditatives. Die Gruppe fährt weiter, der untergehenden Sonne entgegen. Die gewaltigen Staubfahnen leuchten golden. Am Horizont sind die Umrisse einiger Tiere zu erkennen. Springböcke, sagt der Guide wissend. Sonst gibt es nichts, worauf die Augen fokussieren könnten. Nur scheinbar endlose Weite. Weiß und flach. Dann taucht ein schwarzer Punkt am Horizont auf, wie eine Fata Morgana, wird Kilometer um Kilometer größer – Kubu Island, das Ziel der Reise und einer der faszinierendsten Plätze im südlichen Afrika.

Der Versorgungstruck von Natural Selection Travel wartet bereits auf die Gruppe. Alles ist vorbereitet. Die Leinwand-Waschbecken sind mit warmem Wasser gefüllt, der Dinner-Tisch ist festlich gedeckt – unter jahrhundertealten Affenbrotbäumen. Eiswürfel klimpern leise in den Gin-Tonic-Gläsern, serviert auf Silbertellern mit Zitronenhälften. Das Essen mit mehreren Gängen könnte in einem noblen Restaurant garantiert nicht besser sein. Die herrlich weichen, weißen Federbetten für die Nacht wurden unter den Baobabs, diesen hölzernen Methusalems, aufgebaut. Das perfekte 1000-Sterne-Hotel.

Von Nata nach Gweta

▶ 1, K/L 5

Planet Baobab Rest Camp

Von Nata führt die gut ausgebaute A 3 Richtung Westen. Nach 26 km zweigt links eine Piste nach Kubu Island ab und weitere 67 km später geht es links zum Camp von **Planet Baobab** (▶ 1, K 5). Eine riesige Erdferkelskulptur aus Beton steht an der Abzweigung rechts der A 3. Auf der linken Seite befindet sich ein Termitenhügel mit 3D-Logo, das demjenigen von Planet Hollywood nachempfunden ist, sowie dem Schriftzug Kalahari Surf Club. Bereits hier ist zu spüren, dass Planet Baobab eher skurril und funky als traditionell ist. Nach ein paar Hundert Metern Piste hat man das von mehr als einem Dutzend Baobabs eingerahmte Rest Camp erreicht, in dem man übernachten und essen kann.

Planet Baobab ist Teil der Unternehmensgruppe Uncharted Africa, der auch die drei Luxuscamps an der Ntwetwe Pan – Jack's Camp, San Camp und Camp Kalahari – gehören. Zu diesen Unterkünften bildet Planet Baobab die preiswertere Alternative, sowohl in puncto Übernachten als auch in puncto Aktivitäten, die u. a. Quadbiking (s. S. 194) sowie Spaziergänge mit San (s. S. 202) und Erdmännchen (s. S. 206) umfassen. Das

Zentrum des Planet-Baobab-Komplexes ist die absolut coole Bar mit kurvig-rundem Tresen und aus Hunderten von Bierflaschen gefertigten Kronleuchtern. Die Barstühle und Sessel sind mit schwarzweißen Kuhhäuten überzogen. An den Wänden hängen interessante historische Dokumente, alte Reiseposter zum Thema Afrika und viele Fotos.

Übernachten

Cool – **Planet Baobab Rest Camp:** an der A 3 zwischen Nata und Gweta, Tel. 072 33 83 44, www.planetbaobab.travel. Es gibt 18 bunt bemalte und afrikanisch dekorierte Häuschen, in denen für die Region relativ günstig übernachtet werden kann, sowie einen Campingplatz. Die Häuschen wurden im Stil traditioneller afrikanischer Rundhütten aus Lehm erbaut, drei davon sind für Familien bis zu 4 Pers. geeignet. Es gibt Toiletten und Duschen sowie Moskitonetze über jedem Bett. Der Campingplatz hat vier Duschen und Toiletten in einem reetgedeckten Rundhaus. Jeder Stellplatz hat einen Sonnenschutz aus Riedgras, einen Strom- und Wasseranschluss, einen Grillplatz und elektrisches Licht. Highlights sind der riesige, runde Pool und die Affenbrotbäume. WLAN gegen kleine Gebühr. Das Essen im Planet Baobab Rest Camp ist ganz ordentlich (auch à la carte, €€). €

Gweta

100 km westlich von Nata bzw. 205 km östlich von Maun liegt das alte Dorf **Gweta** (▶ 1, K 5). Es ist ein trockener, staubiger Platz, aber der Name deutet auf eine feuchtere Vergangenheit hin: *Gweta* bedeutet ›Platz der großen Frösche‹. Wenn es heftig geregnet hat, sollen nach wie vor gigantische Bullenfrösche *(bull frogs)* im Ort auftauchen, wird erzählt. In der modernen Tankstelle (S20°11 438/E25°15 896) gibt es einen Shop, der neben frischem Gemüse und Brot auch Bier und Wein verkauft.

Übernachten

Renoviert – **Gweta Lodge:** Tel. 062 122 20, www.gwetalodge.co.bw. Das alte Rest Camp im Ort wurde vor einigen Jahren renoviert. Es gibt Safarizelte und reetgedeckte Chalets, die innen schöner sind, als sie von außen aussehen. Großer Pool, Souvenirshop und reetgedecktes Restaurant. Die Lodge organisiert Trips in die Sua Pan – auf Pferden oder Quadbikes (allerdings nicht nach Kubu Island) sowie in Geländewagen, als Tagestrip oder über Nacht. €

Kubu Island ▶ 1, L 7

Karte: S. 196

Kubu Island oder **Lekhubu Island** ist einer der faszinierendsten Plätze im südlichen Afrika. In Setswana bedeutet *kubu* ›Flusspferd‹ und *lekhubu* ›felsige Erhöhung‹. Umgeben von endlos erscheinenden Salzebenen ragt die etwa 1 km lange Granitfelsenansammlung nur ca. 20 m aus der Sua Pan auf. Trotzdem hat man von oben eine grandiose Aussicht auf das weite, weiße Salzmeer, speziell bei Sonnenauf- oder -untergang. Ein besonderes Highlight ist das Sternegucken. Keine Lichtverschmutzung und ein riesiges Firmament lassen den Sternenhimmel zum natürlichen Planetarium werden.

Auf Kubu Island hat man fast das Gefühl, auf einem anderen Planeten zu sein. Dieser abgelegene Ort vermittelt einem das Gefühl von Isolation, aber auch so etwas wie inneren Frieden. Man kann sich gut vorstellen, wie der Sonnenaufgang vor Zehntausend Jahren ausgesehen haben muss, als Kubu tatsächlich eine Insel war, umspült von Wasser.

Naturgeschichte

Der prähistorische Supersee, der heute Makgadikgadi Pans heißt, wurde vor etwa 10 000 Jahren von großen Flüssen aus dem Norden gespeist und an einem windigen Tag müssen die Wellen wohl grandios an die Felsen gebrandet sein. Pelikane, Kormorane und andere Wasservögel brüteten einst an den Stränden. Fossiler Guano, der als weiße Ablagerung den rosafarbenen Granit bedeckt, legt Zeugnis davon ab.

Auf Google Earth lassen sich leicht die Umrisse des einstigen Megasees erkennen. Die offensichtlichsten Überreste sind die Pfannen, wo der See einst am tiefsten war. Zu Zeiten seines Höchststands umfassten die Wassermassen nicht nur die heutigen Makgadikgadi Pans, sondern auch das Boteti Valley, den Lake Ngami, die Mababe Depression sowie etwa ein Drittel des Okavango Delta.

Tektonische Kräfte veränderten die Richtung der Flussläufe nach Osten, was die Wasserzufuhr zu dem Riesensee unterbrach und ihn schließlich austrocknen ließ. Hinzu kamen ein trockeneres Klima und starke Winde, die den See mehr und mehr mit Sand füllten. Die Schicht aus Lehm, Sand und Salz unter der heutigen Oberflächenkruste ist 50 bis 100 m dick. Wann der See zuletzt Wasser hatte, ist unklar. Der Wasserspiegel änderte sich aber häufiger in der Vergangenheit. Beweis dafür sind die alten Küstenlinien, die nach wie vor klar auszumachen sind.

Seinen Höchststand hatte der See vor etwa 50 000 Jahren, damals war er mindestens 55 m tief. Der tiefste Teil führte noch bis vor etwa 1500 Jahren permanent Wasser. Sicher ist, dass Kubu Island eine ganze Weile komplett von Wasser bedeckt war.

Für den mystischen Charakter von Kubu Island sind vor allem die jahrhundertealten Affenbrotbäume verantwortlich, die dort stehen. Sie sind kleiner, knorriger und verzweigter als ihre Kollegen auf dem ›Festland‹. Kubu Island ist ein geschütztes Naturdenkmal, man sollte auf keinen Fall Steine oder Früchte mitnehmen und natürlich auch keinen Abfall hinterlassen.

Kulturgeschichte

Faszinierend ist auch ein Blick in die Geschichte von Kubu Island. 1000 Jahre alte Werkzeuge, Pfeilspitzen, Tonscherben und Perlen aus Knochen, Straußeneierschalen und sogar Glas belegen, dass hier schon ab der Steinzeit Menschen gelebt und Handel betrieben haben. Die blauen und grünen Glasperlen, die wahrscheinlich aus Ägypten stammen, deuten ebenso daraufhin wie die Funde exotischer Muscheln.

Halbmondförmige, 1,2 m hohe Steinwälle datieren 1000 bis 1700 Jahre zurück. Hunderte von Steinpyramiden erzählen von Menschen, die vor knapp 2000 Jahren hier gelebt haben. Die Steingebilde ähneln denen, die bei einem Initiationsplatz in Great Zimbabwe gefunden wurden – vielleicht hat es sich hier ebenfalls um ein Initiationszentrum gehandelt.

Auch für die heute hier lebenden Menschen ist Kubu Island ein heiliger Ort. San pilgern zu der Insel, um religiöse Zeremonien abzuhalten. In einer kleinen Höhle in den Klippen findet sich ein Schrein, der Münzen, Knochen, Kerzen und andere Artefakte enthält. Bitte den Schrein respektieren und keine Gegenstände wegnehmen, da sie für die Menschen, die sie dort zurückgelassen haben, sehr wichtig sind.

Fauna

Aufgrund der immensen Trockenheit gibt es wenig Wild auf und um Kubu Island. Eher be-

gegnet man einer Kuh als einer Antilope. Hin und wieder sieht man Steinböckchen, Hasen und Eulen, je nach Saison auch viele andere Vogelarten, während der Regenzeit sogar Flamingos. Seltener sind Afrikanische Pythons, da auch sie die Nähe von Wasser vorziehen. Die besten Reisezeit für Kubu Island liegt in der Trockenzeit, in den Monaten von April bis November.

Unterkunft und Verpflegung

Kubu Island wird seit 1999 von der Gaing-O-Gemeinde als nachhaltiges Tourismusprojekt unterhalten – ähnlich wie das Nata Bird Sanctuary. Vor Ort gibt es 14 Stellplätze für Camper (s. S. 200). Einkaufsmöglichkeiten gibt es nicht, Essen, Wasser, Benzin und am besten auch Feuerholz muss man mitbringen. Die nächsten Läden und Tankstellen findet man in Nata, Gweta und Letlhakane.

Anfahrtsvarianten

Für die An- bzw. Weiterfahrt gibt es mehrere Möglichkeiten. Jeweils eine Piste führt von der A 3 im Norden und von der A 30 im Süden nach Kubu Island. Zwei weitere Pisten sollten nur von erfahrenen 4x4-Fahrern in Angriff genommen werden. Für alle Strecken ist ein Geländewagen mit GPS notwendig. Außerdem: Bitte nur bereits existierende Spuren benutzen und nicht querfeldein fahren; niemals auf die Pfanne fahren, sofern diese auch nur ein bisschen feucht ist.

Anfahrt von der A3

Eine der zwei Pisten, die von Norden nach Kubu Island führen, zweigt 26 km westlich (S20°10 029/E25°56 898) von Nata ab und ist 96,6 km lang. Nach 11,5 km erreicht man eine Gruppe von Affenbrotbäumen (S20°12089/E25°55 395), bei Kilometer 17,6 steht ein Pumpenhaus mit domförmigem Dach

Völlig surreal erscheint Kubu Island am Rand der Sua Pan

(S20°18 699/E25°48 296). Von hier sind es noch 48 km bis zum Dorf **Thabatshukudu** (S20°42 606/E25°47 476, ▶ 1, L 6), wo das bunte Haus des Lebensmittelhändlers nicht nur eine gut sichtbare Wegmarke, sondern auch ein schönes Fotomotiv ist. 10 km weiter ist das **Tswagong Veterinary Gate** erreicht (S20°45 810/E25°44 320, ▶ 1 K/L 6). Von hier sind es noch 21 km nach Kubu Island (S20°53 740/E25°49 426).

Anfahrt von der A 30

Der einfachste und schnellste Weg führt von **Letlhakane** (▶ 1, K 7) im Süden nach Kubu Island – 85 km bzw. rund 1,5 Std. Fahrt benötigt man für diese Strecke. Von Lethlakane geht es 13 km auf Teer bis zur A 30 (S21°19 503/E25°33 735). Direkt gegenüber der Einmündung zweigt eine weitere Straße von der A 30 ab, die auf den ersten 2 km geteert ist und zu Botswanas neuester Diamantenmine Damtshaa führt. Nach 23 km Schotter ist dann **Mmatshumo** (S21°08 575/E25°39 279, ▶ 1, K 7) erreicht, wo es einen kleinen Gemischtwarenladen und einen *liquor store* (ein lizenzierter Shop, der die Erlaubnis besitzt, Alkohol zu verkaufen) gibt. Die Piste nach Kubu Island ist von hier ausgeschildert.

5 km weiter wird die Strecke sehr steinig und fällt steil ab. Hier findet sich in 945 m Höhe ein **Aussichtspunkt** (S21°06 006/E25°39 331) mit tollem Blick auf die Sua Pan. Es handelt sich um den höchsten Küstenpunkt des einstigen Supersees. Die Steine sind alle glatt und abgerundet. Wasser und Wellen haben sie in der Vergangenheit abgeschliffen. Auf dem weiteren Weg nach unten zur Pfanne kann man am Gestein die verschiedenen Wasserstände des ehemaligen Sees erkennen.

10 km nördlich des Aussichtspunkts ist der deutlich sichtbare Pfannenrand (S21°01 801/E25°37 186) erreicht. 7 km weiter folgt ein **Veterinary Gate** (S20°58 620/E25°37 178), danach sind es noch weitere 7 km bis zur Abzweigung (S20°56 012/E25°40 032) nach Kubu Island, das nach weiteren 18 km erreicht ist (S20°53 740/E25°49 426).

Von Kubu Island über die Ntwetwe Pan nach Gweta

Erfahrene Geländewagenlenker, möglichst im Konvoi mit einem oder zwei anderen 4x4, können von Kubu Island aus die Ntwetwe Pan in nordwestlicher Richtung bis Gweta durchqueren – ein 91 km langes, echtes Offroad-Abenteuer. Es gibt seit Kurzem einige neue Wegweiser.

Von Kubu Island geht es zunächst 19 km bis zur ersten Pistenkreuzung. Hier hält man sich rechts und erreicht nach weiteren 2 km das **Tswagong Veterinary Gate** (S20°45 810/E25°44 320, ▶ 1, K/L 6). Danach links halten und 9 km bis zum **Gumba Veterinary Gate** (S20°44 763/E25°39 794, ▶ 1, K 6) fahren. Nach 22 km ist ein Wegpunkt (S20°40 402/E25°35 266) erreicht, nach 14 km ein weiterer (S20°30 281/E25°25 802). Von dort sind es noch 9 km bis zum Rand der Ntwetwe Pan (S20°26 619/E25°22 350). Nach ca. 7 km taucht das Dorf **Xauxara** (S20°23 288/E25°22 364, ▶ 1, K 6) auf. Von hier aus sind es noch 25 km bis Gweta (S20°12 524/E25°15 482).

Übernachten

Tausend-Sterne-Camping – **Lekhubu Island Community Camp:** Tel. 0297 96 12, 075 49 46 69, www.kubuisland.com. Um die Insel verstreut liegend gibt es 14 einfache Stellplätze, jeweils mit Plumpsklo und Feuerplatz. Die Rezeption ist Mo–Fr tagsüber geöffnet, dann kann man dort auch Feuerholz kaufen. Die Buchung erfolgt ganz einfach online über die Website. Eintritt Tagesbesucher/Camper 80 Pula, Camping €.

Ntwetwe Pan ▶ 1, J/K 6/7

Karte: S. 196

Gweta ist der Ausgangspunkt für eine Erkundung der **Ntwetwe Pan,** der größten Pfanne in der Makgadikgadi-Region. Neben der auch hier beeindruckenden Weite gibt es in der Salzpfanne zwei Natursehenswürdigkeiten, die bei keinem Botswana-Trip fehlen dürfen:

Green's Baobab und leider nur noch die Reste des 2016 umgefallenen Chapman's Baobab.

Dadurch, dass die Makgadikgadi Pans so flach und riesengroß sind, waren die dort wachsenden Affenbrotbäume in Prä-GPS-Zeiten unersetzliche Navigationshilfen für die ersten Reisenden. Jeder der gewaltigen Urbäume hat eine faszinierende Story zu erzählen. Am besten nimmt man sich die Zeit, die einzelnen Bäume zu umlaufen und die zahllosen alten, in die weiche Rinde geritzten Unterschriften zu studieren.

Ntwetwe Pan auf die luxuriöse Art

Jack's Camp und seine beiden Schwesterlodges **San Camp** und **Camp Kalahari** sind die einzigen Unterkünfte in dem riesigen Gebiet der Ntwetwe Pan. Sie gehören, wie auch Planet Baobab (s. S. 197), zu Natural Selection Travel. In diesen einzigartigen Camps zu übernachten ist selbst für botswanische Verhältnisse sehr teuer, aber den Preis wert. Eigentlich ist diese Einmal-im-Leben-Erfahrung unbezahlbar.

Alles begann 1963 mit Jack Bousfield, der auf eine lange Familientradition von Pionieren und Abenteurern zurückblickt: »Makgadikgadi? Ich fragte, was da draußen sei, und sie sagten: Nichts, nur Idioten gehen dorthin. Ich dachte, gut, das ist der Platz für mich.« Jacks Sohn Ralph ist heute Mitbesitzer der Uncharted-Africa-Lodges und wie sein Vater, Großvater und Urgroßvater eine Legende in Botswana. Während Jack aufgrund der unrühmlichen Tatsache, 53 000 Krokodile geschossen zu haben, im Guinness-Buch der Rekorde landete, schützt Ralph heute engagiert die fragile Natur Botswanas.

1990 stürzte Ralph mit einem Kleinflugzeug, das Jack steuerte, ab. Beim Versuch, seinen tödlich verletzten Vater aus dem brennenden Wrack zu befreien, erlitt er so schwere Verbrennungen, dass die Ärzte daran zweifelten, ihn retten zu können. Er verbrachte zwei Jahre im Krankenhaus in einem druckkontrollierten Anzug. Alles, bis auf sein Gesicht, war verbrannt. Wenn man ihn heute sieht, kann man das kaum glauben. Gäste zahlen einen Zuschlag, um mit ihm auf Safari zu gehen. Eine britische Journalistin beschrieb ihn treffend als einen Mann mit dem Aussehen von Jim Morrison und dem Intellekt von David Attenborough, der einen Toyota Landcruiser ebenso geschickt aus dem Schlamm befreien kann, wie er edle Weine in Kristallgläser dekantiert.

Zu den Stammgästen der Lodge zählen viele Prominente, darunter die amerikanischen Filmemacher Joel und Ethan Coen sowie der ehemalige Top-Gear-Moderator Jeremy Clarkson, der die Erfahrungen in Jack's Camp und den Makgadikgadi Pans mehr zu schätzen wusste als seine Fahrt in einem Ferrari Enzo. In den Uncharted-Africa-Lodges geht es aber nicht nur um dekadenten Luxus. Natur und Ökologie spielen eine große Rolle. Die einheimischen Ranger, die morgens und nachmittags mit den Gästen Pirschfahrten in offenen Geländewagen unternehmen, sind sehr gut ausgebildet und wissen auf praktisch jede Frage eine Antwort. Und cool sind sie obendrein – einer bemerkte, nachdem er eine Zeit lang in der schattenlosen Landschaft stand: »Ich muss jetzt aus der Sonne raus, bevor ich noch schwärzer werde.«

Zum Programm der Lodges gehört der Sundowner in der Ntwetwe Pan. Überraschenderweise stehen dort mitten im Nichts Stühle, ein Tisch mit einem Sortiment an verschiedensten Spirituosen und Wein. Daneben knistert ein Feuer und erinnert daran, dass der Juli ein Wintermonat in Botswana ist. Ab und zu können die Temperaturen dann sogar unter die Frostgrenze fallen. Was gewisse Vorteile bringt: Auch für Moskitos ist es dann zu kalt.

Der Ranger rollt eine alte Landkarte der Makgadikgadi Pans auf dem staubigen Boden aus, beschwert sie mit ein paar Flaschen. Mit seinem angejahrten Buschmesser zeichnet er imaginäre Wasserläufe nach, eine Handvoll Sand markiert geomorphologische Hindernisse. In Nullkommanichts verstehen die Gäste, wie sich ein einstiger Supersee zur Salzpfanne entwickeln konnte.

Nach dem Sonnenuntergang wird im Schein flackernder Kerzen das Dinner im gro-

SPAZIERGANG MIT SAN

Tour-Infos

Start: Jack's Camp, San Camp oder Camp Kalahari (s. S. 201)
Buchung: über Natural Selection Travel, Tel. in Südafrika 0027 21 001 15 74, www.naturalselection.travel
Dauer: halber Tag
Kosten: In den Übernachtungspreisen der Camps sind jeweils zwei Aktivitäten pro Tag enthalten. Die Möglichkeit zur Teilnahme haben nur Gäste der Camps mit fest arrangierten Vorausbuchungen.

24 San aus vier Generationen leben in der Ntwetwe Pan und teilen ihr unglaubliches Wissen mit den Gästen der drei Uncharted-Africa-Lodges. Ursprünglich stammen diese San aus der West-Kalahari. Botswanas Indiana Jones, Ralph Bousfield, der Miteigentümer von Uncharted Africa, wuchs zusammen mit ihnen auf, spricht ihre komplizierte Klicksprache und hat von ihnen das Jagen gelernt. Die Buschmänner vom Klan der Zu/'hoasi führen in der Salzpfanne heute einen semi-traditionellen Lebensstil und lassen die Lodgegäste daran teilhaben. Sie demonstrieren ihre Jagdfertigkeiten, wie man im Busch nach Essbarem sucht, wie Jagdzubehör und Schmuck hergestellt wird. Besucher erhalten so einen wunderbaren Blick in die Vergangenheit, die San selbst bewahren ihren Stolz und verdienen sogar noch Geld. Außerdem wird das Wissen der Alten bewahrt und an die Nachkommen weitergegeben.

Zwei San-Männer holen die Gäste an der Lodge ab. Sie tragen grüne Rangeruniformen, keine traditionelle Bekleidung. Die Gruppe geht über eine kleine Salzpfanne. Es knirscht unter den Schuhen. An manchen Stellen ist es sehr weich. Hinter einigen Büschen stehen traditionelle Lehm- und Grashütten. Hier treffen die Besucher auf weitere San, diesmal alle in traditionellen Outfits. Die Buschmänner entscheiden selbst, wer zu diesen Treffen mit den Besuchern kommt und wer nicht. Die beiden Guides stellen die Gäste vor und übersetzen das Palaver der San ins Englische. Dann geht es im Gänsemarsch in die Wüste. Immer wieder halten die San an, erklären den einen oder anderen Busch. Die Frauen graben mit Stöcken in der Erde und fördern unscheinbar aussehende Wurzelknollen zutage. Die blutroten sind ziemlich selten und die beste Buschmedizin, um verstimmte Mägen zu beruhigen. Aus einem Busch namens *Kalahari sand raisin* werden die flexiblen Bogen gefertigt, mit denen die San auf die Jagd gehen, aus Baumrinde Schnüre und Seile. Und wenn ein Buschmann von einem Skorpion gestochen wird, fängt er diesen, zerdrückt ihn und reibt ihn auf die Stichstelle, was das Gift angeblich neutralisieren soll. Einer der alten Männer gräbt eine weiße Wurzelknolle aus und zerdrückt sie über seinem Mund, was ein paar Schluck Wasser hervorbringt – in dieser unwirtlichen, lebensfeindlichen Landschaft Wasser zu finden, ist das Geheimnis des Überlebens der San.

Normalerweise suchen Männer nach Wasser, jagen und tragen schwere Lasten. Alte Männer, die nicht mehr jagen können, bauen am Boden Vogelfallen mit Baumharz als Köder. Frauen sammeln Früchte und Samen, graben Larven aus und erlegen Kleintiere. Für das Pfeilgift suchen die Frauen nach bestimmten Larven und Käfern, die zerdrückt und vermischt werden. Das Ergebnis ist ein hoch wirksames Nervengift, das auf die Spitze der Pfeile gestrichen wird und mit dem man extrem vorsichtig umgehen muss: Ritzt man die Haut damit ein, so stirbt man. Den Gästen führen die San sicherheitshalber nur giftfreie Exemplare vor. Die Pfeile bestehen aus drei Teilen: Spitze, Schaft und Befiederung. Nachdem die Beute getroffen wurde, fallen Schaft und Befiederung meist ab. Das Neurotoxin schwächt das getroffene Tier und die San nehmen die Verfolgung auf.

Nach erfolgreicher Jagd wird das Fleisch auf offenem Feuer zubereitet, das die San natürlich ohne Hilfe von Feuerzeug oder Streichhölzer entfachen. Einer der Guides demonstriert das. Er reibt zwei sehr weiche Hölzer aneinander, was Hitze erzeugt. Dann bringt er fein gemahlenen Zebrakot, ein beliebtes Brennmaterial, an die heiße Stelle auf und legt etwas Stroh und kleine Äste dazu. Er bläst ein bisschen, es beginnt zu rauchen, dann züngeln bereits die ersten Flammen heraus. Was kinderleicht aussieht, erfordert ziemlich viel Übung. Spätestens jetzt erkennen die Besucher, dass die Buschmänner die letzte Verbindung zu unseren afrikanischen Urahnen darstellen. Sie sind der lebende Beweis dafür, dass Menschen einst in der kargen, lebensfeindlich scheinenden Wildnis überleben konnten. Ihre Fertigkeiten jedoch sind mit der vermeintlichen ›Zivilisation‹ verloren gegangen. Oder wie Ralph es ausdrückt: »Wenn ich ein Viertel ihres Wissens hätte, wäre ich ein ernsthaft wissender Mann.«

ßen Zelt zelebriert, mit Damasttischdecken, Silberbesteck und Kristallgläsern. In den Gästezelten findet sich später eine weitere Überraschung: eine Wärmflasche unter himmlisch weichen Überdecken.

Selbstredend sind die Brötchen am nächsten Morgen frisch gebacken. Die morgendliche Pirschfahrt führt zu den berühmten Affenbrotbäumen Chapman's und Green's Baobabs. Der Ranger erklärt selbst Kleinigkeiten, beispielsweise weshalb die Nester der Büffelwebervögel alle nach Westen ausgerichtet sind – weil der Wind aus dem Osten kommt – oder dass die gewaltigen Termitenhügel von Millionen der winzigen Tierchen mit Speichel und Sand konstruiert werden.

Die meisten Gäste besuchen die drei Lodges im Rahmen einer Fly-in-Safari. Mit einem Geländewagen werden sie dann von der kleinen Buschlandebahn abgeholt. Aber natürlich können auch Selbstfahrer hier absteigen. Diese müssen sich jedoch beim Camp Baobab mit einem Guide treffen, der sie dann im eigenen Wagen auf sich oft verzweigenden Pisten bis zur jeweiligen Lodge begleitet (200 US-$ pro Fahrzeug). Es geht dabei nicht so sehr ums Verfahren, was mit GPS beinahe unmöglich ist, sondern darum, keine neuen Fahrspuren zu verursachen und auf den Hauptpisten zu bleiben. Alle drei Unterkünfte sind zu buchen bei Natural Selection Travel, Tel. in Südafrika 0027 21 001 15 74, www.naturalselection.travel.

Green's Baobab

Den berühmten **Green's Baobab** erreicht man auf einer Piste, die von Gweta aus direkt nach Süden verläuft. Nach etwa 28 km steht der Affenbrotbaum links der Piste.

Südlich von Gweta passiert man zunächst das Eingangstor des Campingplatzes der Gweta Lodge. Von hier fährt man 1,3 km in westliche Richtung, dann gabelt sich die Straße. Rechts geht es in den Makgadikgadi Pans National Park, links zum Green's Baobab. Der Streckenverlauf verändert sich nach jeder Regenzeit. Man sollte immer den sichtbarsten Spuren folgen und dabei das GPS checken. Nach 25 km ist die Abzweigung nach links zum Green's Baobab erreicht, der Baum selbst steht nach weiteren 3 km am Wegpunkt S20°25 514/E25°13 871.

Zwischen Mitte und Ende des letzten Jahrhunderts durchquerten Händler, Forscher, Elefantenjäger und Missionare regelmäßig die Makgadikgadi Pans, durch die eine der Haupthandelsrouten führte. In der Nähe der permanenten Quelle von Gutsha (s. u.) campten die Händler bevorzugt unter einem gewaltigen Affenbrotbaum, dem Green's Baobab, in dessen Rinde zahlreiche Inschriften zu finden sind.

Der in Kanada geborene Forscher, Jäger und Händler Frederick Green (1829–76) und sein älterer Bruder Charles Green (1826–79) gravierten die Worte ›Green's Expedition, 1858–1859‹ ein. Eine weitere Inschrift lautet ›H V Z – 1851/2‹. Sie stammt höchstwahrscheinlich von dem berüchtigten Mörder, Forscher und Jäger Charles van Zyl, dem Gründer von Ghanzi. Auch ein gewisser P. H. Viljoen verewigte sich hier vor langer Zeit im 19. Jh. Der Großwildjäger soll der erste weiße Mann gewesen sein, der die Viktoriafälle zu Gesicht bekam – noch vor David Livingstone, auf dessen Spuren er reiste. Den Lake Ngami jedoch erreichte er 18 Monate nach dem berühmten Engländer. Von wem die ebenfalls im Stamm eingravierte Zahl ›1789‹ stammt, hat bislang noch niemand wirklich herausgefunden.

Über 150 Jahre später sind die historischen Graffiti noch immer deutlich zu erkennen. Für einen Baobab sind anderthalb Jahrhunderte nur ein Augenblick. Sowohl der Green's Baobab als auch die Reste des Chapman's Baobab stehen übrigens unter Naturschutz, d. h., Nameneinritzen ist tabu.

Gutsha Pan

Nur 300 m vom Baum entfernt befindet sich die **Gutsha (Gutsa) Pan,** die bis auf die letzten Jahre nach Regenfällen ein paar Monate lang Wasser hält. Noch vor 100 Jahren wurden oft Flusspferde hier gesehen. Das letzte soll hier vor 25 Jahren gelebt haben. Woher sie kamen, ist ungewiss, denn der nächste Fluss, der Boteti River, ist 75 km entfernt.

Chapman's Baobab

Etwa 15 km südlich vom Green's Baobab stand bis 2016 **Chapman's Baobab** (S20°29 399/ E25°14 981). Heute sind nur noch die Reste des bei einem Sturm umgestürzten Riesen zu bewundern, die jedoch wegen des unübersichtlichen Pistengewirrs nicht ganz einfach zu finden sind. Ein Großteil des umliegenden Gebiets gehört als private Konzession außerdem zu den Arealen der drei Natural Selection Travel Camps (s. S. 207), deren Besitzer nichts mehr hassen als ruhestörende Selbstfahrer. Also die GPS-Daten genau checken und auf den ausgefahrenen Pisten bleiben.

Die Pistenkreuzung, an der es etwa 11 km südlich vom Green's Baobab nach links zu den Resten des noch 3 km entfernten Baobabs abgeht, hat die GPS-Koordinaten S20°30 289/E25°12 479. Bevor es umstürzte, war das sechsstämmige botanische Monster mit einem Umfang von 25 m bereits aus etwa 20 km Entfernung auszumachen. Unzählige Namen wurden über Jahrhunderte in die Rinde geritzt. Die Identität seines Namensgebers verbirgt sich hinter den gotischen Initialen JC für James Chapman, der 1862 zusammen mit dem Maler Thomas Baines (s. rechts) unter dem Baum campte.

Der 1831 in Kapstadt geborene und 1872 in Kimberley verstorbene Chapman war ein südafrikanischer Forscher, Jäger und Fotograf. 1852 reiste er zum ersten Mal nach Botswana und wurde ein Freund von Khama, einem der Söhne von Sekgoma, dem Häuptling der Bamangwato. Dieser half ihm, den Chobe River zu finden. Im darauffolgenden Jahr erreichte Chapman den Sambesi und befuhr ihn bis 110 km vor die Viktoriafälle. Um ein Haar wäre er, und nicht zwei Jahre später David Livingstone, als weißer Entdecker der Wasserfälle in die Geschichtsbücher eingegangen.

Chapman pflegte offensichtlich einen relaxten, freundlichen Umgang mit den Einheimischen, zog längere Zeit mit den Buschmännern durch die Halbwüste und lernte dabei viel von ihnen. Zwischen Dezember 1860 und September 1864 unternahm er mit seinem Bruder Henry und Thomas Baines eine Expedition, um den Sambesi von den Viktoriafällen bis zu seiner Mündung zu erforschen und herauszufinden, ob dieser navigierbar sei. Aber heftige Malariaanfälle und durch starke Regenfälle aufgeweichte Böden hinderten sie am Erreichen des Deltas. 1864 kehrte Chapman fiebergeschüttelt nach Kapstadt zurück. Allerdings malte Baines auf dieser Expedition ins Innere Afrikas viele seiner berühmten Bilder afrikanischer Landschaften, Menschen und Tiere. Und es war die erste Expedition, auf der eine Panoramakamera mitgeschleppt wurde. Abzüge der nicht sehr scharfen Fotos sind heute im Museum Africa in Newtown, Johannesburg, ausgestellt. Chapman führte auf all seinen Reisen ein sehr detailreiches Tagebuch. Im Jahr 1868, kurz bevor er mit 40 Jahren starb, wurden seine »Travels in the Interior of South Africa« veröffentlicht.

Übrigens campte auch bereits David Livingstone am Chapman's Baobab. Wie so viele andere benutzte er den Baum auf seinen Reisen als Navigationshilfe und sein teilweise ausgehöhltes Inneres als Briefkasten. Dort hinterließ er Post, die Reisende, die in die Gegenrichtung unterwegs waren, mitnahmen. Aus diesem Grund war der Baum eine Zeit lang auch als Post OfficeTree (›Postamtbaum‹) bekannt.

Für die Rückfahrt nach Gweta bietet sich eine Piste an, die den Besuch der beiden Affenbrotbäume zu einer Rundtour vervollständigt. Zunächst fährt man die gleiche Strecke zur 3 km entfernten Pistenkreuzung (S20°30 289/E25°12 479) zurück. Hier kann man sich nach Nordwesten wenden, bis man die Grenze des Makgadikgadi Pans National Park erreicht (nicht ohne Permit in den Park fahren! s. S. 216). Nun geht es rechts ab und 13 km an der Nationalparkgrenze entlang. Diese Sektion des Schutzgebiets mit ihren Palmengruppen ist landschaftlich besonders reizvoll. Auf dieser Piste gelangt man automatisch zurück nach Gweta.

WANDERUNG MIT ERDMÄNNCHEN

Tour-Infos

Start: Planet Baobab Rest Camp (s. S. 197), Jack's Camp, San Camp oder Camp Kalahari (s. S. 201)
Dauer: halber Tag
Infos und Buchung: im Planet Baobab Rest Camp oder bei Natural Selection Travel, Tel. in Südafrika 0027 21 001 15 74, www.naturalselection.travel

Kosten: Bei einer Übernachtung in Jack's Camp, San Camp oder Camp Kalahari ist die Aktivität im Preis enthalten. Außerdem wird im Camp Baobab ein 2- bzw. 3-tägiges Programm angeboten, das die Wanderung mit Erdmännchen beinhaltet (ab 750 US-$/Pers. inkl. Vollpension, Buschwanderung, Quadbiking, Erdmännchenspaziergang und Ausflug in die Ntwetwe Pan).

Sie gelten als die sozialsten Tiere der Welt: die Erdmännchen *(meerkat)*. Ein Ranger fährt Besucher im Geländewagen in den Busch. Eine Fahrradspur (!) zieht sich durch den Sand. Das Fortbewegungsmittel des Meerkat-Manns. Recht mutig, wenn man bedenkt, dass in der Makgadikgadi-Region u. a. Löwen und Elefanten leben. Kurz darauf sieht man sein Rad neben der Piste liegen. Der Mann steht ein paar Meter entfernt in der Landschaft. Um ihn herum sind Erdmännchen geschäftig zugange. Nachmittags, kurz vor Sonnenuntergang, suchen sie Essbares, bevor sie ihren Bau aufsuchen, um nachts vor Raubtieren geschützt zu sein. Immer wieder richten sie sich auf ihren Hinterbeinen auf, gucken nach oben und zur Seite. Checken, ob es Raubvögel, Schlangen oder Schakale auf sie abgesehen haben. Manchmal ist auch ein Erdmännchen als Wachposten abgestellt, während die anderen nach Nahrung suchen. Der Wächter steht dann entweder auf einem Termitenhügel oder einem umgefallenen Baum und gibt piepende Laute von sich, die seinen Clan-Mitgliedern zeigen, dass alles sicher ist. Ist seine Schicht zu Ende, übernimmt der Nächste.

Die Menschen, die nun mit den Erdhörnchen laufen, sehen sie als zusätzliche Wächter an und sind entsprechend relaxt. Ein Baby-Erdmännchen schreit nach seiner Mutter, die ihm daraufhin sofort einen frisch ausgegrabenen Wurm präsentiert. Weit aufgefächert durchsuchen sie das trockene Grasland. Nur wenn einer einen Warnlaut loslässt, rotten sie sich augenblicklich zusammen. Und kommt ihnen dann z. B. ein Schakal zu nahe, treten sie ihm als Gruppe entgegen. Bewegen sich zusammen mit offenen Mäulern hin und her, was die Raubtiere meist verunsichert. Sie nehmen sich lieber Einzelgänger vor.

In der Gruppe verhalten sich Erdmännchen sehr sozial, aber sobald sie auf andere Clans treffen, kann es zu tödlichen Revierkämpfen kommen. Daher setzen sie ständig Urin-Markierungen, besonders an der Grenze ihres Territoriums. Dort hat die Gruppe auch gemeinsame Dungplätze. Bei territorialen Disputen und nachfolgenden Kämpfen, erklärt der Guide, wechseln einzelne Exemplare manchmal die Seiten.

Die Sonne nähert sich langsam dem Horizont, die Schatten der Erdmännchen werden immer länger. Sie nähern sich ihrem Bau, genießen die letzten Sonnenstrahlen und reinigen sich gegenseitig – das gibt ihnen ein Zusammengehörigkeitsgefühl. Die Menschen liegen auf dem Bauch und beobachten sie dabei. Ganz nah. Auf einen Schlag verschwinden dann alle fast gleichzeitig im Bau. »Sleep well, *meerkats.*«

Vom Chapman's Baobab nach Mopipi

Eine abenteuerliche Piste führt vom Ort des einstigen Chapman's Baobab zur A 30 im Süden. Hierfür fährt man vom Affenbrotbaum 3 km zurück zur Pistenkreuzung (S20°30 289/E25°12 479) und biegt links ab. Nach 1 km geradeaus erreicht man den Rand der Ntwetwe Pan. Etwa 7 km von den Resten des Baobab entfernt bietet sich ein wunderbarer 360°-Blick über die Salzpfanne. Nach weiteren 7 km taucht auf der rechten Seite **Gabasadi Island** (S20°38 544/E25°12 989) auf und nochmals 8 km weiter ist das Ende der Pfanne erreicht. Nun sind es noch 1,5 km bis zum **Tchai Gate** (S20°43 744/E25°12 279, ▶ 1 K 6) und von dort 45 km zum **Phatshwanyane Gate** (S21°04 791/E25°02 357, ▶ 1, J 7). Nach dem Gate 2 km dem Zaun folgen, dann Richtung Wegpunkt S21°10 033/E24°52 325 fahren. Kurz darauf ist **Mopipi** (S21°12 393/E24°52 325, ▶ 1, J 7) an der A 30 erreicht.

Übernachten

Folgende drei Camps sind die einzigen Unterkünfte im Gebiet der Ntwetwe Pan.

Im Safaristil der 1940er-Jahre – **Jack's Camp:** Das Camp verfügt über neun Zelte für insgesamt 18 Gäste. Mit seinen unzähligen Fundstücken wie Tierpräparaten, Knochen und prähistorischen Steinwerkzeugen erinnert es an ein Naturkundemuseum, das es tatsächlich auch ist – eines von drei registrierten Naturkundemuseen im Land mit Ralph als Kurator. In dieser Funktion darf er alle mit den genauen Fundkoordinaten versehenen Artefakte in der Lodge behalten. Der ›Dinnersaal‹ ist in einem luxuriösen, stabilen Zelt untergebracht, der Pool leinwandüberdacht, das Essen von exzellenter Qualität. Jack's Camp wurde 2020 neu gestaltet (mit großzügigeren

Safari-Zelten und privaten Plunge Pools sowie einem Sonnendeck am Pool und einem eigenen Spa-Zelt). €€€

Romantik pur – **San Camp:** Das in Weiß und Cremetönen gehaltene Camp mit sechs Zelten für insgesamt 12 Gäste wird nur zur Trockenzeit von April bis Oktober errichtet und mit Beginn der Regenzeit wieder abgebaut. Leicht von Motten angefressene Perserteppiche tragen ebenso zum Jenseits-von-Afrika-Ambiente bei wie die vom Personal mit warmem Wasser gefüllten Eimerduschen, die in Palmen hängen. Das bevorzugte Ziel für Flitterwöchler. €€€

Familienfreundlich – **Camp Kalahari:** Die günstigste Alternative im Trio. Das Camp im traditionellen Safaristil war früher recht einfach und ist nun auf Uncharted-Africa-Standard. 10 Leinwand-Gästechalets, reetgedeckter Pool-Pavilion, Solarstrom. €€€

Von Francistown nach Maun ▶ 1, N 7–H 5

485 km sind es von Francistown auf der A 30 bis Motopi, wo man auf die A 3 von Nata nach Maun trifft. Offroad-Fans können nach den ersten 161 km beim Tlalamabele Gate nach Norden Richtung Nata abbiegen.

Mosu

Ebenfalls am Gate zweigt eine Teerstraße in das pittoreske, palmengesäumte Dorf **Mosu** (▶ 1, L 7) ab, wo eine von Botswanas größten archäologischen Fundstätten entdeckt wurde. Fast hinter jeder Ecke gibt es etwas Neues zu entdecken. Praktisch jede Landspitze am Südufer der Sua Pan – oder besser des einstigen Sees – ist der Standort einer alten

Jack's Camp: nicht nur Übernachtungsstation, sondern auch Naturkundemuseum

Siedlung. Hier stieß man auf zahllose Werkzeuge aus der Steinzeit, die auf eine wesentlich dichtere Besiedlung vor über 1000 Jahren hindeuten. Auch der Blick von der Kante einer 40 m hohen Schichtstufe aus auf die Salzpfanne ist faszinierend.

Letlhakane

Wieder zurück auf der A 30, erreicht man 12 km später die Abzweigung gen Süden nach **Letlhakane** (▶ 1, K 7), das an der Straße nach Serowe (s. S. 155) liegt. Hier findet sich eine wichtige Diamantenmine, die jedoch bei Weitem nicht die einzige in dieser Gegend ist. Für Touristen bietet die Stadt eine Unterkunft, Läden und eine Tankstelle. Außerdem ist dies einer der wenigen Orte in Botswana, wo man Eintrittspermits für die Nationalparks kaufen kann.

Orapa

30 km nordwestlich von Lethlakane liegt mit **Orapa** (▶ 1, K 7) das Herz der botswanischen Diamantenproduktion. Allein diese Mine fördert etwa 12 % aller Schmuckdiamanten der Welt. Orapa ist damit die wichtigste Stadt für Botswanas Wirtschaft, entsprechend streng sind die Sicherheitsvorkehrungen. Ohne die (schwer zu erhaltende) Genehmigung des Diamantenunternehmens Debswana ist die Stadt für Besucher nicht zugänglich und wird auf einer Umgehungsstraße umfahren. Von Orapa sind es 68 km bis **Mopipi** (▶ 1, J 7). Hier zweigt eine Piste nach Norden ab, die die Ntwetwe Pan quert und vorbei am Chapman's Baobab und Green's Baobab nach Gweta führt.

Rakops

Ca. 74 km weiter westlich bildet der Ort **Rakops** (S21°02 136/E24°24 432, ▶ 1, H 7) den Startpunkt für die Fahrt zum nördlichen Eingang des Central Kalahari Game Reserve (s. S. 323), das nach 46 km erreicht ist. In Rakops besteht noch einmal die Möglichkeit, Treibstoff und Wasser zu bunkern.

Motopi

Die A 30 führt nach Norden, fast immer an der Westgrenze des Makgadikgadi Pans National Park (s. S. 216) entlang, bis nach 116 km **Motopi** (▶ 1, H 5) erreicht ist. Der Ort liegt westlich vom Nationalpark und ist direkt mit der A 3 durch eine Brücke verbunden. Perfektes Timing: Die Brücke war gerade fertiggestellt worden, als der Boteti 2009 zum ersten Mal seit 16 Jahren wieder Wasser führte. Im März 2017 kam es aufgrund starker Niederschläge zu heftigen Überflutungen, die viele Menschen obdachlos machten.

Von Motopi sind es noch 82 km auf der geteerten A 3 nach Maun (s. S. 229), wo es mehrere Varianten für die Weiterfahrt gibt. In Richtung Nordosten liegen das Moremi Game Reserve und der Chobe National Park, im Nordwesten das Okavango Panhandle und im Süden bzw. Südwesten die Kalahari.

Afrikanischer Baobab – der Baum des Lebens

Die prachtvollen, riesigen Affenbrotbäume sind nicht nur eines der Markenzeichen Afrikas, sondern gelten auf dem Kontinent sogar als Könige der Bäume. Das haben sie nicht zuletzt ihren Ausmaßen zu verdanken: Baobabs können einen Umfang von über 40 m, einen Durchmesser von 11 m und eine Höhe von bis zu 30 m erreichen.

Baobabs *(Adansonia digitata,* nach dem französischen Naturforscher Michel Adanson) kommen in verschiedenen Formen und Gattungen vor. Wissenschaftlich gesehen gehören sie zu den Wollbaumgewächsen. Auf dem afrikanischen Kontinent gibt es nur eine Art, die vor Mosambik liegende Insel Madagaskar zählt sechs verschiedene Spezies! Auch in Australien gibt es Affenbrotbäume.

Unzählige Geschichten ranken sich um ihre Entstehung, was in erster Linie mit ihrem Aussehen zu tun hat. Der Baum ist etwa neun Monate im Jahr ohne Blätter und sieht dann so aus, als wäre er mit den Wurzeln nach oben eingepflanzt worden. Die San glauben, dass es keine jungen Baobabs gibt. Vielmehr wirft Gott ausgewachsene Exemplare vom Himmel, die unglücklicherweise, weil sie so kopflastig sind, immer mit den Wurzeln nach oben auf der Erde landen.

Eine andere Legende macht die Hyäne für das Aussehen des Baums verantwortlich. Als Gott auf der Erde Bäume pflanzte, ordnete er jedem Tier eine dieser Pflanzenspezies zu. Als Letzte kam die Hyäne an die Reihe und es war nur noch der seltsam aussehende Affenbrotbaum übrig. Die Hyäne war darüber stinksauer, entwurzelte den Baum und pflanzte ihn verkehrt herum wieder ein. Vielleicht stinken deshalb auch seine großen Blüten nach Aas. Das Alter der Affenbrotbäume ist schwieriger zu datieren als das anderer Bäume, da ihre Stämme keine Jahresringe aufweisen. Mit der Radiokarbonmethode wurde ermittelt, dass es Baobabs von über 4000 Jahren gibt, die damit zu den ältesten Lebewesen der Erde gehören. Und zu den vitalsten. Selbst umgestürzte Exemplare treiben aus ihrem Stamm Wurzeln nach unten und Äste nach oben.

Die in den Affenbrotbäumen schlummernden Heilkräfte sind bisher nur teilweise erforscht worden. Was so alt werden kann, sollte eigentlich das Geheimnis des Lebens in sich tragen. In der afrikanischen Volksmedizin findet fast jeder Teil des Baobabs Verwendung. Die Blätter der Bäume sind reich an Vitamin C und werden von den San bei Ruhr, Durchfall, Koliken und Magen-Darm-Entzündungen verabreicht. Die Früchte – *monkey bread,* also Affenbrot genannt – isst man bei Infektionen und Krankheiten wie Pocken und Masern. Die gerösteten oder rohen Samen werden als Herzmittel, bei Zahnschmerzen, Leberinfektionen und sogar bei Malaria eingesetzt. 2010 schätzte man das finanzielle Potenzial von getrockneten Baobabsamen und -früchten bei weltweitem Vertrieb auf etwa 1 Mrd. US-Dollar.

Die Bäume speichern enorme Mengen an Wasser in ihrem Holz und den teilweise hohlen Stämmen. Ein ausgewachsener Baobab kann bis zu 140 000 l Wasser enthalten. Damit ist er auch für längere Trockenperioden gewappnet. Was sich sowohl die San als auch die Elefanten zunutze machen. Die San bohren Löcher in den Baum und zapfen den Wasservorrat direkt an. Elefanten reißen mit ihren Stoßzähnen die Rinde ab, um mit ihren Rüsseln an die feuchten Fasern im Inneren des Baums heranzukommen. Beim Kauen der Fasern nehmen sie erhebliche Mengen Flüssigkeit auf.

Das Verzehren der Baobab-Früchte soll gegen Pocken und Masern helfen

Die Rinde des Baobabs ist 5 bis 10 cm dick, was ihn kleinere Buschfeuer unversehrt überstehen lässt. Seit Jahrhunderten wird die Rinde zur Herstellung von Kleidung, Seilen und Klebstoff verwendet.

Manche der hohlen Stämme bieten so viel Platz, dass Menschen darin leben können. Im südlichen Afrika finden sich Affenbrotbäume, die als Kneipen (Bao-Pub), Toiletten, Duschen, Shops und sogar als Gefängnisse genutzt wurden oder noch werden. Die beeindruckendsten Exemplare Botswanas finden sich in den Makgadikgadi Pans, allen voran die teilweise skurril verwachsenen Exemplare auf Kubu Island und Green's Baobab am Westrand der Makgadikgadi Pans sowie die Gruppe der Baines' Baobabs am Ostrand der Kudiakam Pan im Nxai Pan National Park.

Wer ein besonderes Andenken an seinen Botswana-Urlaub sucht, kann in gut sortierten Gartenbauhandlungen in Europa Affenbrotbaumsetzlinge kaufen. Sie gedeihen prima und entpuppen sich als pflegeleichte Zimmerpflanze. Steht der Baobab in einem Topf, wird er oft fälschlicherweise als Taler- oder Geldbaum bezeichnet. Natürlich werden die Zimmerpflanzen nicht so groß wie ihre afrikanischen Artgenossen, aber bei guter Pflege sind bis zu 2 m Höhe durchaus üblich. Im Sommer steht er gerne in der Sonne. Er braucht wenig Wasser, in der Winterruhephase kommt er ganz ohne Flüssigkeit aus.

Makgadikgadi-Nxai National Park

Die A 3 von Nata nach Maun trennte früher zwei separate Naturschutzgebiete, den Nxai Pan National Park im Norden und den Makgadikgadi Pans National Park im Süden. Vor einigen Jahren wurden die beiden Reservate zusammengelegt und bilden nun den 6500 km² großen Makgadikgadi-Nxai National Park.

Nxai Pan National Park

▶ 1, J 4/5

Karte: S. 213
Eintritt Erw. 190 Pula pro Tag, Kinder 8–17 Jahre 95 Pula, Fahrzeug 100 Pula
Der nördliche Parkteil, der **Nxai Pan National Park,** besteht aus einer Ansammlung fossiler Pfannen, die alle mit kurzem, nahrhaftem Gras bewachsen sind. In den Pfannen stehen akazienbewachsene Inseln, die Tieren unter Tag Schatten spenden. Das unterscheidet die Gegend von den vegetationslosen, eher wüstenhaften Salzpfannen der südlichen Makgadikgadi Pans.

Die Nxai Pan wurde 1970 zum Schutzgebiet erklärt. Damals waren das 1676 km². 1992 wurde die Region zum Nationalpark vergrößert, um die berühmte Affenbrotbaumgruppe, die Baines' Baobabs, einzugliedern. Damit waren 2578 km² geschützt

Beste Reisezeit

In der Nxai Pan wird es im Sommer, zwischen Mai und Oktober, sehr heiß mit Temperaturen von über 40 °C. Die Tiere sind dann auf die künstlichen Wasserstellen angewiesen, und wer geduldig an einem der Bohrlöcher wartet, sieht oft Raubtiere beim Kill. In der Regenzeit verwandelt sich die Nxai Pan in ein grünes Wunderland mit großen Antilopenherden. Auch die Blumen- und Vogelvielfalt ist dann immens. Wie immer in Pfannennähe: Vorsicht bei feuchtem Untergrund!

Anfahrt

Von Gweta kommend, sind es 157 km bis zum Haupteingangstor in den Makgadikgadi-Nxai National Park, dem **New South Gate** **1**, das rechter Hand der A 3 direkt an der Straße liegt (S20°13 831/E24°39 226). Hier wird das Eintrittsgeld in den Nxai-Teil des Nationalparks entrichtet. Wer aus westlicher Richtung von Maun anreist, muss 135 km bis zum New South Gate zurücklegen.

Früher führte eine sehr schlechte Piste von der A 3 etwa 37 km Richtung Norden, wo sie auf das ehemalige Haupteingangstor, das **Old South Gate** **2**, traf. Die bei Geländewagenfahrern berüchtigte Strecke wurde inzwischen durch eine viel bessere, weiter östlich verlaufende Zufahrtsstrecke ersetzt. Nach 28 km stößt die neue auf die alte Piste, die auf den letzten 9 km bis zum alten South Gate deutlich verbessert wurde.

Während der Trockenzeit von Mai bis Oktober sind die Pisten um die Pfanne hart und gut zu befahren. Etwas schwieriger sind nur die 35 tiefsandigen Kilometer kurz vor der Nxai Pan. In der Regenzeit, speziell im Januar und Februar, werden die Pisten sehr schmierig. Die südliche Route zu den Baines' Baobabs ist dann unbefahrbar.

Unterkunft und Verpflegung

In der Nxai Pan gibt es keine Versorgungsmöglichkeiten. Die nächstgelegene Stadt ist Gweta, wo man sich mit Treibstoff, Getränken

und manchen Lebensmitteln eindecken kann. Selbstversorger tätigen ihren Großeinkauf am besten entweder in Maun oder bereits zu Beginn ihrer Reise in Francistown.

Das Nxai South und das Baines' Baobab Camp sind vor der Anreise zu reservieren und zu bezahlen. Am alten Eingangstor, 36 km nördlich vom neuen South Gate an der A 3, muss die Reservierungsbestätigung vorgelegt und die Eintrittsgebühr (Erw. 190 Pula, Fahrzeug 95 Pula) entrichtet werden. Angestellte weisen dann einen Stellplatz im Nxai South Camp (ca. 10 km vom Eingangstor entfernt) oder bei den Baines' Baobabs zu.

Kgama Kgama Pan 3

Etwa 52 km nordöstlich des neuen South Gate an der A 3 befindet sich eine namenlose Salzpfanne, die zwischen den Wegepunkten S19°75 807/E24°50 988 und S19°53 885/ E24°52 762 durchquert wird. 9 km weiter in Richtung Nordosten ist die **Kgama Kgama Pan** (S19°50 603/E24°55 490) erreicht. In der Gegend sind Herden von Oryx- und Elenantilopen sowie Zebras, Gnus, Springböcke und Impalas zu Hause. Dies ist einer der wenigen Plätze in Botswana, wo Impalas und Springböcke nebeneinander vorkommen.

Bushman Pits

Etwa 10 km nördlich von **Phuduhudu** (s. u.), an der alten Straße zwischen Nata und Maun, steht unter Schatten spendenden Bäumen die Ruine einer alten Rinderfarm. Unmittelbar daneben finden sich ein paar von Hand gegrabene Löcher und Gräben, sogenannte *pits*. Diese wurden von den San angelegt – allerdings nicht, um an Wasser zu gelangen, sondern um Wild zu überraschen. Auf dem Weg zu und von den Salzpfannen rasten hier oft Zebras und Gnus im Schatten. Die San versteckten sich in den Löchern, und sobald sich Beute näherte, sprangen sie heraus und schossen ihre Giftpfeile ab.

Baines' Baobabs

Die Route zu den Baines' Baobabs ist relativ einfach zu finden. Vom neuen South Gate fährt man auf der sandigen Piste Richtung Nxai South Camp 18 km nach Norden, bis man eine Kreuzung (S20°04 226/E24°40 338) erreicht. Hier geht es links zum Dorf **Phuduhudu** (▶ 1, H 5) und rechts zur **Kudiakam Pan** 4 sowie zu den Baines' Baobabs, die am Rand dieser Salzpfanne stehen. Fährt man in Richtung der Bäume, kommt kurz darauf wieder eine Gabelung. Sowohl die linke nördliche als auch die rechte südliche Abzweigung führen zu den **Baines' Baobabs** (S20°06 42/E24°46 14, ▶ 1, J 5), die nach 14 bzw. 12 km erreicht sind. Die Südroute ist attraktiver, nach Regenfällen aber nicht befahrbar. Dann kann man nur die etwas längere nördliche Route benutzen.

Wer wenig Zeit hat, kann den Besuch der Baines' Baobabs als Tagestour ab Gweta unternehmen. Lohnender ist es allerdings, im Park zu übernachten und anschließend weiter nach Norden zu den Salzpfannen von Nxai und Kgama Kgama zu fahren.

Die Baines' Baobabs sind nach dem Forscher und Maler Thomas Baines (1820–75) benannt, der sie auf seiner zweijährigen, von 1861 bis 1863 dauernden Afrikaexpedition malte. Zusammen mit dem Forscher James Chapman (s. S. 205), der die Gegend bereits sehr gut kannte, reiste er von Namibia zu den Viktoriafällen und querte dabei auch das Gebiet der Salzpfannen. Chapman fotografierte und Baines malte – zum Glück, denn die damalige Fotoqualität war nicht besonders gut. In seinem Tagebuch vermerkte Baines genau, wann er die Baumgruppe auf der Leinwand verewigte: am 22. Mai 1862. Wenn man sich heute Fotos des Aquarells ansieht und mit der Realität vergleicht, hat sich praktisch nichts verändert. Mehr als 150 Jahre später sehen die sieben Giganten – daher auch der Name **Seven Sisters** oder **Sleeping Sisters** (›Sieben Schwestern‹ bzw. ›Schlafende Schwestern‹) – noch immer so aus wie damals. Selbst der umgefallene Baum *(fallen tree)* lag 1862 schon genauso da.

Bevor Baines mit Chapman unterwegs war, begleitete er einen anderen, noch berühmteren Forscher: David Livingstone. Auf der Expedition 1858 zeichnete Baines Karten und malte Porträts von den Menschen, die sie im Verlauf der Reise trafen. Doch wie andere Expeditionsteilnehmer auch kam er mit Charles, dem Bruder von David Livingstone, nicht zurecht. Als dieser ihn beschuldigte, Zucker aus dem Vorratswagen gestohlen zu haben, wurde Baines heimgeschickt, obwohl jeder wusste, dass die Behauptungen nicht der Wahrheit entsprachen. Ein Großteil seiner Bilder blieb zurück und er sah sie nie wieder. Als Livingstone sein Buch über die Expedition schrieb, erwähnte er Baines mit keinem Wort und verwendete dessen Illustrationen, ohne den Maler zu nennen.

Heute existieren noch ca. 400 Ölgemälde von Thomas Baines, außerdem etwa genauso viele Aquarelle und Zeichnungen. Sie erlauben einen einzigartigen Einblick in das präkoloniale Leben und die damals noch unberührte Natur im südlichen Afrika. Die meisten seiner Werke hängen in südafrikanischen Museen, z. B. im Cape Town Castle und in der South African National Gallery in Kapstadt, im Museum Africa in Johannesburg sowie im Albany Museum in Grahamstown.

Die Baines' Baobabs stehen auf einer kleinen Insel am Rand der Kudiakam Pan. Bevor der Nationalpark deklariert wurde, hatten Reisende hier jahrelang wild gecampt, und es wird noch Jahre dauern, bis sich die Natur wieder von den Eingriffen der Menschen erholt hat. Inzwischen gibt es hier ei-

Thomas Baines machte sie in einem Gemälde unsterblich: die Baines' Baobabs

nen offiziellen Campingplatz. Im Schatten der berühmten Affenbrotbäume darf man allerdings nach wie vor picknicken. Ranger kommen ab und zu vorbei, um die Camping- und Parkpermits zu kontrollieren.

Übernachten

Pfannen-Luxus – **Nxai Pan Lodge:** Kwando Safaris, Maun, Tel. 068 614 49, www.kwando.co.bw. Neun ›grüne‹, 100 % solarbetriebene Chalets mit Reetdächern, Innen- und Außenduschen für max. 18 Gäste. Die Inneneinrichtung aus Holz ist skandinavisch-hell. Künstliches Wasserloch zur Tierbeobachtung direkt von den Chalets aus, Pirschfahrten, Sternegucken, Fußsafaris, Tagestrips zu den Baines' Baobabs. €€€

Tierreich – **Migration Camp Nxai Pan:** an der Westgrenze des Schutzgebiets, African Bush Camps, Tel. 063 923 43 07, www.africanbushcamps.com. Das Camp, das aus vier Luxuszelten mit jeweils zwei Betten besteht, ist nur in der Regenzeit von November bis April geöffnet. Tausende von Zebras, gefolgt von Löwen, Geparden und Leoparden, ziehen dann an der Lodge vorbei. €€€

Camping an der Kudiakam Pan – **Baines' Baobab Campsite:** Xomae Group, Maun, Tel. 068 622 21, 073 86 22 21, www.xomaesites.com, Facebook: ›Botswana Camps‹. Die drei einfachen Stellplätze für insgesamt drei Geländewagen und max. 12 Pers. an der Kudiakam Pan sind nicht eingezäunt. Es gibt Toiletten und Duschen. Von Platz 1 aus hat man bei Sonnenaufgang einen unglaublichen Blick auf die Baobabs. €

Camping an der Nxai Pan – **Nxai South Camp:** Xomae Group, Maun, Tel. 068 622 21, 073 86 22 21, www.xomaesites.com, Facebook: ›Botswana Camps‹. Das privat geführte Camp befindet sich ganz in der Nähe des alten South Gate. Es besteht aus zehn schattigen Stellplätzen, wobei Nr. 1 und 10 am schönsten sind, da sie einsamer und nicht so dicht aufeinander liegen wie die anderen Plätze. Vorhanden sind individuelle Grillplätze, zwei Sanitärblocks mit Duschen sowie ein künstliches Wasserloch zur Wildbeobachtung. €

Makgadikgadi Pans National Park ▶ 1, H/J 5/6

Karte: rechts

Eintritt Erw. 190 Pula, Fahrzeug 100 Pula

Ein Fünftel des **Makgadikgadi Pans National Park** besteht aus Salzpfannen. Der Rest ist Kalahari-Grasland auf fossilen Sanddünen, der Uferrand des einstigen Supersees. Das breite Bett des Boteti River, der den Westrand des Schutzgebiets markiert, ist ein Indiz dafür, dass hier früher gewaltige Wassermassen vom Okavango in die Makgadikgadi Pans transportiert wurden. Heute fließt der Boteti nur noch nach ergiebigen Regenfällen und ist oft jahrelang trocken.

Parkeingänge

In den Südteil des Makgadikgadi-Nxai National Park, den Makgadikgadi Pans National Park, führen vier Eingangstore: das **Phuduhudu Gate** 1 (S20°12 313/E24°33 344) im Norden an der A 3 von Nata nach Maun, das **Makolwane Gate** 2 (S20°17 107/E24°42 438) und das **Xirexara Gate** 3 (S20°14 050/E24°56 650) an der Ostgrenze des Parks sowie das **Kumaga Gate** 4 (S20°28 321/E24°30 888) nahe der A 30 im Westen. Bei zu hohem Wasserstand des Boteti River ist Letzteres manchmal gesperrt. Im Süden gibt es einige unbemannte Einfahrtsmöglichkeiten in den Park. Wer von dort kommt, muss sich sein Permit bei der Ausfahrt durch eines der bemannten Tore besorgen und das Eintrittsgeld nachzahlen.

Momentan gibt es nur einen Campingplatz im Park, das Kumaga Wildlife Camp (s. S. 218) nahe dem gleichnamigen Eingang. Der zweite Campingplatz, Njuca Hills, wurde geschlossen. Von den **Njuca Hills** 5 bietet sich eine tolle Aussicht über die umgebende Landschaft.

Parkerkundung

Hippo Pool 6

7 km nördlich vom Kumaga Gate befindet sich ein von der Nationalparkbehörde angelegter, gut ausgeschilderter **Hippo Pool,** wo

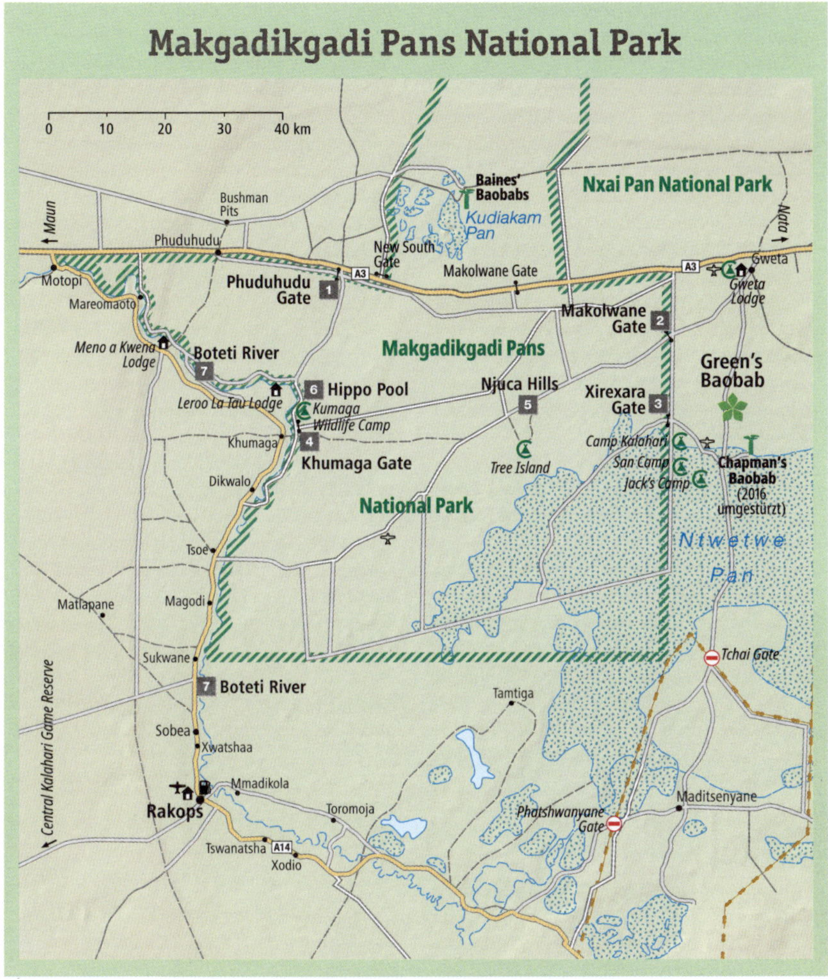

sich neben den Schwergewichten auch eine Fülle an Vögeln einfindet. Ein Großteil des Parks ist jedoch mit hohem Gras bedeckt, was die Tierbeobachtung erschwert. Außerdem sind die Pisten tief versandet.

Dieser Teil des Nationalparks ist bei Weitem nicht so attraktiv wie die nördliche Nxai-Sektion. Wer diese bereits besucht hat, sollte sich im Makgadikgadi-Pans-Sektor auf die Landschaft am tierreichen Boteti River konzentrieren.

Boteti River 7

Tektonische Veränderungen im Okavango Delta sowie längere Trockenperioden führten dazu, dass der einst ganzjährig fließende **Boteti River** in den 1990er-Jahren austrocknete. Etwa 100 000 Zebras und Gnus hingen im Makgadikgadi Pans National Park fest und waren nicht in der Lage, das Okavango Delta oder den Chobe River zu erreichen. Fast alle starben vor Hunger und Durst. In nicht einmal einem Jahrzehnt verschwand eine der größten Migrationen von Grasfressern im südlichen Afrika fast komplett.

Der Fluss blieb trocken, aber wenige Meter unterhalb der Oberfläche war Wasser. Durch Privatinitiativen einiger Lodgebesitzer wurden ein paar künstliche Wasserlöcher im Flussbett gegraben. Schnell kamen Zebras, Gnus und Elefanten zurück. Selbst in der Trockenzeit blieben die Tiere vor Ort – dank der etwa 100 000 l Wasser, die täglich aus der Tiefe gepumpt werden.

Heftige und anhaltende Niederschläge in Angola sorgten dafür, dass der Fluss 2008 wieder zu fließen begann. In den folgenden Jahren erreichte sein Wasser sogar die Salzpfannen in der Kalahari, das erste Mal innerhalb von 40 Jahren.

Viele Naturforscher und Entdecker nutzten die Route entlang dem Boteti River, u. a. der schwedische Naturforscher Johan August Wahlberg (1810–56), nach dem einer der in Botswana vorkommenden Adler *(Wahlberg eagle)* benannt ist. Wahlberg wurde am Boteti River von einem verwundeten Elefanten angegriffen und starb an dem Fluss. David Livingstone (1813–73) musste im tiefen Sand am Fluss und im dichten Uferwald einen Großteil seiner Planwagen zurücklassen und mit weniger Ausrüstung weiterreisen.

Übernachten

... im Park:

Camping am Boteti River – **Kumaga Wildlife Camp:** SKL, S20°27 350/E24°30 978, Tel. 068 653 65/66, www.sklcamps.com. Direkt am Boteti River gelegen, bietet der Platz zehn Stellplätze (jeweils max. drei Fahrzeuge) sowie zwei moderne Sanitärblöcke mit heißen und kalten Duschen. Das Camp ist bekannt für die Gnu- und Zebramigration und die Raubtiere, die den Grasfressern folgen. €

... außerhalb des Parks am Boteti River:

Hoch über dem Fluss – **Leroo La Tau Lodge:** S20°25 240/E24°31 277, Desert & Delta, Tel. 068 612 43, www.desertdelta.com (dt.). Die Lodge gibt es schon seit einigen Jahren, zwischendurch wurde sie stilvoll renoviert. Sie besticht durch ihre tolle Lage in ca. 10–15 m Höhe auf Klippen über dem Boteti River. Die Lodge umfasst 12 reetgedeckte Chalets mit großen Glasfronten, atemberaubender Aussicht und kleiner Veranda mit Tagesbetten. Eines der Highlights ist der Wildbeobachtungsstand an einem großen Wasserloch im Flussbett, wo sich praktisch immer Elefanten und anderes Großwild tummeln (recht steiler Abstieg). Ein weiterer Beobachtungspunkt findet sich neben der Feuerstelle der Lodge. Es gibt zudem einen grasbewachsenen Poolbereich. €€€

Nachhaltig & individuell – **Meno A Kwena Lodge:** S20°19 454/E24°19 231, Tel. 068 609 81, www.naturalselection.travel/camps/meno-a-kwena. Ebenfalls über dem Fluss, auf einer 30 m hohen Uferböschung erbaute Lodge, eine der wenigen in Privatbesitz. Die Lodge wird vom Besitzer in Zusammenarbeit mit der lokalen Gemeinde geführt. Acht luxuriöse Safarizelte, jedes mit eigenem Kraal aus Baumstümpfen und Blick über Fluss und Nationalpark. Pirschfahrten im offenen Geländewagen, bei ausreichendem Wasserstand Kanutouren auf dem Fluss mit Frühstück im Busch. Auf das Gelände der Lodge kommen häufig Löwen. Für botswanische Verhältnisse gutes Preis-Leistungs-Verhältnis. €€€

Cattle Trek Route

▶ 1, J 5–K 3

Für diese ca. 195 km lange Strecke vom Nxai Pan National Park zur A 33 kurz vor Pandamatenga sollten zwei Tage eingeplant werden. Die abenteuerliche **Cattle Trek Route** eignet sich nur für 4x4-Fortgeschrittene, die eine Herausforderung suchen – sie ist nicht markiert und nicht ausgeschildert, wird nicht gewartet und nur selten befahren. Es handelt sich vielmehr um eine angedeutete Spur in der weiten Landschaft. Die Gegend ist nicht nur landschaftlich reizvoll, es gibt auch sehr viele Tiere zu sehen, vor allem Elefanten in größeren Gruppen. Wild campen auf der Strecke ist kein Problem, wenn man einige Regeln beachtet (s. S. 99).

GPS für Anfänger

Wer einen Geländewagentrip durch Botswana plant, kommt nicht ohne ein Global Positioning System (GPS) aus, ein auf Satelliten basierendes Navigationssystem, das mit 24 im Orbit kreisenden Satelliten korrespondiert.

Unentbehrlich bei Offroad-Touren: ein GPS-Gerät

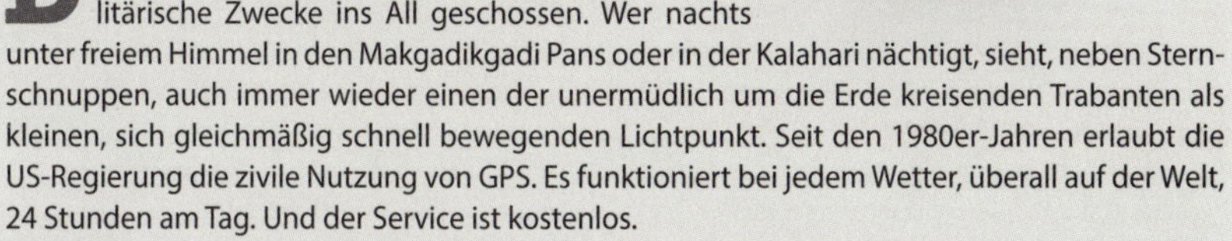

Die Satelliten wurden ursprünglich vom amerikanischen Verteidigungsministerium für militärische Zwecke ins All geschossen. Wer nachts unter freiem Himmel in den Makgadikgadi Pans oder in der Kalahari nächtigt, sieht, neben Sternschnuppen, auch immer wieder einen der unermüdlich um die Erde kreisenden Trabanten als kleinen, sich gleichmäßig schnell bewegenden Lichtpunkt. Seit den 1980er-Jahren erlaubt die US-Regierung die zivile Nutzung von GPS. Es funktioniert bei jedem Wetter, überall auf der Welt, 24 Stunden am Tag. Und der Service ist kostenlos.

Und wie funktioniert das Ganze? GPS-Satelliten umkreisen zwei Mal am Tag die Erde in einer exakten Umlaufbahn. Dabei senden sie Signale nach unten. GPS-Geräte empfangen diese und nutzen das Verfahren der Triangulation, um die exakte Position des Benutzers zu bestimmen. Der GPS-Empfänger ermittelt die Differenz zwischen dem Zeitpunkt, zu dem das Signal vom Satelliten gesendet wurde, mit dem der Ankunft. Die Differenz sagt dem GPS, wie weit der Satellit entfernt ist. In Verbindung mit Abstandsmessungen zu weiteren Satelliten kann das Gerät die Position des Reisenden genau festlegen und auf einer elektronischen Karte anzeigen.

Ein GPS-Empfänger muss mit mindestens drei verschiedenen Satelliten kommunizieren, um eine 2D-Position (Längen- und Breitengrad) und die gefahrene Strecke ermitteln zu können. Stehen vier oder mehr Satelliten zur Verfügung, zeigt das GPS auch die Höhe an, also eine 3D-Position. Ist die genaue Position ermittelt, kalkuliert das GPS weitere Daten wie Geschwindigkeit, gefahrene Richtung, Distanz zum nächsten Wegepunkt *(waypoint)*, Distanz zum Zielpunkt und mehr. Aktuelle GPS-Geräte sind sehr akkurat, meist bis auf 15 m Abweichung genau. Die neuesten GPS-Empfänger verfügen bereits über WAAS *(wide area augmentation system)* und können die Position bis auf weniger als 3 m genau berechnen.

Wegpunkte kann man über Software wie Basecamp & Mapsource (www.garmin.com), Touratech QV (www.quovadis-gps.de) oder Magic Maps (www.magicmaps.de) am Computer in digitale Karten setzen, um sie dann auf das GPS-Gerät zu transferieren. Das geht auch kostenfrei über www.wegeundpunkte.de. Man kann die Route anhand einer Karte planen und die GPS-Koordinaten dann in das Gerät eingeben, entweder manuell oder per Speicherkarte, die in ein Navigationsgerät geschoben wird (weitere Infos: www.tracks4africa.ch, www.garmin.de).

Im vorliegenden Buch finden sich Angaben zu Wegpunkten, die sich zu einer bestimmten Route addieren. Gibt man alle in sein GPS-Gerät ein, navigieren einen die Satelliten problemlos auf der vorgegebenen Strecke zu den gewünschten Zielen. Einen Kompass und eine gute Landkarte sollte man trotzdem immer dabeihaben. Alternative: die App Maps.me auf das Smartphone laden.

Zur Regenzeit von flachen Salzseen bedeckt, bilden sich in der Trockenzeit Risse in den Pfannen

Die Strecke beginnt im Nxai Pan National Park. Nach dem Passieren des alten Eingangstors (South Gate, S19°56 00/E24°45 46) links abbiegen und entlang dem Pfannenrand der Piste in Richtung Westen folgen. Nach 9,5 km ist eine Kreuzung erreicht, dort rechts halten, wieder Richtung Westen. 5,2 km weiter (S19°50 45/E24°41 48) trifft man auf die Cattle Trek Route nach Nordosten, die zunächst 39,5 km an der Westgrenze des Nxai Pan National Park entlangläuft, eine einfach zu befahrende Piste durch schöne Mopanewaldlandschaft.

6,5 km nach Verlassen des Parks findet sich ein nicht mehr genutztes Wasserbohrloch (S19°47 52/E24°43 45). Ein anderes nicht mehr intaktes Bohrloch sowie ein kaputtes Windrad sind nach weiteren 18,7 km erreicht. 14,5 km weiter kommt man an eine wichtige Pistengabelung (S19°32 05/E24°51 50). Die Strecke nach links führt in ein Konzessionsgebiet, rechts, also in Richtung Nordosten, geht es auf der ›Rinderroute‹ weiter.

37 km nordöstlich der Gabelung erreicht man das erste von mehreren Wäldchen mit Mongongobäumen. Die nächs-

ten zwei Wegpunkte auf der Strecke sind S19°13 25/E25°02 31 (40,3 km von der Gabelung) und S19°09 31/E25°04 34 (48,6 km von der Gabelung). Nach weiteren 13,9 km passiert man eine kleine Salzpfanne (S19°03 12/ E25°04 34) mit einer Dornenbauminsel links der Piste. 67,7 km hinter der Gabelung folgt der Wegpunkt S19°00 47/E25°09 48 und 84,1 km hinter der Gabelung der Wegpunkt S18°53 19/E25°14 16. 8,9 km weiter, bei S18°48 47/E25°17 45, zweigt die Piste scharf im 90-Grad-Winkel nach rechts in östliche Richtung ab. 12,4 km danach, bei S18°48 17/ E25°23 06, wiederholt sich das gleiche Spiel Richtung Norden. 1,5 km nördlich davon passiert man ein Autowrack (S18°47 26/ E25°23 32). Die letzten 10 km geht es wieder durch schönes, parkähnliches Waldland mit großen, weit auseinander stehenden Bäumen. Bei S18°42 52/E25°25 53 ist die von Süd nach Nord verlaufende Hauptpiste Nata–Pandamatenga erreicht. Diese Kreuzung liegt 172 km nordöstlich des alten Nxai Pan South Gate. Die geteerte A 33 zwischen Nata und Kasane befindet sich nur 22,8 km östlich von hier.

Okavango
Delta
Maun

Kapitel 4

Okavango Delta und der Nordwesten

Mit 17 000 m² ist Okavango das größte Inlandsdelta der Welt. Inmitten der knochentrockenen Kalahari findet sich hier ein Wunderland aus Kanälen mit glasklarem Wasser, grünen Palmeninseln, idyllischen Lagunen, dichten Wäldern und fruchtbaren Flutebenen. Kein Besuch im Delta wäre komplett, ohne einen Trip in einem der traditionellen Kanus, den Mokoros, gemacht zu haben.

Okavango ist ein Tierparadies ohnegleichen. Mehr als 400 Vogelarten wurden hier gezählt und auch Afrikas Großsäuger sind in beträchtlicher Zahl zu finden, darunter Elefanten, Löwen, Hyänen, Leoparden, Wildhunde, Büffel, Flusspferde, Moorantilopen, Warzenschweine, Mangusten, Affen und Ginsterkatzen.

Der Ausgangspunkt für einen Besuch im Delta ist Botswanas Touristenhochburg Maun. Ein Großteil des Gebiets kann man nur per Kleinflugzeug erreichen, doch das 4872 km² große Moremi Game Reserve im Osten steht Selbstfahrern offen. Hier ist der Tierreichtum noch größer. Den besonderen Reiz dieser Gegend machen zudem die abenteuerlichen, aus Mopaneholz zusammengeschusterten Brücken aus. In den Gewässern darunter tummelt sich zumeist eine stattliche Anzahl an Krokodilen.

Noch mehr Abenteuer für Selbstfahrer bieten die Offroad-Ausflüge zu den Gcwihaba Caverns sowie zu den Aha und Tsodilo Hills. Hier, im äußersten Nordwesten des Landes, findet man weitab der Touristenströme faszinierende Tropfsteinhöhlen und Freiluftgalerien mit über 4500 jahrtausendealten San-Felszeichnungen. Sie sind in Hinblick auf Stil und Motive absolut einzigartig, weswegen die Tsodilo Hills zum Weltkulturerbe der UNESCO gehören. Und mit immerhin 1390 m erhebt sich dort auch Botswanas höchster ›Berg‹.

Inmitten der trockenen Kalahari bildet das Okavango Delta einen einzigartigen Lebensraum für unzählige Tierarten

Auf einen Blick: Okavango Delta und der Nordwesten

Sehenswert

Moremi Game Reserve: Das Schutzgebiet mit seiner hohen Wildkonzentration zählt zu den schönsten und abwechslungsreichsten im südlichen Afrika (s. S. 237).

Gcwihaba Caverns: Sehr weit abgelegene, bislang kaum erforschte Tropfsteinhöhlen – etwas für sehr gut ausgerüstete Abenteurer (s. S. 254).

Tsodilo Hills: Die steilen Quarzitklippen der vier Hügel ragen abrupt aus der sandigen Ebene heraus. Hier finden sich über 4500 bis zu 100 000 Jahre alte San-Felsmalereien (s. S. 258).

Schöne Routen

Mopane Bridge Tour: So stellt man sich gemeinhin Afrika vor – aus Ästen gebaute Brücken, die beim Darüberfahren ächzen und sich auf und ab bewegen. Auf dem Weg von Maun nach Xakanaxa gibt es vier davon, First bis Fourth Bridge (s. S. 244).

Geländewagentour zu den Gcwihaba Caverns: Dadurch, dass die Höhlen so weit von der Zivilisation entfernt liegen und die Pisten durch teils tiefen Sand führen, ist der Trip an Spannung kaum zu überbieten (s. S. 255).

Meine Tipps

Crocodile Farm in Maun: Auf der Krokodilfarm kann man in sicherem Abstand die besten Krokodilfotos schießen (s. S. 230).

Third Bridge im Moremi Wildlife Reserve: Der Campingplatz an dieser Indiana-Jones-Brücke ist der schönste im Schutzgebiet, aber Achtung: Ein Bad sollte man hier nicht nehmen, denn im Fluss darunter leben viele Krokodile (s. S. 244).

Aha Hills: Auf dem Weg zu diesen Hügeln wird die Reise zur Expedition. Etwas für gut ausgerüstete, erfahrene Geländewagenlenker (s. S. 256).

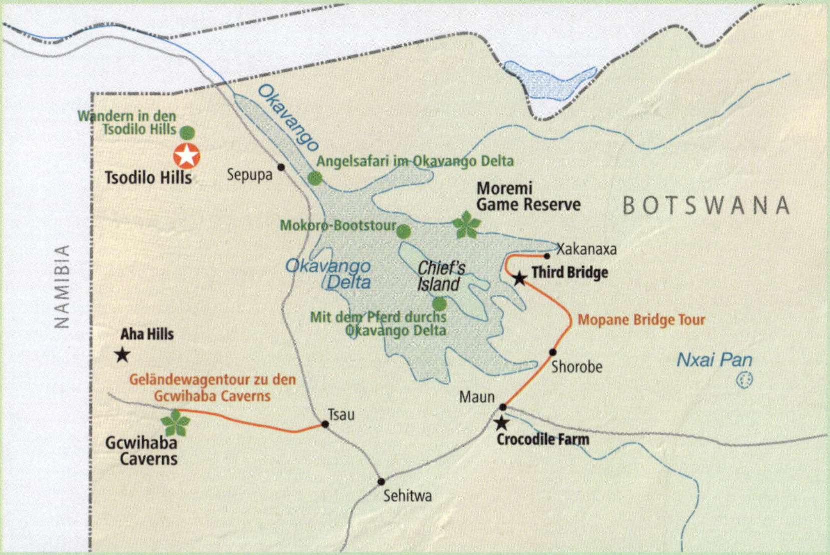

Wandern in den Tsodilo Hills
Tsodilo Hills
Sepupa
Okavango
Angelsafari im Okavango Delta
Moremi Game Reserve
BOTSWANA
Mokoro-Bootstour
Xakanaxa
NAMIBIA
Okavango Delta
Chief's Island
Third Bridge
Mit dem Pferd durchs Okavango Delta
Mopane Bridge Tour
Aha Hills
Shorobe
Nxai Pan
Geländewagentour zu den Gcwihaba Caverns
Maun
Tsau
Gcwihaba Caverns
Crocodile Farm
Sehitwa

Noch heute leben Menschen in den traditionellen Rundhütten, hier in Sehitwa

Angelsafari im Okavango Delta: Das Delta ist erwartungsgemäß ein Paradies für Angler (s. S. 228).

Mit dem Pferd durchs Okavango Delta: Auf dem Rücken von Pferden kommt man dem Wild sehr nahe (s. S. 240).

Mokoro-Bootstour: Ein Besuch im Okavango Delta ist ohne Fahrt im Einbaum nicht komplett (s. S. 250).

Wandern in den Tsodilo Hills: Ziel sind die einzigartigen Felsmalereien der Ureinwohner Botswanas (s. S. 260).

Okavango Delta

Juwel der Kalahari wird das Okavango Delta auch gerne genannt – eine gewaltige Menge an wunderbar glasklarem Wasser inmitten eines der trockensten Gebiete der Erde. Umgeben von Wüstensand erstreckt sich ein Labyrinth aus Inseln, Lagunen und papyrusflankierten Kanälen.

Dank seiner Kombination aus feuchtem und trockenem Land rühmt sich das **Okavango Delta,** das weltweit größte Inlandsflussdelta, einer spektakulären Sammlung von aquatischen und fliegenden Kreaturen, darunter zahllose Tiere, die anderswo bereits ausgestorben sind. Afrikas Big Five – Löwe, Leopard, Elefant, Nashorn und Büffel – sind hier ebenso zu Hause wie Nashörner, Moor-, Halbmond-, Sumpf-, Pferde- und Rappenantilopen, Impalas, Wasserböcke, Kudus, Ducker, Flusspferde, Krokodile, Wildhunde und Luchse. Insgesamt hat man im Okavango Delta 122 Säugetier-, 64 Reptilien- und 444 Vogelarten sowie 1300 verschiedene blühende Pflanzen gezählt.

Das geografisch zum Kalaharibecken gehörende Okavango Delta gliedert sich in drei Gebiete: das **Panhandle** (›Pfannenstiel‹, s. S. 267) im Nordwesten, das **Delta** als solches und das Trockenland mit dem **Moremi Game Reserve** (s. S. 237) im Nordosten.

Von saisonalen Überschwemmungen heimgesucht: das Okavango Delta

Gespeist wird das Okavango Delta durch den gleichnamigen Fluss, der seinen Ursprung in Angola hat. Nach den Sommerregen zwischen November und April fließt das Wasser aus dem angolanischen Hochland durch den namibischen Caprivistreifen nach Botswana, wo es sich über das fächerförmige Delta verteilt. Da dessen Höhenunterschied von Nordwest nach Südost nur 62 m (auf einer Distanz von ca. 250 km!) beträgt, ist das Fluten ein behutsamer Prozess. Das Wasser fließt langsam und wühlt die Sedimente am Grund nicht auf, weswegen es wunderbar transparent ist.

Während das Feuchtgebiet in der Trockenzeit rund 16 000 km² einnimmt, vergrößert es sich nach der jährlichen Flut auf mehr als 22 000 km². Und obwohl etwa 95 % des Wassers auf dem ca. 1300 km langen Weg von Angola nach Botswana verdunsten, bleibt noch genug übrig, um ein gewaltiges Ökosystem am Leben zu erhalten. Die ›letzten Tropfen‹ sammeln sich schließlich bei Maun im Thamalakane River, fließen in den Boteti River und den Lake Xau, bevor sie in den Makgadikgadi Pans versickern. Wie schnell das jedes Jahr vonstatten geht, hängt von verschiedenen Faktoren wie dem Wasservolumen und den Temperaturen ab. Großen Einfluss nimmt auch die tektonische Aktivität im Untergrund – das Okavango Delta befindet sich in einer geologisch instabilen Region.

Das Okavango Delta ist das Herzstück des im Jahr 2012 gegründeten, grenzüberschreitenden **Kavango Zambezi Transfrontier Conservation Area (KAZA),** mit geplanten 440 000 km² das größte zusammenhängende Naturschutzgebiet der Welt, das sich über die fünf Länder Botswana, Angola, Namibia, Sambia und Simbabwe erstreckt. Zu dem riesigen Schutzgebiet gehören 36 bestehende Nationalparks, darunter Victoria Falls (s. S. 299) und Chobe (s. S. 272). Zu den Sponsoren des Projekts gehört auch die Bundesrepublik Deutschland, die bislang 35 Mio. Euro investiert hat (www.kavango zambezi.org).

ANGELSAFARI IM OKAVANGO DELTA

Tour-Infos

Start: je nach Veranstalter unterschiedlich, aber meist von einer der Lodges oder von einem Hausboot aus

Buchung: empfehlenswerte Veranstalter sind u. a. Maplanga Africa, www.maplanga.co.za; Sekoma Island Lodge, www.sekoma.co.za; Extreme Nature Tours, www.extremenaturetours.co.za; Tourette Fishing, www.tourettefishing.com; Okavango Houseboat Fishing, www.okavangohouseboats.com

Saison: Mitte April–Mitte Nov., Sept. und Okt. sind die besten Monate

Dauer: Man hat die Wahl unter ein- und mehrtägigen Trips.

Kosten: Ein Tagestrip kostet ca. 400 US-$/Pers. all inclusive, eine Tigerbarsch-Safari über 4 Tage und 3 Nächte ca. 1000 US-$/Pers. all inclusive. Diverse Lodges im Okavango Delta bieten Angelausflüge in kleinen Gruppen als Teil ihrer im Übernachtungspreis enthaltenen Aktivitäten an.

Botswanas Norden und insbesondere das Okavango Delta sind ein Paradies für Angler und so werden vielerorts ein- bis mehrtägige Angelsafaris angeboten. Eine spannende Alternative zu festen Basisunterkünften sind Campingtrips, bei denen man in kleinen Aluminiumbooten unterwegs ist und abends irgendwo in der Wildnis auf einer einsamen Insel sein Zelt aufschlägt – ein echtes Abenteuer. Etwas komfortabler geht es auf den Hausboottouren zu, wobei auch hier von einem kleinen Aluminiumboot aus geangelt wird. Im Okavango Delta gilt üblicherweise die Politik des *catch-and-release,* sprich: Nach einem erfolgreichen Fang, dem Wiegen und dem Abmessen werden die Fische wieder freigelassen. Es ist allerdings erlaubt, ein Exemplar fürs Mittag- oder Abendessen zurückzubehalten.

Ideale Voraussetzungen zum Angeln – sowohl herkömmlich mit Köder als auch zum Fliegenfischen – bietet der tiefe Okavango River, der durch das Panhandle (s. S. 267) fließt. Die Resorts um den Ort Shakawe am nördlichen Ende des Panhandle sind berühmt für ihre gigantisch großen, scharfzähnigen Tigerbarsche *(tigerfish)* und Brassen *(bream).* Erstere sind sehr schwer an den Haken zu bekommen, und wenn sie angebissen haben, springen und kämpfen sie wild und ziehen die Leine mit hoher Geschwindigkeit von der Spule. Ein echter Wettkampf also, mit ungewissem Ausgang.

Im Gegensatz zu stillen Gewässern sind die in fließendem Wasser lebenden Tigerbarsche kleiner. Die Exemplare, die in den Hauptkanälen des Okavango River gefangen werden, wiegen zwischen 8 und 9 kg. Ein unvergessliches Spektakel für Angler und Fotografen ist die alljährliche Welswanderung zwischen September und Oktober (s. S. 266), bei der die großen Räuber Tausende von kleinen Fischen vor sich hertreiben.

Die meisten Lodges im Delta arrangieren Angelausflüge und verleihen bei Bedarf auch die entsprechende Ausrüstung. Abends kann man sich dann seinen Fang von den Köchen der Lodges auf die gewünschte Art zubereiten lassen.

Ein Großteil des Okavango Delta ist nur im Rahmen einer Fly-in-Safari mit Kleinflugzeugen zu erreichen. Selbstfahrer sind auf das Moremi Game Reserve und das Panhandle beschränkt, da der Westen und das Zentrum des Deltas überwiegend aus Sumpfland bestehen und nicht durch Straßen bzw. Pisten erschlossen sind. Alle wichtigen Informationen zu Anreise, Parkgebühren, Unterkunft, Verpflegung etc. finden sich im Unterkapitel Moremi Game Reserve (s. S. 237).

Maun ▶ 1, G 5

Cityplan: S. 232

Maun, mit 50 000 Einwohnern die fünftgrößte Stadt des Landes, fungiert als Eingangstor ins Okavango Delta und Moremi Game Reserve. Nicht von ungefähr ist Maun damit auch die Safarihauptstadt Botswanas. Hier gibt es alles, was das Herz begehrt. Sowohl die Nationalparkbehörde als auch die meisten Tour- und Fly-in-Safari-Anbieter haben ihre Büros in Maun. Alle Lodges, Campingplätze, Parkeintrittsgebühren und Aktivitäten können hier gebucht werden. Es gibt gut sortierte Supermärkte, unzählige Souvenirshops und gute Werkstätten.

Die Stadt erstreckt sich entlang dem **Thamalakane River,** an dem neben Kühen, Ziegen und Eseln nach wie vor Moorantilopen grasen. Auch die betonierte Furt, die man aus Gweta kommend durchqueren muss, um ins Zentrum von Maun zu gelangen, lässt auf keine moderne Kleinstadt schließen. Und in der Tat: Mit seinen staubigen Straßen verströmt Maun eher den Hauch einer Wildweststadt. Vor den Supermärkten stöbern Esel und Ziegen in Mülltonnen nach Fressbarem, während sich auf den Parkplätzen die braungebrannten Safari-Guides und ihre dreckverkrusteten Geländewagen sammeln. Noch blasse Touristen verstauen vakuumverpacktes Fleisch und Bier-Sixpacks in ihren Kühlschränken. Im Gegensatz zu den Einheimischen haben ihre Khakiklamotten noch Bügelfalten und legen noch nicht Zeugnis davon ab, welche Landstriche in ihnen durchquert wurden.

Geschichte

Die Geschichte der Stadt reicht nur bis ins Jahr 1915 zurück. Damals wurde Maun (von dem San-Wort *maung* – ›Platz der kurzen Gräser‹) als Stammeshauptstadt der Batawana, eines Unterstamms der Bangwato, gegründet. Ein erster Aufschwung setzte ein, als Ostafrika in den 1960er-Jahren ein Jagdverbot erließ und daraufhin viele Jäger nach Maun kamen. Später erkannte man, dass mit dem Schießen von Fotos langfristig mehr Geld zu machen ist. Aus der Jagd heraus etablierte sich das Safari-Business.

Neben den vielen Zugewanderten, die in erster Linie vom Tourismus leben, gibt es in Maun auch noch eine größere Anzahl von Herero, die im Oktober 1904 vor der deutschen Schutztruppe aus Namibia geflohen sind. Die Frauen dieses Stamms tragen nach wie vor die weit ausladenden Kleider viktorianischen Stils und eine Kopfbedeckung mit zwei Zipfeln. Wer Fotos machen möchte, sollte vorher um Erlaubnis fragen und danach ein kleines ›Honorar‹ zahlen.

Sehenswertes

Riley's Hotel 1

Mauns Sehenswürdigkeit Nummer eins ist **Riley's Hotel** nahe dem Kreisverkehr am Fluss. Seine Berühmtheit hat es dem Abenteurer Charles ›Harry‹ de Beauvoir Riley zu verdanken, der auf einer seiner zahlreichen Reisen 1910 in die Stadt kam. Damals betrug die Reisezeit zwischen Francistown und Maun noch anstrengende 35 Stunden. Nach dieser Strapaze suchten die Reisenden – fast nur Männer und fast alles Jäger – einen Drink und einen Platz zum Übernachten. Riley erkannte das Potenzial und eröffnete eine kleine Bar – der Ort vieler wilder Partys. Später baute er neben seiner Rundhütte eine weitere, um darin Gäste zu beherbergen. Betten gab es nicht, man schlief auf Grasmatten am Boden. Wiederum ein paar Jahre danach verband Riley die beiden Gebäude, indem er dazwischen einen ›Dinnersaal‹ errichtete. Mauns erstes Hotel war geboren.

Der südafrikanische Schriftsteller Laurens van der Post beschrieb das Riley's in den 1950er-Jahren in seinem Buch »The lost world of the Kalahari« als bemerkenswertes kleines Hotel, das Harry Riley für skurrile, unerschrockene Reisende erbaut habe, die entschlossen genug waren, die Wüste zu durchqueren, und für jene Europäer, die geduldig und mutig genug waren, Maun zu dem zu machen, was es heute darstelle. Inzwischen hat das Hotel leider viel von seinem einstigen Charme verloren. Es gehört inzwischen der botswanischen Cresta-Hotelgruppe (s. S. 234), die in den ursprünglichen Gebäuden einen Teil ihrer Verwaltung untergebracht hat.

Maun Wildlife Educational Park 2

Sekgoma Rd., Tel. 068 603 68, tgl. 7.30–18 Uhr, Eintritt frei

Der nur 3 km² große **Maun Wildlife Educational Park** erstreckt sich stromaufwärts vom Riley's Hotel am Ostufer des Thamalakane River an der Stelle, die Maun seinen Namen gab: der ›Platz der kurzen Gräser‹. Dies ist das einzige Gebiet der Stadt, wo man noch die Vegetation bewundern kann, wie sie vor Ankunft der Menschen und Haustiere hier gedieh. Es gibt einige schöne Fächerpalmen, Akaziendickichte und Reste des attraktiven Uferwaldes zu sehen. Aufgrund der Flussnähe lässt sich auch eine Vielzahl von Wasservögeln beobachten. Auf den wenigen offenen Graslandflächen leben Gnus, Zebras, Warzenschweine, Moorantilopen, Kudus, Impalas, Giraffen, Paviane und Grünmeerkatzen. Das Gelände bietet eine tolle Möglichkeit, angstfrei durch die einheimische Flora zu spazieren und dabei hautnah einige von deren Bewohnern kennenzulernen, was vor allem für Familien mit Kindern reizvoll ist. Auf verschiedenen Pfaden kann man gut zwei bis vier Stunden verbringen. In einem Besucherzentrum werden Schulklassen unterrichtet, geplant sind auch Ausstellungen und andere Aktivitäten. Noch während der Pandemie wurde der Park mit einer Investition von knapp 50 Mio. Pula renoviert und vom Staat an die lokale Gemeinde übergeben.

Matlapaneng Bridge 3

8 km nordöstlich von Maun lohnt die denkmalgeschützte **Matlapaneng Bridge** einen kurzen Blick, die früher die einzige Verbindung in Richtung Norden nach Moremi und Savuti darstellte. Die 1947 aus Mopanestämmen und Steinen erbaute Brücke darf heute nur mehr von Fußgängern überquert werden. Einer lokalen Legende zufolge ist das Wasserloch unendlich tief, da es nie austrocknet – und immer wieder sollen unvermittelt Krokodile und Flusspferde auftauchen. Zumeist jedoch sieht man nur ein paar Einheimische, die von der Brücke aus ihre Angeln auswerfen.

Die Anfahrt zur Matlapaneng Bridge erfolgt über die Straße nach Moremi. Beim Verlassen von Maun zweigt man kurz vor der neuen Brücke nach rechts in eine Piste ab, die direkt zur alten Brücke führt.

Crocodile Farm 4

Tel. 068 645 39, tgl. 9–16 Uhr, 50 Pula inkl. geführter Tour

An der Sehitwa Road ca. 12 km südlich von Maun liegt in der Nähe des Sitatunga Camp eine **Crocodile Farm,** eine kommerzielle Farm, wo Krokodile insbesondere wegen ihrer wertvollen Häute gezüchtet werden. Dies ist ein guter Platz, um Panzerechsen aller Größen zu sehen, von gerade aus dem Ei geschlüpften Exemplaren bis zu ausgewachsenen Kolossen. Insgesamt leben in der Anlage etwa 80 bis zu 5,50 m lange, erwachsene Krokodile sowie mehrere Hundert Jungtiere. Wer eine empfindliche Nase hat, sollte sich den Besuch lieber verkneifen: Es riecht hier ziemlich streng. Am Eingang ist eine Broschüre erhältlich, die über die Krokodilzucht informiert und Auskunft über die Biologie und Verbreitung der Tiere gibt.

Infos

Im Flughafen von Maun befindet sich ein kleines Tourismusbüro, das aber botswanatypisch wenig hilfreich ist. Es gibt im Ankunftsbereich auch eine Geldwechselstelle. Im Ort selbst verteilen sich einige Banken mit Geldautomaten.

Die Sonnenscheinkinder

Aufgrund von HIV ist jedes fünfte Kind in Botswana Vollwaise – Tendenz steigend. Doch auch Armut, häusliche Misshandlungen, Drogen- und Alkoholsucht führen dazu, dass viele Kinder und Jugendliche auf der Straße landen. Überdurchschnittlich hoch ist ihre Zahl in Maun.

Bana Ba Letsatsi bietet Straßenkindern eine neue Heimat

Botswanas Safarimetropole hat die Kids gelehrt, dass es lukrativer ist, ein paar Münzen zu erbetteln als in die Schule zu gehen. So trägt der Tourismus indirekt eine Mitschuld daran, dass die Zahl der Straßenkinder wächst. Der mittlerweile über 250 in Maun registrierten Straßenkinder, viele davon traumatisiert oder drogenabhängig, nimmt sich seit 2003 eine aus privaten Mitteln finanzierte Stiftung an: Bana Ba Letsatsi, ›Sonnenscheinkinder‹.

In der Stiftung bekommen die Kinder Essen, Kleidung, medizinische Versorgung und eine Ausbildung – die meisten haben nie zuvor eine Schule von innen gesehen. Lehrer helfen ihnen bei den Hausaufgaben, nachmittags wird Sport getrieben und gespielt. Die größeren Kinder werden in praktischen Tätigkeiten wie dem Nähen, Weben und Kochen unterwiesen. Das Programm für Jugendliche ab 17 Jahren bietet Trainings für den Beruf des Klempners, Maurers oder Tischlers und für Jobs im Tourismus.

Es gibt verschiedene Projekte, wie z. B. das Gemüsegarten- und Geflügel-Projekt *(vegetable garden and poultry project)*. Dabei lernen die Schüler nicht nur, wie man einen Garten bestellt und Hühner züchtet, sondern bekommen auch eine Vorstellung vom Sinn und Nutzen harter Arbeit. Die Hühnerzucht hat sich mittlerweile gut etabliert und auch der Garten gedeiht prächtig. Überschüssiges, nicht in der eigenen Küche verarbeitetes Gemüse wird verkauft, um zusätzliches Einkommen für Bana Ba Letsatsi zu erwirtschaften. Ziel ist es, aus den Schülern künftige Selbstversorger zu machen.

Während der Schulferien werden Freizeitaktivitäten wie Ausflüge ins Delta organisiert – in einem Land, in dem Wild die Hauptsehenswürdigkeit darstellt, haben die meisten dieser Kinder noch nie einen Elefanten zu Gesicht bekommen oder in einem Nationalpark gecampt.

Unterstützung bekommen auch die Familien, sofern noch vorhanden. Das umfasst zum einen therapeutische Maßnahmen, zum anderen Hilfe zur Selbsthilfe: Alleinstehende Mütter werden in die Lage versetzt, selbst ein kleines Einkommen zu erwirtschaften und damit sich und ihre Kinder zu versorgen.

Da es sich bei Bana Ba Letsatsi um eine Nichtregierungsorganisation handelt, ist man auf Spenden angewiesen, von Geld bis zu Kleidung, Fußbällen, Schreibzeug und medizinischen Hilfsmitteln ist alles willkommen. Freiwillige können als Praktikanten gegen Kost und Logis im Zentrum arbeiten. Kontakt: Bana Ba Letsatsi, House DA6, Chobe Riverside, Maun, Tel. 068 647 87, 072 64 34 68, www.banabaletsatsi.org.

Maun

Sehenswert

1 Riley's Hotel
2 Maun Wildlife Educational Park
3 Matlapaneng Bridge
4 Crocodile Farm

Übernachten

1 Royal Tree Lodge
2 Thamalakane River Lodge
3 Crocodile Camp
4 Sedia Riverside Hotel
5 Discovery B & B
6 Audi Camp
7 The Old Bridge Backpackers

Essen & Trinken

1 Marc's Eatery
2 Dusty Donkey Café
3 Tandurei Indian Restaurant
4 Hilary's Restaurant
5 The Tshilli Farmstall
6 Wax Apple
7 Nando's Maun

Einkaufen

1 Woolworths
2 Delta Meat Deli
3 Beef Boys Meat Market
4 Kalahari Kanvas
5 Clicks
6 The Power Station
7 Matlapana Baskets
8 Bateman's Fine Wine & Liquor Store

Department of Wildlife and National Parks (DWNP): hinter der Polizeistation in der Kubu Street (ausgeschildert), Tel. 068 603 68, 068 612 65. Das Personal ist bei der Reservierung von Campingplätzen im Moremi Game Reserve behilflich, auch die Parkgebühren können hier bezahlt werden.

Internetcafés: In Maun gibt es eine Vielzahl von Internetcafés, u. a. BMS, Mophane Av., www.bms.co.bw; **Kachang Airtime and Internet Café,** Maun St., Tel. 074 60 60 53, Facebook: ›Kachang Airtime and Internet Café‹; **Xnaxi Tech Internet Café,** gegenüber vom Flugplatz, Tel. 072 50 33 20, Facebook: ›Xnaxi TECH Internet CAFÉ‹; **Bush Telegraph,** Nat-lee Centre, Mathiba I. Rd., gegenüber vom Flughafen, Tel. 068 602 73, Mo–Fr 8–17, Sa 9–15 Uhr (das schnellste Internet in Maun, 50 Pula/30 Min., auch internationale Telefongespräche können hier für relativ wenig Geld geführt werden).

Übernachten

Afrikanisch dekorierte Luxuszelte – **Royal Tree Lodge 1 :** 15 km südlich von Maun, Tel. 068 007 57, www.namibweb.com/royaltreelodgemaun.htm. Hinter dem Namen Royal Tree Lodge verbirgt sich ein kleines, privates Wildreservat am Ufer des Thamalakane River. Auf ca. 3 km² leben Giraffen, Zebras, Springböcke, Strauße, Kudus, Oryx- und Elenantilopen sowie unzählige Vögel. €€€

Tolle Lage – **Thamalakane River Lodge 2 :** Shorobe Rd., 19 km nördlich von Maun, Tel. 068 602 17, www.thamalakane-lodge.com. 18 charaktervolle, reetgedeckte Natursteinchalets mit Veranden, einige davon sogar mit eigenem kleinem Pool, im Schatten eines Uferwalds. Alle Chalets haben Moskitonetze über den Betten und Deckenventilatoren. Wellnesszentrum, tolle Poolanlage sowie sehr beliebtes Restaurant mit Flussblick, das auch Nichtgästen offensteht und Steak, Fisch, Pizza und vegetarische Gerichte auf der Speisekarte hat. €€–€€€

Historisch – **Riley's Hotel** 1 **:** Tsheko Rd., Tel. 068 602 04, 068 603 20, www.rileyshotel.net, www.crestahotels.com. Seit 1910 eher eine Institution als ein Hotel (s. S. 229). Die 3-Sterne-Unterkunft am Ufer des Thamalakane River verfügt über 51 Zimmer mit AC und TV, Highlight ist die schöne Poolanlage. €–€€

Populär – **Crocodile Camp** 3 **:** Shorobe Rd., 13 km nördlich von Maun, Tel. 068 408 30, www.sklcamps.com/crocodilecamp. In dem vom Besitzer selbst gemanagten Croc Camp, wie die Institution von Einheimischen genannt wird, gibt es sowohl gut ausgestattete, tiefrot gestrichene Standard- als auch etwas luxuriösere Chalets, insgesamt 23 an der Zahl. Außerdem einen wunderbaren komfortablen Campingplatz unter schattigen Bäumen mit Sanitärblock und individuellen Wasser- und Stromanschlüssen. Reetgedeckte Bar für Sundowner, Organisation von Mokoro-Trips und Pferdesafaris. €

Attraktiv – **Sedia Riverside Hotel** 4 **:** Shorobe Rd., 8 km nördlich von Maun, Tel. 068 601 77, www.sedia-hotel.com. Die günstigere und ›lebendigere‹ Alternative zum Riley's Hotel. Zur Unterkunft gehören 24 Zimmer, zehn Chalets und ein Campingplatz. Es gibt außerdem die Möglichkeit, in bereits aufgebauten Zelten zu nächtigen. Die meisten Zimmer sind zum Garten hin ausgerichtet und in kräftigen Farben angemalt, dagegen wirken die teureren Chalets etwas altbacken. Der Campingplatz mit fünf Duschen und Toiletten erstreckt sich unter Schatten spendenden Bäumen im riesigen Hotelgarten. Camper dürfen den solarbeheizten Hotelpool benutzen. Afrikanisch dekoriertes Foyer, Bar, Restaurant, Internetcafé. €–€€

Familienfreundlich – **Discovery Bed & Breakfast** 5 **:** 15 km nördlich von Maun, Tel. 072 44 82 98, 074 36 01 98, www.discoverybnb.com. Die netten holländischen Besitzer vermieten neun traditionell gestaltete, afrikanisch-bunte Chalets. €–€€

Komfortabel campen – **Audi Camp** 6 **:** Shorobe Rd., 12 km nördlich von Maun, Tel. 068 605 99, www.audisafaris.com. Sauberer und

freundlicher Campingplatz mit herrlicher Poolanlage zwischen Bäumen. Die einzelnen Stellplätze haben Grillstellen, Wasser- und Stromanschluss. Es gibt auch Zelte zur Miete, die auf hölzernen Plattformen stehen. Reetgedeckte Bar und Restaurant, Verkauf von Feuerholz und Eis. Man hat die Wahl zwischen dem Luxuszelt mit Bett und Elektrizität, dem Zelt ohne Bad/WC und dem Stellplatz mit Strom €.

Hostel – **The Old Bridge Backpackers** 7 **:** 10 km nördlich von Maun an der alten Matlapaneng-Brücke, Tel. 068 624 06, www.maun-backpackers.com. Einfaches Hostel mit wenig einladendem Campingplatz. DZ im Safarizelt. €

Essen & Trinken

Lodgerestaurants – Gegessen wird oft in den Lodges oder Hotels. Der **Riley's Grill** im Riley's Hotel 1 und die **Sports Bar & Restaurant** 4 im Sedia Riverside Hotel stehen auch Nichtgästen offen. Besonders empfehlenswert ist die Pizza aus dem Holzofen in der

Rustikales Shoppingparadies für den Nordwesten Botswanas: Maun

Thamalakane River Lodge 2 , die die lange Anfahrt von knapp 20 km lohnt.

Bestes Restaurant im Ort – **Marc's Eatery** 1 : Sir Seretse Khama Rd., Tel. 068 408 83, www.marcseatery.com, Mo–Fr 10.30–14.30, 17–20.30 Uhr. Nach wie vor die beste Restaurant-Wahl in Maun. Das Lokal würde auch in der trendigen Food-Destination Kapstadt eine gute Figur machen. Es gibt u. a. frische Salate, delikate Burger, Pasta und Steaks. Wer morgens Maun verlässt, kann vorher eine der leckeren Lunchboxen bestellen, die dann irgendwo im Busch verspeist werden können. Da gibt es u. a. ein üppig belegtes Ciabatta-Sandwich, eine marokkanische Fleischpastete, süßes Gebäck und Obst. Auch vegetarisch ist möglich, eine Seltenheit im fleischlastigen Botswana. €

Zum staubigen Esel – **Dusty Donkey Café** 2 : 1 Airport Rd., Tel. 076 15 71 05, www.dustydonkeycafe.com. Lassen Sie sich nicht von dem Namen abschrecken, hier gibt es prima Essen, von leckerem Frühstück bis zu den zu Recht berühmten Steaks der Botswana-Rinder aus Freilandhaltung. Vegetarier kommen hier ebenfalls auf ihre Kosten. Frische Zutaten und appetitanregende Präsentation. Fast hätte ich die delikaten Kuchen vergessen. €

Guter Inder – **Tandurei Indian Restaurant** 3 : The Village, Plot 448, neben Dr's Inn, Tel. 071 13 73 33, www.tandurei.co.bw, tgl. 7.15–21 Uhr. Richtig guter Inder, ganz unerwartet in Maun. Auch ein paar chinesische Gerichte stehen auf der Karte. Offene Bar unter einem Reetdach. Relaxte Atmosphäre. €

Ganz frisch – **Hilary's Restaurant** 4 : Mathiba I St., Tel. 068 616 10, www.hilaryscoffeeshop.wordpress.com, Mo–Fr 8–16 Uhr. Mit immer frischen Zutaten werden hier die Gerichte zubereitet. Immer wieder überraschend, wenn man bedenkt, wie weit ›im Busch‹ der Ort Maun liegt. Auch das Brot wird hier gebacken. €

Farmfrisch – **The Tshilli Farmstall** 5 : Sir Seretse Khama Rd., Tel. 068 409 40, www.tshill

ifarm.life, Facebook: ›The Tshilli Farmstall‹, Mo–Sa 7–19, So 8–14 Uhr. In der coolen Café-Bar gibt es auch kleine Gerichte. €

Coffee Shop – **Wax Apple** 6: Airport Rd., Tel. 068 007 36, Mo–Fr 8–17 Uhr, Sa 8–14 Uhr. Klein, aber fein. Prima Salate, guter Kaffee, leckere Milkshakes und Smoothies. €

Huhn vom Nachbarn – **Nando's Maun** 7: Old Mall Maun, Tel. 036 003 00, www.nandos.co.bw, tgl. 10–22 Uhr. Wie bereits in Francistown, ist auch in Maun das südafrikanische Kettenrestaurant mit dem scharfen portugiesischen Chicken eine prima Wahl. €

Einkaufen

Proviant – **Woolworths** 1: Sir Seretse Khama Rd., New Mall, gegenüber Spar und First National Bank, Tel. 068 600 77, www.woolworths.co.za, Mo–Sa 9–18, So 9–13 Uhr. Viele Fleischsorten; zweimal tgl. kommt der Kühllastwagen mit frischem Salat, Gemüse und Obst aus Südafrika. **Delta Meat Deli** 2: Tsheko Rd., Riley's Complex, Shell-Tankstelle, Tel. 068 614 19, Facebook: ›Delta Meat Deli‹, Mo–Fr 8–17, Sa 8–14 Uhr. Das Fleisch (Rind, Wild und Huhn) wird vakuumverpackt und hält sich daher länger. Es gibt auch Käse und Fisch. **Beef Boys Meat Market** 3: Tsheko Rd., Tel. 068 647 71, www.beefboys.co.bw, Mo–Fr 9–18, Sa 9–13 Uhr. In der Metzgerei wird das Fleisch ebenfalls vakuumverpackt angeboten, ideal für Selbstversorger. Der frische Fisch kommt aus dem namibischen Walvis Bay. Es gibt außerdem typisch deutschen Wurstaufschnitt. Gefrorenes, vakuumverpacktes Fleisch für den Busch-Campingtrip eine Woche vorher online bestellen.

Safariausstatter – **Kalahari Kanvas** 4: Mathiba I. Rd., neben der Avis-Mietstation bzw. vis-à-vis vom Maun Airport, Tel. 068 605 68, www.kalahari-kanvas.com, Mo–Sa 9–18 Uhr. 1986 als Laden für Zeltreparaturen gegründet, heute Mauns bester Safariausstatter. Lokal produzierte und importierte Zelte, Campingstühle, Duschsäcke, Falttische, Ponchos, alle Arten von Taschen und Rucksäcken, Moskitonetze, Decken, Lampen.

Apotheke & Drogerie – **Clicks** 5: Ecke Sir Seretse Khama Rd./Koro St., www.clicks.co.za, Mo–Sa 9–18, So 9–15 Uhr. Die Drogeriemarktkette aus Südafrika ist hervorragend sortiert und hat eine angegliederte Apotheke. Hier gibt es alle möglichen Arzneimittel, aber auch Duschgel und Sonnencreme. **The Power Station** 6: Mophane Av., Tel. 068 633 91, www.powerstationmaun.com, tgl. 8–17 Uhr. Im Craft Centre, untergebracht in dem alten Elektrizitätswerk von Maun, gibt es lokal gefertigtes Kunsthandwerk, u. a. handgemachtes Papier, das aus Altpapier und Elefantendung (!) produziert wird. **Matlapana Baskets** 7: Shorobe Rd., ca. 8 km nördlich von Maun, Tel. 072 27 14 22, tgl. 6.30–18.30 Uhr. Die preisgekrönte Korbflechterin Thitaku Kushonya verkauft Körbe aus ihrer Werkstatt, wo man ihr auch beim Flechten zusehen kann.

Wein und mehr – **Bateman's Fine Wine & Liquor Store** 8: Shop 7A, Ngami Centre, Sir Seretse Khama Road, Tel. 071 67 03 16. In dem lizenzierten Laden gibt es eine große Auswahl an Weinen aus Südafrika, zu zivilen Preisen.

Aktiv

Budget-Safaris – **Lelobu Safaris:** Tel. 076 66 41 50, www.botswanabudgetsafaris.com. Junges Unternehmen, das Safaris ins Okavango Delta zu vergleichsweise erschwinglichen Preisen bietet.

Auf dem Wasser – **Afro Trek** 4: im Sedia Hotel, Tel. 068 601 77, www.afrotreksafaris.com. 1- bis 3-tägige Mokoro-Trips, auch kombiniert mit Vogelsafaris. Für Leute mit wenig Zeit bietet sich die 1-stündige Tour auf dem Thamalakane River an (ca. 50 US-$).

In der Luft – Diverse Veranstalter bieten Rundflüge *(scenic flights)* über das Delta an – aus der Vogelperspektive lässt sich die faszinierende Region besser begreifen. Alle Flüge gehen vom Flugplatz in Maun ab und die Büros der verschiedenen Veranstalter finden sich im oder direkt neben dem Flughafengebäude. Am meisten nachgefragt werden 45-Minuten-Flüge (110–490 US-S pro Pers. plus 75 Pula *departure tax*). Es gibt auch einstündige Flüge. Die Kosten sind abhängig von der Gruppengröße, je weniger Personen, desto teurer. **Helicopter Horizons,** www.helicopterhorizons.com; **Delta Rain,** www.deltarain.com; **Oka-**

vango Delta, www.okavangodelta.com; **Major Blue Air,** www.majorblueair.com; **Mack Air,** Tel. 067 686 0675, www.mackair.co.bw.

Termine

Maun International Arts Festival (Oktober): Zwei Tage lang Musik und traditionelle Tänze.

Verkehr

Flüge: Durch die vielen Charterflüge ist Mauns Flugplatz, Mathiba I. Rd., Tel. 036 882 00, der verkehrsreichste im Land. Air Botswana, www.airbotswana.co.bw, verbindet tgl. mit Gaborone sowie mehrmals pro Woche mit Kasane, Kapstadt und Johannesburg. South African Airways, www.flysaa.com, fliegt nach Johannesburg.

Busse: Das Busterminal liegt in der City neben Riley's Hotel. Es gibt tgl. Verbindungen nach Shakawe (8 Uhr, 4,5–7 Std.), Nata (von dort weiter nach Kasane), Francistown (6.30, 13.30 Uhr, 7 Std.), Ghanzi (8.30 Uhr, 4 Std.), Mamuno an der botswanisch-namibischen Grenze und Gaborone (6.30, 16.30 Uhr, 10 Std.).

✿ Moremi Game Reserve ► 1, E–G 3/4

Karte: S. 245

Dez.–Febr. 5.30–19.30, März–Mai 6–19, Juni–Aug. 6.30–18.30, Sept.–Nov. 6–19 Uhr, Eintritt Erw. 150 Pula, Kinder 8–17 Jahre 90 Pula, Auto 80 Pula

Das **Moremi Game Reserve** war nicht immer ein Tierparadies. Gegen Ende des 19. Jh. gab es im südlichen Okavango Delta infolge der Rinderpest fast kein Wild mehr. Es dauerte Jahre, bis sich der Bestand wieder erholte – nur um in den 1960er-Jahren durch unkontrolliertes Jagen und die Ausweitung von Subsistenz-Rinderfarmen erneut drastisch reduziert zu werden. Bis Mrs. Moremi, die resolute Witwe von Häuptling Moremi III. vom Stamm der Batawana, eingriff. Sie überzeugte ihre Untertanen, das Gebiet zwischen dem Khwai River und dem Mogogelo River zum Naturschutzgebiet zu erklären. Am 15. März 1963 war es so weit: Der Park wurde etabliert und trug fortan den Namen des letzten Häuptlings.

Zu Beginn umfasste der Park nur die Region der Mopane Tongue (›Mopane-Zunge‹) im Osten des heutigen Areals. In den 1970er-Jahren kamen die königlichen Jagdgründe von Häuptling Moremi dazu, Chief's Island genannt. Und 1992 wurde ein weiteres Stück Land zwischen dem Jao River und dem Nqoga River in der nordwestlichen Ecke des Reservats eingegliedert. Der Grund hierfür war, dass die Nationalparkbehörde alle im Okavango Delta vorkommenden Biotope schützen wollte, auch die nur dort existierenden Papyrussümpfe.

Heute ist das Moremi Game Reserve 4872 km² groß und macht etwa ein Drittel der gesamten Fläche des Okavango Delta aus. Es ist zweifellos eines der Top-Safariziele Afrikas. Da es sich inmitten von anderen Schutzgebieten befindet, können sich die Tiere frei bewegen und werden bei ihren Migrationen nicht durch Viehzäune behindert. Die Landschaft hat trotz der vielen Raubtiere etwas Friedliches, Beruhigendes, ja fast Paradiesisches. Hier wachsen hauptsächlich Mopanebäume, die zum Teil riesig groß werden und sich zu richti-

SUNDOWNER

Um Besuchern die Möglichkeit zu geben, den Sundowner im Busch einzunehmen, wurde das Nachtfahrverbot von der Nationalparkbehörde gelockert, sodass die Pisten im Moremi Game Reserve bereits in der Morgendämmerung sowie bis eine Stunde nach Sonnenuntergang befahrbar sind. Beste Möglichkeit, auch nachtaktive Tiere live zu erleben!

An den Gewässern des Moremi Game Reserve stehen die Chancen besonders gut, Wildtiere zu beobachten

MIT DEM PFERD DURCHS OKAVANGO DELTA

Tour-Infos

Start: von den Lodges oder ab Maun

Reisezeit: am besten Aug.–Okt., die Regenmonate Dez.–Febr. sind zu meiden

Dauer: 3–10 Tage

Voraussetzungen: Reiterfahrung nötig, da 4–6 Std. tgl. im Sattel; Mindestalter 12 Jahre; nicht schwerer als 90–95 kg

Teilnehmer: 6–8 Reiter pro Gruppe

Buchung: Zu den deutschsprachigen Anbietern gehören Pferdesafari – Abenteuer im Sattel, www.pferdesafari.de/reiseziele/afrika/botswana; Pferd & Reiter, www.pferdreiter.de/afrika/botswana.php. Empfehlenswerte lokale Veranstalter sind African Horseback Safaris, www.africanhorseback.com; Okavango Horse Safaris, www.okavangohorse.com; Botswana Okavango Horse Safari, www.equitrekkingtravel.com.

Kosten: Ab ca. 650 US-$ pro Person und Tag inkl. Übernachtungen und Vollpension; einige Lodges bieten Ausritte ins Delta als Teil ihrer im Übernachtungspreis enthaltenen Aktivitäten an.

Ausritte zu Pferd sind die intensivste Art und Weise, mit der afrikanischen Flora und Fauna in Kontakt zu kommen. Mit einer Gruppe Gleichgesinnter durch die unberührte Landschaft zu galoppieren, dass das Wasser nur so spritzt, löst unbeschreibliche Glücksgefühle aus. Und das Schöne daran: Die wilden Tiere fühlen sich kaum gestört. Sie sehen Pferd und Reiter als Einheit, als großen, eigenartig geformten Grasfresser. Es ist eine unbeschreibliche Erfahrung, sich langsam an Großwild wie Elefanten und Büffel heranzupirschen oder mit Giraffen, Zebras und Gnus um die Wette zu galoppieren. Auch das Durchqueren von Flussläufen gehört zum Programm. Während die Pferde mit ihren Reitern auf dem Rücken durchs Wasser waten oder sogar schwimmen, halten die Guides nach Krokodilen und Flusspferden Ausschau.

Die Veranstalter haben eine Vielzahl erstklassiger Pferde mit Widerristhöhen zwischen 140 und 165 cm zur Auswahl, von Vollblütern über namibische Hannoveraner bis zu Arabern und Kalahari-Araber-Kreuzungen. Alle Tiere sind sehr gut ausgebildet, ausgeglichen und an die Beschaffenheiten des Deltas sowie – ganz wichtig – dessen Fauna gewöhnt. Als Reiter kann man zwischen englischen und Westernsätteln wählen. Zwei erfahrene Guides mit Erster-Hilfe-Ausstattung, Gewehr und Funkgerät begleiten die Gruppe.

Das Okavango Delta ist definitiv kein Ort, um reiten zu lernen. Die Teilnehmer müssen schon sehr erfahren sein, denn es kann vorkommen, dass man einer Gefahr wie z.B. einem Rudel Löwen schnellstens aus dem Weg gehen, d. h. davongaloppieren muss. Der Guide folgt dann als Letzter, mit dem Gewehr in der Hand. Um die Sicherheit während des Ausritts zu garantieren, werden im Vorfeld ausführliche Verhaltensmaßregeln erteilt und man macht sich ausgiebig mit ›seinem‹ Pferd, Sattel und Zaumzeug vertraut. Auf einer mehrtägigen Pferdesafari verbringt man vier bis sechs Stunden täglich im Sattel. Dazwischen werden immer wieder Pausen mit Picknicks eingelegt. Das macht sowohl Reiter als auch Ross wieder fit für die nächste Etappe.

gen Wäldern gruppieren. Grauweiße Sandpisten schlängeln sich um die gewaltigen Stämme. Aber natürlich hat das Schutzreservat noch mehr an Flora zu bieten: Etwa 1000 verschiedene Pflanzenarten wurden hier registriert.

Das Wild konzentriert sich an den zahllosen saisonalen Pfannen und Flüssen. Dank des zunehmenden Ökotourismus und der damit verbundenen Einkünfte konnten durch Wilderei ausgerottete Nashörner wieder angesiedelt werden (s. S. 242), sodass Besucher des Moremi Game Reserve sogar auf Big-Five-Safari gehen können, und zwar im Konzessionsgebiet Mombo im Nordwesten von Chief's Island. Die Rhinos laufen hier frei herum, wobei das umgebende Sumpfland eine Art natürliche Barriere bildet. Dadurch sind die Nashörner leichter zu schützen und auch leichter zu beobachten.

Anreise

Das Reservat ist entweder per Kleinflugzeug oder mit einem Geländewagen zu erreichen. Selbstfahrern stehen zwei Eingänge zur Verfügung, **South Gate** und **North Gate.** Achtung: Auch in der Trockenzeit von April bis Oktober müssen im Moremi Game Reserve Flüsse durchquert werden. Aufgrund des Wildbestands und der Krokodile sollte die alte Geländewagenfahrerregel »Erst durchlaufen, dann durchfahren« hier besser nicht angewendet werden. Wer sich bei der Wassertiefe unsicher ist, wartet – ganz kollegial – am besten ab, bis ein anderer Fahrer die Furt durchquert hat.

Das Eintrittsgeld in den Park kann direkt an einem der Gates entrichtet werden. Vor ein paar Jahren begann die Privatisierung einiger einst staatlicher Campingplätze, die daraufhin teils sehr schön hergerichtet und mit komfortablen Sanitärblöcken ausgestattet wurden. Die Buchung dieser Plätze wird seither von drei Unternehmen gehandhabt: **Xomae Group,** Tel. 068 622 21, www.xomaesites.com (Third Bridge, Baines Baobab, Wilderness und Nxai South). **Kwalate Safaris,** Tel. 068 614 48, www.kwalatesafaris.com (Ihaha, Xakanaxa und Maqwee (South Gate)), **SKL Camps,** Tel. 068 653 36, 33 69, www.sklcamps.com (Crocodile Camp, Camp Savuti, Linyanti, Kumaga und Khwai).

Beste Reisezeit

Die Regenzeit dauert von Oktober bis April, mit Höhepunkt im Januar und Februar. Einige Pisten sind dann sehr schwierig zu befahren, manche unpassierbar. Vor allem die direkte Pistenverbindung zwischen Xakanaxa und dem North Gate steht von Januar bis April oft völlig unter Wasser. Die Temperaturen und die Luftfeuchtigkeit sind in den Sommermonaten sehr hoch. Moremi ist Malariagebiet, also entsprechende Vorkehrungen treffen. Vorteil der feuchten Jahreszeit: Es gibt weniger Besucher.

Für die Tierbeobachtung ist die Trockenzeit von April bis Oktober allerdings viel besser, da sich das Wild dann an den permanent fließenden Flüssen konzentriert. Die touristische Hauptsaison erstreckt sich von Mai bis August. Obwohl zu dieser Zeit Winter ist, bleibt es in Moremi tagsüber mild. Nur in seltenen Fällen drücken Tiefausläufer die Temperaturen bis zum Gefrierpunkt. Der beste Safarimonat ist der Oktober. Zum Ende der Trockenzeit herrscht zwar eine unglaubliche Hitze, aber die Tiere suchen nach Wasser und Nahrung. Hohe Konzentrationen von Wild und Raubkatzen finden sich dann entlang dem Khwai River.

Von Ende August bis September stehen viele Bäume in Blüte und verbreiten einen süßen Duft. Dann finden sich viele Tiere unter den Leberwurstbäumen *(Kigelia pinnata)* ein, um die abfallenden Blüten zu fressen. In den Ästen warten oft schon Leoparden auf ihre – nicht vegetarische – Mahlzeit.

Orientierung

Das Moremi Game Reserve liegt im Nordosten des Okavango Delta. Im Herzen des Schutzgebiets erstreckt sich Chief's Island, mit ca. 60 km Länge und etwa 10 km Breite die größte Insel im Delta. Vom Festland ist das Gebiet durch Flutebenen und Wasserläufe abgeschnitten. Im Osten von Moremi befindet sich die dreieckig geformte Halbinsel Mopane Tongue. Zwischen Chief's Island und Mopane Tongue breitet sich ein Netzwerk von Lagunen, Flüssen, Flutebenen und kleinen Inseln aus, die sich in permanenter Transformation befinden.

Die Rückkehr der Nashörner

Bis etwa Mitte des 20. Jh. lebten zahlreiche Breitmaulnashörner im Norden Botswanas. Das deutlich seltenere Spitzmaulnashorn kam in geringeren Zahlen am Kwando River und am Chobe River vor.

Der Schutz der Nashörner war damals nicht besonders effektiv, und Wilderer schlachteten die prächtigen Tiere reihenweise ab, um an die auf dem Weltmarkt teuer gehandelten Hörner zu kommen. 2017 war Nashornhorn mit etwa 65 000 US-$ pro Kilogramm mehr wert als Gold. Selbst Babys mit winzigen Hörnern blieben nicht verschont. Bereits im Jahr 1992 waren die Spitzmaulnashörner in Botswana ausgerottet, Breitmaulnashörner gab es insgesamt noch 19 Stück! Weltweit hat die Nashornpopulation seit den 1970er-Jahren um mehr als 90 % abgenommen.

Gemeinsam mit der botswanischen Armee etablierte die Nationalparkbehörde daraufhin eine bewaffnete Eingreiftruppe, um massiv gegen Wilderer vorzugehen. Schusswaffengebrauch bei Konfrontationen ist üblich. Die verbleibenden 19 Breitmaulnashörner wurden vorübergehend in private, leichter zu bewachende Naturreservate umgesiedelt.

2001 kooperierten die botswanische Regierung und die Nationalparkbehörde mit dem privaten, im Naturschutz sehr aktiven Unternehmen Wilderness Safaris (www.wilderness-safaris.com). Die Zusammenarbeit führte zum Botswana Rhino Relocation and Reintroduction Project (www.wildernesstrust.com), das die Umsiedlung und Wiedereinführung von Nashörnern in Botswana zum Ziel hat. Noch im selben Jahr wurden vier Breitmaulnashörner, drei Weibchen und ein Männchen, auf Chief's Island im Moremi Game Reserve wiederangesiedelt. Diesen folgen weitere Tiere, die zumeist aus Südafrika und Simbabwe stammten. Das erste Kalb der Neuankömmlinge, Dimpho (›großes Geschenk‹), wurde im Juli 2004 geboren. Mittlerweile gibt es wieder eine gesunde Züchtungspopulation in Moremi.

Dann war das Spitzmaulnashorn an der Reihe. Zwei Jahre nach Projektbeginn streiften die ersten vier Exemplare wieder durch das Delta – nach mehr als zehn Jahren Abwesenheit. Noch mehr Tiere wurden aus Simbabwe importiert, wo nach wie vor sehr viel gewildert wird.

Beide Nashornpopulationen erholen sich zusehends, sind aber nach wie vor gefährdet und massiv geschützt. Da es im Okavango Delta keine Zäune gibt, ziehen einige Tiere auf der Suche nach besserem Grasland in andere Regionen. Diese Migrationen werden mittels Sendern genau überwacht – und aus Sicherheitsgründen nicht veröffentlicht. Mindestens zwei Breitmaulnashörner leben inzwischen am Boteti River in den Randbezirken der Makgadikgadi Pans. Der botswanische Lodgeverband Desert & Delta stiftete daraufhin ein weiteres Breitmaulnashorn, das sich nun zu den beiden gesellt hat. Um herauszufinden, wo sich die Panzerträger am liebsten aufhalten und was ihre bevorzugte Nahrung ist, wurde das Botswana Rhino Ecology Project ins Leben gerufen, das u. a. die Dynamik von Nashornmigrationen erforscht.

Die Wilderei ist auch heute noch eine große Bedrohung für die Spezies und erreichte zwischen 2010 und 2015 im südlichen Afrika einen traurigen Höhepunkt. Zwar führt nur Südafrika eine offizielle Wildereistatistik, aber allein diese Zahlen sind mehr als alarmierend: Im Jahr 2010 starben dort 333 Nashörner, 2011 waren es 448, 2012 668, 2013 1004 und 2014 sogar 1215 Tie-

Mehr wert als Gold: das in Asien als Aphrodisiakum gehandelte Nashornhorn

re. 2022 ging die Zahl auf 448 abgeschlachtete Tiere zurück mit derzeit sinkender Tendenz. Die meisten davon wurden im Kruger National Park gewildert. Als Gegenmaßnahme entfernte man den Tieren das Horn, aber selbst das half nichts. Die Wilderer töteten nunmehr aus Wut und entfernten sogar den Stummel, der beim Enthornen bleiben muss, damit das Horn nachwachsen kann. Dieses besteht aus nichts anderem als Keratin – würden die Vietnamesen und Chinesen also ihre Fingernägel kauen, hätte das die gleiche medizinische Wirkung wie die Einnahme gemahlenen Nashornhorns, das in 400 verschiedenen chinesischen Arzneimitteln Verwendung findet.

Mittlerweile wird schon damit experimentiert, die Hörner zu vergiften. Eine andere Idee ist, den Handel mit den Hörnern zu legalisieren und Nashörner auf Farmen zu züchten. Dann könnte eine zentrale Verkaufsorganisation die weltweite Verteilung übernehmen. Die DNA des so gewonnenen Horns würde gespeichert, um es von Schwarzmarkthorn zu unterscheiden. Ein Nashorn kann in seinem Leben etwa 60 kg Horn produzieren, das regelmäßig abgeschabt wird, ohne dass das Tier darunter leidet.

Diese Schutzmaßnahmen kosten sehr viel Geld. Aus diesem Grund arbeitet das botswanische Nashornprojekt mit internationalen Organisationen zusammen, die um eine finanzielle Unterstützung bemüht sind, allen voran mit dem Wilderness Safaris Wildlife Trust (www.wilderness trust.com).

Unterkünfte

Im gesamten Okavango Delta gibt es viele Konzessionen für private Luxuslodges. Das Schutzgebiet ist berühmt für die Qualität dieser Unterkünfte – und auch für deren teilweise sehr hohen Übernachtungstarife. Campende Selbstfahrer sparen viel Geld, allerdings gibt es für sie nur wenige Campingplätze im Moremi Game Reserve. Achtung: In der Regenzeit sind auch dort die wenigen Sandstraßen oft überflutet. Gäste, die eine Fly-in-Safari gebucht haben, sind von der Regenzeit unabhängig.

Lodges und Camps verlangen zur Hochsaison zwischen Juli und Oktober natürlich auch Höchstpreise. Günstiger wird es in der Zwischensaison im November bzw. von April bis Juni. Zwischen Dezember und März sind die Preise am niedrigsten. Die nur per Flugzeug erreichbaren Lodges und Camps sind fast alle ganzjährig geöffnet.

Infos für Selbstfahrer

Eine Hauptregel für Selbstfahrer lautet: genug Essen und Getränke mitnehmen. Am besten kauft man alles in den sehr gut sortierten Supermärkten von Maun ein. Ansonsten gibt es im Moremi Game Reserve nur noch außerhalb des North Gate in Khwai Village ein paar kleine Läden, die Softdrinks, manchmal auch Bier vorrätig haben. Die Lodges in Moremi verkaufen keine Getränke an selbstfahrende Besucher, nur an ihre Übernachtungsgäste.

An den Campingplätzen gibt es Wasser, sofern nicht gerade die Pumpen ausgefallen sind. Allerdings ist es in Moremi nicht ganz so tragisch wie in der Kalahari, wenn man zu wenig Wasser gebunkert hat. Zur Not kann man es aus den Flüssen bei Third Bridge, Xakanaxa und am Khwai schöpfen. In den Park darf kein Feuerholz gebracht werden und man darf auch keines mit hineinnehmen. Es ist hingegen erlaubt, im Park abgestorbenes Holz für den Eigenbedarf zu sammeln. Das sollte man bereits während der Fahrt tun, da sich rund um die Campingplätze kein Krümelchen Brennbares findet.

Auf den 360 km zwischen Maun und Kasane gibt es kein Benzin. Wer vom Moremi North Gate über Savuti nach Kasane weiterfahren will, muss also unbedingt den Abstecher nach Xakanaxa einplanen, um dort noch einmal volltanken. Alternativ kann man natürlich auch zur Tankstelle in Maun zurückfahren. Wie in allen anderen Nationalparks Botswanas gilt eine Geschwindigkeitsbeschränkung von 40 km/h. Eine Stunde nach Sonnenuntergang bis kurz vor Sonnenaufgang gilt Fahrverbot im Park.

Von Maun zur Third Bridge

Die ersten 47 km von Maun nach **Shorobe** (▶ 1, G 5) sind geteert. Danach folgen 20 km gute Schotterpiste bis zum **Buffalo Fence Gate** **1**. Dann beginnt das Offroad-Abenteuer. Weniger als 1 km nach dem Zaun gelangt man an eine Gabelung, an der man sich links hält. Nach 33 km ist das **South Gate** **2** oder **Maqwee Gate** (S19°26 955/E23°38 234) erreicht. Die Piste nach rechts führt zum Sankuyo Village, zum Mankwe Camp und nach Savuti.

Jenseits des Tors schlängelt sich die Piste durch Mopanelandschaft. Der Lehmboden ist in der Regenzeit rutschig und weich. Nach der **First Bridge** **3** (S19°17 099/E23°23 531) und der **Second Bridge** **4** (S19°17 003/E23°22 553) folgt ein Abschnitt mit tiefem, weichem Sand.

Für die 50 km vom South Gate zur **Third Bridge** **5** (S19°14 411/E23°21 417) braucht man etwa 2 Stunden in der Trocken- und 3,5 Stunden in der Regenzeit. Die aus Mopanestämmen und -ästen zusammengezimmerte Brücke, manchmal halb überschwemmt, knackt und knarzt abenteuerlich, wenn der Geländewagen darüber hinwegkriecht. Warnschilder weisen auf das Badeverbot hin. Das glasklare Wasser sieht in der hier meist herrschenden Hitze zwar einladend aus, doch das wissen auch die hier lebenden Krokodile zu schätzen.

Third Bridge Campsite

Selbstfahrer mit Dachzelt sollten mindestens zwei Nächte auf der wunderbaren Third Bridge Campsite verbringen. Wie alle staatlichen Cam-

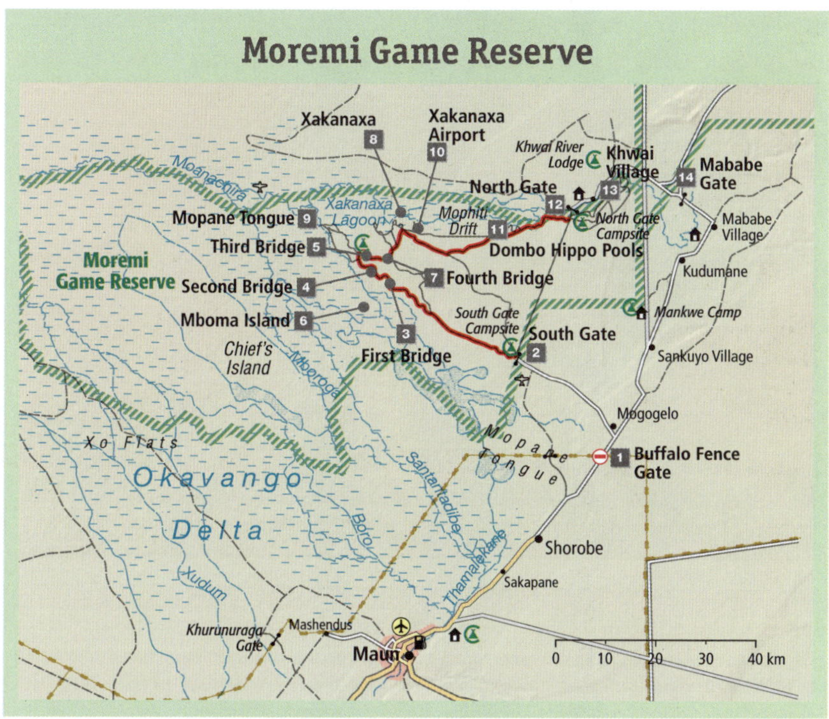

pingplätze wurde auch dieser 2009 privatisiert und renoviert. Statt der alten, holzbefeuerten Öfen, die Camper anschüren mussten, um das Wasser für die Duschen zu erhitzen, erledigt das jetzt die Sonne. Nachts streifen fast immer Löwen durch das Camp und queren regelmäßig auch die Brücke. Außerdem sieht man hier häufig Leoparden, Geparden, Wildhunde, Tüpfelhyänen, Elefanten und Flusspferde. Zum Problem können die Paviane werden, die das Essen stibitzen, wenn man es nicht gut verschlossen aufbewahrt. Die Third Bridge Campsite liegt zentral im Moremi Game Reserve und eignet sich als Basis für Tagesausflüge nach Mboma Island und Xakanaxa (s. rechts).

Mboma Loop

Von der Third Bridge aus bietet sich die Umfahrung von **Mboma Island** 6 an. Im Norden der Insel finden sich häufig Geparden, im Süden Büffelherden ein. Die Rundfahrt ist etwa 32 km lang, für die man aufgrund des tiefen Sands ungefähr 1,5 Stunden benötigt. Wendepunkt ist an der **Mboma Boat Station** (S19°11 689/E23°16 291), von wo aus Touren in Einbäumen und Motorbooten veranstaltet werden (s. S. 250).

Von der Third Bridge nach Xakanaxa

Von der Third Bridge (S19°14 411/E23° 21 417) bis zur **Fourth Bridge** 7 (S19°15 128/ E23°24 173) sind es 6 km und weitere 8 km bis **Xakanaxa** 8 (S19°11 885/E23°25 883).

Am oberen Ende der dreieckig geformten **Mopane Tongue** 9 liegt die **Xakanaxa Lagoon.** Von aus hier öffnet sich das Delta mit seinen Irrgärten aus Kanälen, Auwäldern, Lagunen und Inseln nach drei Seiten. Einige der näher liegenden Inseln wie **Goaxhlo Island**

Das Jao Camp gehört zu den luxuriösesten in der Region

oder die große Mboma Island sind über Mopanebrücken zu erreichen. Jenseits davon geht es nur per Boot oder Flugzeug weiter. Die Wildbeobachtungsmöglichkeiten hier sind legendär. Wer mit dem Wagen unterwegs ist, meint, Statist in einer Tierdokumentation zu sein. Manchmal lassen sich Leoparden oder Hyänen kilometerweit ›verfolgen‹.

Von Xakanaxa zum North Gate

Vom **Xakanaxa Airport** 10 (S19°11 778/E23°26 342) geht es zunächst etwa 10 km auf der Piste Richtung South Gate. An der Gabelung (S19°14 573/E23°31 236) nimmt man die linke Abzweigung und fährt 11 km durch Mopanelandschaft bis zu einer weiteren Pistengabelung (S19°12 947/E23°36 478). Die rechte Abzweigung erreicht nach 5 km die **Dombo Hippo Pools** 11 und nach weiteren 15 km das **North Gate** 12 bzw. **Khwai Gate** (S19°10 342/E23°45 095).

An den Dombo Hippo Pools, wo es Toiletten gibt, lassen sich wunderbare Sonnenuntergänge erleben und fotografieren. Ein toller Picknickplatz also. Und wie der Name erwarten lässt, tummeln sich hier viele grunzende Flusspferde. Sie haben die Angewohnheit, ihren Dung sowohl im Wasser als auch an Land weitmöglichst zu verstreuen. Eine lokale Legende erklärt das folgendermaßen: Als die Erde noch jung war, fragte das Flusspferd Gott, ob es nicht in dem schönen, kühlen Wasser leben könne. Gott jedoch verneinte, denn ein so großes Tier mit einem so großen Maul fräße dann alle Fische. Das Flusspferd versprach hoch und heilig, keinem Fisch etwas zuleide zu tun. Schließlich willigte Gott ein und erlaubte dem Flusspferd, im Wasser zu leben – unter einer Bedingung. Es müsse seinen Dung immer weit verstreuen, damit er vom Himmel aus sehen könne, ob sich Fischgräten darin befänden.

Weiterfahrt zum Chobe National Park

Wer vom North Gate nach Norden in den Chobe National Park weiterreisen möchte, kann die 43 km lange Pistenverbindung zum Mababe Gate nehmen (s. S. 274). Von der Holzbrücke an den Khwai-Campingplätzen geht es zunächst zum North Gate (S19°10 12/E23°45 05). Dann folgt man der Hauptpiste durch das **Khwai Village** 13. Diese kurvt in Richtung Nordosten nach rechts und passiert dann den **Khwai Airstrip** (S19°09 052/E23°47 543), der sich rechts der Piste befindet. Ca. 8 km jenseits des Flugplatzes ist eine Gabelung (S19°05 26/E23°49 50) erreicht, wo man sich rechts hält und das sehr schöne **Khwai River Valley** entlangfährt. 15,5 km weiter gelangt man wieder an eine Pistengabelung (S19°09 27/E23°55 19), wo man sich rechts hält. 9,5 km später ist die Piste von Maun nach Mababe erreicht, hier geht es links zum **Mababe Gate** 14 des Chobe National Park ab.

Übernachten

... im Moremi Game Reserve (auf dem Landweg erreichbar):

Am nördlichen Parkeingang – **Belmond Khwai River Lodge:** S19°08 860/E23°48 019, Tel. in Südafrika 0027 21 483 16 00, www.belmond.com/safaris/africa/botswana/belmond-khwai-river-lodge. Opulente Lodge mit riesigen, über 100 m² großen Leinwandzimmern auf erhöhten Holzplattformen, weit auseinanderliegend und zum Fluss hin ausgerichtet. Die großen Veranden sind mit Tisch, Stühlen und Hängematte ausgestattet. Super Badezimmer mit Badewannen im Freien. Exzellenter Service und sehr gutes Essen. €€€

Etabliert – **Camp Okuti:** zwischen Xakanaxa und der Bootsstation, Büro in Maun, Tel. 068 612 26, www.kerdowneybotswana.com. Wunderschöne Lodge, fünf geräumige ›Zimmer‹ aus Reetgeflecht mit Lehm in den Zwischenräumen, geschmackvolle afrikanische Einrichtung mit Nguni-Rinderfellen auf den Holzböden, Außenduschen mit Buschblick. €€€

Klassisches Safaricamp – **Camp Xakanaxa:** Buchung über Moremi Safari & Tours, Tel. 068 602 22, in Südafrika 0027 11 463 39 99, https://desertdelta.com/camps/camp-xakanaxa. Das aus Holz, Riedgras und Stroh konstruierte Camp (ausgesprochen Ka-ka-naka) mit 12 geräumigen Safarizelten auf Holzplattformen überblickt den Khwai River. Es entstand aus Moremis erstem Safaricamp, das in den 1960er-Jahren als Basis für die Krokodiljagd errichtet wurde. €€€

Zwischen Baumriesen und Hippos – **Camp Moremi:** S19°11 322/E23°24 489, Buchung über Desert & Delta, Tel. 068 612 43, 068 622 46, in Südafrika 0027 11 706 08 61, www.desertdelta.com. Luxuriöses Zeltcamp unter gigantischen Ebenholzbäumen mit elf geräumigen Leinwandbehausungen und Blick über die Xakanaxa-Lagune von der eigenen Terrasse. Pool mit Sonnendeck, Pirschfahrten im offenen Geländewagen, gute Löwen-, Leoparden-, Geparden- und Wildhund-Sichtungen. €€€

Camping am Fluss – **Khwai/North Gate Campsite:** SKL, Tel. 068 653 65/6, www.sklcamps.com. Zehn Stellplätze mit eigener Wasserversorgung und Kochstelle, vier moderne Sanitärblocks. Onlinebuchung möglich. €

Insel-Camping – **Gcudikwa Wilderness Camp:** Xomae Group, Maun, Tel. 068 622 21, www.xomaesites.com. Nur per Boot von der Third Bridge Boat Station aus zu erreichen (ca. 20 Min.). Sehr einfache Stellplätze an den Gcudikwa- und Gxhobega-Lagunen. Organisiert Mokoro-Trips und Fußsafaris. Onlinebuchung mit Kreditkarte möglich. €

Campen mit Wild – **Third Bridge:** Xomae Group, Maun, Tel. 068 622 21, www.xomaesites.com. Zehn Stellplätze, moderner Sanitärblock und Wasserleitung. Viele Tiere im Camp. Onlinebuchung mit Kreditkarte. €

Camping am Delta – **Xakanaxa:** Kwalate Safaris, Tel. 068 614 48, www.kwalatesafaris.com. Acht kaum markierte Stellplätze am Rand des Deltas direkt neben der Xakanaxa Boat Station. An jedem Platz Grillmöglichkeiten, neuer Sanitärblock, viele Tiere im Camp. €

Camping am Südeingang – **Maqwee (South Gate):** Kwalate Safaris, Tel. 068 614 48, www.kwalatesafaris.com. Weniger aufregend als der Third-Bridge-Campingplatz, inmitten eines Mopanewalds am Parkeingang gelegen. Sieben Stellplätze mit Betontischen und -bänken, Sanitärblock mit Solarheizung, Solarstrom für Licht. €

... an der Grenze zum Moremi Game Reserve (auf dem Landweg erreichbar):

Umweltfreundlich campen – **Kaziikini Camp Site:** 26 km östlich des South Gate, S19°35 394/E23°48 144, Tel. 068 006 64. Neben vier kleinen Rundhütten und zwei Safarizelten gibt es auch zehn Stellplätze unter Bäumen, zwei davon mit Strom. Solarversorgter Sanitärblock, Brauchwasser-Toiletten, Restaurant (Essen vorbuchen), Bar. Die Solarenergie sorgt auch für Licht. €

Unter Kameldornbäumen – **Camelthorn Rest Camp & Mankwe Mopani Camp Sites:** nahe Sankuyo Village, südl. vom Mababe Gate, Mankwe Wildlife Reserve, Tel. 068 657 88, mankwe@info.bw. Drei Stellplätze unter Schatten spendenden Kameldornbäumen, Spültoiletten und Duschen, Restaurant, Aktivitäten. €

Stellplätze auf Gemeindegrund – **Khwai Community Camp:** Khwai Village, Khwai Community Trust, Tel. 068 623 61, 068 012 11, khwai@botsnet.bw. Großer, von der lokalen Gemeinde unterhaltener Campingplatz ohne jegliche Versorgungsmöglichkeiten, mit Toiletten und Duschen. €

... im Okavango Delta (nur im Rahmen einer Fly-in-Safari erreichbar):

Die folgenden Unterkünfte stellen nur eine Auswahl der zur Verfügung stehenden Lodges und Camps dar. Alle bieten höchsten Komfort in absoluter Wildnis und sind deshalb sehr teuer. Ein oder zwei Übernachtungen in einer nur mit dem Flugzeug zu erreichenden Lodge sollten jedoch zu einer Botswanareise dazugehören – schon der Flug über das Delta ist ein unvergessliches Abenteuer.

Animal Planet live – **Little Mombo Camp:** Wilderness Safaris (s. S. 12). Camp auf Mombo Island mit nur drei Zelten, also sehr exklusiv. Fantastische Außenduschen und ebensolche Tierbeobachtungsmöglichkeiten. Durch einen erhöhten Holzsteg mit dem gleichnamigen Schwestercamp verbunden. €€€

Auf Tuchfühlung mit Dickhäutern – **Abu Camp:** Wilderness Safaris (s. S. 12), www.wildernessdestinations.com. Eines der teuersten Camps in ganz Botswana, das bereits mit einer Übernachtung die meisten Urlaubsbudgets sprengt. €€€

Mitglied des Platinum Circle – **Chief's Camp:** in Südafrika Tel. 0027 11 438 46 50, www.sanctuaryretreats.com. Auf Chief's Island in der Mombo-Konzession des Moremi Game Reserve. 12 dekadent-luxuriöse Buschpavillons mit Innen- und Außenduschen sowie privatem Wildbeobachtungsdeck. €€€

Romantisch-tropisch – **Jao Camp:** Wilderness Safaris (s. S. 12). Neun komfortable Zelte auf erhöhten Plattformen unter Schatten spendenden Bäumen, auf den großen Veranden befindet sich ein Tagesbett mit Reetdach. Die Zimmer gehören zu den luxuriösesten der Region. Mit eigenem Wellnesszentrum Jao Spa. Das Camp ist bekannt für seine Moorantilopenherden und die Rudel von Löwen, die es auf sie abgesehen haben. €€€

Ungewöhnliche Architektur – **Sandibe Okavango Safari Lodge:** andBeyond, www.andbeyond.com (s. S. 12), im östlichen Teil des Deltas. In einem Wald aus wilden Palmen und Feigenbäumen liegt diese moderne Lodge, deren Formgebung von einem zusammengerollten Schuppentier inspiriert wurde. Alles wirkt leicht und luftig, einschließlich der 12 eleganten Gäste-Suiten mit Feuerstelle, Außen-Lounge und Plunge Pool. €€€

Im Wald – **Little Vumbara Camp:** Wilderness Safaris (s. S. 12). Sechs schöne Leinwandzimmer in einem uralten Wald auf einer Insel im nördlichen Teil des Deltas. Komplett von Wasser umgeben, daher ideal für Mokoro-Trips. Sehr gute Wildbeobachtungen. €€€

Klassisches Zeltcamp – **Qorokwe Camp:** Wilderness Safaris (s. S. 12), in einer privaten Konzession an der Grenze zum Moremi Game Reserve mit sehr gutem Wildtierbestand und vielen Aktivitäten. Acht schöne Leinwandzelte mit Innen- und Außenduschen. €€€

Einfacher Luxus – **Jacana Camp:** Wilderness Safaris (s. S. 12). Jacana liegt nur 4 km nördlich vom Jao Camp, aber die Bootsfahrt dorthin dauert 35 Min. Das Camp entstand auf dem Gelände einer ehemaligen Mokoro-Anlegestelle und ist nach wie vor ideal, um von hier aus eine Einbaumtour zu unternehmen. Fünf jeweils 9 m² große Zelte mit polierten Holzböden, die zahlreichen Palmen erzeugen ein Tropeninsel-Ambiente. Viel Großwild. €€€

Kein Elefanten-Zirkus mehr

Früher konnten Besucher in Botswana an mehreren Orten auf Tuchfühlung mit Elefanten gehen und auf den Dickhäutern sogar Ausritte in den Busch unternehmen. Seit 2017 sind solche nicht artgerechten Aktivitäten gesetzlich verboten.

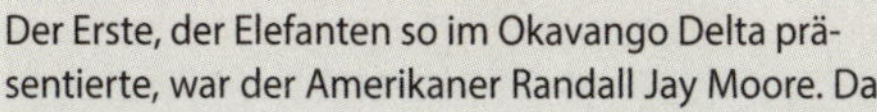

Der Erste, der Elefanten so im Okavango Delta präsentierte, war der Amerikaner Randall Jay Moore. Das **Abu Camp** ist nach dem Elefanten benannt, den Moore einst in einem texanischen Vergnügungspark aufspürte und 1988 zurück in seine Heimat Afrika brachte, wo er 1960 im Kruger National Park in Südafrika geboren worden war.

In seiner alten Heimat wurde der riesige Bulle dann wieder zu Geld gemacht. Mit seinen gewaltigen Stoßzähnen wurde er ein erfolgreicher Hollywood-Filmstar – keiner konnte eindrucksvoller ›angreifen‹ als Abu. Neben diversen Werbespots agierte er auch eindrucksvoll in verschiedenen Movies. Der erste Film war »Circles in a Forest« und spielte in den Wäldern von Knysna, in der südafrikanischen Provinz Westkap. Dort leben bis heute die letzten wilden Elefanten Afrikas. Man schätzt ihre Zahl auf zwei oder drei. Für den Film musste Abu lernen, einen ›ertrinkenden‹ Schauspieler zu retten, was ihm hervorragend gelang. Nach Abschluss der Dreharbeiten wollte Moore mit Abu im Knysna Forest bleiben, aber die südafrikanischen Behörden verweigerten das. Und so gingen beide nach Botswana und starteten die ersten Elefanten-Reitsafaris. Und es folgten weitere Filme, wie »Lost in Africa« von 1994. Seinen wohl spektakulärsten Angriff spielte Abu zusammen mit Clint Eastwood in »White Hunter Black Heart« von 1990. In Hollywood war er als ›One-Take-Abu‹ bekannt, da er, im Gegensatz zu vielen Schauspielern, nie eine Szene wiederholen musste. Bei Abu saß alles auf Anhieb.

Zusätzlich zu seiner Schauspielkarriere wurde Abu trainiert, mit Touristen zu arbeiten. Was ihn zu einem der meistfotografierten Dickhäuter der Welt machte. Im Dezember 2002 starb Abu im Alter von 42 Jahren. Vier Monate zuvor war er von einem wilden Elefantenbullen am Bein verletzt worden, was dazu führte, dass er sein gesamtes Gewicht auf das andere Bein verlagerte, was schließlich mit einem Herzschlag endete. Aber sein Name lebt weiter: in einem 2009 im Camp geborenen Elefanten. Mittlerweile gibt es, wie erwähnt, keinerlei Aktivitäten mit Dickhäutern in Botswana mehr. Die einstigen Zirkus- und Zoo-Elefanten wurden in die Wildnis entlassen, wo sie erstaunlich gut zurechtkommen und sogar von ihren wilden Artgenossen akzeptiert werden. Bei den Pirschfahrten identifiziert der Ranger die Neuankömmlinge.

Auch im **Stanley's Camp,** früher die einzige Lodge außer Abu, die Elefanten-Reitsafaris anbot, gibt es keinerlei Interaktionen mit Elefanten mehr.

In Sambia und Simbabwe hingegen sind die Gesetze lockerer, dort werden ab und zu noch Elefantenritte in der Nähe von Touristenattraktionen, wie den Victoria Falls, angeboten. Mehr und mehr gehen die Veranstalter aber auch dort dazu über, die Elefanten von Besuchern füttern und streicheln zu lassen, was aber ebenfalls in der Kritik steht.

MOKORO-BOOTSTOUR

Tour-Infos

Start: direkt von den Lodges im Park oder ab Maun, wo Mokoro-Trips von verschiedenen Veranstaltern angeboten werden (s. u.)
Dauer: meist halb- oder ganztägig, teilweise auch über mehrere Tage
Buchung: direkt in den Lodges, in denen man übernachtet, oder bei Travel Wild, www.botswanaholidays.com, Audi Camp, www.okavangocamp.com, Old Bridge Backpackers, www.maun-backpackers.com, Delta Rain, www.deltarain.com.
Kosten: Tagestour etwa 2000–2700 Pula/Pers., drei Tage/zwei Nächte etwa 7000 Pula/Pers., jeweils inkl. Staker (›Bootsführer‹) und Guide; Tagesausflug ab Maun nach Chief's Island ca. 1200 US-$/Pers. inkl. Flug, Lunch, Mokoro-Trip und Buschwanderung; in vielen Lodges sind die Bootsausflüge im Übernachtungspreis enthalten.

Untrennbar mit dem Okavango Delta verbunden sind die *mekoros* (Pl. von *mokoro*), durch Aushöhlen von Baumstämmen produzierte Kanus, die von hinten im Boot stehenden Stakern, einer Art botswanischer Gondoliere, mit langen Holzstäben durch das glasklare Wasser bewegt bzw. gestakt werden. Früher wurden die Kanus aus den Stämmen von großen, gerade wachsenden Bäumen wie Leberwurst- oder Ebenholzbäumen gefertigt. Heute stellt man sie nachhaltiger aus Fiberglas her und die wunderbaren Bäume im Delta bleiben am Leben.
Auch bei den Touren selbst wird auf Nachhaltigkeit großen Wert gelegt. Sowohl Staker als auch Guides stammen aus den lokalen Gemeinden. Die Wahrscheinlichkeit ist hoch, dass der gebuch-

te Trip vom Okavango Kopano Mokoro Community Trust (OKMCT) gemanagt wird. Die botswanische Gesetzgebung hat dafür gesorgt, dass Einkommen aus dem Tourismus direkt den lokalen Gemeinden zugutekommen – mit dieser Organisation wird das erfolgreich umgesetzt. Die Gemeinden koordinieren die Bootsfahrten, denn es dürfen niemals mehr als 30 *mekoros* gleichzeitig in einem Flusssystem unterwegs sein, damit die Natur nicht zu sehr gestört wird. Meist treibt man in Gruppen bis zu vier Booten durchs Wasser.
Bei diesen Ausflügen geht es nicht in erster Linie darum, viel Wild zu sehen, obwohl das natürlich auch der Fall sein wird. Das Hauptaugenmerk jedoch liegt auf der Vogelbeobachtung, die mit einem solchen Fortbewegungsmittel unheimlich entspannend ist. Optimalerweise ist man ausgestattet mit einem Bestimmungsbuch, das es in Maun zu kaufen gibt, und einem guten Fernglas. So sanft durch diese wunderbare Wasserlandschaft zu gleiten, hat etwas Paradiesisches – natürlich nur, wenn die Sonne scheint. Bei Regen machen Mokoro-Trips keinen Spaß. Also möglichst nicht im Januar und Februar, sondern lieber zwischen April und November in den Einbaum steigen. Wer erst einmal ausprobieren möchte, wie sich so eine Mokoro-Tour anfühlt, bevor man einen mehrtägigen Trip bucht, sollte bei Afro Trek (www.afrotreksafaris.com) einen Ausflug auf dem Thamalakane River in Maun buchen. Er führt in zwei Stunden vom Sedia Hotel zum Maun Educational Park und kostet pro Person 450 Pula.

Baumhäuser – **Kwetsani Camp:** Wilderness Safaris (s. S. 12). Fünf offene, luftige Baumhäuser aus Leinwand, Holz, Reet und Glas. Mokoro-Trips sowie je nach Wasserstand Pirschfahrten an Land. Die Hauptattraktionen hier sind Löwen, Leoparden, Wildhunde, Geparden, Halbmond- und Moorantilopen. €€€

Tief im Delta – **Gunn's Camp:** Tel. 068 600 23, www.gunns-camp.com. Übernachtung in sechs klassischen Safarizelten mit separatem Bad, frei stehenden Badewannen und Außenduschen. Die Zelte stehen weit voneinander entfernt. Solarstrom, Swimmingpool. €€€

Suiten mit Delta-Blick – **Nxabega Okavango Tented Camp:** andBeyond, www.andbeyond.com (s. S. 12). Die Suiten mit Stoffwänden einfach nur als Zelte zu bezeichnen, wäre eine Beleidigung. Busch-Architektur vom Feinsten, perfekt in die Natur integriert, wie alle neuen Lodges im Delta. Jede Suite besitzt eine Aussichtsplattform mit Blick aufs Delta. €€€

Viele Aktivitäten – **Macatoo Camp:** www.africanhorseback.com. Das ganzjährig geöffnete Camp besitzt sieben große, komfortable Safarizelte mit Bad, polierten Holzböden und Holzdeck mit Sesseln zur Tierbeobachtung. Gästen stehen weiterhin ein zum Aufenthaltsraum umfunktioniertes Zelt mit Ledersofas und ein Pool zur Verfügung. Macatoo ist das einzige Camp in Botswana, das seine Preise in britischen Pfund kalkuliert, darin enthalten sind alle Aktivitäten wie Pirschfahrten, Fußsafaris, Mokoro-Exkursionen sowie Mahlzeiten und Getränke. €€€

Von Wasser umgeben – **Splash Camp:** Kwando, Tel. 068 614 49 www.kwando.co.bw/splash. Modernes Camp in der privaten Kwara-Konzession mit 10 luxuriösen Safarizelt-Suiten auf Stelzen. Tolles Team. €€€

Auf Du und Du mit Elefanten – **Stanley's Camp:** Tel. 068 626 88, in Südafrika 0027 11 438 46 50, www.sanctuaryretreats.com/botswana-camps-stanleys. Ein klassisches, nachhaltiges Safaricamp mit acht Zelten, die unter einem Ebenholzbaum stehen, mit Blick auf die Überschwemmungsebene des Deltas. Es ist ein Genuss, mit einem Drink im Pool zu sitzen und dabei die Giraffen durch die Savanne schreiten zu sehen. Auch Wildhunde lassen sich hier oft beobachten. Preis inkl. Pirschfahrten, Fußsafaris, Mokoro-Trips sowie aller Mahlzeiten und Getränke, aber ohne Elefantenerfahrung. €€€

Sumpfaussicht – **Delta Camp:** Tel. 068 605 89, www.okavangodelta.com. Sieben Reetgras-Chalets auf einer Insel am Boro River. Neben Mokoro-Trips werden auch Fußsafaris angeboten. €€€

Der Nordwesten

Diese Region Botswanas ist eher etwas für ›fortgeschrittene‹ Reisende, die bereits Erfahrungen in ähnlich abgelegenen Gebieten gesammelt haben. Neben dem einzigen UNESCO-Weltkulturerbe des Landes, den beeindruckenden Felsmalereien in den Tsodilo Hills, finden sich hier noch weitgehend unerforschte Tropfsteinhöhlen.

Von Maun nach Tsao

Toteng und Sehitwa

▶ 1, E/F 6

Die Anreise von Maun in den Nordwesten führt – das sumpfige Okavango Delta macht's nötig – zunächst in südliche Richtung.

Was auf der Karte wie ein großer Ort aussieht, ist eigentlich nur eine wichtige Kreuzung: **Toteng** (S20°21 407/E22°57 204), etwa 64 km südlich von Maun. Von hier führt die neuere, prima ausgebaute A 3 etwa 32 km weiter nach **Sehitwa,** einem wesentlich größeren Ort mit Shops und Tankstelle. Sowohl in Toteng als auch in Sehitwa leben zahlreiche Herero.

Eine Teerstraße verbindet Sehitwa mit dem 195 km südlich gelegenen Ghanzi (s. S. 322) in der Kalahari. Richtung Nordwesten zweigt die A 35 ab, die im Caprivistreifen an der namibischen Grenze endet.

Lake Ngami ▶ 1, E/F 6

Unmittelbar südlich von Sehitwa erstreckt sich der riesige **Lake Ngami.** Wie die Makgadikgadi Pans im Osten ist auch er ein Relikt des Supersees, der bis vor etwa 1500 Jahren einen Großteil von Nordbotswana bedeckte. 1849 erreichte David Livingstone das Seeufer: Es war genau dieses von Mythen umrankte Gewässer, das ihn ins Innere Afrikas gelockt hatte. Beständig wechselte – und wechselt – der Lake Ngami seine Größe und an seinem Ufer ist immer wieder ein Phänomen zu beobachten, das sich am besten mit rauchender Erde beschreiben lässt. Den Einheimischen zufolge ist der wütende Gott Lengongoro für diese ›unlöschbaren‹ Feuer verantwortlich. Die Wissenschaft gibt sich deutlich nüchterner: Rund um den See wachsen Riedgräser, die sich während der Trockenzeit spontan selbst entzünden und monatelang unter der Erdoberfläche brennen, bis sie von Regenfällen und Flutwasser wieder gelöscht werden.

Als David Livingstone hier ankam, war der See nur noch ein Schatten seiner einstigen Größe. Er schätzte ihn auf ungefähr 810 km². Berechnungen zufolge hatte das Gewässer einst jedoch eine Ausdehnung von 1800 km², d. h., der Wasserstand war viel höher. Ursprünglich gelangte das Wasser aus dem Nordosten über den Nhabe River und aus dem Nordwesten über den Thaoge River in den See, wobei der Nhabe River je nach Wasserstand des Thaoge River und des Deltas abwechselnd Zu- und Abfluss war. Im Laufe der Jahrzehnte nahm die Wasserzufuhr immer mehr ab und in den letzten 100 Jahren maß der See nie mehr als 250 km². Das liegt hauptsächlich am langsamen Austrocknen des Thaoge River, wofür wiederrum der tektonisch instabile Untergrund des Okavango Delta verantwortlich ist. Schon geringe geologische Bewegungen verändern den Fließcharakter von Wasserläufen. Heute ist das Gewässer vom Nachschub aus dem Okavango Delta abhängig, das über den Nhabe River (auch Boteti River genannt) und den Kunyere River hierhergelangt.

Die Dorfbewohner erklären interessierten Besuchern gerne, wie ihre Rundhütten gebaut werden

Der Wasserspiegel ändert sich ständig. In den 1980er- und 1990er-Jahren ähnelte der See einer leeren Staubschüssel, 2000 und 2001 füllte er sich langsam wieder. Nach üppigen Niederschlägen in Angola und im Delta 2008 und 2009 erreichte der Wasserstand 2010 dann einen absoluten Höchststand. 2013 waren die Regenfälle wiederum ergiebig, sodass der Lake Ngami auch 2014 und dann wieder 2017 gut gefüllt war. Ende 2022 trocknete er erneut aus. Eigentlich lohnt sich nur dann ein Besuch, denn die Gegend verwandelt sich blitzschnell in ein Vogelparadies. Die meist knochentrockenen Riedgrasfelder an seinem Ufer verrotten zu Regenzeiten und machen das Wasser sehr nährstoffreich. Enten, Gänse und alle Arten von Wasservögeln ziehen in Feuchtperioden hierher, u. a. Tausende von Flamingos. Leider gibt es dann aber auch sehr viele Moskitos am See.

Wer sich den See näher ansehen möchte, sollte die folgende Route nehmen: 3,5 km nördlich von Sehitwa, an der Hauptstraße nach Toteng bzw. Maun, hängt auf der rechten Seite eine rostige, weiße Autotüre in einem Baum (S20°27 041/E22°44 398). Hier zweigt eine Piste in Richtung Osten ab, auf der man nach ca. 1,5 km den See erreicht (S20°27 812/E24°45 247).

Vor Ort gibt es keinerlei Versorgungsmöglichkeiten, dafür darf man fahren und campen, wo immer man möchte. Ausnahme: In und um den See liegen Siedlungen der Tawana und der Herero, die von der Viehzucht leben. Hält man sich in deren Nähe auf, sollte man immer um Erlaubnis fragen.

Tsao ▶ 1, E 5

Etwa 43 km nordwestlich von Sehitwa, erreichbar über die geteerte A 35, gelangt man nach **Tsao** (S20°10 295/E22°27 265), auch Tsau genannt. Das Dorf mit seinem charakteristischen Radiomast befindet sich östlich der Hauptstraße. Es gibt hier ein paar kleine Läden und viele Wohnhütten.

Folgt man der Hauptstraße weitere 11 km, kommt man an eine Gabelung (S20°07 047/E22°22 291), an der links eine Piste zu den Gcwihaba Caverns (s. S. 254) und den Aha Hills (s. S. 256) abgeht.

Gcwihaba Caverns

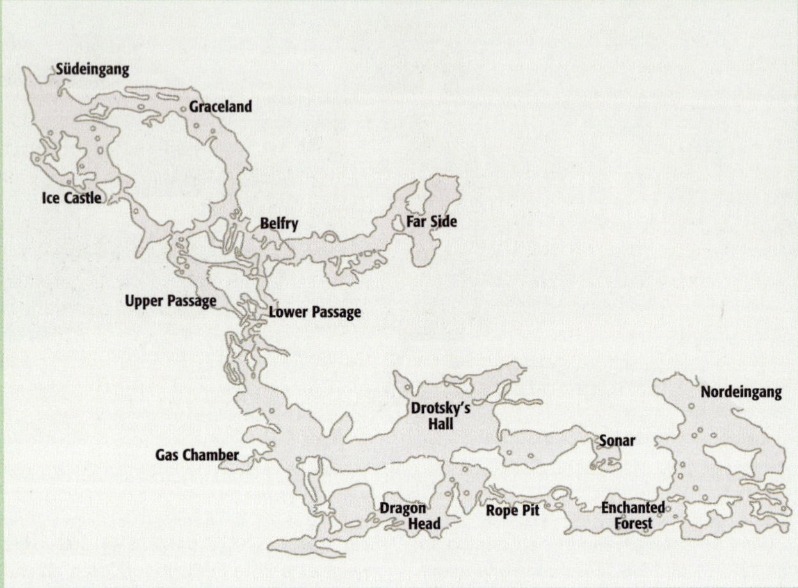

Gcwihaba Caverns

▶ 1, C 5

Karte: oben

Der Besuch dieses Höhlensystems ist nur abenteuerlustigen Reisenden zu empfehlen, denn die Anfahrt zu den Höhlen ist lang, anstrengend und nur mit einiger Offroad-Sanderfahrung zu bewältigen. Andererseits wird man für diese Ausdauer mit den wohl entlegensten Stalagmiten- und Stalaktitenformationen Afrikas belohnt – und außerdem mit Tausenden von Fledermäusen, die in den nicht erschlossenen Höhlen leben. Das jahrzehntelang als **Drotsky's Caverns** bezeichnete Höhlensystem – heute wird dagegen der Name **Gcwihaba Caverns** (*gcwihaba* = Hyänenschlupfwinkel in der Sprache des !Kung-Stamms) verwendet – liegt in den Dünenbergen der Kalahari im äußersten Nordwesten Botswanas.

Geschichte

Für die Buschmänner ist die Region seit Hunderten von Jahren ein Rückzugsgebiet. Aber obwohl hier nachweislich seit mindestens 12 500 Jahren Menschen leben, weist nichts daraufhin, dass die Höhlen zu irgendeinem Zeitpunkt ständig bewohnt waren. Es fanden sich zwar Reste von Holzkohle, Schalen von Straußeneiern und Knochenfragmente, aber keinerlei Felskunst.

Namensgeber der Höhlen war Martinus Drotsky, ein Farmer aus Ghanzi, den Mitglieder des !Kung-Stammes 1932 zu dem Höhlensystem führten. Noch im selben Jahr wurden die Höhlen und die umgebenden Hügel unter Denkmalschutz gestellt.

Einer Legende zufolge soll der reiche, ebenfalls aus Ghanzi stammende Farmer Martinus van Zyl einen Teil seines Reichtums in der Höhle versteckt haben – also Taschenlampe mitnehmen und suchen. Vielleicht stößt man ja auch auf eines der weiteren Höhlensysteme, die in den letzten Jahrzehnten von einheimischen Forschern entdeckt wurden. Deren genaue Lage wird strengstens geheim gehalten, damit dort keine abenteuerlustigen Besucher verloren gehen oder Schaden anrichten.

Geologie

Das fossile Tal von Gcwihaba war vermutlich einst ein Teil des Okavango Delta. Aus der Ebene ragt eine Gruppe von sechs Hügeln bis zu 30 m über den Talboden auf. Sie bestehen aus Dolomitmarmor, der durch Verwerfungen steil aufgefaltet wurde. Manche der 800 bis 1000 Mio. Jahre alten Gesteinsformationen stehen vertikal in der sandigen Landschaft. Der Fels ist scharfkantig verwittert. Er sieht grau aus, aber wenn man die Steine auseinanderbricht, sind sie innen perlweiß.

Wie alle Tropfsteinhöhlen entstanden auch die Gcwihaba Caverns durch säurehaltiges Grundwasser, das in die Risse im Fels eindrang und dabei ganz allmählich den alkalischen Kalkstein auflöste. Dieser kristallisierte in Form von Stalagmiten (stehende Tropfsteine) und Stalaktiten (hängende Tropfsteine). Aufgrund der gewaltigen Größe der Höhle gehen Forscher davon aus, dass die meiste ›Arbeit‹ von dem inzwischen ausgetrockneten, unterirdischen Gcwihaba River erledigt wurde, der einst große Wassermengen mit sich geführt haben muss. Als die Pegel fielen, blieben die Höhlen zurück. Das eindringende Regenwasser erledigte den Rest und formte die Tropfsteine.

Anfahrt

Vom Abzweig an der A 35 (S20°07 047/ E22°22 291) nordwestlich von Tsao sind es rund 80 km bis zu einer weiteren Kreuzung (S19°54 751/E21°11 142). Hier nimmt man die linke Piste, die nach 26 km das ausgeschilderte **Xhaba Borehole** (▶ 1, D 5) erreicht. Nach weiteren 27 sandigen Kilometern gelangt man schließlich zu den Gcwihaba Caverns (S20°01 250/E21°21 230). Für die Strecke von Tsao bis zu den Höhlen sollte man insgesamt etwa drei Stunden Fahrtzeit einplanen.

Erkundung der Höhlen

Theoretisch gibt es zwei Zugänge zu dem Höhlensystem: Nord- und Südeingang. An Ersterem steht auf einem großen Felsbrocken die Inschrift »Discovered 1 June 1932, M Drotsky«. Daneben klafft ein 2 m tiefer Abgrund, der ohne Bergsteigerausrüstung nicht zu bewältigen ist. Im Süden führen steile Edelstahltreppen 400 m nach unten. Oben steht ein handgeschriebenes Schild: »No entry without museum guides«. Sicherer ist der Besuch in der Tat mit einem der englischsprachigen Führer. Eine Art Pfad führt durch das Höhlensystem, aber unten gibt es weder Geländer noch Treppen oder Licht. Sicherheitshalber sollte man mehrere Taschenlampen und Ersatzbatterien mitnehmen.

Wer sich in diese Region vorwagt, kommt eher wegen der Höhlen als wegen der hier lebenden Tiere, wenngleich es etliche Spezies zu beobachten gibt, allerdings in viel geringerer Zahl als anderswo in Botswana. Häufige Gäste bei den Höhlen sind Oryx- und Elenantilopen, Springböcke, Steinböckchen, Ducker und Kudus. Sie wiederum locken Wildhunde, Löwen, Leoparden, Geparden und Tüpfelhyänen an, selbst Elefanten wurde hier bereits gesichtet. Aber auch die Kleinfauna sollte nicht ignoriert werden. In kleinen, noch mit Wasser gefüllten Pfannen findet man Bullenfrösche und auf felsigem Untergrund die kleinen *barking geckos* (›bellende Echsen‹), deren Rufe so klingen, als würde man eine Schachtel Streichhölzer schütteln. Sie starten ihr Konzert bei Sonnenuntergang und setzen es einige Stunden lang fort.

Übernachten

Campen – Die meisten Besucher campen in der Nähe des Höhleneingangs. Es gibt kein Wasser hier, also genügend mitführen. Der nächste Ort mit Wasser ist Xai Xai (s. S. 256). Wie überall in Botswana sollte man keinen Abfall zurücklassen, Toiletten graben und das Toilettenpapier verbrennen.

Aha Hills ▶ 1, C5

Knapp 50 km westlich von den Gcwihaba Caverns, unmittelbar an der Grenze zu Namibia, liegen die **Aha Hills,** ein weniger besuchter landschaftlicher Höhepunkt von Botswana in einer der abgelegensten Ecken des Landes. Auch dieses Ziel ist nur etwas für abenteuerlustige Selbstversorger mit sehr gut ausgestattetem Geländewagen.

An- und Weiterfahrt

Für die Fahrt von den Gcwihaba Caverns zu den Aha Hills benötigt man ungefähr 1,5 Stunden. 28 km sind es bis zu einer Kreuzung (S19°54 286/E21°09 418), wo es links zum **Xai Xai Village** (S19°52 901/E21°04 934, ▶ 1, C 5), auch Cae Cae Village, geht. Das San-Dorf ist 9 km später erreicht. Im Ort führt eine Piste geradewegs nach Norden, auf der man nach weiteren ca. 10 km zu den Aha Hills (S19°47 244/E21°03 981) gelangt.

Wer von den Aha Hills zurück nach Maun oder in die Kalahari möchte, nimmt denselben Weg wie bei der Anfahrt. Für die Weiterfahrt nach Norden bietet sich die Strecke über **Dobe** (S19°34 830/E21°04 428, ▶ 1, C 4) an, das 27 km nördlich der Aha Hills liegt. Nach nochmals 11 km ist **Gcangwa** (S19°31 864/E21°10 294, ▶ 1, C 4) erreicht. Im Ort leben ebenfalls hauptsächlich San und Herero. Von Gcangwa führt die Piste 121 km nach Osten, wo sie bei Nokaneng (S19°39 587/E22°11 010, s. rechts) wieder auf die Hauptstraße A 35 trifft.

Achtung: Benzin bekommt man nach Maun erst wieder in Gumare (s. rechts), in Etsha 6 (s. S. 258) und in Shakawe (s. S. 267).

Erkundung

Die bislang wenig erforschte Hügelregion umfasst ein flaches, etwa 245 km^2 großes Plateau aus Kalkstein und Dolomitmarmor, das etwa 700 Mio. Jahre alt ist und die gleiche Entstehungsgeschichte wie die Hügellandschaft um die Gcwihaba Caverns aufweist. Naturforscher gehen davon aus, dass sich auch hier zahllose Höhlensysteme befinden. Bislang wurden nur zwei Karsttrichter entdeckt: **Waxhu Cave South** (S19°46 632/E21°02 518) und **Waxhu Cave North** (S19°43 532/E21°03 498). Beide *waxhus* (›Gottes Häuser‹) liegen etwa 15 km auseinander und sind nicht miteinander verbunden. Zwischen 50 und 75 m streben die vertikalen Wände der Trichter in die Tiefe, doch keiner bildet den Eingang zu einem Höhlensystem. Das Erkunden der Karstschlote ist wirklich nur etwas für gut ausgerüstete Profis. Die Luft in den Löchern ist sehr abgestanden und wohl extrem sauerstoffarm – in den 1970er-Jahren wäre ein Forscher beinahe erstickt, wäre er nicht schnell wieder herausgezogen worden.

Eigentlich ist es jedoch die grandiose Aussicht von den Aha Hills auf das flachere Kalahari-Umland, welche die meisten Besucher anlockt. Zwar macht der lose, brüchige Untergrund das Herumlaufen auf den Hügeln nicht ganz einfach, doch die Mühe des Aufstiegs lohnt sich allemal. Ausgewiesene Pfade gibt es hier nicht, man sucht sich selbst seinen Weg nach oben. Auch in dieser Gegend ist es erlaubt, überall wild zu campen. Wie immer gilt: Sind Menschen in der Nähe, sollte man erst um Erlaubnis fragen, bevor man sein Zelt aufstellt.

Von Tsao zur Guma Lagoon

Nokaneng und Gumare ▶ 1, E 4

Ca. 70 km nördlich von Tsao liegt der kleine Ort **Nokaneng** (S19°39 694/E22°11 184) mit zwei Läden, einem Bäcker und einem Radiomasten. Deutlich größer ist das nochmals 37 km nördlich gelegene **Gumare** bzw. Gomare, wo es mehrere Geschäfte, ein Krankenhaus, Tankstellen und einen Supermarkt gibt. Der Souvenirladen im Ort verkauft übrigens schöne Körbe.

Etsha 1–13 ▶ 1, E 3/4

1969 tobte in Angola einer der Stellvertreterkriege zwischen der Sowjetunion und den USA. Viele Menschen, hauptsächlich vom Stamm der Hambukushu, flohen aus dem Caprivistreifen nach Botswana, wo sie als Flüchtlinge akzeptiert wurden. Ursprünglich wollte man sie in Shakawe nahe der Grenze ansiedeln, doch dann wurde entschieden, sie weiter südlich in einem neu gegründeten Dorf namens Etsha unterzubringen. Die Flüchtlinge jedoch teilten sich bereits in Shakawe in 13 verschiedene Clangruppen auf und siedelten sich, als sie nach Etsha gebracht wurden, in 13 verschiedenen Dorfgemeinschaften an. Die Orte in der Westecke des Deltas liegen jeweils etwa 1 km voneinander

Sie ist bei Anglern und Ornithologen gleichermaßen beliebt: die fischreiche Guma Lagoon ganz im Süden des Okavango Panhandle

entfernt und wurden – wenig fantasievoll – Etsha 1, Etsha 2, Etsha 3 etc. genannt. Den nördlichen Abschluss bildet Etsha 13.

Direkt an der A 35, etwa 33 km nördlich von Gumare, liegt der ursprüngliche Hauptort **Etsha.** Für Reisende von Bedeutung ist jedoch nur **Etsha 6,** das etwas abseits der Hauptstraße liegt. Ein paar Kilometer nördlich von Etsha zweigt eine knapp 3 km lange Piste in diesen Ort ab, der sogar über ein Internetcafé verfügt. Gleich daneben liegt eine Shell-Tankstelle, an der man verlässlich Benzin bekommt. Und wer will, kann sogar in der Post ganz altmodisch seine Urlaubsgrüße aufgeben.

Guma Lagoon ▶ 1, E 3

Wenige Kilometer nordöstlich von **Etsha 13** hat man an der großen, Papyrus gesäumten **Guma Lagoon** das südliche Ende des Okavango Panhandle (s. S. 267) erreicht. Die Lagune ist mit dem Thaoge River durch einen kurzen Kanal verbunden. Beide Gewässer sind sehr gute Angelreviere (s. S. 228) und eignen sich auch wunderbar zur Vogelbeobachtung, weswegen sich hier zwei Lodges angesiedelt haben.

Erreichbar ist die Lagune mit dem Geländewagen von der Abzweigung (S19°00 793/E22°17 356) nach Etsha 13 an der A 35. Von Etsha 13 (S19°00 975/E22°19 125) führt die sehr sandige Strecke 13 km bis zur Guma Lagoon und zum Guma Lagoon Camp (S18°57 586/E22°22 201).

Übernachten

Ein Paradies für Angler – **Nguma Island Lodge:** Tel. 068 301 59, www.ngumalodge.com. Einfache Zeltunterkünfte für Selbstversorger, schattige Stellplätze, Bar, Restaurant. Mokoro- und Angeltrips. Anfahrt: Von der Abzweigung nach Etsha 13 folgt man der A 35 noch 3 km nach Norden bis zu einer weiteren Abzweigung, die gut gekennzeichnet ist. Hier geht es auf einer 12 km langen Piste, die je nach Jahreszeit unterschiedlich gut zu befahren ist, in östlicher Richtung bis zur Lodge (S18°57 231/E22°22 394). €€

Für Selbstversorger – **Guma Lagoon Camp:** Tel. 068 746 26, www.guma-lagoon.com. Übernachtung in Leinwandchalets mit Blick auf die Lagune sowie Campingplatz mit sieben Stellplätzen und Sanitärblock unter Bäumen. Voll ausgestattete Küche für Selbstversorger, die auch die Camper benutzen dürfen. Man kann sich aber auch voll verpflegen lassen (Frühstück, Lunch €, Drei-Gänge-Dinner €€). Es werden u. a. Angel- und Mokoro-Trips in die Lagune organisiert (1391 Pula/Tag). Safarizelt für 2 Pers. €.

Tsodilo Hills ▶ 1, D 3

Karte: rechts

Im Jahr 2002 wurden die mystischen **Tsodilo Hills** von der UNESCO zu Botswanas erstem Weltkulturerbe erhoben. Das spirituelle und religiöse Zentrum der San liegt in einem Gebiet, das von den Buschmännern seit Jahrtausenden bewohnt wird. Davon zeugen vor allem die Felsmalereien der San (s. S. 80), die zu den bedeutendsten im gesamten südlichen Afrika gehören. Da fällt es kaum ins Gewicht, dass sich in den Tsodilo Hills auch die mit 1489 m höchste Erhebung Botswanas befindet.

Geschichte

Seit knapp 40 Jahren forschen Archäologen in der Region. Sie fanden Zeugnisse menschlicher Besiedlung, die 100 000 Jahre zurückreicht und die Tsodilo Hills damit zu einer der ältesten kulturhistorischen Fundstätten der Welt macht. An der Uferlinie eines ehemaligen Sees wurden Harpunen gefunden, etwa 30 000 Jahre alt, die daraufhin hindeuten, dass frühe Bewohner hier ihre Nahrung gefischt haben. Es sind die einzigen Harpunenfundstücke in der Region. Noch aufregender war die Entdeckung von 21 uralten Minen. Einige waren zwar schon länger bekannt, aber nie als solche identifiziert worden. Man vermutet, dass diese Abbaustellen zwischen 850 und 1100 n. Chr. genutzt wurden, um schwarzen Hämatit und Glimmer zu gewinnen. Das Gestein wurde zerkleinert, im gesamten Subkontinent gehandelt und zur Schmuckverarbeitung verwendet.

Die ersten Bewohner der Gegend waren die San. Vor rund 200 Jahren stieß der Bantu-Stamm der Hambukushu hinzu, der sich jedoch zunächst nur periodisch hier aufhielt. Heute leben die beiden ethnischen Gruppen in zwei getrennten Dörfern am Fuß der Hügellandschaft.

Für die San sind die Tsodilo Hills nach wie vor ein heiliger Platz, den sie ›Berge der Götter‹ oder ›Fels, der flüstert‹ nennen. Jeder der vier Haupthügel – **Male Hill 1, Female Hill 2, Child Hill 3** sowie eine namenlose Erhebung – hat für die Buschmänner eine ganz besondere spirituelle Bedeutung. In den Höhlen des weiblichen Hügels beispielsweise wohnen ihrem Glauben nach die Seelen der Verstorbenen sowie diverse Götter, die von dort aus die Welt regieren. Der heiligste Platz befindet sich in der Nähe des männlichen Hügelgipfels. Hier soll der Überlieferung nach der *first spirit* (›erste Geist‹) gekniet und gebetet haben, nachdem er die Welt erschaffen hatte.

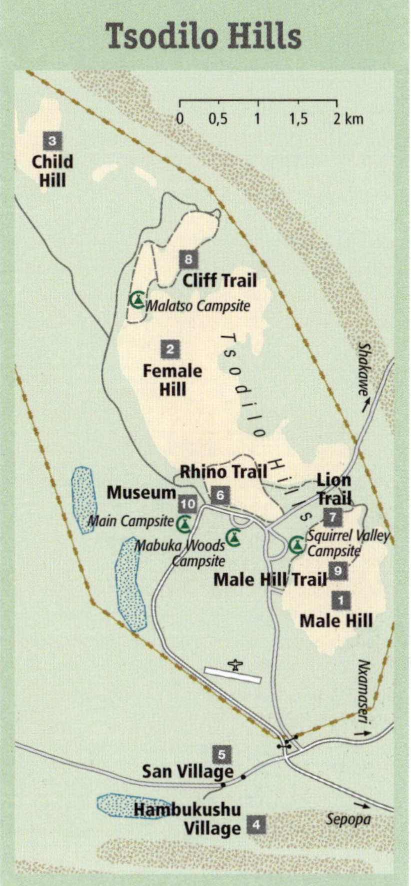

An- und Weiterfahrt

Von der A 35 führen drei verschiedene, auf Landkarten sichtbare Routen zu den Tsodilo Hills, wobei die nördlichste Zufahrtspiste inzwischen gesperrt wurde. Von den beiden anderen Strecken ist die 38 km lange, mittlere Piste die jüngste und zugleich einfachere Anfahrtsvariante. Sie zweigt in **Nxamaseri** (▶ 1, D 3) von der A 35 ab und führt fast schnurgerade in südwestlicher Richtung zu den Tsodilo Hills.

Die 48 km lange Südroute ist tief versandet. Wer Zeit hat und Abenteuer sucht, fährt über die Südroute an und verlässt Tsodilo auf der mittleren Piste. Startpunkt für die Südroute ist **Sepopa** bzw. Sepupa (S18°45 160/ E22°10 609, ▶ 1, D/E 3), ca. 48 km nördlich von Etsha. In Sepupa fährt man auf der alten, guten Schotterstraße etwa 10 km zurück in Richtung Süden und biegt dann an einer Kreuzung (S18°50 292/E22°10 011) rechts ab. Nach 48 sehr sandigen Kilometern trifft man bei den Koordinaten S18°47 414/ E21°44 921 auf die mittlere Anfahrtsroute. Das mag sich nach einer kurzen Strecke anhören, aber der Sand ist sehr tief, sodass man für diese knapp 50 km mit einer Fahrzeit von gut drei Stunden rechnen muss.

Die Piste führt direkt zum Eingangstor (S18°47 275/E21°44 856). Etwas südlich davon stößt man auf **Hambukushu Village 4** und noch ein Stückchen weiter auf **San Village 5** (S18°48 147/E21°43 903). Das Pistennetz um die Hügel ist mit einem 4x4 gut zu navigieren.

WANDERN IN DEN TSODILO HILLS

Tour-Infos

Start: je nach Trail an einem der Campingplätze (s. S. 263)
Dauer: je nach Trail ca. 1,5 Std. bis 1 Tag
Schwierigkeit: aufgrund der Hitze recht anstrengend, besonders der Male Hill Trail
Eintritt: Erw. 250 Pula, Kinder 2–15 Jahre 125 Pula. Wer die Wanderung mit einem Führer unternimmt, zahlt dem Guide etwa 250 Pula pro Stunde (verhandelbar). Eine Vorausbuchung ist nicht notwendig, die Anmeldung am Eingang genügt.

Obwohl es erlaubt ist, sollte man die Region der **Tsodilo Hills** nicht auf eigene Faust erforschen, sondern einen einheimischen Führer anheuern – zu leicht kann man in dem unübersichtlichen Gelände verloren gehen. Am Main Campsite gibt es ein Rangerbüro, wo lokale Guides der San oder Hambukushu auf Kundschaft warten. Sie kennen sich in der Gegend aus wie in ihrer Westentasche und machen einen auf Orte aufmerksam, die man alleine nie entdecken würde. Bislang gibt es vier mehr oder weniger ausgeschilderte Wanderwege, deren Markierungspfosten allerdings häufig überwachsen und schwierig auszumachen sind. Bis auf den Male Hill Trail haben sie spektakuläre, mit Nummern versehene Felsmalereien zum Ziel.

Rhino Trail 6

Dieser Trail ist relativ gut markiert und weist die meisten Felsmalereien auf. Er ist daher auch mit Abstand der beliebteste. Startpunkt für den Wanderweg ist der **Squirrel Valley Campsite.** Die Rundtour nimmt ca. 2,5 Std. in Anspruch, je nachdem, wie lange man sich bei den Bildern Zeit nimmt. Der Rhino Trail darf mittlerweile nur noch mit Guide begangen werden. Tarif vorher aushandeln! Die ersten Malereien sind nicht sehr deutlich zu erkennen.

1 Hier finden sich in einem einzelnen Felsen **Ritzen,** wo die San früher ihre Pfeile geschärft haben.

2 **Tiermalereien** stellen ein Nashorn, eine Elenantilope sowie vermutlich einen Esel dar.

3 Der sogenannte **Regenmacherplatz** zeigt eine Elenantilope, die von Punkten umgeben ist. Das Tier wird von den lokalen San vom Stamm der !Kung als Regengeist verehrt, daher auch sein Name: *khwa-ka-xoro* (›Regentier‹). Die Punkte repräsentieren Regentropfen. Selbst heute noch kommen !Kung-San an diesen Ort, um Zeremonien abzuhalten.

4 Die alte **Quelle** – der flache Bereich füllt sich nach Regenfällen mit Wasser, manchmal bildet sich sogar ein kleiner Wasserfall.

5 Auf dieser Felswand im Zentrum des Female Hill finden sich eine **Giraffe** mit einer übertrieben ausladenden Mähne sowie ein paar andere Tiere.

6 Die **Hufgravuren** stammen den Hambukushu zufolge von den ersten Rindern, die vom Himmel kamen, als die Felsen der Erde noch weich waren. Die San glauben, es handelt sich um Spuren von Elenantilopen.

7 Hier finden sich **Reste uralter Siedlungen.** Ausgrabungen brachten die Überreste eines Hauses zutage, außerdem karbonisiertes Getreide, Kupfer- und Eisenschmuck, Glasperlen, Muscheln und Klingen. Bislang wurde an keinem anderen Fundort im südlichen Afrika mehr Metallschmuck gefunden als hier.

8 Zwischen den Stationen 7 und 8 lassen sich einige geometrische Muster an den Wänden entdecken. Von der Nr. 8 aus sieht man den Male Hill. Das Motiv unter einem Felsüberhang zeigt eine **Giraffe** und **Männer mit erigierten Penissen,** auch als *dancing penises* bekannt.

9 Die weißen Gemälde von **Haustieren** entstanden deutlich später als die roten Werke.

10 Das Bild des **Nashornweibchens** mit seinem Jungen ist das berühmteste und eines der besten in den Tsodilo Hills. Nach ihm wurde der Wanderweg benannt und es dient als Logo der Botswana Society, einer Nichtregierungsorganisation, die sich um die Erhaltung des kulturellen, wissenschaftlichen und ökologischen Erbes des Landes bemüht.

11 Dieses sehr interessante Bild zeigt ganz offensichtlich einen **Wal** sowie einen **Pinguin** – ein Beweis dafür, dass die San bis zum Meer vorgedrungen sind.

12 Die große **Höhle** am Fuß des Female Hill enthält ein paar ausgebleichte Darstellungen geometrischer Muster. Da sich die Stätte nahe der Straße befindet, wird sie häufiger besucht. Offensichtlich wurde die Höhle durch Feuer vergrößert, indem man das Gestein erhitzte und dann mit Wasser abkühlte, sodass es zersplitterte. Zwischen den Stationen 12 und 13 befindet sich die verblasste Darstellung eines Elefanten.

13 Das **Van der Post Panel** ist das bekannteste und schönste Gemälde in den Tsodilo Hills. Es wurde nach dem südafrikanischen Schriftsteller Sir Laurens van der Post benannt, der diese Region in seinem Buch »Die verlorene Welt der Kalahari« international berühmt gemacht hat. Auf der Felswand sind deutlich sichtbare Darstellungen von Giraffen und Elenantilopen zu sehen. Überdies bietet sich von hier eine wunderbare Aussicht auf die umgebende Wildnis.
14 Hier sind **Elenantilopen, Kudus, Spinnen, Springhasen** und **Tierhäute** auszumachen.
15 Stark verblichene Malereien zeigen u. a. eine **Giraffe,** eine **Elenantilope** und ein **Nashorn.** Zwischen den Stationen 15 und 16 ist ein Gnu oder Büffel abgebildet.
16 Abbildungen eines **Ochsenwagens,** eines **Rads** und einiger **Esel** machen deutlich, dass die Buschleute bereits Kontakt mit Europäern hatten.

Lion Trail 7
Der Lion Trail ist nach seiner bekanntesten Zeichnung, der Darstellung eines Löwen, benannt (ca. 1 Std. hin und zurück).
17 Für die Gruppe von **Männern mit erigierten Riesenpenissen** gibt es zwei mögliche Erklärungen: Zum einen sind Phalli in vielen Kulturen ein Fruchtbarkeitssymbol und ein Ausdruck für Kraft, zum anderen könnte es sich um Darstellungen von Trancetänzern handeln, wobei den Malern ein wenig die Fantasie durchging. Für Letzteres sprechen auch die Bilder mit nach hinten gestreckten Penissen – offensichtlich waren die !Kung in einem gewissen Geisteszustand der Meinung, sie könnten fliegen.
18 In dieser Höhle ist ein überproportional großer **Elefant** verewigt.
19 Nach dem Bild dieses **Löwen** am Male Hill ist der Lion Trail benannt. Zwischen den Stationen 3 und 4 finden sich weitere verblichene Darstellungen.
20 Zu sehen sind ein **weißer Elefant** sowie diverse menschliche Figuren.

Cliff Trail 8
Mit dem Geländewagen kommt man von der Piste, die nördlich am Female Hill vorbeiführt, recht nahe an die Felsbilder auf dem Cliff Trail heran. Für die Wanderung zu den bekanntesten Malereien dieses Trails, einer Schlange mit Kudu-Hörnern und einem Zebra, benötigt man hin und zurück etwa 1,5 bis 2 Std.
21 Das **Wasserloch** am Female Hill hat nicht nur für die San eine enorme spirituelle Bedeutung. Auch viele Christen, vor allem Mitglieder der Zionist Christian Church, glauben, dass das Wasser magische Kräfte besitzt. Ursache hierfür sind die Pythons, die immer wieder hier anzutreffen sind und in der Glaubenswelt der San eine hohe Stellung einnehmen (s. S. 264).
22 Hier ist das Bild einer **Giraffe** zu sehen.
23 Abgebildet sind eine **Elenantilope,** geometrische Muster und Tierhäute.
24 Darstellung eines **Zebras.**
25 Bilder großer **Elefanten,** eines **Kudus** sowie geometrische Muster.
26 An dieser Stelle sind im Fels zwei **Einbuchtungen** zu erkennen, die an die Form von Knieabdrücken erinnern. Christen glauben, hier habe einer von Gottes Engeln gekniet und gebetet. Eine deutlich interessantere Theorie vertreten die Hambukushu: Für sie ist dies der Ort, an dem der Sex

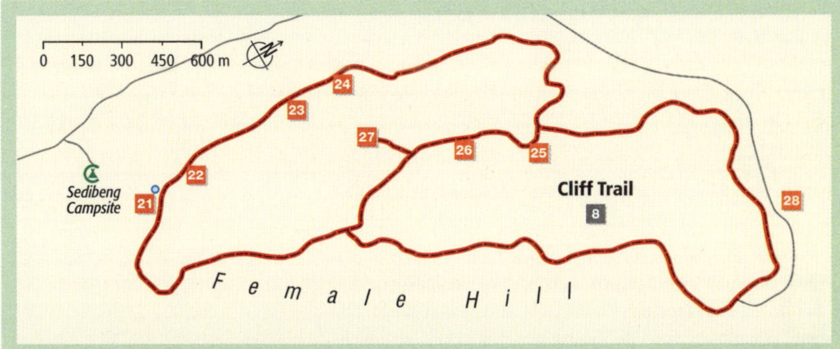

entstand. Eine Frau und ein Mann kletterten auf den Hügel, und als die Frau müde wurde, kniete sie sich auf allen Vieren hin und brachte ihren Mann unversehens in Erregung.

27 In dieser Höhle wurden 1996 **Artefakte aus der späten Steinzeit** gefunden.

28 Hoch oben auf einem Felsen ist das attraktive Gemälde eines **Zebras** zu sehen.

Male Hill Trail 9

Dieser Wanderpfad führt auf den Gipfel des gut 400 m hohen Male Hill. Von oben genießt man einen absolut fantastischen Blick auf die Wüstenlandschaft der Kalahari. Der Aufstieg durch loses Geröll ist recht anstrengend, lohnt aber definitiv die Mühe. Start ist am Fuß des Male Hill, den man auf einer Piste mit dem Geländewagen erreichen kann. An der Löwenmalerei beginnend, lässt sich der Hügel in etwa 2 Std. erklimmen.

Erkundung

Die meisten Besucher kommen in die Tsodilo Hills, um die Felsmalereien zu bewundern. Über 4500 Bilder wurden bis heute entdeckt, viele davon allerdings an Stellen, die nur schwer zugänglich sind. Ein Teil der Felsmalereien ist jedoch recht gut durch Wanderwege erschlossen, von denen der **Rhino Trail** 6, der **Lion Trail** 7, der **Cliff Trail** 8 und der **Male Hill Trail** 9 die lohnendsten und entsprechend auch beliebtesten sind (s. Aktiv unterwegs S. 260). Aber nicht alle von Menschen hinterlassenen Spuren in den Tsodilo Hills haben einen mythischen Ursprung oder eine religiöse Bedeutung. So antwortete einer der Guides auf die Frage hin, was denn das Steinhäufchen in der Nähe einer der Felsmalereien zu bedeuten haben, mit einem Grinsen: »Bevor der Sendemast in unserem Dorf aufgestellt wurde, gab es an dieser Stelle das beste Handysignal«.

Am Haupteingang gibt es ein kleines **Museum** 10, das sich mit der Geschichte der Hügel und ihrer Bewohner befasst, sowie ein Büro, wo Besucher sich anmelden müssen. Wer übernachten möchte, bekommt von den Angestellten einen Stellplatz auf dem Campingplatz zugewiesen.

Übernachten

Campingplatz – **Main Campsite:** relativ neuer Campingplatz nahe dem Rangerbüro. Nachdem Besucher einige der uralten Malereien besudelt hatten, wurden 2018 kurzerhand alle Campingplätze in der Nähe der Felskunststätte geschlossen. Es gibt jetzt nur noch diesen einen ohne Elektrizität, aber mit acht individuellen Plätzen unter Bäumen und einem nicht sehr sauberen Waschblock (Wasserleitung, Toiletten und Duschen mit heißem Wasser). Der Eintritt zu den Tsodilo Hills Erw. 250 Pula, Kinder unter 14 Jahren 125 Pula. €

Das älteste Ritual der Welt

In der Rhino Cave im nördlichen Teil des Female Hill versteckt sich eine Felspython, um die sich einige der faszinierendsten Geschichten der Hügel ranken. Aufgrund der abgeschiedenen Lage und der Schwierigkeit, dorthin zu gelangen, wurde das steinerne Tier erst in den 1990er-Jahren von Archäologen entdeckt.

Die ›Python‹ entpuppt sich als etwa 6 m lange und 2 m hohe natürliche Felsformation, die aus der Wand der Rhino Cave ragt, genau gegenüber von einem weißen Nashorngemälde, daher auch der Name der Höhle. Die Seiten der Schlange sind übersät mit Einbuchtungen und Riefen, eingeritzt mit Speerspitzen und Schneidewerkzeugen, die entsprechend einem San-Ritual der großen Schlange als Opfer dargebracht wurden. Mund und Augen der Schlange sind deutlich zu erkennen. Wenn Sonnenstrahlen auf die Felsskulptur fallen, nehmen die zahllosen handgemachten Dellen im Stein die Struktur einer Schlangenhaut an. Im nächtlichen Feuerschein muss es so ausgesehen haben, als würde sich die Schlange bewegen.

Diese Theorie stammt von der norwegischen Archäologieprofessorin Sheila Coulson, die 2006 unterhalb der Schlange gegraben hat. Dort fand sie über 13 000 Artefakte, u. a. steinerne Speerspitzen und Schneidewerkzeuge, von denen sie annahm, dass sie bei Ritualen genutzt wurden. Einige der Fundstücke stammen aus Gebieten, die mehrere Hundert Kilometer von Tsodilo entfernt liegen, und die Speerspitzen waren sorgfältiger gefertigt als diejenigen der Region. Zeichen von Feuer wiesen nur die Speerspitzen aus rotem Stein auf. Man nimmt an, dass sie der Schlange geopfert wurden, einer Kreatur, die die San verehrten. Die Buschleute nahmen an, die Menschheit stamme von der Schlange ab, und sie glaubten, dass die Schlange die uralten Trockenflussbetten erschaffen hat, als sie sich auf ihrer Suche nach Wasser durch die Hügel schlängelte.

Coulsons Theorie war zunächst umstritten, vor allem das geschätzte Alter der Artefakte von über 70 000 Jahren, was den Fundort zum ältesten menschlichen Ritualplatz der Welt machte. Bis dato waren Forscher davon ausgegangen, dass die ersten menschlichen Rituale vor 40 000 Jahren in Europa praktiziert wurden. Andere Archäologen zweifeln nicht nur das Alter der Fundstücke an, sondern auch die angebliche Ähnlichkeit des Felsens mit einer Schlange. Im weiteren Verlauf ihrer Forschungen entdeckte Coulson eine steinerne Kammer hinter der Schlange. Die Felswände dort sind seitlich so glatt geschliffen, dass es aussieht, als ob sich durch die schmale Öffnung oft Menschen hindurchgezwängt haben. Nach Meinung der Archäologin hielt sich während des Rituals hier ein Schamane versteckt. Er konnte in das Innere der Höhle sehen, blieb aber selbst verborgen. Wenn er aus seinem Versteck heraus gesprochen hat, muss sich das so angehört haben, als würde die Schlange sprechen. Somit war der Schamane in der Lage, das Ritual zu kontrollieren. Wer die Rhino-Höhle besucht, sollte seinen Guide bitten, sich in die Kammer zu begeben und von dort zu sprechen. Die Stimme klingt dämonisch verzerrt – auf abergläubische Ureinwohner muss das einen enormen Effekt gehabt haben.

An bildlichen Darstellungen findet sich außerhalb der Höhle das Gemälde eines Nashorns. Im Innern entdeckt man erstaunlicherweise nur zwei kleine Bilder, das eines Elefanten und das einer Giraffe – beide wurden genau an der Stelle angebracht, wo permanent Wasser die Wand hinabrinnt. In der San-Mythologie gibt es eine Geschichte, in welcher die Python in ein Wasserloch fällt und nur mithilfe einer Giraffe wieder herauskommt. Der Elefant mit seinem langen Rüssel wird

Abbildungen von Nashörnern schmücken die nach ihnen benannte Rhino Cave

oft als Metapher für die Python verwendet. In der Höhle finden sich also die drei wichtigsten Tiere der San: Python, Giraffe und Elefant.

Übrigens: In der Nähe der Höhle lebt tatsächlich eine etwa 2,5 m lange Felspython, die man häufig am Wasserloch des Female Hill antreffen kann, ein weiterer Ort von großer spiritueller Bedeutung (s. S. 262). Die Höhle ist auf eigene Faust nur schwer zu finden, sodass man am besten einen lokalen Führer engagiert.

Die Welswanderung

Was die Lachswanderung für Alaska, das ist die Welswanderung für das Okavango Delta. Jedes Jahr zwischen Anfang August und Ende November, sobald der Wasserstand im nördlichen Teil des Panhandle fällt, bewegen sich die Welse flussaufwärts.

Der Afrikanische Raubwels bevorzugt stehende Gewässer

Die Welswanderungen beginnen im Norden des Deltas, wo sich die anderen Fische aufgrund des ständig sinkenden Wasserspiegels in den tieferen Flussabschnitten sammeln. Vor allem die kleineren Exemplare verbergen sich gerne im Papyrus. Doch die räuberischen, bis zu 60 kg schweren Welse *(catfish)* haben ihre ganz eigene ›Angeltechnik‹ entwickelt. In großen Gruppen schwimmen sie in den Papyrus und schlagen dort mit ihren Schwanzflossen aufs Wasser, was sich wie ein Gewehrschuss anhört und ihre Beute unbeweglich macht, als wäre eine Blendgranate explodiert. Danach lassen sie es sich schmecken.

In der Trockenzeit bewegen sich Hunderte, manchmal Tausende von Welsen flussaufwärts, wie eine flossenbewehrte, schuppige und unaufhaltsame Armee. Das Wasser brodelt dann richtiggehend. Natürlich lockt dieser Massenauflauf auch andere Tiere an, vor allem jene, die in der Nahrungskette weiter oben angesiedelt sind: Reiher, Störche, Schreiseeadler und andere Fisch fressende Federträger, während im tieferen Wasser Krokodile, Schlangen und Tigerbarsche *(tigerfish)* lauern.

Nach der anstrengenden Attacke pausieren die Welse eine Zeit lang, danach lassen sie sich wieder flussabwärts treiben und das Spiel beginnt von Neuem. Diese Wanderungen finden täglich überall im Delta statt, in verschiedenen Größenordnungen und unterschiedlich lang. Manche Welse legen nur einige Kilometer zurück, andere sind bis zu zwei Wochen am Stück unterwegs und bringen dabei beträchtliche Entfernungen hinter sich. Sobald das Wasser im Panhandle wieder steigt, schwimmen die Welse ins Delta zurück, um abzulaichen.

Diese sogenannten Catfish Runs sind das Wasser-Äquivalent zur Gnu-Migration. Am besten lässt sich die brodelnde Fischsuppe zwischen September und November beobachten. Jährlich lockt das schuppige Schauspiel begeisterte Fliegenfischer aus aller Welt an, die sich dann am Okavango einfinden. Allerdings weniger um zu schauen als um die Rute nach Tigerbarsche auszuwerfen, die ihrerseits Jagd auf die Welse machen. Der Tigerbarsch gilt aus einer der kämpferischsten Süßwasserfische und es ist der Traum vieler Fliegenfischer, einmal ihr Können und ihre Kraft an ihm zu erproben.

Es gibt etliche Tourunternehmen, die Angeltrips anbieten, teilweise mit Übernachtungen in Zeltlodges. Bewährt sind u. a. Tourette Fishing (www.tourettefishing.com). Die Trips dauern in der Regel vier Tage und fünf Nächte und sind auf vier bis sechs Teilnehmer begrenzt, die in Maun oder Shakawe abgeholt werden. Die Teilnahme ist auch als Beobachter möglich und durchaus interessant und unterhaltsam.

Okavango Panhandle

▶ 1, D 2–E 3

Das Okavango Delta (S. 226) ähnelt der Form einer Pfanne. Dort, wo der Okavango River – aus Angola kommend und den namibischen Caprivistreifen querend – nach Botswana fließt, bildet er das **Okavango Panhandle,** also den ›Pfannenstiel‹. Im Gegensatz zu den übrigen Regionen des Deltas ist das Panhandle ganz einfach auf der geteerten A 35 zu erkunden. Sobald man die Hauptstraße jedoch verlässt, wird es sandig und ein 4x4 mit ausreichend Bodenfreiheit ist absolut notwendig.

Shakawe

Im äußersten Norden des Panhandle liegt kurz vor der Grenze zu Namibia das große Fischerdorf **Shakawe.** Sehenswürdigkeiten gibt es keine, für Selbstfahrer ist auch hier vor allem die Tankstelle von Bedeutung. Infolge der nahen Grenze sieht man im Ort eine Menge botswanischer Soldaten, deren Kaserne sich in Shakawe befindet.

Wer über einen Geländewagen verfügt, kann auch das Ostufer des Okavango erkunden. Hier verläuft eine wenig befahrene Piste, erreichbar über die kostenlose Mohembo-Fähre nördlich von Shakawe.

Alternativen für die Weiterfahrt

Von Shakawe aus bieten sich zwei Möglichkeiten zur Weiterfahrt an, in beiden Fällen muss man jedoch zunächst die Grenze nach Namibia überqueren. Der Grenzübergang **Mohembo** (▶ 1, D 2, tgl. 6–18 Uhr) befindet sich 16 km nördlich von Shakawe und ist problemlos passierbar. 25 km nach der Grenze stößt man auf die perfekt geteerte B 8, die den namibischen **Caprivi Strip** von West nach Ost durchzieht. Wahlweise kann man sich hier nach Westen, grobe Richtung Windhoek (913 km) wenden oder man entscheidet sich für die östliche Richtung und fährt über **Katima Mulilo** (▶ 1, H 1) zum 364 km entfernten namibisch-botswanischen Grenzposten **Ngoma Gate** (▶ 1, J 1) und erkundet den Norden Botswanas mit dem Chobe National Park (S. 272).

Übernachten

Ideal für Angler – **Shakawe River Lodge:** 15 km südlich von Shakawe (S18°26 059/E21°54 326), www.okavangodelta.com. Die Lodge wurde bereits 1959 unter dem Namen Shakawe Fishing Camp gegründet. Sie befindet sich am Ufer des Okavango, etwa 3 km von der Hauptstraße entfernt. Übernachtet wird in 10 großen, reetgedeckten, recht einfachen Chalets. Der Swimmingpool wird nur noch von Sitatungas zur krokodilfreien Erfrischung genutzt. Die Lodge bietet neben ihren Wasseraktivitäten auch eine begleitete Tour zu den Buschmann-Zeichnungen in den Tsodilo Hills und Pirschfahrten am Rande des Mahango National Parks an. Ein paar Meter von der Lodge entfernt findet sich ein grasbewachsener, schattiger Campingplatz. €€

Altbewährt – **Drotsky's Cabins:** S18°24 868/E21°53 120 (8 km südlich des Radiomasts in Shakawe geht es links von der Teerstraße ab, eine 3 km lange Sandpiste führt zur Lodge), Tel. 068 750 35, www.drotskycabins.com. Seit vielen Jahren gibt es diese Lodge mit reetgedeckter Bar direkt am Flussufer, dort, wo der Okavango einige Kilometer breit ist. Gut zum Fischen und Vogelbeobachten. Es gibt Boote stundenweise zu mieten, mit und ohne Guide. Die 6 a-förmigen, einfachen Hütten bieten jeweils 2–5 Pers. Platz und liegen unter Schatten spendenden Flussbäumen. Dazwischen gedeihen Bananenstauden und bunt blühende Büsche, die dem Ganzen ein tropisches Flair verleihen. Frühstück, Lunch €, Dinner €€, Bootsmiete 350 Pula/Std., 1500 Pula/Tag, Angeln 170 Pula/Tag. Chalet (2 Pers.), Camping inkl. Feuerholz. €–€€

Verkehr

Busse: Der Mahube Express und der Golden Bridge Express verkehren 2 x tgl. von Shakawe nach Maun (Fahrtdauer 4,5 Std., einfach ca. 180 Pula).

Livingstone
Kasane
Victoria Falls
Chobe
National
Park

Kapitel 5

Chobe National Park und Victoria Falls

Der Chobe National Park gilt weltweit als das Elefantenparadies schlechthin, über 120 000 Dickhäuter leben im drittgrößten Nationalpark Botswanas. Wenn eine solche Herde im Nachmittagslicht die Piste quert und Staub aufwirbelt, den die untergehende Sonne golden einfärbt, ist das ein Anblick, den man nie vergisst.

Auch der Rest der Big Five ist gut vertreten, besonders in der Savuti- und in der Linyanti-Region. Außerdem wurden in dem Schutzgebiet über 450 Vogelarten identifiziert. Und wenn es regnet, verwandeln Wildblumen die Gegend in eine Märchenlandschaft. An der Chobe Riverfront westlich von Kasane, dem meistbesuchten Teil des Parks, sieht man oft Elefanten im Fluss, deren Rüssel wie Schnorchel aus dem Wasser ragen. Trotz ihres Gewichts können die Kolosse prima schwimmen.

Der Chobe River entspringt in Angola und wechselt bis zu seiner Mündung in den Sambesi mehrmals den Namen. In Angola und Namibia heißt er Kwando, wird in Botswana erst zum Linyanti und dann zum Chobe, bevor er bei Kasane in den Sambesi fließt. Das Wasser des Chobe hat nicht unbeträchtlichen Anteil daran, dass die nahe gelegenen Victoria Falls zu den Top-Attraktionen Afrikas gehören. Nachdem sich die politische Lage in Simbabwe entspannt hat, lassen sich die berühmten Wasserfälle wieder beidseitig erleben: von Livingstone in Sambia und von Victoria Falls in Simbabwe aus. Adrenalinjunkies können sich hier auf einen der weltbesten Raftingtrips begeben oder einen Bungee-Jump von der Victoria Falls Bridge wagen.

Das höchste Landlebewesen der Welt, die Giraffe, ist auch im Chobe National Park zu Hause

Auf einen Blick: Chobe National Park und Victoria Falls

Sehenswert

Linyanti Swamp: Das Sumpfgebiet am Chobe River ähnelt von Landschaft und Tierreichtum her dem berühmten Okavango Delta. Wie dort auch erschließt sich ein Großteil der Region nur mit Kleinflugzeugen auf einer Fly-in-Safari (s. S. 278).

Chobe Riverfront: Zwischen Kasane und Ngoma Gate zieht sich eine Teerstraße, mit vielen Pistenabstechern in die Flussebene, etwa 70 km am Chobe River entlang. Die Tierbeobachtungsmöglichkeiten hier gehören zu den besten in Afrika (s. S. 281).

Victoria Falls: Die Wasserfälle gehören zum Weltnaturerbe der UNESCO und sind eine der Hauptattraktionen Afrikas. Zwischen Sambia und Simbabwe stürzt sich der Sambesi spektakulär über 100 m tief in die Batoka Gorge (s. S. 299).

Schöne Routen

Marsh Road: Die reichlich holprige Strecke vom Mababe Gate des Chobe National Park nach Savuti ist wunderschön, allerdings nur außerhalb der Regenzeit und nur mit einem Geländewagen befahrbar (s. S. 274).

Von Kazungula zu den Victoria Falls: Die kleine, schmale Teerstraße vom botswanisch-simbabwischen Grenzübergang nach Victoria Falls führt durch ein Afrika wie aus dem Bilderbuch (s. S. 294).

Meine Tipps

Migration der Zebras im Chobe National Park: Zwischen dem Linyanti Swamp und dem Savuti Marsh migrieren jedes Jahr im November Tausende von Zebras. Im Dezember bekommen sie in der Savuti-Region ihre Fohlen und kehren zwischen Februar und April nach Linyanti zurück (s. S. 275).

Sidudo Island: Mit dem Boot an der Insel im zentralen Kanal des Chobe River gegenüber von Kasane vorbeifahren und dabei die grasenden Flusspferde beobachten (s. S. 285).

Devil's Pool: Nur etwas für Mutige ist das Bad im ›Pool des Teufels‹, der sich direkt an der Kante der Viktoriafälle befindet (s. S. 304).

Ultraleichtflug über die Victoria Falls: Vogelgleiches Schweben über den tosenden Wasserfällen – einer der schönsten Rundflüge der Welt (s. S. 313).

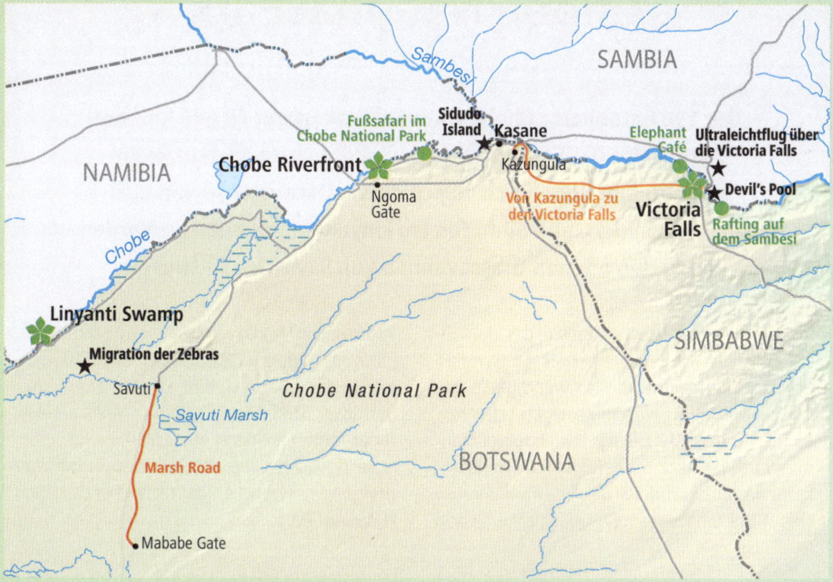

SAMBIA
Sambesi
NAMIBIA
Fußsafari im Chobe National Park
Sidudu Island
Kasane
Elephant Café
Ultraleichtflug über die Victoria Falls
Chobe Riverfront
Kazungula
Ngoma Gate
Von Kazungula zu den Victoria Falls
Devil's Pool
Victoria Falls
Rafting auf dem Sambesi
Chobe
Linyanti Swamp
Migration der Zebras
SIMBABWE
Savuti
Chobe National Park
Savuti Marsh
Marsh Road
BOTSWANA
Mababe Gate

Über ein erfrischendes Bad im Fluss freuen sich auch Elefanten

Fußsafari im Chobe National Park: Eine Wanderung verspricht den direktesten Kontakt mit der lokalen Flora und Fauna. Ein guter Guide gibt Sicherheit (s. S. 284).

Elefanten hautnah erleben: beim Essen im Elephant Café (s. S. 296).

Rafting auf dem Sambesi: Mehr Spaß kann man an einem Tag nicht auf dem Wasser haben, sagen erfahrene Adrenalinjunkies – absolut aufregend (s. S. 310).

Chobe National Park

Der 1967 etablierte Chobe National Park ist mit 10 698 km² der drittgrößte des Landes – und der wildreichste. In dem Naturschutzgebiet finden sich verschiedene Ökosysteme, von dichten Flusswäldern und Sümpfen am Linyanti und Chobe im Norden bis zu den offenen Grassavannen von Savuti im Südwesten.

In den 1930er-Jahren erkannte der damalige britische Kolonialverwalter Botswanas, Colonel Charles Rey, die Notwendigkeit, das Chobe-Gebiet als Nationalpark zu schützen. Es wurde intensiv bejagt und Edelholzbäume wurden unkontrolliert gefällt. Der Elfenbeinhandel befand sich auf dem absoluten Höhepunkt, hatte jedoch Geschichte. Schon 1864 machte König Sechele I. vom Stamm der Bakwena regelmäßig Jagdtrips von Molepolole in das Chobe-Gebiet, um Elefanten wegen ihrer Stoßzähne zu jagen. Viele andere Jäger folgten seinen Fußstapfen. Es war eine gesetzlose Zeit und eine Polizeipräsenz war dringend notwendig – die Geburt des **Chobe National Park.**

Eine der schönsten Lodges der Gegend: die Ngoma Safari Lodge

Wissenswertes über den Park

Orientierung

Verschiedene Vegetationszonen und geologische Formationen charakterisieren den Chobe National Park, der dadurch ein breites Kontrastprogramm an Landschaften und Wildtieren bietet. Er gliedert sich grob in vier Regionen: **Savuti** im Südwesten, **Linyanti** im Nordwesten, **Chobe Riverfront** im Norden und **Nogatsaa** im Nordosten. Das gesamte Parkgebiet, außer der Chobe Riverfront, ist von großen Naturschutz-Pufferzonen umgeben, die ein ungehindertes Umherziehen des Wilds ermöglichen.

Obwohl Karten des Gebiets auf den ersten Blick kompliziert aussehen, ist die geografische Orientierung recht einfach. Es gibt fünf Eingangstore in den Park (von Süden nach Nordosten): **Mababe, Linyanti, Ghoha, Ngoma** und **Sidudo,** wobei Mababe nördlich von Maun, Ngoma im Zentrum und Sidudo in Kasane am meisten benutzt werden. Die meisten Besucher fahren auf einer Seite in den Park hinein und auf der anderen wieder hinaus. Im Zentrum des Schutzgebiets führen alle Pisten nach Savuti. Nördlich von Savuti gibt es eine ›direkte‹ Strecke, die Kasane mit der Chobe Riverfront und dem Chobe Forest Reserve verbindet. Eine ›indirekte‹ Route führt von Kasane über die Nogatsaa Pan in den bewaldeten Teil des Parks. An den Gates wird der Parkeintritt bezahlt (120 Pula pro Person und Tag, 50 Pula pro Auto). Außerdem muss hier das Permit für die Camping- oder Lodgeübernachtungen vorgewiesen werden.

Reisezeit

Die beste Zeit für einen Besuch im Park ist in der Trockenzeit zwischen April und Oktober. Dann konzentrieren sich die Tiere an den permanenten Wasserläufen, Tonpfannen und künstlichen Wasserstellen. Besonders lohnend ist das Ende der Trockenzeit von Oktober bis November, wenn die Landschaft braun und ausgebrannt ist. Die Tiere brauchen dringend Wasser, das es nur noch an wenigen Stellen gibt. Savuti verwandelt sich dann in eine fast wüstenhaft anmutende Kulisse.

Die Regenzeit zieht sich von November bis März, mit Höhepunkt im Januar und Februar. Oft setzen die Niederschläge auch erst gegen Mitte Dezember ein. Der Regen macht das Vorwärtskommen auf den lehmigen Pisten schwierig bis unmöglich. In Flussnähe ist es unerträglich heiß und es wimmelt von Moskitos. Allerdings sieht Savuti dann wunderschön aus. Die saisonalen Pfannen füllen sich mit Wasser und das frische Gras lockt Zebras und Gnus an, die in riesigen Herden in das Marschland ziehen. Die Regenzeit ist definitiv etwas für Abenteuerlustige, aber Wildblumen, saftig grüne Landschaften, ein reiches Vogelleben und zahllose Tierbabys lohnen die Schlammschlacht.

Hinweis für Selbstfahrer

Auf den 360 km zwischen Maun (s. S. 229) und Kasane (s. S. 287) kommt man nicht an Treibstoff, und der Spritverbrauch eines Geländewagens ist im Sand deutlich höher als in einfacherem Gelände. Auch Geschäfte gibt es keine, also genügend Verpflegung mitnehmen. Auf den Campingplätzen bekommt man normalerweise Wasser, doch manchmal zerstören Elefanten die Pumpen. Also eine eiserne Reserve im Auto mitführen.

Wegbeschaffenheit

Die Pisten im Chobe National Park sind sowohl in der Regen- als auch in der Trockenzeit eine Herausforderung für Geländewagenfahrer. In der feuchten Periode sollten alle Strecken mit lehmigem Untergrund vermieden werden, dazu gehören die Pisten in den Mopane Woods, in der Mababe Depression und im Savuti Marsh sowie speziell die Strecken in der Gegend um Nogatsaa und zwischen dem Sankuyo Village und dem Mababe Gate.

In der Trockenzeit wird der Sand in und um Savuti, in der Magwikhwe Sand Ridge, zwi-

Mit Wild campen
Beim Zelten immer alles Essbare – sowohl Frisches, vor allem in Plastik eingepackte Zitrusfrüchte, als auch Trockennahrung – im Kofferraum oder Fahrzeuginnern verstauen. Paviane haben mittlerweile gelernt, Reißverschlüsse zu öffnen, manchmal zerfetzen sie aber auch die Zeltwände, um an das verlockend riechende Fressen zu kommen. Grünmeerkatzen sind nicht ganz so destruktiv, klauen aber auch, was das Zeug hält, und Hyänen haben nachts schon Kühlboxen weggeschleppt. Also alles, was nicht niet- und nagelfest ist, im Auto einschließen oder auf dem Dach verstauen und festzurren. Hyänen sind relativ angstfrei und kommen im Dunkeln erstaunlich nahe an die Campfeuer heran. Auch Löwen streifen nachts gelegentlich durch die Campingplätze. Wer auf dem Boden zeltet, sollte das Zelt immer geschlossen halten. Angriffe durch geschlossene Zelte sind bislang nicht bekannt, aber es ist doch etwas beruhigender, einen Stock höher in einem Dachzelt zu nächtigen.

schen dem Moremi Game Reserve und dem Chobe National Park sowie in den Sanddünen zwischen Ghoha Gate und Kachikau besonders lose. In der Regenzeit hingegen verdichtet er sich und ist gut zu befahren. Man sollte immer einen High-Lift-Jack-Wagenheber dabeihaben – damit lässt sich ein festgefahrenes Fahrzeug aufbocken. Dann kommen Holzstücke oder Steine unter die Räder und weiter geht es.

Von Maun zum Mababe Gate ▶ 1, G 5–H 4

Maun (s. S. 229) ist nicht nur das Eingangstor zur Kalahari im Süden sowie zum Okavango Delta und Moremi Game Reserve im Nordwesten, sondern auch zum Chobe National Park im Norden. Der Trip in den Nationalpark über Savuti nach Kasane lässt sich entweder auf direktem Weg durchführen oder in Kombination mit dem Okavango Delta und dem Moremi Game Reserve. In beiden Fällen geht es durch das Mababe Gate in den Chobe National Park.

Die Gesamtdistanz von Maun zum Mababe Gate beträgt 141 km, was etwa vier Stunden Fahrtzeit in der Trocken- und sechs Stunden oder mehr in der Regenzeit bedeutet. Von Maun aus sind die ersten 47 km bis **Shorobe** geteert, die nächsten 20 km bis zum **Buffalo Fence Gate** sind geschottert, sollen aber ebenfalls bald geteert sein. Dahinter geht es auf einer Lehmpiste durch Mopanelandschaft – perfekt zu befahren, wenn es trocken ist, sehr schwierig und schmierig nach Niederschlägen –, bis man nach weiteren 25 km das **Sankuyo Village** erreicht. Kurz vor dem **Mababe Village** wird es richtig sandig. Vom Ort bis zum Mababe Gate folgt die 14 km lange Piste dem Rand der **Mababe Depression** (s. S. 275). Hier trifft man auf den schlimmsten Lehmuntergrund, den Botswana zu bieten hat – definitiv kein Spaß in der Regenzeit.

Etwa 21 km nördlich des **Mababe Gate** (S19°06 174/E23°59 118) befindet sich eine Pistengabelung (S18°55 619/E24°00 660). Von hier aus gibt zwei Möglichkeiten, um nach **Savuti** (S18°34 014/E24°03 905) zu gelangen: entweder sich nach rechts bzw. in östlicher Richtung haltend über die **Marsh Road** (50 km) oder nach links bzw. in Richtung Westen über die **Sand Ridge Road** (43 km). Wie die Namen bereits vermuten lassen, ist es westlich eher sandig, östlich eher sumpfig. Die Marsh Road ist landschaftlich reizvoller, aber in schlechterem Zustand, eine Schüttelpiste mit tief ausgefahrenen Rillen. In der Trockenzeit bietet sich jedoch ein guter Ausblick auf das Marschgebiet. Und die Akazienbäume, die hier gedeihen, ziehen viele Giraffen an. In der Regenzeit ist die Piste unbefahrbar. Auf der Sandridge Road gibt es immer wieder Stellen mit weichem Sand, die man zügig durchfahren muss.

Savuti ▶ 1, G/H 3

Karte: rechts
Savuti bzw. **Savute** umfasst etwa 5000 km^2 in der südwestlichsten Ecke des Nationalparks und besteht aus der Ebene der Savuti Marsh,

der Mababe Depression und der Magwikhwe Sand Ridge. In dieser Gegend Botswanas geht es ausnahmsweise nicht nur um Tierbeobachtung – auch die Geschichte ist interessant.

In den Hügeln um Savuti finden sich Felsmalereien der San, die Zeugnis von der frühen Besiedlung des Gebiets durch die Buschmenschen ablegen. Einige Führer der Lodges kennen die Stellen und zeigen sie ihren Gästen. Spaziergänge auf eigene Faust empfehlen sich nicht, denn Savuti ist bekannt für seine hohe Dichte an Büffeln, Elefanten – meist launige Bullen –, Löwen, Leoparden und Tüpfelhyänen. Kein Wunder, die jährliche Zebramigration führt direkt durch Savuti und die Raubkatzen wissen die gestreifte Beute zu schätzen.

Savuti Channel und Savuti Marsh

Die Lebensader von Savuti ist der **Savuti Channel 1 .** Er hat seinen Ursprung in der südlichen Spitze des Linyanti Swamp, von wo er nach Süden mäandert. Sein weiterer Weg führt ihn durch die Magwikhwe Sand Ridge in die Mababe Depression. Dort formt er den weiten Fächer der **Savuti Marsh 2 ,** die oft jahrelang austrocknet. Frühe Forscher vermerkten in ihren Tagebüchern, dass der Kanal von 1850 bis1877 regelmäßig geflutet war. Dann trocknete er 80 Jahre lang aus und füllte sich erst 1957 wieder mit Wasser. 1982 versiegte das Nass erneut. Diesmal dauerte es 26 Jahre, bis sich erste Rinnsale bildeten. Seit 2010 füllt das Wasser nun wieder gänzlich die Marsch. Im April 2015 floss der Savuti Channel noch immer, danach trocknete er wieder aus. Typisch für die Gegend sind abgestorbene Bäume, Zeugen der Trockenperioden und beliebte Fotomotive, speziell mit Elefanten im Vordergrund.

Mababe Depression und Magwikhwe Sand Ridge

Hinter der Bezeichnung **Mababe Depression 3** verbirgt sich das uralte Bett eines ehemaligen Sees. Fließt das Wasser im Savuti

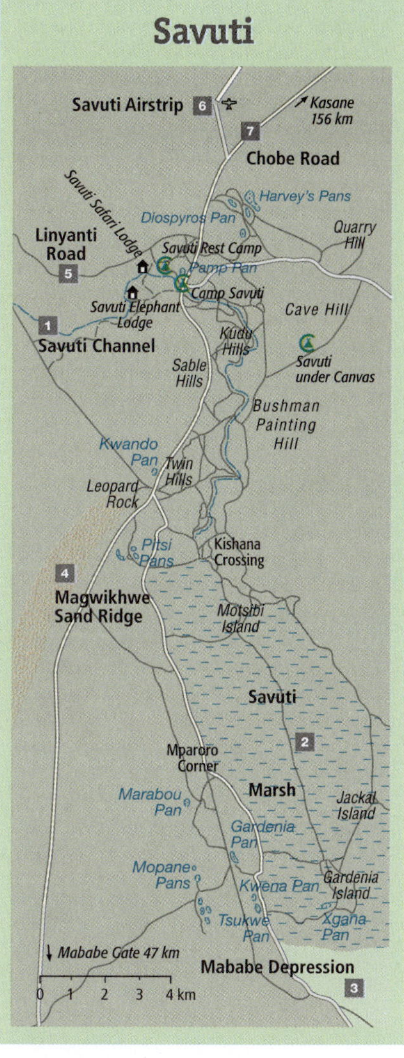

Channel, füllt sich der See und bildet einen bis zu 100 km langen Wassertrog, der sich bis ins Herz der trockenen Kalahari erstreckt. Die ansonsten braune Ebene ist dann mit einem grünen Teppich bedeckt und lockt Tausende von Wildtieren an, die sich vor allem zwischen November und Mai in Savuti tummeln. Zebras, Impalas, Kuhantilopen, Kudus, Gnus, Warzenschweine, Büffel, Löwen, Leoparden, Hyänen, Wildhunde und Schakale sind nur ein paar der Vierbeiner, die man dann fast garantiert vor die Linse bekommt. Es gibt jedoch auch künstliche Wasserlöcher in der Mababe Depression, die selbst in der Trockenzeit viele Tiere in der Region halten. Am trockensten ist Savuti im Oktober – ein Durstland für alle Tiere, die sich dann an den wenigen verbliebenen Wasserlöchern tummeln, wo es richtig eng werden kann.

Westlich der Mababe Depression erstreckt sich über rund 100 km der grasbewachsene, niedrige Sandrücken der **Magwikhwe Sand Ridge** 4, einer alten geomorphologischen Barriere, die in früheren Erdzeitaltern wahrscheinlich die Westgrenze eines anderen großen Sees bildete.

Pisten

In der Savuti-Region gibt es eine beträchtliche Anzahl an Pisten. Eine gute Karte sowie ein GPS-Gerät (s. S. 219) sind für die Orientierung unerlässlich. Ein wichtiger Wegepunkt ist die Pistengabelung bei S18°33 344/ E24°04 262, wo es links auf der **Linyanti Road** 5 in die gleichnamige Region geht (40 km, s. S. 278), rechts nach **Nogatsaa** (129 km, s. S. 293) und in den Ort **Kasane** (190 km, s. S. 287) und geradeaus, vorbei am **Savuti Airstrip** 6, auf der **Chobe Road** 7 direkt nach Kasane (156 km).

Übernachten

5-Sterne-Zelte am Kanal – **Belmond Savuti Elephant Lodge:** Belmond Safaris, Tel. 0027 21 483 16 00, www.belmondsafaris.com. Ein sehr luxuriöses Zeltcamp mit hochwertiger afrikanischer Einrichtung und polierten Hartholzböden. Alle 12 sehr geräumigen Zelte stehen auf erhöhten Holzplattformen und haben Himmelbetten mit riesigen Moskitonetzen. Hier wird alles geboten, was man von einem 5-Sterne-Hotel gewohnt ist, außer Fernsehen natürlich. €€€

Modern afrikanischer Stil – **Savuti Safari Lodge:** Desert & Delta Safaris, Tel. 068 612 43, www.desertdelta.com (auch auf Dt.). Reetgedeckte und geschmackvoll aus Holz erbaute luxuriöse Lodge mit modernem afrikanischem Dekor für 24 Gäste. Jedes Chalet verfügt über einen eigenen Balkon und ein Badezimmer. Pirschfahrten in die Savuti Marsh. €€€

Intimer Zeltluxus – **Savute under Canvas:** &Beyond, Tel. 068 619 79, www.andbeyond.com. Nur sechs Zelte, wobei es in diesem Fall, wie auch bei den anderen *tented camps*, schwerfällt, bei so viel stilvollem Luxus noch von Zelt zu sprechen. Hier ist einfach alles perfekt, von dem Design über die Professionalität des Personals bis zu den abends un-

Tiersichtungen sind garantiert: bei einer Safari durch die Hügellandschaft von Savuti

ter freiem Himmel servierten Gourmetmenüs. €€€

Etwas luxuriöser zelten – **Camp Savuti:** SKL Camps, Tel. 068 653 65, 068 653 66, www.sklcamps.com, Facebook: ›SKL Group Of Camps‹. Wer nicht selbst sein Zelt aufschlagen möchte, wählt eines der fünf Luxuszelte auf hölzernen Plattformen, die den Savuti Channel überblicken. Die wunderbar dekorierten Safarizelte sind groß und haben Badezimmer und Außenduschen. Es gibt eine kleine Lounge Area, eine Bar und einen Essensbereich für die maximal zehn Gäste des Camps. Organisierte Pirschfahrten im offenen Geländewagen mit Ranger. €€€

Traumhafte Campsite – **Savuti Rest Camp:** SKL Camps, Tel. 068 653 65, 068 653 66, www.sklcamps.com. 14 wunderbare Stellplätze unter Kameldornbäumen am Savuti Channel mit elefantensicherem Wasseranschluss und Grillplatz. Zwei Sanitäranlagen mit Solarlicht, heißen und kalten Duschen und Spültoiletten. Das Camp wird fast jede Nacht von Tüpfelhyänen besucht, also nichts herumliegen lassen. Mindestens zwei Nächte bleiben, da der Platz wunderschön ist. €

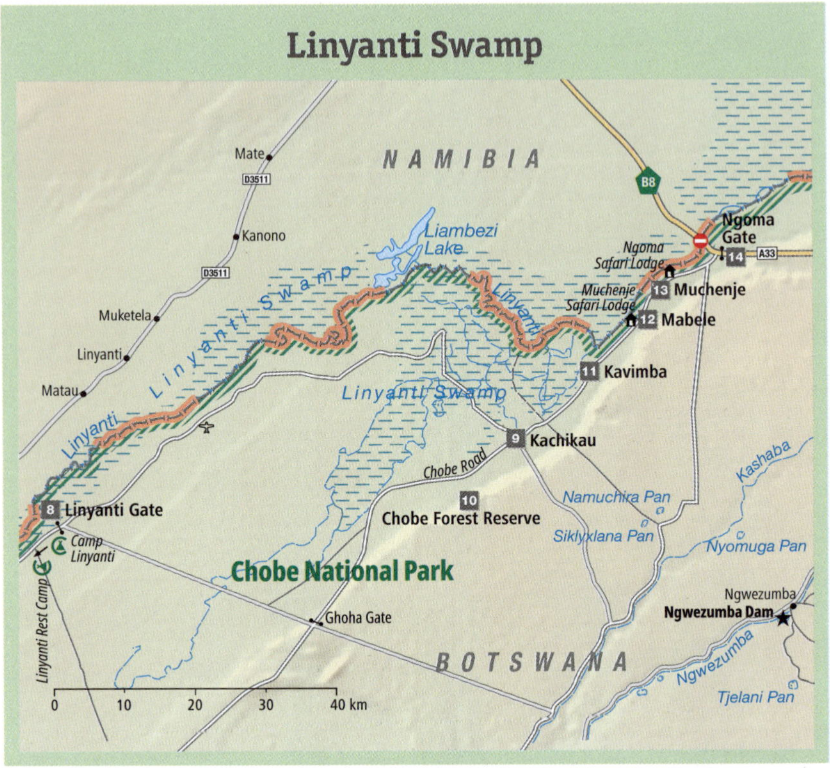

Linyanti Swamp

Linyanti Swamp

▶ 1, G/H 2

Karte: oben

Der **Linyanti Swamp,** die kleinste der vier Sektionen des Chobe National Park, ist ein ideales Ziel für eine Fly-in-Safari. Die tropische Sumpflandschaft steht in krassem Gegensatz zur trockenen Savuti-Savanne. Mit seiner Fläche von 900 km^2 gilt der Linyanti Swamp als Miniaturausgabe des Okavango Delta. Das Gebiet besteht aus Dutzenden von nur mit Kleinflugzeugen zu erreichenden Konzessionsgebieten mit wunderschönen Lodges. Für Selbstfahrer gibt es in diesem teils permanent sumpfigen Gebiet wenige Möglichkeiten. Ihre Herausforderung besteht in erster Linie darin, die als schwierig geltende Sandpiste in den Linyanti Swamp zu bewältigen. Pirschfahrten können nur auf einer Strecke von 7 km entlang dem Linyanti River unternommen werden. Ob sich der Offroad-Abstecher hierfür lohnt, muss jeder selbst entscheiden.

Anfahrt

Die meisten Strecken in Botswana sind Geländewagenfahrern vorbehalten, so auch der sandige Weg nach Linyanti, der zwar anspruchsvoll, aber nur unwesentlich schwieriger ist als andere Pisten im Land. Es gibt zwei Zufahrtswege in den Linyanti Swamp, von Süden ab Savuti und von Norden ab dem Ngoma Gate an der Chobe Riverfront (s. S. 281). Im Folgenden wird die Strecke ab Savuti genauer beschrieben.

Von der dortigen Pistengabelung (S18° 33 344/E24°04 262) sind es zwar nur 39 km nach Linyanti (S18°17 678/E23°54 596), aber die Strecke gilt als schwierigste Sandpassage im Nationalpark. Bis zu 4 Stunden kann diese (Tor-)Tour in Anspruch nehmen! 7 km weiter ist das **Linyanti Gate** 8 (S18°16 228/E23°56 163) erreicht. Von hier sind es 38 km bis zu einer Pistengabelung (S18°21 824/E24°10 631), an der man links in Richtung Kachikau abbiegt. Nach 42 km durch tiefen Sand und von Lkws ausgefahrenen Spuren erreicht man **Kachikau** 9 (S18°09 286/E24°29 786), wo man auf eine Teerstraße trifft. Durch das **Chobe Forest Reserve** 10**,** vorbei an den kleinen Siedlungen **Kavimba** 11**, Mabele** 12 und **Muchenje** 13**,** geht es nun 40 km bis zum **Ngoma Gate** 14 (S17°55 717/E24°43 678) des Chobe National Park und entlang der Chobe Riverfront auf einer Teerstraße bis Kasane.

Wer auf den Abstecher nach Linyanti verzichtet, fährt von Savuti direkt zum 28 km entfernten Ghoha Gate (S18°23 244/E24°04 262) und dann 42 tiefsandige Kilometer bis Kachikau und zum Ngoma Gate.

Übernachten

Die meisten Lodges liegen in einem der drei Konzessionsgebiete des Gebiets: Linyanti (1250 km^2), Kwando (2320 km^2) und Selinda (1350 km^2).

... für Fly-in-Gäste:

Luxus in der Wildnis – Nur auf dem Luftweg sind die Lodges von **Wilderness Safaris,** www.wilderness-safaris.com (s. S. 12), zu erreichen. Sie gehören nicht nur zu den luxuriösesten – und teuersten – im südlichen Afrika, sondern auch zu den schönstgelegenen. In der Linyanti-Region besitzt das Unternehmen fünf Zeltcamps: **King's Pool** (9 Zelte, €€€), **Duma Tau** (10 Zelte, ab €€€), **Little Duma Tau** (4 Leinwand Guest Suites, €€€), **Linyanti Tented Camp** (4 Zelte, €€€), **Savuti Camp** (7 Zelte, €€€). Alle Preise all inclusive. Der Verbund **Great Plains** (http://greatplainsconservation.com) hat auch mehrere Lodges in seinem Portfolio, die Highlights sind: **Selinda Camp** (5 Busch-Suiten, €€€) und **Zarafa Camp** (4 Zelte, €€€).

... für Selbstfahrer:

Traumlage mit Panoramablick – **Ngoma Safari Lodge:** Tel. 013 432 11, 013 432 20, www.machabasafaris.com. Eine der schönsten Lodges der Region. Die Aussicht von der Anhöhe, wo sich die Lodge befindet, auf das Chobe-Flusstal und Namibia ist grandios und die

FLY-IN-SAFARIS

Wie das Okavango Delta auch ist Linyanti zum größten Teil nur mit Kleinflugzeugen im Rahmen einer Fly-in-Safari zu erreichen. Die Chartergesellschaften starten entweder in Maun oder in Kasane. **Wilderness Safaris,** www.wilderness-air.com, hat 50 eigene Flugzeuge, die die diversen Wilderness Lodges im südlichen Afrika miteinander verbinden.

Die Flugbasis von **Mack Air,** www.mackair.co.bw, befindet sich in Maun. Wer einen Hubschrauber vorzieht, kann sich an **Helicopter Horizons,** www.helicopterhorizons.com, wenden. Von Südafrika aus ist **Cross Country Air Safaris,** www.airsafaris.co.za, die beste Wahl, deren Eigentümerin Juliane Beckmann über jahrzehntelange Erfahrung verfügt und überdies Deutsch spricht.

Mit kleinen Flugzeugen in den afrikanischen Busch zu fliegen hat etwas wunderbar Abenteuerliches. Häufige Gewitter lassen den Flieger durch und um die Wolken tanzen. Ganz nah am Boden bekommt man einen guten Eindruck von der Größe des Landes. Am aufregendsten jedoch sind die Landungen, bei denen der Pilot zunächst die meist ungeteerte Piste überfliegt, um Tiere zu verjagen. Schließlich setzt man auf, steigt mitten im Busch aus dem Flieger und fühlt sich ein klein wenig wie ein Entdecker.

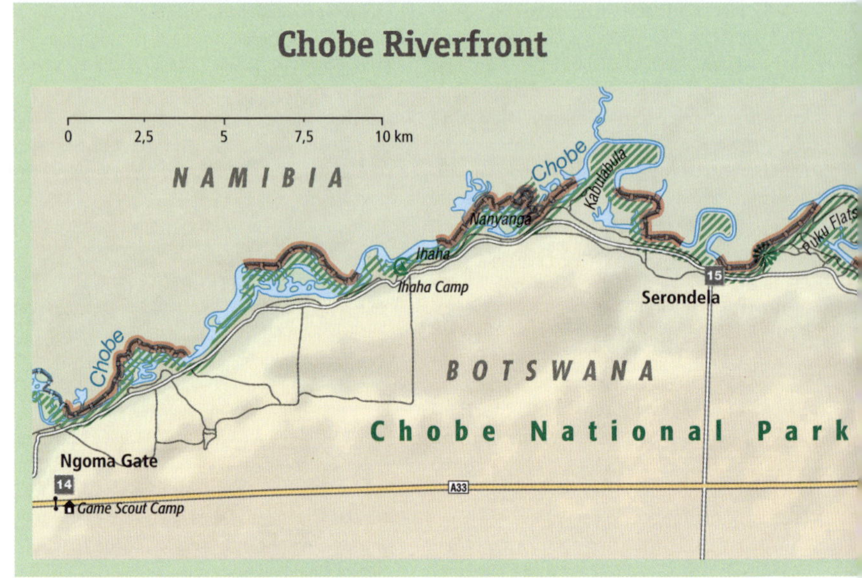

beiden uralten Affenbrotbäume direkt vor dem Gebäude machen das Out-of-Africa-Ambiente perfekt. Das reetgedeckte Anwesen passt sich wunderbar in die Landschaft ein. Gästen stehen acht große, sehr geschmackvoll afrikanisch dekorierte Suiten zur Verfügung mit Badewannen, Duschen und natürlich riesigen Moskitonetzen über den Betten. Auch die Essensqualität ist auf sehr hohem Niveau. Im Übernachtungspreis enthalten sind die Pirschfahrten im offenen Geländewagen mit Ranger in den Chobe National Park. Hinweis: Da die Lodge meist voll ist und keine Gäste abweisen möchte, ist ihre Lage nicht von der B 336 ausgeschildert. Gebuchte Gäste finden sie folgendermaßen: 3,5 km vor der Kreuzung der B 336 mit der A 33 geht es – nach der ausgeschilderten Abzweigung zur benachbarten Muchenje Safari Lodge – von der B 336 nach links in eine Sandstraße, die kurz parallel zur B 336 verläuft. Dann geht es nach links, nach 700 m wieder nach links und erneut nach 500 m, nach weiteren 300 m liegt die Lodge auf der linken Seite. €€€

Luxuszelte – **Camp Linyanti:** SKL Camps, Tel. 068 653 65, 068 653 66, www.sklcamps.com, Facebook: ›SKL Group Of Camps‹. Das sehr schöne Camp besteht aus fünf Luxus-Safarizelten, die die Lagune des Linyanti River und den namibischen Caprivi Strip überblicken. Die Zelte haben sowohl ›Badezimmer‹ als auch Außenduschen. Es gibt einen nach allen Seiten hin offenen Aufenthaltsraum, eine Bar und einen Essensbereich für die maximal zehn Gäste des Camps. Organisierte Pirschfahrten im offenen Geländewagen mit Ranger. €€€

Intim & exklusiv – **Muchenje Safari Lodge:** Tel. 062 000 13, www.muchenje.com. Die kleine Lodge mit ihren nur elf reetgedeckten, afrikanisch dekorierten Chalets befindet sich in Privatbesitz und wird von den Besitzern selbst geführt. Herrliche Ausblicke auf den Chobe River, Pool zwischen natürlichen Felsen. €€€

Klein und wildreich – **Linyanti Rest Camp:** SKL Camps, Tel. 068 653 65, 068 653 66, www.sklcamps.com, Facebook: ›SKL Group Of Camps‹. Fünf prima unterhaltene Stellplätze mit Wasseranschluss und Grillplatz. Es gibt zwei Sanitäranlagen mit Solarlicht, heißen und kalten Duschen sowie Spültoiletten. Man sollte hier mindestens zwei Nächte buchen,

sonst lohnt sich die weite und anstrengende Anfahrt nicht. Das Camp bietet Touren in Einbäumen *(mekoros)* und Fußsafaris. €

Chobe Riverfront

▶ 1, J 1

Karte: oben
Die etwa 50 km lange **Chobe Riverfront** ist eine von Botswanas Top-Wildlife-Destinationen und darüber hinaus bequem über eine Teerstraße mit einem normalen Pkw zugänglich. Berühmt wurde die Uferzone vor allem wegen ihrer vielen Elefanten und ihrer spektakulären Sonnenuntergänge.

Die beste Zeit zur Wildbeobachtung am Chobe River ist im Oktober, zugleich der heißeste Monat in dieser Gegend. Große Herden von Elefanten kommen dann ebenso zum Wasser wie Büffel, seltene Pferdeantilopen *(roan antelope)* und Trupps von bis zu 50 Rappenantilopen *(sable antelope)*. Da fast alle diese Tiere auf der Beuteliste der Löwen stehen, finden sich auch diese in großen Rudeln an der Riverfront ein.

An- und Weiterfahrt

Am einfachsten und schnellsten gelangt man von Kasane (s. S. 287) an die Chobe Riverfront. Selbstfahrer mit 4x4 können das Flussufer auch vom Linyanti Swamp im Süden (s. S. 278) ansteuern. Eine dritte Möglichkeit bietet sich für Reisende nach – oder von – Namibia. Sie queren die Grenze ins Nachbarland an der **Ngoma Bridge** (▶ 1, J 1) im äußersten Westen der Chobe Riverfront. Von dort aus gelangt man flott auf einer Teerstraße nach **Katima Mulilo** (▶ 1, H 1) und in den namibischen **Caprivi Strip.** 301 km hinter Katima Mulilo kann man in **Divundo** entweder geradeaus weiter ins noch gut 900 km entfernte **Windhoek** fahren oder aber gen Süden abzweigen und in **Mohembo** (▶ 1, D 2) erneut die Grenze queren. Der botswanische Nordwesten (s. S. 252) hält allerlei Interessantes bereit, vom Okavango Panhandle über die Tsodilo Hills bis zu den Aha Hills und den Gcwihaba Caverns.

Das Flussufer

Die Chobe Riverfront zieht sich vom **Ngoma Gate** (S17°55 717/E24°43 678, s. S. 281) gut 70 km bis Kasane. In der Nähe des Tors sieht man immer wieder die seltene schwarze Rappenantilope *(sable antelope)*, ein ausgesprochen schönes Tier. Die Straße folgt den Konturen der Flussschwemmebenen, die ideal zur Wildbeobachtung geeignet sind. Das Gebiet zählt zu den besten Safarizielen Afrikas, zum einen wegen der hohen Tierdichte und zum anderen wegen der leichten Erreichbarkeit. Die Hauptstrecke ist auch mit einem normalen Pkw zu bewältigen, sobald man diese jedoch verlässt, wird ein Geländewagen benötigt.

Fast immer sichtet man große Elefanten- und Büffelherden, Letztere locken wiederum ganze Löwenrudel an. Auch Vogelfreunde kommen auf ihre Kosten, entlang der Chobe Riverfront wurden über 440 verschiedene Spezies gesichtet.

Die Sichtung großer Elefantenherden ist an der Chobe Riverfront gewiss

FUSSSAFARI IM CHOBE NATIONAL PARK

Tour-Infos

Start: zumeist an den Lodges, in denen man übernachtet

Dauer: ab ca. 2 Std. bis mehrere Tage

Schwierigkeit: Da es meist sehr heiß ist, sollte man einigermaßen fit sein, wenn man länger als 2 Std. unterwegs sein möchte.

Buchung: Fast alle Lodges haben diese Aktivität im Programm, d. h., die Buchung erfolgt in der Regel vor Ort. Es gibt jedoch auch einige renommierte Veranstalter, bei denen man unabhängig vom Übernachtungsort eine Fußsafari organisieren kann, beispielsweise www.africanbushcamps.com, www.botswana.co.za, www.africaodyssey.com und www.footsteps-in-africa.com.

Kosten: Bei Übernachtung in einer Lodge ist die Teilnahme an einer Fußsafari üblicherweise kostenfrei, bei Buchung über einen Veranstalter sollte man mit folgenden Tarifen rechnen: 2 Std. ca. 120 US-$, halber Tag ca. 140 US-$, 1 Tag ca. 190 US-$.

Das Erste, was im Vergleich zu einer Safari im offenen Land Rover auffällt: Man ist erheblich wacher unterwegs, man sieht sich aufmerksamer um, die Sinne sind geschärft. Jedes Geräusch könnte von einem Großsäuger stammen … Noch wichtiger als bei motorisierten Pirschfahrten ist die Erfahrung des begleitenden Ranger. Trips dieser Art, wo es unter Umständen zu haarigen Situationen kommen kann, sollten nur mit einem renommierten Veranstalter unternommen werden – wenn ein Elefant angreift, verbirgt man sich lieber hinter einem Profi. Einige Unternehmen haben sich auf Fußsafaris spezialisiert und hervorragend ausgebildete Guides.

Die schönste Gegend für Fußsafaris im Chobe National Park ist die Chobe Riverfront. Bei den Fußsafaris sollte man keine weiße Kleidung tragen, da sie zu sehr reflektiert. Üblich sind dunkle Grün-, Braun- und Khakitöne. Blau zieht angeblich Tsetsefliegen an. Zur Ausrüstung gehören ein Hut, Sonnencreme und viel Trinkwasser. Selbst die kürzesten Wanderungen dauern mindestens 2 Std., und es gibt zwischendurch keine Möglichkeit, der Hitze zu entfliehen. Eine weitere wichtige Regel lautet: still sein und hintereinander gehen.

Falls man unerwartet einem Exemplar der afrikanischen Fauna gegenübersteht, darf man keinesfalls panisch reagieren. Tiere haben normalerweise kein Interesse an Menschen, denn diese stehen nicht auf ihrem üblichen Speiseplan und werden auch nicht als Feinde angesehen. Da praktisch jedes Raubtier schneller rennen kann als ein Mensch, ist Wegrennen definitiv keine Option, das weckt nur den Jagdinstinkt. Allerdings lassen sich auch keine allgemeingültigen Verhaltensregeln geben, denn Tiere sind ebenso individualistisch wie Menschen und haben gute wie schlechte Tage.

Eindeutig das gefährlichste Tier in Afrika für Fußgänger ist der Büffel. Er greift an, ohne provoziert worden zu sein. Sein Geruchssinn ist sehr gut ausgeprägt, dafür sieht er zum Glück nicht so gut. Um eine hautnahe Konfrontation zu vermeiden, bedarf es sehr guter Nerven. Ist kein schützender Baum in der Nähe, ruhig stehenbleiben und erst im letzten Moment zur Seite springen – wer sich häufiger einen Stierkampf angesehen hat, dürfte geringfügig im Vorteil sein. Bei Angriffen der ebenfalls kurzsichtigen Spitzmaulnashörner verhält man sich genauso.

Löwen und Leoparden sollte man nicht in die Augen, sondern seitlich daran vorbeischauen, außerdem die Arme nach außen strecken und laut brüllen. Dieser Bluff funktioniert fast immer. Flusspferde an Land flüchten vor Menschen, allerdings darf man nicht zwischen die Tiere und das Wasser gelangen. Elefanten sind etwas schwieriger einzuschätzen (s. S. 291).

Etwa 50 km hinter dem Ngoma Gate stößt man auf den Ort **Serondela** 15, der in den 1930er-Jahren als Veterinärcamp und Sägewerk etabliert wurde. Wenn man die nackte Landschaft heute betrachtet, vermag man sich kaum vorzustellen, dass hier vor 80 Jahren noch dichte Wälder mit hohen Teakbäumen wuchsen. Nur vereinzelt stehen noch weißgebleichte, tote Stämme in der Landschaft herum.

Kurz vor dem Erreichen des **Sidudo Gate** 16 (S17°50 604/E25°08 608) passiert man die **Chobe Game Lodge,** die durch Richard Burton und Elizabeth Taylor Berühmtheit erlangte (s. S. 286). 17 km nach Serondela ist Kasane (s. S. 287) erreicht.

Sidudo Island 17

Im zentralen Kanal des Chobe River direkt gegenüber von Kasane liegt die grasbewachsene **Sidudo Island** (Sedudu Island). Die kleine, flache, während der Trockenzeit etwa 3,5 km^2 große Insel sorgte jahrelang für diplomatische Spannungen zwischen Botswana und Namibia, wo sie **Kasikili Island** genannt wird. Die Grenze zwischen beiden Ländern ist als tiefste Stelle im Flusslauf definiert – was bei vielen anderen Flüssen funktioniert. Der Chobe jedoch ändert seinen Lauf ständig, bildet nach Niederschlägen neue Seitenarme und variiert häufig seine Tiefe, sodass auch die Grenzlinie immer wieder verscho-

ben wird und beide Länder die Insel für sich beanspruchen. Seit Mitte der 1980er-Jahre flackern immer wieder Grenzkonflikte auf. Dies hatte u. a. zur Folge, dass die Botswana Defence Force (BDF) in den 1990er-Jahren einige mit Tarnnetzen bedeckte Wachtürme errichtete, um ihren Nachbarn besser im Blick zu haben. 1995 einigte man sich schließlich darauf, den Internationalen Gerichtshof in Den Haag über die Besitzfrage entscheiden zu lassen. Dieser fällte im Dezember 1999 ein diplomatisches Urteil: Offiziell gehört die Insel zwar zu Botswana, aber die Ausflugsboote beider Nationen dürfen ungehindert dort anlegen. Seitdem gehört Sidudo Island zum Chobe National Park und ist ein fester Bestandteil im Besucherprogramm, denn das nahrhafte Grasland auf der Insel ist eine wichtige Futterquelle für zahllose Büffel und Elefanten.

Übernachten

Wo Liz und Richard nächtigten – **Chobe Game Lodge:** Tel. 068 612 65, www.chobegamelodge.com; in Südafrika Tel. 0027 11 394 38 73, www.desertdelta.com. Die Lodge erlangte nach ihrer Eröffnung im Jahr 1973 weltweite Berühmtheit, als Elizabeth Taylor und Richard Burton eine ihrer vielen Flitterwochen hier verbrachten. Inzwischen doch etwas in die Jahre gekommen, wird sie jedoch immer mal wieder renoviert. Die einst 94 Zimmer wurden auf 46 entsprechend größere reduziert. Alle haben Aussicht auf den Fluss. Es gibt außerdem sechs hölzerne Aussichtsplattformen, vier Restaurants und einen großen Pool. Und obwohl die Lodge die einzige im Park mit Betonfundament ist, erlangte sie dank Biogas- und Solarenergie und aufgrund ihrer elektrischen Pirschfahrzeuge Ökostatus. €€€

Kasane und Kazungula

Sehenswert

1 Caracal Biodiversity Centre
2 Affenbrotbaum
3 Chobe Crocodile Farm

Übernachten

1 Chobe Marina Lodge
2 Pangolin Chobe Hotel
3 Cresta Mowana Safari Resort & Spa
4 Elephant Valley Lodge
5 Kubu Lodge
6 Ngina Safari's Rest Camp
7 Chobe Safari Lodge
8 River View Lodge
9 Water Lily Lodge
10 Thebe River Safaris Camp
11 Senyati Safari Camp

Essen & Trinken

1 Pizza Plus Coffee & Curry
2 The Old House

Einkaufen

1 Choppies
2 Spar-Supermarkt

Privatisiert – **Ihaha Camping:** S17°50 484/ E24°52 748, Kwalate Safaris, Tel. 068 614 48, www.kwalatesafaris.com. Ein ehemals staatlicher, jetzt privatisierter, relativ neuer Campingplatz, der den inzwischen geschlossenen Vorgänger von Serondela 15 km östlich ersetzt. Serondela ist jetzt ein schöner Picknickplatz, Ihaha der einzige Campingplatz im Norden des Chobe National Park. Es gibt zehn Stellplätze sowie zwei Sanitärblocks, von denen jeder über zwei Duschen, Toiletten und Waschbecken verfügt. €

Kasane ▸1, K 1

Cityplan: links
Das Tor zum Chobe National Park ist **Kasane** (knapp 10 000 Einw.). Wer durch das südliche Mababe Gate in den Park eingereist ist, findet nach vielen anstrengenden Offroad-Kilometern hier wieder Treibstoff und Verpflegung. Die meisten Unterkünfte in Kasane liegen aussichtsreich am Flussufer und bieten beste Bedingungen für Vogelbeobachter, die das direkt von ihrem Zimmer aus tun können. Es gibt nicht viele Städte in Afrika, in denen Büffel und Elefanten durch die Straßen flanieren, Kasane gehört dazu. Speziell in der Trockenzeit lockt es die Tiere zu den künstlich bewässerten Grünflächen des Orts.

Caracal Biodiversity Centre 1

Tel. 062 523 92, www.caracal.info, tgl. 9–17 Uhr, geführte Tour 90 Pula pro Pers.

Wer Schlangen aus nächster Nähe betrachten möchte, sollte das **Caracal Biodiversity Centre** besuchen, wo 50 verschiedene Arten beheimatet sind. Hinter einer Glasscheibe lassen sich die Reptilien deutlich stressfreier als in der freien Wildbahn betrachten, sei es die harmlose braune Hausschlange oder die tödliche Schwarze Mamba. Zur Anlage gehört ein Garten, in dem verwaiste oder von illegalen Händlern konfiszierte Tiere wie Luchse und Geparden eine neue Heimat gefunden haben.

Affenbrotbaum 2

Eine weitere Sehenswürdigkeit in Kasane ist ein gewaltiger **Affenbrotbaum,** in dessen ausgehöhltem Stamm einst ein Gefängnis untergebracht war – der Standort passt bestens: Der Baum steht unmittelbar vor der Polizeistation des Orts.

Sunset Cruise auf dem Chobe

Ein Besuch Kasanes ist nicht komplett ohne **Sunset Cruise** auf dem Chobe River. Die Sonnenuntergänge auf dem Fluss sind spektakulär. Meist kommt man sehr nahe an Elefanten und Flusspferde heran, die sich um diese Tageszeit im besten Licht fotografieren lassen. Alle Unterkünfte bieten diese Flusstrips an.

Kazungula ▸1, K 1

Cityplan: s. links
Nur ca. 6 km weiter östlich liegt der kleine Grenzort **Kazungula.** Er wurde nach einem

Wer naturnahe Erlebnisse sucht, wird hier glücklich: auf dem Camp Ground in Kasane

riesigen Leberwurstbaum *(Kigelia pinnata, sausage tree)* benannt, der in der lokalen Sprache *mzungula* heißt. Bis vor Kurzem stand er noch dort, wo Sambesi und Chobe River zusammenfließen, doch dann wurde er in einem Sturm entwurzelt. Zu gewisser Berühmtheit gelangte der Baum durch seine Erwähnung in den Tagebüchern von David Livingstone, der 1855 in Kasane seinen historischen Trip zu den Viktoriafällen geplant hatte und auf dem Weg zu den Wasserfällen unter genau diesem Baum sein Lager aufgeschlagen haben soll.

Kazungula hat Grenzübergänge nach Sambia und nach Simbabwe. Nach Simbabwe führt eine geteerte Straße. Um ins sambische Kazungula zu gelangen, musste man jahrelang mit einer altersschwachen Fähre den Sambesi queren. Seit die **Kazungula Bridge** hier im Jahr 2021 eröffnet wurde, gibt es ein Abenteuer weniger im südlichen Afrika. Deutschland hat das Projekt mit ei-

nem zweistelligen Millionenbeitrag an Entwicklungshilfe unterstützt.

Chobe Crocodile Farm 3

Old Kazungula Road, Tel. 071 21 69 77, Mo–Fr 8–12, 14–16, Sa 8–12 Uhr, Erw. 70 Pula, Kinder 50 Pula

Einzige als solche zu bezeichnende Sehenswürdigkeit in Kazungula ist die **Krokodilfarm.** Auf Führungen erfährt man viel Interessantes über diese Raubtiere.

Übernachten

Direkt am Flussufer gelegen – **Chobe Marina Lodge** 1**:** President Av., Tel. 062 522 21, www.chobemarinalodge.com. Hotelartig gestaltete große Lodge mit Wellnesszentrum und 60 komfortablen, luxuriös ausgestatteten Zimmern mit Satelliten-TV. Holzstege führen vom reetgedeckten Haupthaus zu den Restaurants und dem riesigen Pool mit Bar, von der aus man den Fluss überblicken kann. €€€

Foto-Safari – **Pangolin Chobe Hotel 2 :** Loop, Tel. 076 429 758, www.pangolinphoto.com. Erst boten sie ›nur‹ die sehr enpfehlenswerten Foto-Safaris im Chobe an, jetzt haben die Besitzer von Pangolin Photo Safaris ihre eigene Lodge in Kasane, auf dem Plateau liegend, wenn man die Airport Road entlangfährt. Außer den 14 Zimmern in der Lodge gibt es noch ein Hausboot auf dem Chobe River (mindestens 3 Nächte) und ein Wildniscamp in Khwai, bei Moremi, zum Übernachten. Die Übernachtungspreise beinhalten Vollpension, Leihkameras und Foto-Ausflüge. Die beliebten mehrtägigen Fotosafaris (7–14 Tage, ab 3250 US-$ p.P.) lassen sich auch separat buchen. €€–€€€

Um einen Affenbrotbaum – **Cresta Mowana Safari Resort & Spa 3 :** Tel. 062 503 00, www.crestahotels.com. Das Flaggschiff der lokalen Cresta-Hotelgruppe – groß, modern und um einen 800 Jahre alten Baobab herumgebaut. 111 Zimmer, ein Teil davon behindertenfreundlich, mit allem Komfort: AC, Telefon, Kühlschrank, TV, Safe. Zwei Restaurants mit Flussblick. €€€

Mit Elefanten dinieren – **Elephant Valley Lodge 4 :** Kasane Forest, Lesoma Valley, ca. 20 km südlich von Kasane, Reservierung in Südafrika unter Tel. 0027 11 781 16 61, www.evlodge.com. Die Lodge mit ihren 20 komfortablen Safarizelten liegt im Kasane Forest, 10 km südwestlich der Kazungula Ferry an einer beliebten Migrationsroute der Elefanten. All inclusive (einschließlich Transfer vom Kasane Airport). €€€

Chalets und Camping am Fluss – **Kubu Lodge 5 :** 10 km östlich von Kasane, Tel. 062 503 12, www.kubulodge.net. Elf klassische reetgedeckte Chalets mit Bad, Deckenventilatoren und Moskitonetzen. Der Campingplatz liegt sehr schön am Fluss unter gigantischen Ebenholz- und Feigenbäumen. Mittag-/Abendessen (€€€), 3-stündige Pirschfahrt 100 US-$. DZ mit Frühstück. €–€€€

Günstig – **Ngina Safari's Rest Camp 6 :** 8 km östlich von Kasane in Richtung Kazangula, Tel. 062 508 82, mfebrahim@yahoo.com. Zehn Chalets mit Toilette, Dusche, Bad. Auch Camping möglich. €–€€

Alt, aber gut – **Chobe Safari Lodge 7 :** Tel. 083 284 18 40, www.chobe-safari-lodges.com. Die älteste Unterkunft in Kasane ist definitiv nicht die schlechteste und für botswanische Verhältnisse außerdem recht günstig. Die Lage der Lodge erlaubt schöne Blicke auf den Fluss und im Schatten alter Bäume gibt es große Rasenflächen, wo Grünmeerkatzen und Warzenschweine herumtollen. Aber bei insgesamt 81 Zimmern und acht Rundhütten *(rondavels)* stellt sich natürlich kein intimes Lodgegefühl ein. Das komplett renovierte Anwesen ähnelt eher einem betriebsamen Hotel, hat aber ein traditionelles Reetdach und ist nett afrikanisch dekoriert. Bei den Zimmern sind die Safari Rooms die beste Wahl. Schattiger Campingplatz, großer Pool, Restaurant (Frühstück, Lunch-Büfett €€, Dinner-Büfett €€€). Die dazugehörige Sedudu Bar mit Blick auf den Fluss und die Schwemmebene ist berühmt und gilt als ›der‹ Platz für einen Sundowner in Kasane und Umgebung. Auch Campingmöglichkeiten. €–€€

Oase der Ruhe am Chobe – **River View Lodge 8 :** 11 km östlich von Kasane, neben der Kubu Lodge auf der Chobe Farm, Tel. 062 509 67, www.riverviewlodgechobe.com. Schöne Zimmer, auch für Familien, und Chalets direkt am Fluss. Angeboten werden Pirschfahrten in den Nationalpark und Bootsfahrten auf dem Chobe River. €€

Budget – **Water Lily Lodge 9 :** Kazungula Rd., Tel. 062 517 75, www.waterlilylodge-botswana.com. Zehn Doppelzimmer mit AC und Sat-TV, Swimmingpool, Bar, Restaurant. Jedes Zimmer mit Blick auf den Chobe River. Zu den angebotenen Aktivitäten gehören eine Chobe River Sundowner Cruise, Pirschfahrten in den Chobe National Park und Tagesausflüge nach Victoria Falls. €€

Chalets und Camping – **Thebe River Safaris Camp 10 :** 4 km östlich von Kasane, Tel. 062 509 95, www.theberiversafaris.com. Zwölf sehr nett gemachte Chalets mit Aircondition, Moskitonetzen, Bad, Toilette und Dusche sowie fest aufgebaute Zelte mit Doppelbetten und ein Campingplatz mit zwei großen Sanitärblöcken. €–€€

Camping am Flutlicht-Wasserloch – **Senyati Safari Camp 11 :** Kasane Forest, Lesoma Valley, 8 km südlich von Kasane (S17°52 331/ E25°14 167), Tel. 071 88 13 06, www.senyatisafaricampbotswana.com. Senyati bedeutet ›Platz der Büffel‹ und die gibt es hier fast garantiert. Der Campingplatz mit seinen zehn reetgedeckten Stellplätzen, individuellen (!) Toiletten, Duschen und 220-Volt-Anschluss ist nur mit einem 4x4 zu erreichen. Er überblickt ein angestrahltes Wasserloch, wo sich auch Elefanten, Hyänen, Pferdeantilopen, Affen und Giraffen einfinden. Außerdem stehen vier voll ausgestattete Chalets für Selbstversorger zur Verfügung. €

Essen & Trinken

Lodge-Restaurants – Die Hotels und Lodges in und um Kasane haben alle Restaurants, die auch Nicht-Gästen offenstehen.

Indisch-Italienisch – **Pizza Plus Coffee & Curry 1 :** President Av., Tel. 062 522 37, Facebook: ›Pizza Plus Coffee & Curry‹, tgl. 10–23.30 Uhr. Ein recht gutes indisches Restaurant, das aber ›sicherheitshalber‹ auch Pizza im Angebot hat. €

Pizza & Bier – **The Old House 2 :** 718 President Av., Tel. 062 525 62, www.oldhousekasane.com. Hier gibt es neben Pizza auch andere Gerichte sowie Okavango Craft Beer, das erste botswanische Mini-Brauerei-Bier, mit lokalen Namen auf den Etiketten, wie Kingfisher, The Matriarch und Delta Lager, das man an der Bar genießen kann. €

Einkaufen

Nahrungsmittel – In Kasane gibt es mehrere kleine Supermärkte, die beste Auswahl führen **Choppies 1** , Water Front Mall, neben der Chobe Safari Lodge, und der **Spar-Supermarkt 2** im Zentrum von Kasane.

Aktiv

Pirschfahrten per 4x4 und Boot – Die Lodges organisieren Pirschfahrten in den Nationalpark, die auch von Nicht-Gästen gebucht werden können (60–85 US-$/Pers.). Bootsfahrten über den Chobe River sind etwas günstiger (55– 75 US-$).

Elefanten haben Vorfahrt

Im Gegensatz zu allen anderen Tieren, denen man in Botswana begegnet, können Elefanten einem Fahrzeug gefährlich werden. Für die Dickhäuter ist es theoretisch kein Problem, einen Geländewagen umzuwerfen und wie eine Blechdose in den Boden zu trampeln. Im Chobe National Park und im Moremi Game Reserve haben sie sich an Autos gewöhnt, man sollte ihnen jedoch immer mit Respekt begegnen.

Sieht man Elefanten, sollte man das Tempo drosseln, um die Tiere nicht zu erschrecken, und nicht zu nahe heranfahren, sondern abwarten, was sie tun. Wenn sie mit den Ohren flattern, mit den Beinen Staub aufwirbeln und trompeten, ist das ein sicheres Zeichen dafür, dass sie schlecht gelaunt sind.

Steht das Fahrzeug still und die Elefanten kommen von selbst langsam näher, ruhig bleiben, auf keinen Fall hupen, den Motor aufheulen lassen oder im Zwielicht die Scheinwerfer auf die Tiere richten, das macht sie garantiert sauer. Wenn Elefanten die Piste blockieren, heißt es abwarten – in Afrika haben sie immer Vorfahrt.

Bei Herden mit Babys sind die Mütter besonders leicht erregbar und greifen sofort an, wenn sie ihren Nachwuchs bedroht sehen. Gefährlich sind auch einzelne Männchen in der Brunftzeit und Tiere, die wegen Wassermangels, Zahnschmerzen etc. gestresst sind. Man sollte sie auf alle Fälle großräumig umfahren. Kommt man dennoch in die unglückliche Situation, dass ein Elefant das Auto angreift und man sich nicht rechtzeitig aus dem Staub machen kann, so darf man auf keinen Fall die ramponierte Blechhülle verlassen. Doch keine Angst: In den meisten Fällen sind die Dickhäuter nicht aggressiv.

Mit den Konflikten zwischen Elefant und Mensch beschäftigen sich zwei uneigennützige Gesellschaften in Botswana: Elephants without Borders (›Elefanten ohne Grenzen‹, **www.elephantswithoutborders.org,** sowie Elephants for Africa (›Elefanten für Afrika‹, **www.elephantsforafrica.org.**

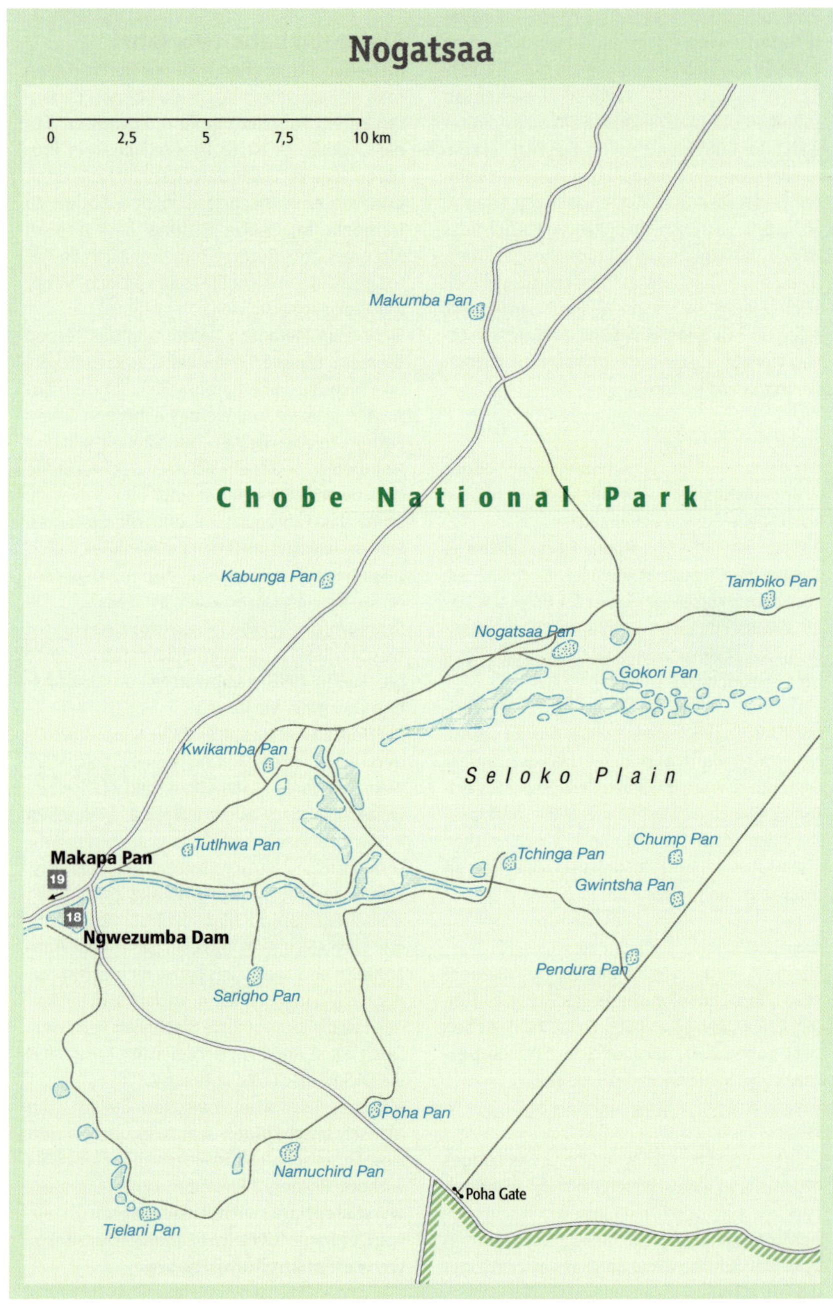
Nogatsaa
0
2,5
5
7,5
10 km
Makumba Pan
Chobe National Park
Kabunga Pan
Tambiko Pan
Nogatsaa Pan
Gokori Pan
Kwikamba Pan
Seloko Plain
Tutlhwa Pan
Chump Pan
Tchinga Pan
Makapa Pan
19
18
Gwintsha Pan
Ngwezumba Dam
Pendura Pan
Sarigho Pan
Poha Pan
Namuchird Pan
Poha Gate
Tjelani Pan

Verkehr

Flüge: Kasane hat einen internationalen Flughafen. Air Botswana, Tel. 062 501 61, fliegt tgl. nach Maun, Gaborone, Johannesburg (Südafrika) und Livingstone (Sambia).

Nogatsaa ▶ 1, J 2

Karte: links

Die Gegend um **Nogatsaa** (Nogatsha) gehört zu den am wenigsten besuchten Regionen im Chobe National Park. In der mit Mopanebäumen bewachsenen Ebene leben Elefanten, Büffel, Rappen-, Pferde- und Elenantilopen, Impalas, Giraffen, Löwen und Leoparden. Ein paar künstlich gebohrte Wasserlöcher halten die Tiere auch in der Trockenzeit in der Gegend. Ansonsten besteht der größte Reiz in der Einsamkeit.

Wer zuvor von Maun über Savuti nach Kasane gefahren ist und nicht die gleiche Strecke zwei Mal befahren möchte, wählt für den Rückweg die südöstliche Route von Kasane über Nogatsaa bis Savuti, die jedoch nur in der Trockenzeit von Mai bis Oktober unter die vier angetriebenen Räder genommen werden sollte. Selbst dann braucht man für die gut 200 km lange Strecke 6 bis 8 Std. und hat somit einen langen, anstrengenden Tag vor sich. In dem Gebiet gibt es weder offizielle Campingplätze noch Lodges, doch im Notfall – Motor zu heiß, Reifenpanne etc. – kann man auf einem der mobilen Campplätze bei Nogatsaa nächtigen, die einige Safariunternehmen hier unterhalten. Das halbiert die Tagesetappe. Da die Strecke sehr einsam ist, empfiehlt sich der Trip im Konvoi mit einem anderen Geländewagen. Ein Satellitentelefon beruhigt die Nerven. Ausrüstungsmäßig sollte man völlig autark sein, also genug Wasser, Verpflegung und Treibstoff mitführen.

Südostliche Route

Die Route beginnt 18 km nach dem **Sidudu Gate** (s. S. 285), wo es an einer Kreuzung (S17°55 299/E25°01 165) links abgeht. Nach 23 km ist der nächste Wegpunkt (S18°07 206/E25°00 559) erreicht. Hier links halten und 13 km bis zum Wegpunkt S18°12 791/E24°56 960 fahren. Weiter geht es geradeaus auf der Hauptpiste bis zum 20 km entfernten **Ngwezumba Dam** 18 (S18°21 190/E24°50 037). Dann folgt man dem Trockenflussbett des **Ngwezumba River** 49 km bis zu einer Flussdurchquerung bei S18°33 328/E24°27 185. 24 km weiter ist die **Makapa Pan** 19 (S18°38 181/E24°24 921) erreicht und weitere 41 km später trifft die Nogatsaa-Route in **Savuti** (S18°34 014/E24°03 905) auf die westliche Route (s. S. 274).

In einigen Abschnitten dieser Strecke ist der sandige Untergrund geradezu berüchtigt. Wie goldgelber Sirup scheint er die Reifen des 4x4 aufsaugen zu wollen. Konstant am Gas bleiben, das ist die einzige Chance, hier durchzukommen, ohne sich festzufahren. Glücklicherweise gibt es auch immer wieder erholsamere Schotterabschnitte.

Von Kasane nach Nata

▶ 1, K 1–L 5

Wer die Route in diesem Kapitel mit den Makgadikgadi Pans (s. S. 184) verbinden möchte, fährt auf der gut ausgebauten Teerstraße A 33 von Kasane über Kazungula nach Nata (320 km).

Nach etwa 10 km gelangt man in den Ort **Lesoma Valley.** Von hier aus werden Trips zu Dörfern, einer Rinderfarm *(cattle post)* sowie zu heißen Quellen angeboten, meist kombiniert mit der Aufführung eines traditionellen Tanzes.

Auf der weiteren Fahrt kreuzen immer wieder Elefanten die Straße. Und noch etwas sollte man unbedingt berücksichtigen: Auf etwa halber Strecke wird die Straße deutlich breiter, die weißen Markierungen vergrößern sich. Was aussieht wie eine perfekt geteerte Landebahn für Flugzeuge, ist auch tatsächlich eine. Auf dieser in manchen Karten eingezeichneten Notlandebahn könnten theoretisch sogar Jumbo-Jets landen – also Augen auf und im Ernstfall von der vermeintlichen ›Straße‹ herunterfahren.

Victoria Falls und Umgebung

Zwischen Simbabwe und Sambia donnert der Sambesi in die Batoka Gorge: Die weltberühmten Victoria Falls gehören zum Welterbe der UNESCO und sind eine der meistbesuchten Sehenswürdigkeiten Afrikas. Im botswanischen Grenzort Kazungula startet und endet dieser Abstecher in die beiden Nachbarstaaten.

Die in diesem Kapitel beschriebene Strecke führt von Kazungula (s. S. 287) zunächst in den Ort Victoria Falls in Simbabwe, dann über die berühmte Victoria Falls Bridge nach Livingstone in Sambia und von dort entlang dem Sambesi zurück zum Ausgangspunkt. Für den Rundtrip sollte mindestens eine Woche eingeplant werden, wenn man etwas Zeit für alle Attraktionen haben möchte.

Von Kazungula zu den Victoria Falls

► 1, K 1–L 1/2

Besucher werden in Simbabwe freundlich empfangen und nicht mehr von der Polizei schikaniert, was inzwischen wieder ein recht entspanntes Reisen ermöglicht. Auch die Grenzformalitäten (s. S. 89) sind für afrikanische Verhältnisse relativ schnell abgewickelt. Etwa eine halbe bis eine Stunde sollten Selbstfahrer fürs Formulare-Ausfüllen und Pässe-Stempeln einplanen, dann kann es auch schon losgehen. Auf einer kleinen, asphaltierten Straße fährt man durch dichtes, wildreiches Buschland. Gelbe Schilder warnen vor querenden Wildhunden *(painted dogs)*, die zu den gefährdetsten Tieren der Welt gehören. Andere tierische Verkehrsteilnehmer sind Antilopen aller Art sowie die Schwergewichte Elefanten und Flusspferde. Also nicht schneller als 80 km/h fahren und immer bremsbereit sein. Nach gut 70 km und etwa einstündiger Fahrt ist der Ort Victoria Falls erreicht.

Der Ort Victoria Falls

► 1, L 1/2

Nach teils gewaltsamen Enteignungen weißer Landbesitzer durch den simbabwischen Ex-Präsidenten Robert Mugabe gegen Ende der 1990er-Jahre kam es 2000 zu schweren Unruhen, die den Tourismus im Land praktisch völlig zum Erliegen brachten. Das geschäftige **Victoria Falls** (30 350 Elnw.) verwandelte sich in eine Geisterstadt, bevor es dank politischer Veränderungen wieder zum Leben erwachte und nun erneut boomt.

Victoria Falls Hotel

Ein Muss in Victoria Falls ist der *high tea* im altehrwürdigen **Victoria Falls Hotel.** Zwischen 17 und 19 Uhr werden Mini-Sandwiches, Kuchen und *scones* mit *clotted cream* und Marmelade serviert, traditionell auf dreistöckiger, silberner Etagere. Wer es noch ein wenig englischer mag, liest dazu Simbabwes beliebteste Tageszeitung »The Herald«.

Mit dem Bau des Hotels wurde 1904, zeitgleich mit der Errichtung der Victoria Falls Bridge (s. S. 62), begonnen. Das Gebäude war zunächst als Unterkunft für die Arbeiter gedacht und sollte nach der Fertigstellung der Brücke wieder abgerissen werden – was zum Glück nicht geschah. Bereits 1905 kamen so viele Touristen, um Brücke und Wasserfälle zu bewundern, dass angebaut werden musste. Bis 1917 setzte man sogar ausgemusterte Bahnwaggons zum Übernachten und Dinieren ein. Ein Gast kommentierte damals: »Bei heißem Wetter sind die Zimmer Öfen, und wenn es kalt ist, sind es Kühlschränke. Aber niemand beschwert sich. Was soll man im Herzen Afrikas auch anderes erwarten?« Ganz anders sahen es die britischen Reisebürounternehmer Thomas Cook & Sons. Sie waren die Ersten, die Bahnreisen von Kapstadt zu den Wasserfällen im Programm hatten, und in ihrem Magazin »Travellers Gazette« bewarben sie das ›Hotel‹ bereits 1903 mit den Worten »europäischer Luxus im Herzen Afrikas«.

Während in den Anfangszeiten zwölf Einzel- und vier Doppelzimmer zur Verfügung standen, können heute bis zu 300 Gäste in der Grande Dame der afrikanischen Hotellerie nächtigen. Der Speisesaal ist so groß wie damals das gesamte Hotel, das übrigens nach wie vor von einem Italiener gemanagt wird. Das Logo des Hotels, ein afrikanischer Löwe und die ägyptische Sphinx, erinnert an die einstigen Ambitionen von Cecil Rhodes und die Kap-Kairo-Eisenbahn. Es findet sich auch auf der Unterseite der Porzellantassen, in denen der Tee serviert wird.

Das Victoria Falls Hotel ist die älteste noch in Betrieb befindliche Unterkunft in Simbabwe und gehört zu den 25 berühmtesten Hotels der Welt. Viele prominente Pesönlichkeiten, von Agatha Christie bis zur jungen Queen Elizabeth, planschten hier bereits in den Badewannen.

Zambesi Nature Sanctuary & Crocodile Ranch

310 Parkway Drive, Tel. 00263 134 35 76, Fütterung tgl. 10.15–10.30, 15.45–16 Uhr, für die Tour zahlen Erw. 50 US-$, Kinder bis 18 Jahre 30 US-$

Auf Tuchfühlung mit Krokodilen geht man auf der **Zambesi Nature Sanctuary & Crocodile Ranch**, die in einem herrlichen Schutzgebiet liegt. Man darf Babykrokodile halten und erfährt viel über die faszinierenden Panzerechsen. Besonders interessant ist der Besuch der Krokodilfarm im Monat Dezember, wenn die Babys schlüpfen.

Übernachten

Die Grand Dame – **Victoria Falls Hotel:** 2 Mallet Dr., Tel. 00263 134 47 51, www.victoriafallshotel.com. Das Hotel wurde 1904 fertiggestellt und seither immer wieder erweitert. Es hat heute 161 Zimmer (37 Standard, 58 traditionell, 48 deluxe, 7 Junior-Suiten, 4 Honeymoon-Suiten, 6 Executive-Suiten und die Royal Suite). Vom Hotel sieht man nicht nur die Gischt der Fälle, man hört auch die in die Tiefe donnernden Wassermassen. €€€

Afro-Schick – **Victoria Falls Safari Club:** Squire Cummings Rd., in Gehweite zur dazugehörigen Victoria Falls Safari Lodge, Tel. 00263 134 32 11, www.africaalbidatourism.com. Die Anlage bietet genau das Gegenteil der Lodge: Ruhe und Exklusivität. Während Klubgäste freien Zugang zur Lodge haben, um dort ins Restaurant oder in die Bar zu gehen, ist das umgekehrt nicht erlaubt. Der Empfang ist sehr persönlich, desgleichen der Butler-Service. 20 große, stilvoll dekorierte

NETTE MITBRINGSEL

Simbabwe ist bekannt für sein hochwertiges Kunsthandwerk. Vor allem auf dem **Souvenirmarkt** am Adam Stander Drive findet man schön gearbeitete Produkte, beispielsweise geschnitzte Spazierstöcke aus Olivenholz, Stammesmasken, Trommeln jeder Größe und die besonders landestypischen Schlangenskulpturen des Shona-Stamms. Feilschen wird wie überall auf Märkten erwartet, aber man sollte dabei immer respektvoll und fair bleiben. Wer Festpreise bevorzugt, findet das gleiche Sortiment im **Landela-Komplex,** einem Mini-Dorf im viktorianischen Look (Livingstone Way, tgl. 8–17 Uhr).

ELEFANTEN HAUTNAH ERLEBEN

Tour-Infos

Start: Der Trip startet stromaufwärts an der The David Livingstone Safari Lodge & Spa, von wo aus das Elephant Café in etwa 30 Minuten Jetbootfahrt erreicht ist. Wer Jetboote nicht mag, kann auch auf der Straße anreisen.

Dauer: etwa 3 Std., mit Bootsfahrt

Information und Buchung: The Elephant Café, www.safpar.com/the-elephant-cafe, Facebook: ›The Elephant Café‹

Teilnehmer: max. 24

Kosten: High Tea (mit Boot) 200 US-$ p.P., High Tea (mit Auto) 155 US-$, Dinner (mit Boot) 240 US-$, Dinner (mit Auto) 195 US-$, Frühstück (mit Boot) 210 US-$, Lunch (mit Boot) 240 US-$, Lunch (mit Auto) 195 US-$. Neben diesen Kosten für die Tour werden außerdem p.P. noch 10 US-$ Eintritt in den Nationalpark fällig.

Wer Elefanten bislang nur aus respektvollem Abstand vom Auto aus beobachtet hat, wird den engeren Kontakt mit den Dickhäutern als aufregende Erfahrung zu schätzen wissen. Die früher veranstalteten Elefantenritte gibt es allerdings nicht mehr. In Südafrika und Botswana ist dieser nicht artgerechte ›Missbrauch von Tieren‹ mittlerweile gesetzlich verboten. Sambia und Simbabwe haben da noch keine derartige Rechtsprechung, aber die Ritte sind trotzdem out. Nach wie vor möglich ist eine Elephant Experience, also das Füttern und Streicheln der Tiere. Am besten geht das im **Elephant Café** (www.safpar.com/the-elephant-cafe), das außerdem bereits mehrmals als Sambias bestes Restaurant ausgezeichnet wurde. Es befindet sich im Mosi-oa-Tunya National Park auf einer hölzernen Plattform, hineingebaut in den Sambesi-Fluss. Es liegt etwa 30 Minuten mit dem Boot von Victoria Falls entfernt und bietet nur 24 Personen Platz. Neben dem wirklich guten Essen ist die Nähe der hier lebenden Elefanten, die einem sozusagen beim Essen zusehen, das Highlight eines jeden Besuches.

Die Tour zum Elephant Café beinhaltet neben der Elefanten-Erfahrung auch den coolen Jetboot-Trip und das komplette Essen zum Fixpreis, entweder Frühstück, Lunch oder Dinner. Die Dinner-Touren sind am romantischsten. Der Trip startet stromaufwärts an der The David Livingstone Safari Lodge & Spa. Während der 30-minütigen Fahrt können Gäste Wild beobachten, sowohl auf der simbabwischen als auch auf sambischen Nationalparkseite. Nach einigen Stromschnellen, vorbei an Basaltfelsen und Hippos, ist das Elephant Café erreicht, wo die Besucher von einer Herde geretteter Elefanten ›begrüßt‹ werden. Ein Guide erklärt, wo die einzelnen Tiere herkommen, und sie dürfen berührt und gefüttert werden. Danach gibt es ein gutes Essen mit Aussicht.

Zimmer mit riesigen Betten, Gratis-WLAN, AC, Nespresso-Kaffeemaschine und Balkonen mit Blick auf ein Wasserloch, an dem sich oft Wildtiere versammeln. Der High Tea (15.30–16.30 Uhr) ist im Preis ebenso inbegriffen wie die leckeren Snacks vor dem Dinner (17–18 Uhr). €€€

Viel Touristentrubel – **Victoria Falls Safari Lodge:** Squire Cummings Rd., Tel. 00263 134 32 11, www.victoria-falls-safari-lodge.com, www.africaalbidatourism.com. Die sehr betriebsame Lodge gibt es schon seit vielen Jahren. Mit ihrem riesigen Reetdach und den Portiers in farbenfrohen Gewändern wirkt sie vermutlich genau so, wie man sich Afrika klischeehaft vorstellt – ein Disneyland-Gefühl, das sich nur noch mit einem abendlichen Besuch des Restaurants Boma (s. r.) steigern lässt. €€€

Günstig – **Victoria Falls Rest Camp:** Parkway Dr., im Zentrum von Victoria Falls, 2 km von den Fällen entfernt, Buchung über Südafrika Tel. 0027 21 683 64 44, www.vicfallsrestcamp.com. Sichere Lage in der Stadt, mit Swimmingpool. Chalets und Camping. €

Essen & Trinken

Speisen mit Stil – **Jungle Junction:** im Victoria Falls Hotel (s. S. 294), Tel. 00263 134 47 51, www.victoriafallshotel.com/jungle-junction, tgl. 6–10, 19–22 Uhr. Stilvolles Frühstücken und Speisen. Abends gibt es ein afrikanisches Büfett zu dezenter Livemusik. Tipp: Zebra-Salami, Büffel in Rotweinsoße, gegrillter Krokodilschwanz oder Kudu-Spargel-Kebab. €€€

Ruhige Dinner-Alternative – **MaKuwa-Kuwa Restaurant:** Victoria Falls Safari Lodge (s. links), Tel. 00263 134 32 02, www.africaalbidatourism.com/things-to-do/bar-dining/makuwa-kuwa-restaurant, Frühstück 7–10, Lunch 12.30–14, Dinner 19–22 Uhr. €€€

Ballermann in Simbabwe – **The Boma – Diner & Drum Show:** auf dem Areal der Victoria Falls Safari Lodge (s. l.), Tel. 00263 134 32 11, www.theboma.co.zw, tgl. 19–23 Uhr. Im Prospekt wird das Abendessen in der Boma als »einzigartige kulturelle Erfahrung« gepriesen. Zu einem Festpreis darf von verschiedenen Büfetts und Grills so viel gegessen werden, wie reinpasst, u. a. die berühmt-berüchtigten Mopanewürmer – wer es sich getraut, sie zu verzehren, erhält ein Mopanewurm-Zertifikat. Außerdem treten Trommler und Tänzer auf, es gibt Souvenirverkäufer, Wahrsager, Gesichtsmaler etc. und natürlich wird das Essen von traditionell bekleideten Kellnern serviert. Alles in allem ein lautes, hektisches Spektakel. €€€

Top Township-Essen – **Dusty Road:** 2 km vom Zentrum von Victoria Falls entfernt, 1195 Chinotimba, Tel. 078 724 88 20, www.dusty road.africa, Facebook: ›Dusty Road Township Experience‹, tgl. 12.30–15, 18.30–22 Uhr, reservieren! Eine einzigartige traditionell-kulinarische Erfahrung im größten und ältesten Township von Vic Falls. Zu einem Festpreis gibt es eine Fülle an Speisen. Das Angebot kann auf der Website eingesehen werden. Dusty Road war zunächst eine Catering-Firma, jetzt ist es ein Restaurant. Gekocht wird mit frischen saisonalen Zutaten. Gründerin Sarah Lilford, die auf einer kommerziellen, simbabwischen Farm aufgewachsen ist, hat bereits zwei Dusty-Road-Kochbücher (40 US-$) geschrieben. €€–€€€

Batoka-Schlucht-Blick – **Wild Horizons Lookout Café:** Batoka Gorge, Tel. 00263 83 284 03 18, https://www.thelookoutcafe.com, tgl. 8–11, 12–17, 18–21.30 Uhr. Der Adrenalinsport-Veranstalter betreibt auch dieses coole Restaurant direkt am Rand der grandiosen Batoka-Schlucht. Leckere Gerichte und prima Cocktails machen das Lookout Café zum idealen Sundownerplatz in Vic Falls. €–€€

Affengeil – **The Three Monkeys:** Ecke Livingstone Way & Adam Stander Dr., Tel. 00263 83 284 73 26, www.3monkeyszw.com, tgl. 12 Uhr bis spät. Einer der trendigsten Plätze im Ort. Richtig gutes Essen zu vernünftigen Preisen. Die Burger und Pizzen sind sehr empfehlenswert. Es gibt auch Cocktails und lokale Biere. Und immer eine tolle, freundliche Atmosphäre. €–€€

Bierisch gut – **The River Brewing Co.:** 270 Adam Stander Dr., Tel. 00263 78 270 77 47, www.riverbrewco.com, tgl. 11–23 Uhr. Ein weiterer echt cooler Platz, mit prima Essen, Cocktails und – wie der Name schon sagt – hier gebrauten Bieren mit fantasievollen Namen wie Kaza Blonde, Painted Dop Pale Ale, Siyabonga Session oder Flying Bantu. €–€€

Aktiv

Outdooraktivitäten & Rundflüge – **Adventure Zone:** Phumula Centre, Shop No. 4, Tel. 00263 134 44 24, www.adventurezonevicfalls.com, Facebook: ›Adventure Zone‹. Hier lassen sich alle Aktivitäten buchen, die man rund um die Viktoriafälle machen kann, u. a. gemütliche Kanuflussfahrten (150 US-$), Bungee-Jumping (168 US-$), Rafting (120 US-$), Hubschrauberflüge (Dauer 12 Min. 150 US-$, Dauer 25 Min. 284 US-$). Wer mehrere Aktivitäten bucht, erhält einen Rabatt. **Wild Horizons:** 310 Park Way Dr., Tel. 00263 134 45 71, 134 44 26, 134 23 13, www.wildhorizons.co.za, Facebook: ›Wild Horizons‹. Rundflüge mit Hubschrauber (ab 150 US-$), Sambesi Sundowner Cruises (ab 60 US-$), Gorge Swing (108 US-$), Kanutouren (150 US-$) etc. Nicht empfehlenswert sind die Spaziergänge mit Löwen (s. S. 312). Weitere gute Website zum Thema: www.livingstonesadventure.com.

Jetboat-Abenteuer – **Jet Extreme:** www.jetextremezambia.com und www.shearwatervictoriafalls.com. Die Idee, mit bis zu 100 km/h schnellen 700-PS-Powerbooten durch eine Schlucht zu brausen, kommt wie auch Bungee-Jumping aus Neuseeland. Zwischen den Stromschnellen 23 und 27 liegen 30 Min. pure Adrenalinausschüttung. Um aus dem Canyon danach wieder herauszukommen, nimmt man die Seilbahn oder ganz cool den Hubschrauber. Mit Transfers dauert der Trip 4,5 Std., davon ist man 30 Min. im Jetboat (160 US-$ mit Cable Car, 340 US-$ mit Hubschrauber).

Tram-Tour – **Victoria Falls Tram Bridge Tour:** Tel. 00263 134 44 17, www.shearwatervictoriafalls.com. Sowohl die morgendliche als auch die nachmittägliche Tramtour beginnt am Victoria Falls Hotel. Auf dem sogenannten Red Carpet Path (›Roter-Teppich-Pfad‹) geht es in wenigen Minuten zum Bahnhof, wo man nach einer Erfrischung die Straßenbahn im Stil des 19. Jh. besteigt. Etwa 20 Min. lang tuckert man dann durch den Ort zur Mitte der Victoria Falls Bridge, wo abschließend eine historische Brückentour unternommen wird (80 US-$).

Fahrt mit der Dampflok – **Victoria Falls & Livingstone Steam Train:** Tel. 00263 134 29 12, www.visit-victoria-falls.com. Seit 1996 bietet die Victoria Falls Steam Train Company historische Eisenbahntrips mit der Dampflokomotive Nr. 512 an, eine der wenigen originalen Loks dieser Art, die es in Afrika noch gibt. Der Zug pendelt zwischen Victoria Falls und Livingstone und hält dabei mitten auf der Brücke – genau so, wie es sich Cecil Rhodes einst vorgestellt hatte (s. S. 59). Die Lok wurde 1953 von Beyer Peacock in Manchester hergestellt und ist als Garratt Steam Locomotive bekannt. Alle fünf Dinnerwaggons wurden zwischen 1905 und 1952 in England produziert. Das Dinner auf der Brücke kostet 199 US-$ p. P., auch für Kinder (Buchung auf der Website). Dienstags und freitags startet der Zug in Victoria Falls, auf der Simbabwe-Seite, mittwochs und samstags in Livingstone, in Sambia – immer ab 17 Uhr. Der nostalgische, fünfstündige Trip ist ein Ausflug in die Vergangenheit.

Satan's Whirlpool – **Devil's Pool:** www.devilspool.net und www.maanoadventures.com. Der Ausflug zum ›Pool des Teufels‹ (s. S. 304) auf die sambische Seite kostet inkl. Bootsfahrt und Frühstück oder Lunch etwa 120 US-$. Mehr Zeit im Pool verbringt, wer den Trip von Sambia aus bucht, z. B. bei der Tongabezi Lodge (s. S. 309).

Verkehr

Flüge: Der Flugplatz liegt 18 km außerhalb. South African Airlines, www.flysaa.com, verbindet mit Johannesburg. Fast alle Hotels bieten Flughafentransfers an.

Busse: Intercape Mainliner, www.intercape.co.za, fährt nach Johannesburg und Windhoek (um 90 US-$).

Victoria Falls ▶1, L 1

Karte: S. 302

»Niemand kann sich die Schönheit des Anblicks vorstellen, wenn er sie mit irgendetwas in England Gesehenem vergleicht«, notierte der legendäre schottische Forscher, Abenteurer und Missionar David Livingstone am 16. November 1855 in sein Reisetagebuch, nachdem er die Wasserfälle das erste Mal zu Gesicht bekam. »Szenen, so schön, wie sie nur Engel bei ihren Flügen sehen können.« Livingstone war natürlich nicht der erste Mensch, der die Fälle erblickte. Vor ihm hatten die San und Khoi diesen Platz besucht, außerdem Mitglieder der Stämme der Kololo, Lozvi, Tonga und Ndebele. Arabische Händler aus dem Norden waren ebenso hier gewesen wie burische Jäger aus Südafrika. Aber erst durch Livingstones anschauliche, in seiner Heimat publizierte Beschreibung gelangten die Fälle zu Berühmtheit. Er war auch der Namensgeber dieses Naturspektakels: **Victoria Falls,** zu Ehren seiner Königin.

In der Sprache der lokalen Kololo heißen die Wasserfälle Mosi-oa-tunya: ›Donner, der raucht‹. Und in der Tat steigt der Wasserdampf wie eine Rauchsäule in den meist blauen Himmel und ist schon von Weitem auszumachen. 108 m stürzt sich der Sambesi zwischen den Orten Victoria Falls in Simbabwe und Livingstone in Sambia unter lautem Donnern in die Tiefe und produziert dabei in der **Batoka Gorge** 1 einen tosenden Whirlpool. Am Ende der Regenzeit im April fließen durchschnittlich 500 Mio. l Wasser pro Minute über die Steilkante, in der Trockenzeit sind es nur noch 10 % dieser Menge. Die Gischt weht in dichten Schleiern nach oben zum Schluchtrand, wo die Feuchtigkeit einen kleinen Regenwald gedeihen lässt. Auf der sambischen Seite wachsen sogar mächtige Mahagoni- und Ebenholzbäume, in denen freche Grünmeerkatzen herumtoben. Außerdem sind rund um die Fälle etwa 400 verschiedene Vogelarten heimisch. Kleine Antilopen, Schmetterlinge und exotische Blumen komplettieren die unbeschreibliche Naturerfahrung.

Gestört wird der Eindruck nur durch die Ultraleichtflugzeuge und Hubschrauber, die wie wütende Hornissen über den Fällen kreisen. Sie mögen stören, bieten aber die einzigartige Möglichkeit, die Fälle in ihrer Gesamtheit von oben zu sehen. Die ersten Rundflüge gab es hier schon in den 1940er-Jahren. Sie wurden von einem Piloten namens Ted Spencer angeboten, der dadurch zu Ruhm gelangte, dass er unter der Victoria Falls Bridge hindurchflog.

Kleine Pfade führen auf beiden Seiten bis zum ungeschützten Rand der Fälle. An den Ein-

Mosi-oa-tunya, ›Donner, der raucht‹, heißen die Victoriafälle bei den Einheimischen – und in der Tat steigt der Sprühnebel bis zu 300 m in die Höhe

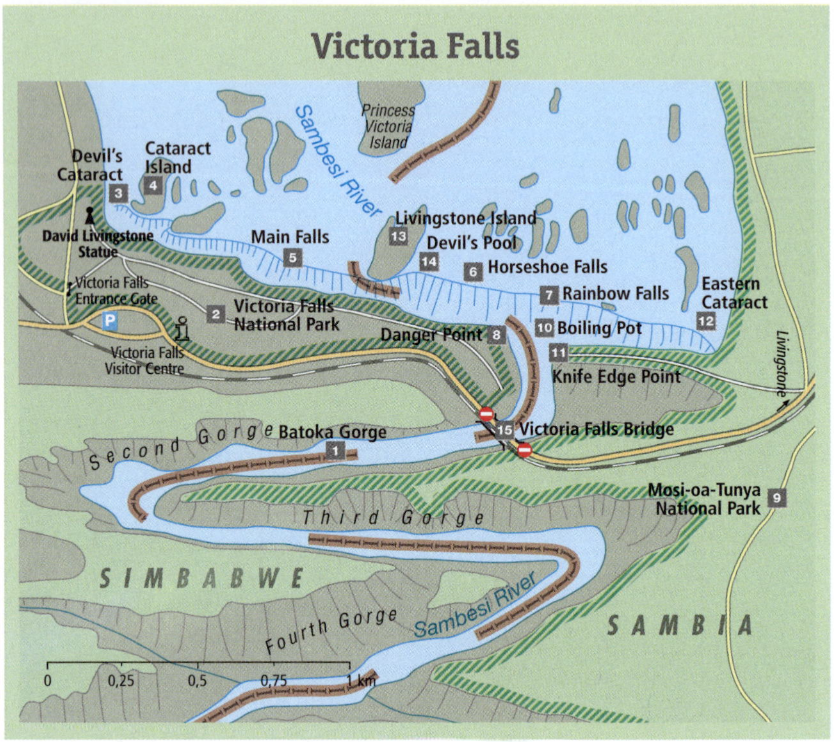

gängen gibt es Kunststoffponchos zu leihen, was bei hohem Wasserstand in der Regenzeit unbedingt zu empfehlen ist, wenn man nicht patschnass werden möchte. Kameras und Handys sollte man entweder im Hotel lassen oder wasserdicht verpacken. Vorsicht am Rand der Wasserfälle: Die Felsen sind sehr rutschig!

Besucher und Einheimische diskutieren oft darüber, ob die Viktoriafälle von der simbabwischen oder von der sambischen Seite aus spektakulärer anzuschauen sind. Simbabwe mag zwar den deutlich beeindruckenderen Blick auf die Wassermassen bieten, dafür gibt es in Sambia Highlights wie den Devil's Pool (s. S. 304), die das Erlebnis nochmals intensivieren.

Simbabwische Seite

Der Eingang zum 23 km² großen, ganzjährig geöffneten **Victoria Falls National Park** 2, in dem der Zugang zu den Wasserfällen auf simbabwischer Seite liegt, ist leicht in zehn Minuten zu Fuß von Victoria Falls aus zu erreichen. Der Nationalpark bildet zusammen mit dem Mosi-oa-Tunya National Park auf sambischer Seite ein grenzüberschreitendes Schutzgebiet, das die gesamte Region um die Wasserfälle einschließt. Auf beiden Seiten wird jeweils 20 US-$ Eintritt verlangt.

Devil's Cataract und Main Falls

Nur einer der fünf Wasserfälle, aus denen sich die Victoria Falls zusammensetzen, liegt in Sambia, die vier anderen liegen auf simbabwischer Seite. Mit 60 m der niedrigste ist der **Devil's Cataract** 3, der von den anderen Fällen durch **Cataract Island** 4 getrennt wird, auch als Boaruka Island bekannt. An den **Main Falls** 5, erreichbar auf einem beschilderten, teils rutschigen Betonweg, sind die Fälle am prächtigsten. Ein gigantischer weißer Wasservorhang donnert hier 93 m tief in die Schlucht. Die Gischt sprüht nach oben und ›bewässert‹ so einen kleinen Regenwald aus Dattelpalmen, Feigen- und Mahagonibäumen.

Horseshoe und Rainbow Falls

Die **Horseshoe Falls** 6 erreichen 95 m Höhe – wie der Name bereits andeutet, haben sie die Form eines Hufeisens. In der Trockenzeit zwischen Oktober und November fließt hier oft nur ein kleines Rinnsal. An den größten Fällen, den 108 m hohen **Rainbow Falls** 7, bildet sich immer ein schöner Regenbogen. Von der Simbabwe-Seite aus genießt man auch einen hervorragenden Blick auf den Eastern Cataract, mit 101 m die zweithöchsten Fälle der nassen Fünf.

Danger Point 8

Gefährlichster Punkt auf der simbabwischen Seite ist der **Danger Point,** ein exponierter, windumwehter Felsen direkt an der rutschigen, unbefestigten Kante. Der Aussichtspunkt empfiehlt sich nur schwindelfreien Besuchern in der Trockenzeit.

Einkaufen

Kunsthandwerk – **Victoria Falls Crafts Village:** gegenüber vom Eingangstor in den Nationalpark, tgl. 6–18 Uhr. Neben Souvenirs kann man hier auch Ponchos leihen, um gegen die Gischt gewappnet zu sein.

Sambische Seite

Auf sambischer Seite liegen die Viktoriafälle im 38 km² großen **Mosi-oa-Tunya National Park** 9, der nördlich davon beginnt und sich über 12 km am Sambesi entlangzieht. Neben den eigentlichen Attraktionen rund um die Katarakte bietet das Schutzgebiet auch Antilopen, Zebras, Giraffen und Breitmaulnashörnern Lebensraum – übrigens die einzigen Nashörner Sambias, alle anderen wurden von Wilderern abgeschlachtet. Der Park ist mit dem Auto in kurzer Zeit zu besichtigen. Da es keine Raubtiere gibt, ist das Wild sehr relaxt und lässt sich gut fotografieren. Auch in Sambia beträgt der Nationalpark-Eintritt 20 US-$ pro Person.

Boiling Pot 10

Ein grandioser Blick auf die Wasserfälle bietet sich, wenn man vom beschilderten Parkplatz an den Fällen den Schildern hinunter zum **Boiling Pot** folgt, eine recht steile Kletterpartie, die auf den ausgetretenen Treppen aber gut zu schaffen ist. Der Rückweg hingegen hat es in sich. Von unten genießt man einen spektakulären Blick auf die rund 100 m höher liegende Brücke, welche die Batoka Gorge überspannt. Auch die Bungee-Springer, die sich schreiend von der Brücke stürzen, kann man von hier aus gut beobachten.

Knife Edge Point 11

Ein weiterer lohnenswerter Aussichtspunkt liegt an dem Pfad, der durch den Regenwald führt und am Eingangstor beginnt. Der **Knife Edge Point** bietet ein grandioses Panorama, das in der Trockenzeit allerdings erheblich besser ist, weil der niedrigere Wasserstand dann weniger Gischt verursacht.

Eastern Cataract

Ebenfalls nur in der Trockenzeit kann man direkt am Rand der Fälle, dem **Eastern Cataract** 12, entlanglaufen. In manchen Jahren bei geringen Niederschlägen ist der Wasserstand des Sambesi so niedrig, dass man es sogar bis **Livingstone Island** 13 schafft. Wenn man den Spaziergängern von der simbabwischen Seite aus dabei zusieht, meint man, sie würden sich unmittelbar am Rand des Wasserfalls entlanghangeln – ein abenteuerlicher Anblick.

Diese Tour sollte man nur mit einem Führer unternehmen, denn die Insel befindet sich im Privatbesitz der Tongabezi Lodge. Auf dem Eiland angekommen, gilt es ein paar Felsen zu überwinden und ein Stück durch den Fluss zu schwimmen. Der Guide zeigt genau, wo man ihn queren muss, um die starken Strömungen und die Felsen zu vermeiden. Die Teilnehmer an dieser Unternehmung sollten gute Schwimmer sein, aber das Wasser ist wunderbar warm und aufgrund der Nähe der Fälle frei von Flusspferden und Krokodilen – sie spüren offensichtlich, dass es hier gefährlich ist. Am weißen Sandstrand der Insel können sich die Nerven der Extrem-Badegäste dann wieder beruhigen. Von hier aus blickte David Livingstone übrigens zum ersten Mal auf die Fälle.

Devil's Pool 14

Nervenaufreibend ist auch ein Besuch des **Devil's Pool** (›Pool des Teufels‹), ein natürlicher Überlaufpool *(infinity pool)* an der Basaltkante der Viktoriafälle, dort, wo die gewaltige Wasserlawine 108 m nach unten donnert. Näher und intensiver als an diesem wohl spektakulärsten Badebecken der Welt lassen sich die Wasserfälle nirgendwo erleben. Auch diese Aktivität kann man nur geführt erleben. Der Guide weist die Mitglieder der Gruppe genau an, wann und wo sie in den Pool springen müssen. Es gehört schon Mut dazu, direkt dort, wo die Wassermassen nach unten röhren, in einen kleinen Felsenpool zu hüpfen. Beim Bungee-Sprung von der Brücke hat man wenigstens noch ein Gummiseil um die Füße, hier hält einen nur der Führer an den Füßen fest. Ausflüge zum Devil's Pool sind nur möglich, wenn die Fälle wenig Wasser führen, also in der Trockenzeit zwischen September und Ende Januar.

Definitiv nichts für Couch-Potatoes: ein Bad im Devil's Pool – dafür ein Erlebnis, das man garantiert nie mehr vergessen wird

Einkaufen

Kunsthandwerk – **Mukuni Victoria Falls Craft Village:** Mosi-oa-Tunya Rd., 8 km südlich von Livingstone am Eingang zum Mosi-oa-Tunya National Park, tgl. 6–18 Uhr. Der beste Platz auf sambischer Seite, um lokales Kunsthandwerk zu erstehen.

Victoria Falls Bridge

► 1, L 1

Karte: S. 302

Um von Victoria Falls in Simbabwe nach Livingstone in Sambia zu gelangen, muss man die berühmte **Victoria Falls Bridge** **15** (s. S. 62) queren. Auf jeder Seite der Brücke befindet sich eine Grenzstation, die Brücke selbst gehört beiden Ländern, ist aber quasi Niemandsland.

Neben der herrlichen Aussicht auf die Fälle ist die wohl größte Attraktion der Brücke der mit 111 m zweithöchste Bungee-Jump der Welt. Vor Jahren hatte eine junge australische Touristin unglaubliches Glück, als ihr Gummiseil auf halber Höhe riss – in zehn Jahren und nach über einer halben Million Sprüngen der erste Zwischenfall dieser Art. Glücklicherweise überlebte die Frau, wenn auch mit gebrochenem Schlüsselbein und Prellungen. Seither werden die Gummiseile noch genauer untersucht und früher ausgetauscht.

Aktiv

Bungee-Jumping – **Victoria Falls Bungee:** auf der Victoria Falls Bridge, Tel. 00260 213 32 42 31, tgl. 9–17 Uhr, www.shearwaterbungee.com. Das einzige Unternehmen, das Sprünge von der Brücke anbietet (160 US-$).

Bridge Tour – **Victoria Falls Bridge Activities:** zwischen dem Grenzposten von Simbabwe und Sambia, Tel. 00260 213 32 42 31, tgl. 9–17 Uhr, www.shearwatervictoriafalls.com/experience/victoria-falls-bridge-adventures. Gesichert mit Gurtzeug läuft man in Begleitung eines Führers unter der Brücke auf einem schmalen Steg entlang und erfährt dabei viel über die Baugeschichte. Die Tour setzt Schwindelfreiheit voraus (68 US-$; 80 US-$ inkl. Lunch im Bridge Café, 100 US-$ inkl. Brückenslide – was sich anfühlt, als hinge man in einem Bootsmannstuhl über der Schlucht –, 110 US-$ inkl. Lunch und Slide).

Livingstone ► 1, L 1

Cityplan: S. 307

Eine der ersten Forschungsreisen von David Livingstone führte ihn 1841 vom heutigen Kasane zum östlichsten per Boot auf den Flüssen Chobe und Sambesi erreichbaren Ort: den Viktoriafällen. Die Lage erschien wie geschaffen für eine europäische Siedlung und gegen Ende des 19. Jh. entstand Old Drift, besiedelt von Missionaren, Händlern und Jägern. Der Ort lag etwa 10 km flussaufwärts der Fälle und gruppierte sich um einen Fähranleger. Unglücklicherweise hatte man die Siedlung in einer sumpfigen Senke direkt am Fluss errichtet, wo es vor Moskitos nur so wimmelte. Die Malaria forderte viele Opfer.

Als 1905 die Brücke fertiggestellt wurde, die den Kupfergürtel Sambias mit den Kohlevorkommen in Wankie (heute Hwange) per Eisenbahn verband, zogen die Siedler von Old Drift auf höher gelegenes Land neben der Eisenbahnlinie um. Der Constitution Hill entwickelte sich später zum Zentrum des heutigen **Livingstone,** in dem noch viele der alten Gebäude erhalten sind.

Livingstone wurde offiziell 1904 gegründet und hatte 1907 bereits einen Friseur, eine Apotheke und zwei Hotels aufzuweisen. An die Siedlung Old Drift erinnert heute nur mehr ein kleiner Friedhof, der sich am Nordufer des Sambesi im heutigen Mosi-oa-Tunya National Park (s. S. 303) befindet.

1911 wurde Livingstone zur Hauptstadt von Nordrhodesien ernannt, dem heutigen Sambia. Das änderte sich 1935, als Regierung und Verwaltung nach Lusaka umzogen. Durch die Unruhen in Simbabwe zwischen 2000 und 2010 gewann Livingstone mehr und mehr an Bedeutung, kein Besucher wollte mehr nach Victoria Falls in Simbabwe reisen. Heute ist Livingstone mit seinen 177 000 Einwohnern

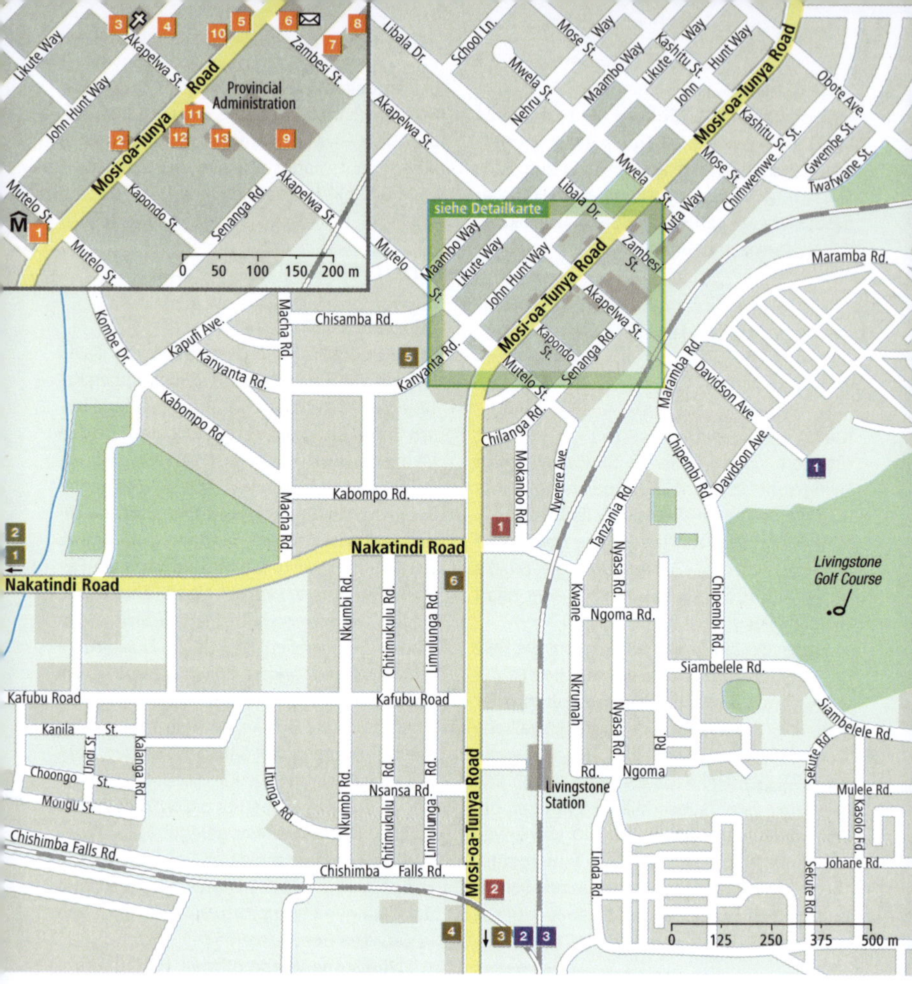

viel größer als sein Schwesterort Victoria Falls auf der anderen Seite der Fälle, aber trotzdem überschaubar.

Stadtrundgang

Wichtigste Straße ist die von Norden nach Süden verlaufende **Mosi-oa-Tunya Road,** an der neben einigen schönen Kolonialbauten auch Livingstones wichtigste Sehenswürdigkeit steht, das Livingstone Museum. Es ist ein guter Startpunkt für einen Rundgang, der zu den interessantesten historischen Bauten der Stadt führt. Viele der Kolonialbauten haben noch die typisch englischen Wellblechdächer und die umlaufenden Veranden mit weiß gestrichenen Geländern.

Livingstone Museum 1

Mosi-oa-Tunya Rd., www.livingstonemuseum.org, tgl. 9–16.30 Uhr, Erw. 6 US-$, Kinder 3 US-$ inkl. Führung

Das 1951 im spanisch-amerikanischen Stil erbaute **Livingstone Museum** ist Sambias Nationalmuseum und der ganze Stolz der Stadt. Gleich am Beginn des Rundgangs findet sich eine dreidimensionale Karte, die den Sambesi, die Wasserfälle und die verschiede-

Livingstone

Sehenswert
1 Livingstone Museum
2 Dwelling Houses
3 St. Andrews Church
4 Old European Library
5 Old General Post Office
6 Nanoo's Cash and Carry
7 The Livingstone Hotel
8 North Western Hotel
9 Standard Bank Building
10 Finance Bank
11 Barclays Bank
12 Stanley House
13 Capitol Theatre

Übernachten
1 Tongabezi Lodge
2 Thorntree River Lodge
3 Aha David Livingstone Safari Lodge & Spa
4 Zig Zag Town Lodge
5 Jollyboys Backpackers
6 Fawlty Towers

Essen & Trinken
1 Olga's – The Italian Corner
2 The Golden Leaf

Aktiv
1 The Livingstone Royal Golf and Country Club
2 Livingstone's Adventure
3 Zambezi Eco Adventures

---

nen Schluchten übersichtlich darstellt. Weitere Ausstellungsstücke sind steinzeitliche Artefakte sowie Exponate zur sambischen Kultur, Politik, Geschichte, Tierwelt und dem traditionellen Dorfleben. Eine Besonderheit sind die persönlichen Gegenstände von David Livingstone, vor allem viele seiner Briefe. Außerdem werden regelmäßig Ausstellungen zu speziellen Themen organisiert, z. B. zu Hexerei. In einer weiteren Abteilung stellen sambische Künstler ihre Werke aus, die genauso erworben werden können wie Kunsthandwerk und Souvenirs. Das Personal ist sehr freundlich.

Altes Wohnviertel
Über die Mutelo Street und den John Hunt Way erreicht man das alte Wohnviertel der Stadt. Der **John Hunt Way** wurde nach dem gleichnamigen europäischen Kunsthandwerkshändler benannt, der sich als einer von wenigen Europäern Ende der 1960er-Jahre entschieden für die Unabhängigkeit des Landes einsetzte.

Typisch für die koloniale Architektur Livingstones sind die beiden im John Hunt Way nebeneinander stehenden **Dwelling Houses** 2 aus dem Jahr 1912, die ursprünglich als Wohnhäuser für hochrangigere Beamte erbaut wurden. Die Gebäude haben rote Backstein- oder weiß verputzte Wände, Wellblechdächer und weite, umlaufende Veranden mit Moskitonetzen. Weitere Exemplare stehen im Likute Way, im Maambo Way, im Chisamba Way sowie entlang der Mosi-oa-Tunya Road Richtung Lusaka.

St. Andrews Church und Bibliothek
Die **St. Andrews Church** 3 wurde 1910 in Erinnerung an David Livingstone ursprünglich im kapholländischen Stil mit den dafür typischen Giebeln errichtet. Diese hatten in den 1930er-Jahren jedoch so viele Risse, das sie entfernt werden mussten. Ansonsten hat sich die Kirche seit damals nicht verändert. Neben der Kirche stehen das **Church House** von 1910, in dem früher die Priester wohnten, und die alte **Schule,** ein kleines Backsteingebäude von 1913.

Auf der gegenüberliegenden Straßenseite liegt die **Old European Library** 4 **,** die ›alte, europäische Bibliothek‹ von 1921. Sie beherbergt heute ein Krankenhaus.

Old General Post Office 5
An der Ecke Zambezi Street und Mosi-oa-Tunya Road steht das **Old General Post Office** von 1930. Heute hat in dem historischen Gebäude die sambische Einwanderungsbehörde ihre Büros. Hier überquert man die Hauptstraße und folgt der Zambezi Street (früher Empire Street) in Richtung der Bahngleise am Fuß des Hügels. Während der Kolonialzeit war der Handel in dieser Straße ausschließlich Weißen vorbehalten – wie

in Südafrika auch wurde in Rhodesien die Apartheid-Politik praktiziert.

Nanoo's Cash and Carry 6

Linker Hand findet sich eines der ältesten Gebäude von Livingstone. **Nanoo's Cash and Carry** wurde 1909 von F. J. ›Mopane‹ Clarke erbaut, dem ersten Weißen, der sich in Old Drift niedergelassen und dort 1898 sein Unternehmen F. J. Clarke gegründet hatte. Später zog er in dieses Gebäude an der Zambezi Street um, das 1910 in die Hände der Zambezi Training Company wechselte. Noch heute ist hier ein Kolonialwarenladen untergebracht.

The Livingstone Hotel 7

Ein Stück weiter, an der Ecke Zambezi Street und Kuta Way, befindet sich ein weiterer alter Laden von 1910. Der Backsteinbau auf der anderen Straßenseite war das erste dieser Art in Livingstone und beherbergte zugleich das erste Hotel der Stadt, **The Livingstone Hotel.** 1906 hatte es zehn Zimmer sowie einen Billard- und Speisesaal. Die Unterkunft schloss Mitte der 1930er-Jahre, seither werden die Räumlichkeiten als Geschäft genutzt.

North Western Hotel 8

Eines der beeindruckendsten Gebäude von Livingstone ist das **North Western Hotel** an der Ecke Zambezi Street, Chimwemwe Way. Es war 1907 das erste Gebäude mit elektrischem Licht und soziales Zentrum der Stadt. 1960 eröffnete hier die erste multirassische Bar von Livingstone. Bis 1991 beherbergte das Gebäude ein Hotel und gammelt seither leider ungenutzt vor sich hin, obwohl es unter Denkmalschutz steht.

Bankenviertel

Folgt man dem Kuta Way in Richtung Akapelwa Street, gelangt man zu einem der schönsten Gebäude aus der damaligen Zeit. In dem weißen **Standard Bank Building** 9 residierte von 1914 bis 1930 die gleichnamige Bank, heute finden sich dort zahlreiche Geschäfte. Das Gebäude wurde 1914 von Freddie Mills errichtet, der auch das Livingstone Hotel und das North Western Hotel erbaut hat. Immer noch eindrucksvoll ist das 1930 erbaute, neo-klassizistische Gebäude der **Finance Bank** 10 mit seinen romanischen Säulen, dem mediterranen Dach und der rhodesischen Inneneinrichtung aus Teak (Mosi-oa-Tunya Rd.). Gegenüber der gegenwärtigen Barclays Bank steht das 1942 errichtete, ehemalige Gebäude der **Barclays Bank** 11. Bei dem Haus daneben handelt es sich um das im Jahr 1928 erbaute **Stanley House** 12, seit jeher eine Bank.

Capitol Theatre 13

Zum Schluss das architektonische Highlight des Livingstone-Rundgangs: das **Capi-**

tol Theatre. Das wunderschöne, alte Kino im viktorianischen Stil mit kapholländischen Giebeln wurde 1931 erbaut. Viele Jahre lang war es das letzte Gebäude vor den weiter südlich liegenden Viktoriafällen und in den 1920er-Jahren der trendigste Platz der Stadt. Es wurden nicht nur Filme aufgeführt, sondern auch Theaterstücke und Tänze, und man traf sich hier zu Versammlungen. Heute ist das Capitol leider geschlossen und nur von außen zu besichtigen.

Übernachten

Beste Lage – **Tongabezi Lodge 1 :** 20 km westlich von Livingstone am Ufer des oberen Sambesi und Sindabezi Island gelegen, Tel. 00260 213 32 74 68, www.tongabezi.com, Facebook: ›Tongabezi Lodge‹. Die in Privatbesitz befindliche und von ihren Besitzern selbst geführte, umweltfreundliche Lodge ist unschlagbar am Sambesi bzw. auf Sindabezi Island im Sambesi gelegen. Zur Auswahl stehen mehrere Häuschen und Chalets, stilvoll mit Designerstücken und Kunsthandwerk aus ganz Afrika eingerichtet. Zum Grundbesitz gehört Livingstone Island, wohin Bootstouren organisiert werden. Sindabezi Island: Chalets €€€; Honeymoon Suite €€€; Festland: Chalets €€€, River Cottages €€€, Garden House €€€

Beim Rundgang durch Livingstone taucht man ein in die Geschichte und Gegenwart der Stadt

RAFTING AUF DEM SAMBESI

Tour-Infos

Start: unterhalb der Wasserfälle in der Batoka Gorge, in der Regel werden die Kunden vom Veranstalter kostenlos von ihrer Unterkunft abgeholt

Dauer: wahlweise halb- bis mehrtägig; bei Niedrigwasser (15. Aug.–Mitte Dez.) können die Stromschnellen 1 bis 25 befahren werden, bei Hochwasser (1. Juli–15. Aug., teilweise auch in der 2. Dezemberhälfte) nur die Stromschnellen 10 bis 25.

Kosten: Die Preise sind bei allen Veranstaltern in etwa gleich. Ein Halbtagestrip kostet ca. 200 US-$, ein Tagestrip 300 US-$, 2,5 Tage ca. 700 US-$ und für 4 Tage zahlt man ca. 1500 US-$.

Buchung: z. B. bei Adventure Zone, www.adventurezonevicfalls.com, Shearwater, www.shearwatervictoriafalls.com, Safari Par Excellence, www.safpar.com, Bundu Adventures, www.bunduadventures.com
Schwierigkeit: Stromschnellen werden international auf einer Skala von 1 bis 6 klassifiziert, wobei 6 offiziell als unfahrbar gilt. Die Batoka Gorge gehört fast durchgehend zur Kategorie 5(+), zumindest bei Niedrigwasser. Bei Hochwasser entschärft sich der Trip ein klein wenig. Dennoch muss immer damit gerechnet werden, dass man kentert, d. h., man sollte nicht nur relativ angstfrei, sondern auch körperlich fit sein.
Hinweis: Shorts sollte man vorsichtshalber am Körper festbinden. Für Brillenträger empfehlen sich Tageslinsen, für die man Ersatz mitnehmen sollte.

Der Raftingtrip auf dem reißenden Sambesi durch die Batoka Gorge gilt als aufregendste Wildwasserfahrt der Welt. Nach einer kurzen theoretischen Einführung am Morgen bringt der Bus mich und die anderen Adrenalinjunkies zu den riesigen Gummibooten, die am Ufer der Schlucht bereitliegen. Dann geht es los. Wie eine gewaltige brodelnde Wand steht die erste Stromschnelle im Fluss, schluckt Raft samt Besatzung und spuckt es wieder aus. Erstaunlicherweise sitzen noch alle im Boot. Beim nächsten feuchten Hindernis sieht das schon etwas anders aus. Das Raft kentert, wir plumpsen ins Wasser und halten uns mit aller Kraft an dem Seil fest, das außen am Gummiwulst entlangläuft. Wir kämpfen gegen die heftige Strömung an, Wasser dringt in Münder und Nasen. Das gekenterte Schlauchboot hängt in einer Stromschnelle fest. »Was auch passiert, immer am Raft festhalten«, haben die Guides vorher erklärt. Ich klammere mich so lange daran, bis mir das gurgelnde Wasser trotz angewinkelter Beine Shorts und Unterwäsche wegzureißen droht. Als die Kleidungsstücke schließlich Knöchelniveau erreichen, lasse ich doch los – lieber ersaufen als ohne Hose ins Boot zurück. Mein Körper schießt durch die Stromschnellen, schafft es wieder in die Hosen zurück, nicht ohne vorher ordentlich Sambesi-Wasser zu sich zu nehmen. Den anderen ergeht es nicht besser. Wenn das Sprichwort stimmt, dass jeder, der einmal das Wasser des Sambesi getrunken hat, zurückkehren wird, müssten einige von uns sofort einen neuen Flug hierher buchen.
Eigentlich würde ich nun gerne ans Ufer kraulen, erinnere mich jedoch an einen weiteren Tipp der Riverguides: Wer ins Wasser fällt, sollte auf keinen Fall Richtung Land schwimmen, da sich dort die berüchtigten Sambesi-Krokodile sonnen. Bevor ich weitere Gedanken daran verschwenden kann, hat mich auch schon eines der wendigen Einerkajaks erreicht und nimmt mich in Schlepptau. Jedes der schwerfälligen Rafts wird von mehreren Wildwasserprofis in Kajaks begleitet, die bei Kenterungen sofort zur Stelle sind bzw. bei schwereren Unfällen per Funk einen Rettungshubschrauber alarmieren. Außerdem sind die Kajakfahrer dafür zuständig, unser Flussabenteuer auf Video zu bannen, das man nach dem Trip käuflich erwerben kann.
In der letzten Stromschnelle des Tages bäumt sich das Gummiboot noch einmal auf, steht senkrecht im Wasser und überschlägt sich dann nach hinten. Ich weiß nicht mehr, wo oben und unten ist, habe das Gefühl, unendlich lange unter Wasser zu sein. Doch schließlich ploppe ich wieder auf, gerade rechtzeitig vor dem Ende der Tour, die mit einem kühlen Bier gefeiert wird. Wer seinen Trip in Simbabwe gebucht hat, muss zum Abschluss einen steilen Pfad aus dem Canyon nach oben klettern, auf sambischer Seite steht eine Seilbahn zur Verfügung.
Bestandsaufnahme am Ende der Unternehmung: Einige Teilnehmer hinken, einer hat gleich zwei blaue Augen, andere nur Prellungen, doch alle strahlen miteinander um die Wette – das war Abenteuer pur und ist mit keiner anderen Raftingtour dieser Welt zu toppen. Der Sambesi degradiert vergleichbare Trips auf dem Colorado in den USA, dem Futaleufú in Chile oder dem Kawarau in Neuseeland zu harmlosen Kaffeefahrten.

Hände weg von der Löwentour!
Die manchmal noch in Livingstone sowie in Victoria Falls angebotene **Wanderung mit Löwen** sollte man nicht buchen. Diese Trips haben nichts mit Löwenschutz zu tun, sondern sind reine Geldmacherei. Dabei wird eine Gesetzeslücke ausgenutzt, denn zur Aufzucht von Löwen muss man weder in Sambia noch in Simbabwe spezielle Auflagen erfüllen. Die Löwenwanderungen sind gefährlich, da man es mit unberechenbaren, nach wie vor wilden Tieren zu tun hat. Schon häufiger wurden Besucher von den Raubkatzen verletzt. Löwen sollte man im südlichen Afrika nur in freier Wildbahn beobachten.

Mit eigenem Elefantencamp – **Thorntree River Lodge 2:** 15 km westlich von Livingstone, Lodgekontakt unter Tel. 00260 21 332 74 80 oder 00260 21 332 46 01, www.africanbushcamps.com/camps/thorntree-river-lodge. Neun großzügige Zimmer in reetgedeckten Backsteinchalets am Ufer des Sambesi, zumeist mit Außenbadewanne oder -dusche. Außerdem zwei erhöht gelegene, zum Fluss hin offene Honeymoon-Suiten mit Teakholzböden. Zum Restaurant/Bar gehört ein Holzdeck mit Blick auf den Fluss. Der Pool in Form einer Acht liegt direkt neben dem reetgedeckten Wellnesszentrum, von dessen Massageräumen man direkt auf ein Wasserloch blicken kann. Internet-Specials und Package Deals. €€€

Afrikanischer Lodge-Look – **David Livingstone Safari Lodge & Spa 3:** Riverside Dr., Seitenstraße der Sichango Rd., Tel. 00260 213 32 46 01, www.davidlivingstonesafarilodge.co, Facebook: ›The David Livingstone Safari Lodge and Spa‹. Etwas zu groß geratenes Hotel mit 77 Zimmern, die aber in hübschen, reetgedeckten Gebäuden untergebracht sind. Prima Restaurant (s. S. 312); ein weiterer Trumpf ist der Überlaufpool, der nahtlos in den Sambesi überzugehen scheint. €€

Ideal für Familien – **Zig Zag Town Lodge 4:** an der Hauptstraße zwischen Livingstone und Victoria Falls, Tel. 00260 213 32 28 14, www.zigzagzambia.com. Ruhige und sichere Lage, schöner großer Garten und 12 motelartige Zimmer mit AC. Im angeschlossenen Restaurant, das auch zum Abendessen und zu Drinks einlädt, kommt hausgemachtes Essen auf dem Tisch. €

Budgetunterkunft – **Jollyboys Backpackers 5:** 34 Kanyanta Rd., Tel. 00260 213 32 42 29, www.backpackzambia.com. Die von Backpackern für Backpacker geführte Lodge bietet sowohl DZ mit Bad als auch Schlafsaalbetten und Camping. Gratis-WLAN, Buchung aller Aktivitäten. €

Günstig und gut – **Fawlty Towers 6:** 216 Mosi-oa-Tunya Rd., Tel. 00260 213 32 34 32, www.adventure-africa.com. Gilt als das beliebteste Guesthouse in Livingstone. Zentrale Lage, wunderbar großer Garten, Pool mit kristallklarem Wasser, irischer Pub und ganztags kostenlos Pancakes! In der Lodge können alle Aktivitäten gebucht werden. Tgl. kostenloser Transfer zu den 8 km entfernt gelegenen Fällen, sicherer Parkplatz. €

Essen & Trinken

Prima Qualität – **David Livingstone Safari Lodge & Spa 3:** in der gleichnamigen Unterkunft (s. S. 312), tgl. 8–22 Uhr. Knackiges, organisch angebautes Gemüse und Salat, ausgezeichnetes Fleisch und frischer Fisch. Der Chefkoch kommt aus Südafrika. €€

Pizza – **Olga's – The Italian Corner 1:** 20 Mokambo Rd., Tel. 00260 977 97 24 75, www.olgasproject.com, tgl. 12–22 Uhr. Das einzige echt italienische Restaurant in Livingstone serviert leckere Pizza und Pasta. Unbedingt Platz für das Tiramisu einplanen! €

Vegetarisch, aber nicht nur – **The Golden Leaf 2:** Ngolide Lodge, 1174 Mosi-oa-Tunya Rd., Tel. 00260 954 16 65 92, www.ngolide-lodge.com, Di–So 12.30–21.45 Uhr. Neben vegetarischen und veganen Gerichten gibt es in dem indisch-asiatischen Restaurant der Lodge auch ein prima Butter Chicken. €

Aktiv

Golf – **The Livingstone Royal Golf and Country Club 1:** Kazimuli Av., Tel. 00260 967 27 57 09, tgl. 6–22 Uhr, Facebook: ›Livingstone Royal Golf & Country Club‹. Der schöne, über 100 Jahre alte 18-Loch-Golfplatz steht unter Denkmalschutz. Es gibt ein historisches Klubhaus mit Veranda, Restaurant und Bar.

Helikopter- und Ultraleichtflüge – **Livingstone's Adventure 2:** 4023 Sichango Rd., Tel. 00260 21 32 35 87, www.livingstonesadventure.com, Facebook: ›Livingstone Adventure Victoria Falls‹. Rundflüge über die Fälle mit dem Ultraleichtflugzeug (15/30 Min., 179/360 US-$/Pers.) oder dem Hubschrauber (15/22/30 Min. 189/250/360 US-$/Pers.). Man kann sich auch nach einem Raftingtrip per Helikopter aus der Schlucht holen lassen (225–270 US-$/Pers. inkl. anschließendem Rundflug, mind. 4 Pers.). Im Angebot sind außerdem Jetboatfahrten (110 US-$), Quadbiketouren, Ausritte und diverse River Cruises.

Devil's Pool – Einen tollen Eindruck vom ›Pool des Teufels‹ bieten die Filmchen bei YouTube (www.youtube.com, Devil's Pool Victoria Falls in die Suchmaske eingeben) und die Facebookseite ›Devils Pool Victoria Falls‹. Aus Sicherheitsgründen sollte man diesen Trip, der etwa 120 US-$ kostet, nur bei einem anerkannten Veranstalter buchen, z. B. bei der **Tongabezi Lodge 1**: Tel. 00260 213 32 74 50, www.tongabezi.com, www.devilspool.net.

Abseiling und Gorge Swing – **Zambezi Eco Adventures 3:** Mosi-oa-Tunya Rd., Fawlty Towers, Tel. 00260 213 32 11 88, www.zambeziecoadventures.com, Facebook: ›Zambezi Eco Adventures‹. Dieser Veranstalter bietet neben Abseilen in eine 54 m tiefe Schlucht (80 US-$) auch viele andere adrenalinfördernde Aktivitäten. Beim Rap Jumping (55 US-$) rennt man im Gurt hängend praktisch eine Felswand senkrecht nach unten; beim High Wire (55 US-$) gleitet man eingehängt in ein Kabel über die 135 m breite Schlucht; beim Gorge Swing (95 US-$) schwingt man an einem Gummiseil tarzanartig von einer Seite der Schlucht zur anderen, beim Gorge Swing Tandem (120 US-$) geschieht das zu zweit; beim Whoopie Slide (55 US-$) gleitet man im Gurtzeug ein 350 m langes Kabel entlang. Neben den Einzelaktivitäten gibt es auch ganztägige Angebote (8.30–17.30 Uhr, 160 US-$), darin enthalten sind Transfer ab Livingstone, Kaffee und Scones zum Frühstück, so viel Abseiling, Rap Jumping, High Wire, Whoopie Slides und Gorge Swings, wie man möchte, Lunch inkl. Softdrinks und Bier, Rücktransport nach Livingstone.

Bootstouren – Jetboattrips s. S. 298 **Livingstone's Adventure 2:** s. S. 313, www.livingstonesadventure.com. Auf dem Programm stehen u. a. Sunset River Cruises – dabei kann man entspannt mit einem Drink in der Hand die Flusspferde und Krokodile im oberen Sambesi beobachten, an Bord der »African Queen« oder der »African Princess« (65–100 US-$).

Kajaktouren – **Kayak the Zambezi:** Tel. 00260 966 60 74 78, www.thezambezi.com. Eine Wildwassertour auf dem Sambesi empfiehlt sich nur erfahrenen Kajakfahrern. Das Unternehmen organisiert Trips unterschiedlicher Länge, vermietet Kajaks aller Art und gibt Unterricht. Eine Tagestour im Doppelkajak kostet etwa 220 US-$/Pers., ein halbtägiger Schnupperkurs etwa 110 US-$/Pers.

Verkehr

Flüge: Sowohl Airlink, www.flyairlink.com, als auch South African Airways, www.flysaa.com, unterhalten täglich Verbindungen zwischen Livingstone und Johannesburg. Rundflüge zwischen Livingstone und Johannesburg kosten etwa 500 US-$ (1,5 Std.).

Busse: Intercape Mainliner, www.intercape.co.za, fährt 3 x wöchentl. nach Windhoek in Namibia. Die Tickets sind auf der Website online buchbar.

Von Livingstone nach Kazungula ▶ 1, K/L 1

Von Livingstones Hauptstraße, der Mosi-oa-Tunya Road, zweigt in Richtung Westen die **Nakatindi Road** (M 10) ab, die rund 70 km am Sambesi entlang zurück nach Kazungula führt. An dieser Strecke liegen einige von Sambias schönsten und exklusivsten Lodges direkt am Flussufer.

Es gibt sowohl ein Kazungula auf sambischer als auch auf botswanischer Seite des

David Livingstone und Henry Morton Stanley

Untrennbar durch die Geschichte miteinander verbunden, hätten die beiden Briten nicht verschiedener sein können. Livingstone war ein Schotte, der sein Leben der Missionstätigkeit und der Abschaffung der Sklaverei verschrieben hatte, Stanley ein abenteuerlustiger Journalist mit walisischen Wurzeln und nicht sehr frommer Vergangenheit. Berühmt wurden beide Männer durch ihre bahnbrechenden Afrikareisen.

David Livingstone (1813–73) darf als größter Held des viktorianischen Englands beschrieben werden. Im späten 19. Jh. wurden Forscher verehrt wie heutzutage Rockstars und Livingstone mit seinem leichten Stottern, dem verkrüppelten linken Arm und einem Walross-Schnurrbart war der berühmteste. Seit seinem ersten Trip nach Afrika 1841 hatte er die Kalahari durchquert, den Lauf des 2200 Meilen langen Sambesi nachvollzogen und die Viktoriafälle ›entdeckt‹. Seine Popularität war so groß, dass er, wann immer er in London auftauchte, von Fans verfolgt wurde.

Trotz seines hervorragenden Rufs war Livingstone nach einer fehlgeschlagenen Sambesi-Expedition zwischen 1858 und 1863 finanziell am Ende. Er brauchte ein letztes großes Abenteuer, um darüber zu schreiben und mit den Einnahmen aus diesem Bestseller – etwas anderes kam ihm gar nicht in den Sinn – in den Ruhestand treten zu können. Als sein Freund Sir Roderick Murchison, Direktor der Britain Royal Geographical Society, Livingstone bat, die Quelle des Nils zu finden, sagte er sofort zu. Finanziert durch die Regierung, verließ er seine Heimat 1865 mit dem Plan, nach zwei Jahren zurückzukehren. Doch im Verlauf der Reise wurde Livingstone immer wieder krank, viele seiner Träger ließen ihn im Stich. Mehrmals wurde er von arabischen Sklavenhändlern, deren Praktiken er eigentlich bekämpfte, gesund gepflegt. Während dieser Zeit verlor Livingstone den Kontakt zur Außenwelt. In England galt er als verschollen, höchstwahrscheinlich sogar tot. Doch obwohl Livingstone so viel für sein Heimatland erreicht hatte, machte die Regierung keine Anstalten, eine Suchexpedition zu starten.

Was für eine tolle Story, dachte sich 1869 James Gordon Bennett Jr., der 28-jährige, anti-britisch eingestellte Chefredakteur des »New York Herald«. Mit 60 000 gedruckten Ausgaben täglich hatte die Zeitung eine für damalige Verhältnisse astronomisch hohe Auflage. Bennet Jr. gedachte aus dem Ruhm Livingstones und dem Geheimnis um sein Verschwinden Kapital zu schlagen und benötigte dafür einen rücksichtslosen Journalisten mit ordentlich Abenteuerlust für den Trip nach Afrika. Er fand ihn in dem gleichaltrigen Henry Morton Stanley, der gerade beim »Herald« angeheuert hatte. Sein Auftrag lautete, Livingstone aufzuspüren oder aber den Beweis zu erbringen, dass dieser nicht mehr am Leben war. Was Bennett nicht wusste: Auch Stanley hatte britische Wurzeln.

Henry Morton Stanleys (1841–1904) richtiger Name lautete John Rowlands. Er war in Wales als Sohn eines Alkoholikers und einer Prostituierten geboren und mit fünf Jahren in ein Arbeitshaus abgeschoben worden. Mit 18 Jahren wanderte er nach New Orleans aus, um in Amerika ein neues Leben zu beginnen. Dort traf er auf den reichen, kinderlosen Händler Henry Hope Stanley, der ihn als seinen Sohn annahm. John Rowlands verlor seinen britischen Akzent, verleugnete seine Herkunft und wurde zum Amerikaner Henry Morton Stanley. Im Bürgerkrieg kämpfte er für die Konföderierten, wurde gefangen genommen und wechselte die

Livingstone und Stanley: Der ›Gejagte‹ und sein ›Jäger‹ wurden gute Freunde

Seiten. Nach dem Krieg suchte er Gold im Westen der USA, wurde Journalist und schrieb über die Kriege mit den Indianern. Im Zuge seiner Arbeit machte er u. a. Bekanntschaft mit Ulysses S. Grant, dem 18. Präsidenten der USA.

Als Stanley im März 1871 von Sansibar aus aufbrach, befand sich Livingstone in Nyangwe im Kongo. Sechs Jahre lang hatte niemand von ihm gehört. Wie Livingstone erkrankte auch Stanley unterwegs häufig, fast raffte ihn die Malaria dahin. Seine Expeditionsmannschaft löste sich auf. Zwei Drittel der Träger starben oder desertierten und keiner seiner weißen Begleiter überlebte die Strapazen. Doch Stanley war nicht aufzuhalten.

Unterdessen war Livingstone Augenzeuge eines Massakers arabischer Sklavenhändler geworden und hatte den Kongo verlassen. Todkrank schaffte er es bis Ujiji am Lake Tanganyika im heutigen Tansania. Am 8. Oktober 1871 schrieb er in sein Tagebuch: »Ich war nur noch ein Skelett.« Stanley war 100 Meilen von Ujiji entfernt, als ihm jemand berichtete, dass dort ein weißer Mann leben würde. Am 27. Oktober 1871 ließ er eine Meile von Ujiji entfernt die amerikanische Flagge hissen. Tausende von Menschen umringten den Journalisten, darunter ein alter Mann mit weißem Haar und wenigen Zähnen, der auf Stanley zukam. Dieser streckte seine Hand aus: »Dr. Livingstone, nehme ich an.« – »Ja«, sagte Livingstone. Die beiden unterschiedlichen Männer wurden gute Freunde und reisten später monatelang gemeinsam durch Afrika. Stanleys Story wurde zur Sensation, er selbst zum Helden. Livingstone starb anderthalb Jahre nach ihrem Treffen in Afrika. Seine sterblichen Überreste wurden nach England geschickt. Stanley war einer der Sargträger.

Sambesi, und seit Mai 2021 endlich auch die Kazungula-Brücke. Die Einreise nach Botswana ist einfacher als erwartet. Und von Kazungula ist es nur mehr ein Leopardensprung nach Kasane.

Übernachten

Wunderbar gelegen – **The River Club:** Sambesi Riverfront, Tel. 00260 213 32 74 57, www.theriverclubafrica.com. Der Empfang im River Club ist englisch-herzlich, also zurückhaltend-humorvoll. Peter Jones ist der Besitzer der ruhig gelegenen Lodge im Kolonialstil, die in den 1940er-Jahren erbaut wurde. Die zehn weit auseinanderliegenden, großzügigen Gästehäuschen sind nur durch ein Insektengitter vom Sambesi getrennt und nach historischen Personen benannt, die wichtig für die Geschichte von Sambia waren – von General Paul von Lettow-Vorbeck (s. S. 66) bis zu Henry Morton Stanley (s. S. 314). Und über alle weiß Peter unterhaltsame Storys zu erzählen. Gäste sollten gut Englisch sprechen oder zumindest verstehen, um in den Genuss seiner Ankedoten zu kommen. Peter wurde in Sambia geboren und besuchte später die Royal Military Academy im britischen Sandhurst. Nach zehn Jahren in der britischen Armee eröffnete er diese luxuriöse Lodge, die eine DNA-Politik verfolgt: Do No-thing Activity – hier ist pure Entspannung angesagt. Die romantischen Abendessen bei Kerzenlicht sind ebenso unvergesslich wie eine Flussfahrt oder ein Bad im kleinen Pool, der zu jedem Zimmer gehört. Das kostenlose WLAN bildet einen modernen Gegensatz zu den historischen Fotos und der aus Antiquitäten bestehenden Inneneinrichtung des Hauses. €€€

Naturnah und günstig – **Jungle Junction:** 41 km westlich von Livingstone, kein Telefon, Reservierung über www.junglejunction.info. Rustikales, naturnahes Camp auf Bovu Island im Sambesi mit vier großen Chalets und kleineren Fisherman's Huts. Die Chalets sind auf Holzpfählen errichtet, haben Hartholzböden und Wände aus Riedgras und Bambus. Es gibt Doppel- bzw. Einzelbetten sowie Moskitonetze, Kissen und Bettdecken, aber keine Handtücher. Dafür genießt man von den Veranden einen schönen Blick auf den Sambesi. Wer campen will, muss sein eigenes

Was für eine Lage, nicht nur zum Sunset! Vom The River Club blickt man über den Sambesi

Zelt mitbringen. Transfer zur Insel mit Kanus, für das Auto gibt es einen Parkplatz. Transfer von Livingstone 50 US-$/Pers., Ausflug im Einbaum 50 US-$/Pers., Frühstück und Lunch (€), Abendessen (€), Chalets, Fisherman's Huts, Camping. €

Ghanzi
Central Kalahari
Game Reserve
Kalahari
Tshane
Kgalagadi
Transfrontier
Park

Kapitel 6

Kalahari

In der Mitte Botswanas liegt das Herz der Kalahari. Ein flaches Meer ohne Wasser. Oder fast ohne Wasser. Denn streng genommen ist die Kalahari keine richtige Wüste, sondern eine Trockensavanne. Eine Wüste wird geografisch dadurch definiert, dass sie pro Jahr durchschnittlich weniger als 100 mm Niederschläge erhält. Doch selbst in den trockensten Regionen der südwestlichen Kalahari im Kgalagadi Transfrontier Park werden noch Niederschlagsmengen von 200 bis 350 mm pro Jahr registriert.

Im Zentrum der Kalahari wurde 1961 das 52 800 km² große Central Kalahari Game Reserve eingerichtet. Ursprünglich sollte damit für die nomadisierenden San ein Refugium geschaffen werden, in dem sie ihren Traditionen gemäß leben konnten, doch dann wurden Diamanten entdeckt und die Buschmänner verdrängt. Unmittelbar südlich davon schließt sich wie ein Mini-Appendix das mit 2590 km² ›kleine‹ Khutse Game Reserve an, das durch seine relative Nähe zu Gaborone am Wochenende von vielen Städtern besucht wird.

Mit dem im äußersten Südwesten Botswanas gelegenen Kgalagadi Transfrontier Park wurde im Jahr 2000 der erste grenzüberschreitende Nationalpark Afrikas gegründet, entstanden durch die Zusammenlegung des botswanischen Gemsbok National Park und des südafrikanischen Kalahari Gemsbok National Park. Das Schutzgebiet erstreckt sich über rund 38 000 km², drei Viertel des riesigen Areals liegen auf botswanischem Staatsgebiet.

Bislang sind das Central Kalahari Game Reserve und das Khutse Game Reserve nicht mit dem Kgalagadi Transfrontier Park verbunden. Dazwischen erstreckt sich das riesige, nahezu unbewohnte Kaa Kalahari Concession Area, das sich perfekt als Wildkorridor eignen würde. Diesbezügliche Planungen liegen bereits in der Schublade und könnten in naher Zukunft realisiert werden.

Traditionell jagen die San mit Wurfspeeren sowie Pfeil und Bogen

Auf einen Blick: Kalahari

Sehenswert

Moreswe Pan: Eine schöne Tonpfanne mit künstlicher Wasserstelle im Khutse Game Reserve (s. S. 334).

Kgalagadi Transfrontier Park: Der erste grenzüberschreitende Friedenspark in Afrika wurde im Jahr 2000 eingerichtet und lässt sich am unkompliziertesten von Südafrika aus ›erfahren‹ (s. S. 339).

Schöne Routen

Von Rakops über das Deception Valley nach Xade: Die Strecke mit ihrer Serie von pittoresken Pfannen ist landschaftlich eine der faszinierendsten im Land (s. S. 325).

Passarge Valley: Eine attraktive Strecke durch ein sandiges Tal, in dem man immer viel Wild sichtet (s. S. 325).

Meine Tipps

Souvenirshopping in Ghanzi: Gantsi Craft verkauft Lederwaren und anderes schönes, von San gefertigtes Kunsthandwerk (s. S. 323).

Piper's Pan: Wenn die Pumpe funktioniert, die das Wasserloch füllt, findet sich hier das meiste Wild im Central Kalahari Game Reserve (s. S. 325).

Western Woodlands: Eine wunderschöne parkähnliche Graslandschaft mit uralten Kameldornbäumen (s. S. 337).

NAMIBIA
Ghanzi
Souvenirshopping in Ghanzi
Piper's Pan
Passarge Valley
Rakops
Deception Valley
Von Rakops über das Deception Valley nach Xade
Xade
Western Woodlands
Moreswe Pan
Tshane
Kalahari Wüste
Kgalagadi Transfrontier Park
Polentswa und Mabuasehube Wilderness Trails
Nossob
Nossob
Nossob 4x4 Eco Trail
Two Rivers
Gaborone
Molopo
SÜDAFRIKA

Fantastische Farbenspiele im Kgalagadi Transfrontier Park

Polentswa und Mabuasehube Wilderness Trails: Die 4x4-Trails sind spannende Allradstrecken durch den wilderen, botswanischen Teil des grenzüberschreitenden Kgalagadi Transfrontier Park (s. S. 344).

Nossob 4x4 Eco Trail: Für den 214 km langen 4x4-Trail im südafrikanischen Teil des Kgalagadi Transfrontier Park benötigt man vier Tage und drei Nächte (s. S. 348).

Central Kalahari und Khutse Game Reserves

Schon Mitte des 19. Jh. übte die unendliche Weite der zentralen Kalahari eine magnetische Anziehungskraft auf Forscher und Abenteurer aus. Allesamt waren sie auf der Suche nach Reichtümern. Verlorene Städte wurden damals nicht gefunden, aber zumindest werden heute Diamanten gefördert.

Ghanzi und Umgebung

▶ 1, D 8

Inmitten der trockenen Kalahari gelegen, verdankt der Ort **Ghanzi** seine Existenz einem Kalksteinbergrücken. Dieser sorgt für eine reichliche Versorgung mit Grundwasser und für die Bewässerung der fast 200 Farmen in der Gegend. Dank des geologischen Phänomens ist Ghanzi auch das Zentrum der Rinderzucht in Botswana. Hier werden die weltbesten Freilandrinder, ganz ohne Hormonzugabe, gezüchtet.

Wie fast die ganze Gegend war auch dieser Platz ursprünglich von den San besiedelt. Als einer der ersten weißen Bewohner gilt der berüchtigte Hendrick van Zyl, der sich 1874 dauerhaft in Ghanzi niederließ. Seine Geschichte wurde so oft erzählt, dass sich Realität und Fiktion vermischen. Sicher ist, dass er Mitglied des Parlaments der südafrikanischen Republik Transvaal war. Er war außerdem ein Sklavenhändler und Jäger und er baute sich ein zweistöckiges Haus mit bunten Bleiglasfenstern. Van Zyls Jagdleidenschaft galt damals als legendär – heute würde er dafür mehrere Leben lang im Gefängnis schmoren: Alleine an einem Nachmittag im Jahr 1878 sollen er und sein Sohn 103 Elefanten abgeschlachtet haben.

Etwa 35 km nördlich von Ghanzi an der A 3 Richtung Maun findet sich die San-Siedlung **D'Kar.** Von der holländisch-reformierten Kirche ins Leben gerufen, liegt das Dorf auf dem Gelände einer 30 km² großen Farm, die den San gehört und von ihnen geführt wird. Hier hat sich eine Art Künstlerkolonie etabliert. Es gibt einen tollen Laden, der Kunsthandwerk und Lederarbeiten verkauft, sowie eine kleine Galerie. D'Kar hat etwas Inspirierendes und verdient die Unterstützung durch Besucher. Einen Besuch wert ist auch das Kulturzentrum der San und das **Kuru Museum & Cultural Centre** (www.kuruart.com).

Hinweis für Selbstfahrer

Die Kalahari sollten, vor allem im Norden, nur erfahrene Geländewagenlenker unter die Räder nehmen. Optimalerweise fährt man im Konvoi und hat zumindest ein Satellitentelefon dabei, um notfalls Hilfe rufen zu können. Die 4x4s sollten sehr gut ausgestattet sein: GPS, Fußluftpumpe, Spaten und Abschleppseil sind Grundvoraussetzung. Auf den Sand- und Dünenstrecken immer mit reduziertem Reifendruck fahren, um die Traktion zu erhöhen und ein schnelles Einsinken zu vermeiden. Mehr als 1 bar sollte im Sand nicht in den Pneus sein. Sobald die Strecke steinig wird oder man wieder auf Teer unterwegs ist, den Reifentdruck auf 2 bis 2,2 bar erhöhen.

Übernachten

Camping – **Tautona Lodge:** Tel. 067 608 359, 5 km nordöstlich von Ghanzi auf einer Wildfarm. Hier werden Wanderungen in den Busch mit San angeboten (mind. 6 Pers.). Chalets, Camping unter Bäumen. €

Stadthotel – **Kalahari Arms Hotel:** direkt am Trans-Kalahari-Highway, Tel. 065 962 98, www.kalahariarms.co.bw. B & B mit Campingplatz, Pool, Restaurant. DZ in Chalets, Camping. €

Einkaufen

San-Kunsthandwerk – **Gantsi Craft:** Henry Jankie Dr., links neben dem Kalahari Arms Hotel, Tel. 065 962 41, Facebook: ›Gantsi Craft‹, Mo–Fr 8–17, Sa 8–12.30 Uhr. Der Laden für Kunsthandwerk geht auf eine nicht profitorientierte Organisation zurück, die den in der Region lebenden San die Möglichkeit bietet, mit ihren wunderbaren kunsthandwerklichen Produkten ihren Lebensunterhalt zu bestreiten. Es gibt Masken, schönen, aus den Schalen von Straußeneiern hergestellten Schmuck, aber auch Gebrauchsgegenstände sowie Kupfer- und Lederarbeiten.

Frischfleisch & Biltong – **Ghanzi Butchery:** Abraham de Graaff St. (1. Straße rechts, von der Tau Mall kommend), Tel. 067 659 6293, Mo–Fr 7.30–17.30, Sa 7.30–13 Uhr. Hier lässt sich die Kühlbox des Geländewagens mit frischem Fleisch, Biltong und Trockenwurst auffüllen. Als Andenken gibt es das Ghanzi-Kochbuch mit lokalen Rezepten und Storys.

Central Kalahari Game Reserve ▶ 1, F–K 7–10

Karte: S. 324

Das bereits 1961 etablierte **Central Kalahari Game Reserve (CKGR)** umfasst 52 800 km^2 und ist damit mehr als halb so groß wie Österreich. Jahrzehntelang war es für die Öffentlichkeit nicht zugänglich, erst seit Mitte der 1990er-Jahre darf die Region auf eigene Faust bereist werden. Das Gebiet ist der größte und einsamste Naturschutzpark Afrikas und nach dem kanadischen Buffalo National Park der zweitgrößte der Welt.

Die Besiedlung des Gebiets durch die Ureinwohner lässt sich etwa 25 000 Jahre zurückverfolgen. Um den nomadischen Lebensstil der San zu erhalten, wurde das Schutzgebiet ursprünglich eingerichtet. Doch in den 1980er-Jahren änderte die Politik ihren Kurs (s. S. 74), sodass heute niemand mehr als Jäger und Sammler in der Kalahari lebt.

Der Park ist quasi zweigeteilt. Der Norden ist besser erschlossen und tierreicher, der Süden einsamer und unzugänglicher. Ob das so bleibt, ist wegen der neu entdeckten Diamantenvorkommen fraglich.

Es gibt verschiedene Routen ins Central Kalahari Game Reserve. Das meistgenutzte Eingangstor ist das **Matswere Gate** an der nordöstlichen Parkgrenze, das über Rakops (s. S. 325) zu erreichen ist. Auch aus anderen Richtungen dient der Ort als Startpunkt für einen Besuch im Park. Wenn man in Gaborone startet, sind es ca. 644 km über Palapye, Serowe und Letlhakane bis Rakops. Von Francistown führt die A 30 am Südrand der Diamanten-Konzessionsgebiete vorbei in 348 km nach Rakops. Auch die meisten aus Maun kommenden Reisenden steuern Rakops an – über die gut ausgebaute A 8 geht es zunächst etwa 105 km Richtung Nata und dann auf der A 30 noch 106 km bis Rakops.

Eine Alternative für Selbstfahrer, die aus dem Okavango Delta bzw. Maun kommen,

Reiche Wüste

Botswana ist weltweit eine der größten Fördernationen von Diamanten und besitzt drei große Tagebauminen – alle im Gebiet der Kalahari. **Orapa** (▶ 1, K 7), ganz in der Nähe des Central Kalahari Game Reserve, war das erste Vorkommen, das im Jahr 1967 entdeckt wurde. Ein paar Jahre später folgte **Letlhakane** (▶ 1, K 7). Obwohl hier mengenmäßig weniger Karat als anderswo ans Tageslicht gebracht werden, übersteigt die Qualität der hier geförderten Diamanten jede andere Mine und macht Letlhakane zur ergiebigsten der Welt. In den frühen 1980er-Jahren wurde **Jwaneng** (▶ 2, J 13) im Süden der Kalahari eröffnet. Die Ausschachtung hier ist heute etwa doppelt so groß wie das berühmte Big Hole von Kimberley, wo einst Südafrikas Diamantenrausch stattfand. Die zuletzt erschlossene Mine ist **Ghaghoo** (▶ 1, J 10).

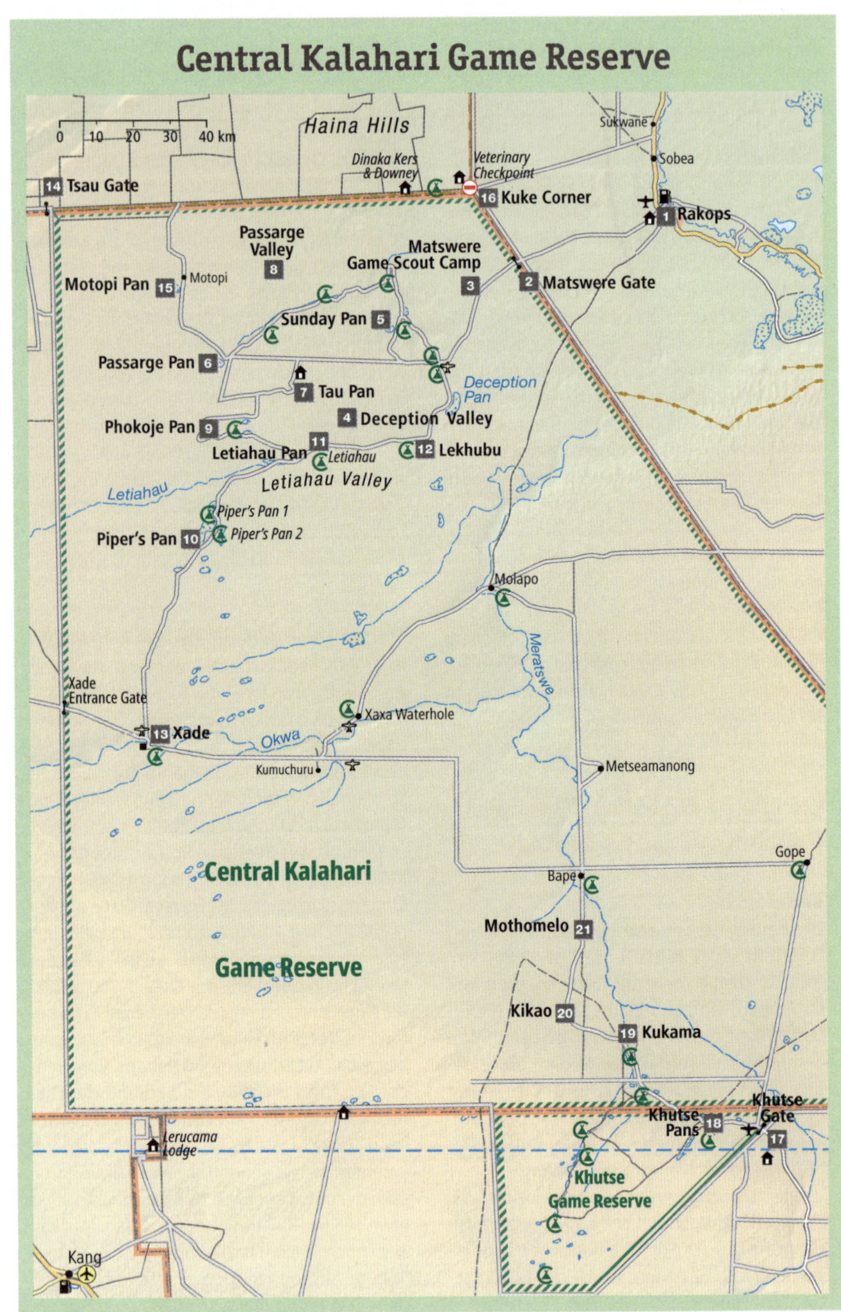
Central Kalahari Game Reserve
0 10 20 30 40 km
Haina Hills
Dinaka Kers & Downey
Veterinary Checkpoint
Sukwane
Sobea
14 Tsau Gate
16 Kuke Corner
1 Rakops
Passarge Valley
8
Matswere Game Scout Camp
3
2 Matswere Gate
Motopi Pan 15
Motopi
Sunday Pan 5
Passarge Pan 6
7 Tau Pan
Deception Pan
4 Deception Valley
Phokoje Pan 9
11
Letiahau Pan
Letiahau
12 Lekhubu
Letiahau Valley
Letiahau
Piper's Pan 1
Piper's Pan 2
Piper's Pan 10
Molapo
Meratswe
Xade Entrance Gate
13 Xade
Xaxa Waterhole
Okwa
Kumuchuru
Metseamanong
Central Kalahari
Game Reserve
Gope
Bape
Mothomelo 21
Kikao 20
19 Kukama
Khutse Gate
Khutse Pans 18
17
Lerucama Lodge
Khutse Game Reserve
Kang

ist das **Tsau Gate** (s. S. 326) im Nordwesten des Schutzgebiets. Viele abenteuerlich angehauchte Geländewagenfahrer, die eine echte 4x4-Herausforderung suchen, wählen die südliche Route über das Khutse Game Reserve (s. S. 326).

Nördliche Anfahrt ins Deception Valley

Von **Rakops** 1 (S21°01 879/E24°24 262, ▶ 1, H 7) aus fährt man ca. 3 km auf der Hauptstraße nach Norden, dann geht es links zum ausgeschilderten Matswere Camp ab. Etwa 12 km nach der Abzweigung beginnt die Piste über verschiedene Sandniveaus langsam anzusteigen, man befindet sich hier an der ehemaligen Uferlinie des Makgadikgadi-Ursees: Anhalten und die absolut fantastische Aussicht zurück genießen!

47 km nach Rakops ist die Grenze zum Central Kalahari Game Reserve mit dem **Matswere Gate** 2 (S21°09 407/E24°00 445, ▶ 1, H 7) erreicht. 8,8 km weiter westlich stößt man auf das **Matswere Game Scout Camp** 3 (S21°11 896/E23°56 365), wo sich das Rangerbüro befindet, in dem man die Permits kaufen kann.

Dann geht es 27,5 km Richtung Süden, wo die Piste auf eine klar erkennbare *cut line* trifft (S21°24 301/E23°48 190), also eine kerzengerade Piste, die in diesem Fall von Ost nach West verläuft. Sie wurde 1973 als Teil einer geologischen Untersuchung angelegt und ist als **Kalahari Traverse** (KT cut line) in Landkarten verzeichnet. 2,2 km weiter ist das **Deception Valley** 4 (▶ 1, G 8) erreicht, ein ausgetrockneter Fluss. Das grasbedeckte Tal mit vereinzelten Bauminseln erstreckt sich über 80 km. Einige der Bäume haben Wurzelsysteme, die bis zu 50 m in die Tiefe reichen, um dort den Grundwasserspiegel anzuzapfen. In den Schatten spendenden Dickichten halten sich tagsüber oft Löwen auf.

Sunday Pan 5

Die *cut line* führt geradeaus nach Westen weiter, wo es nach 11 km an einer Gabelung (S21°09 407/E24°00 445) rechts zu den beiden Campingplätzen an der sehr schönen Salzpfanne **Sunday Pan** (▶ 1, G 7) abgeht. Die Pfanne befindet sich zwischen dem ersten (S21°21 037/E23°40 478) und dem zweiten (S21°19 907/E23°41 279) Sunday-Pan-Campingstellplatz.

Passarge Pan und Tau Pan

Wer auf der *cut line* 46 km nach Westen weiterfährt, gelangt zur ebenfalls landschaftlich herrlichen **Passarge Pan** 6 (S21°23 926/ E23°15 136, ▶ 1, F 7). Kurz vorher geht es an einer Gabelung (S21°24 075/E23°25 639) nach links zur **Tau Pan** 7 (S21°27 902/ E23°24 669, ▶ 1, G 7/8) ab, die nur 7 km entfernt ist. Die Passarge Pan ist kleiner als das Deception Valley, hat jedoch eine identische Naturlandschaft – eine Serie von großen, offenen Tonpfannen mit vereinzelten Akazieninseln, die in einem Meer aus wogendem Gras zu treiben scheinen.

Passarge Valley 8

Von den drei Stellplätzen im **Passarge Valley** ist Passarge 2 der schönste – sowohl wegen seiner zentralen Lage als auch wegen seiner tollen Aussicht auf die meist von Oryxantilopen frequentierte Pfanne. Je nachdem, welchen der zahlreichen Campingplätze man zugeteilt bekommen hat, wird die weitere Route gewählt. Es empfiehlt sich, jeweils zwei Nächte an einem Ort zu bleiben und den Nachmittag am Pfannenrand zu verbringen, um die Tiere zu beobachten.

Phokoje Pan und Piper's Pan

Sowohl von der Passarge Pan als auch von der Tau Pan führen Pisten Richtung Süden bzw. Westen. Beide treffen nach 21 bzw. 11 km auf eine Gabelung (S21°28 952/E23°18 685). Von dort geht es in einer 37 km langen Schleife um und zur **Phokoje Pan** 9 (S21°35 208/ E23°16 303, ▶ 1, F/G 8).

18 km jenseits der Phokoje Pan kommt man an eine weitere Kreuzung (S21°38 383/ E23°25 029), wo es im spitzen Winkel nach rechts in südwestliche Richtung zur **Piper's Pan** 10 (▶ 1, F 8) abgeht, die zwischen den zwei gleichnamigen Campingplätzen

Der Ruf der Kalahari
Mark und Delia Owens machten diese Gegend mit ihrem 1985 erschienenen Buch »Der Ruf der Kalahari« bekannt und berühmt. Das Forscherpärchen lebte sieben Jahre lang mit den wilden Tieren im Deception Valley der zentralen Kalahari und verfasste eine Lektüre, die wunderbar auf diese Region einstimmt (s. S. 115).

(S21°47 046/E23°12 759 und S21°47 571/ E23°12 873) liegt.

Letiahau Pan und Lekhubu

Wer sich an der zuvor erwähnten Gabelung Richtung Osten hält, gelangt nach 15 km zur **Letiahau Pan** 11 (▶ 1, G 8) und dem gleichnamigen Campingplatz (S21°36 533/ E23°33 292), 20 km weiter zum Campingplatz von **Lekhubu** 12 (S21°35 405/E23°44 749, ▶ 1, G 8) und 14 km weiter wieder zum Deception Valley (S21°30 282/E23°49 409). Die Piste zwischen Letiahau Pan und Deception Valley besteht aus hartem Untergrund und ist gut zu befahren. Hier sehen vor allem die Gruppen alter Akazienbäume sehr attraktiv aus.

Xade 13

Von den beiden Piper's Pans sind es 68 km bis **Xade** (S22°20 368/E23°00 474, ▶ 1, F 9). Die ganze Strecke wird begleitet von einer nicht enden wollenden Aneinanderreihung von Pfannen, an denen sich das Wild sammelt. Hier leben Strauße, Kuh- und Elenantilopen, Kudus und Gnus. Auch eine Giraffe ist gelegentlich zu sehen. Die Campingplätze befinden sich unter lockeren Gruppen von Akazienbäumen, die wie grüne Inseln in der offenen Ebene stehen.

Anfahrt von Osten zum Tsau Gate

73 km südlich von Sehitwa passiert man auf der A 3 von Maun nach Ghanzi das **Kuke Gate** (S20°59 961/E22°25 285, ▶ 1, E 7), das den gleichnamigen Veterinärzaun markiert. Hier zweigt man Richtung Osten ab und fährt auf einer Piste entlang der Südseite des Zauns, der die Nordgrenze des Central Kalahari Game Reserve bildet. Nach 39 km ist das **Tsau Gate** 14 (S21°00 060/E22°47 822, ▶ 1, F 7) erreicht. Nach Passieren des Eingangstors folgt man dem Zaun für weitere 39 km bis zu einer Kreuzung (S21°00 194/ E23°06 400), an der rechts eine Piste nach Süden in Richtung **Motopi Pan** 15 führt.

Anfahrt von Osten zum Matswere Gate

Auch diese Strecke zweigt am **Kuke Gate** (s. oben) von der A 3 Maun–Ghanzi ab, folgt jedoch einer guten Schotterstraße, die nicht südlich, sondern nördlich des Veterinärzauns entlangführt. Nach einer Weile gelangt man auf eine Kalahari-typische Fahrspur im roten Sand. Der Zaun verläuft unmittelbar rechts neben der eintönigen, geraden Piste.

Etwa 128 km von der A 3 entfernt findet sich eine klar markierte Abzweigung (S21°00 041/E23°39 405) nach links zur 9 km entfernten **Deception Valley Lodge** (▶ 1, G 7). Weitere 3 km weiter auf der Piste liegt der Eingang zur **Evolve Back Gham Dhao** (S21°00 047/E24°41 093).

Nach weiteren 23 km erreicht man den Veterinary Checkpoint von **Phefodiaka,** besser bekannt als **Kuke Corner** 16 (S21°00 075/ E23°53 070, ▶ 1, G 7) und so auch auf Karten verzeichnet. Hier markiert ein Gate den Knotenpunkt von vier Veterinärzäunen. Wie an den anderen Gates auch fragen die Offiziellen nach rohem Fleisch, das nicht mitgeführt werden darf. Die Piste nach rechts erreicht nach 21,5 km das **Matswere Gate** (s. S. 325) in das Central Kalahari Game Reserve.

Anfahrt von Süden über das Khutse Game Reserve

Für die 272 km vom **Khutse Gate** 17 (▶ 1, J 11, s. S. 334) nach Xade sollte man ein bis zwei Tage Fahrt einplanen. Etwa 12 km hinter dem Eingang in das Khutse Game Reserve passiert man die **Khutse Pans 1 und 2** 18, hält sich dann an der ersten Gabelung rechts und erreicht nach weiteren 13 km die nächste Pistengabelung (S23°34 803/E24°04 558). Dort hält man sich wieder rechts. Nach gut 21 km erreicht man den Ort **Kukama** 19 (S23°11 186/E24°19 126, ▶ 1, H 10), der nicht immer bewohnt ist.

Kikao und Mothomelo

Von hier ist es nicht ganz einfach, das Spurenbündel nach Norden zu finden. Generell gilt: Richtung Nordwesten fahren und die Augen offen halten. 10,5 km nach Kukama kommt eine für die weitere Orientierung wichtige Kreuzung mit einer Piste, die kerzengerade von Norden nach Süden verläuft, einer typischen *cut line*. Von hier führt auch eine Piste nach Westen in das Dorf **Kikao** 20 (S23°01 757/E24°05 614, ▶ 1, H 10). Die Piste nach Norden erreicht nach 28 km den Ort **Mothomelo** 21 (S22°49 955/E24°09 796, ▶ 1, H 10). Hier ist es wiederum nicht ganz einfach, den Pistenanschluss am Ortsende zu finden. Die Siedlung ist auch nicht permanent bewohnt. Der Untergrund ist sehr sandig und das Vorankommen wird mühsam.

Abzweigung nach Westen

Etwa 22 km später ist eine weitere wichtige Kreuzung (S22°38 466/E24°10 064) mit einer *cut line* erreicht. Die von Osten kommende Piste verfehlt die nach Westen führende Piste um etwa 400 m, also 400 m, bevor es im rechten Winkel nach Osten abgeht, nach Westen abbiegen. Die Piste wird fester und der Geländewagen kann wieder aus dem Kriechgang genommen werden. 35,4 km weiter (S22°38 768/E23°51 287) zweigt die Route abrupt nach Norden ab. Die Piste ist nun fest und gut zu befahren. Nach weiteren 34,4 km (S22°22 471/E23°50 233) geht es nochmals scharf nach links, in Richtung Westen, und die nächsten 35 km sind ebenfalls prima zu befahren.

Im grasbedeckten Deception Valley leben auch sehr viele Oryxantilopen

Brandgefahr durch Gras

In der Einsamkeit der zentralen Kalahari, wo teilweise tagelang kein anderes Fahrzeug vorbeikommt, endet Unachtsamkeit manchmal verhängnisvoll. Besonders gefährlich für Geländewagen kann das trockene Gras werden. Aufgrund der geringen Verkehrsdichte bestehen die meisten Pisten nur aus zwei Reifenspuren im Sand, zwischen denen oft sehr hoch trockenes Gras wächst. Nach Regenfällen ist das Gras voll mit langen, schwarzen Grassamen. Diese bleiben unter dem Auto hängen und sammeln sich dort in Hohlräumen, auch in der Nähe des heißen Auspuffrohrs, wo sie sich blitzschnell entzünden können. Die einzige Abhilfe: Alle fünf Minuten anhalten, die Unterseite des Wagens checken und gegebenenfalls die Grassamen entfernen. Alte Hasen unter den Geländewagenfahrern binden einen Sack unter den Kühlergrill, der beim Fahren durchs Gras die Samen verstreut und verhindert, dass sie sich im Fahrgestell festsetzen. Fängt das Auto tatsächlich einmal Feuer, dann nicht mit Wasser löschen, da man das wahrscheinlich zum Trinken braucht, bis irgendwann in den nächsten Tagen Hilfe kommt. Am besten die Flammen mit Sand ersticken.

Die unangenehmen Samen verstopfen übrigens auch die feinen Lamellen des Kühlers am Auto, was zur Überhitzung des Motors führt. Abhilfe schaffen engmaschige Gazenetze, die man in einschlägigen Geländewagengeschäften oder manchmal bereits vom Autoverleiher mitgeliefert bekommt. Sie werden vor den Kühler gespannt und regelmäßig von Samen befreit.

In Richtung Xade

Nach dem Durchqueren eines Flussbetts geht es an einer Gabelung (S22°22 239/E23°30 335) nach links in Richtung **Xade,** das nach weiteren 20 km erreicht ist (S22°20 368/E23°00 474). Der Okwa, ein saisonal fließender Fluss, kommt aus Namibia und verläuft rechts der Piste. Vor langer Zeit brachte er Wasser in den großen Makgadikgadi-See. Xade – das ›X‹ in Xade ist ein Klicklaut, gefolgt von ›r-day‹ – war einst eine im Wachsen begriffene San-Siedlung, bis die Bewohner nach **New Xade** (▶ 1, E 9) außerhalb der Parkgrenzen zwangsumgesiedelt wurden (s. S. 74). Das Büro der Wildschutzbehörde findet sich in Xade nach der Ortseinfahrt auf der rechten Seite, die verlassene Klinik und die Grundschule liegen auf der linken Seite. Die Strecke zwischen **Xade** und **New Xade** gehört zu den anspruchsvollsten Offroad-Pisten in Botswana. Tiefsandig, mit plötzlichen Bodenwellen, an denen die meisten Geländewagen aufsetzen – schneller als 20km/h kann man hier nicht fahren.

Flora

Kalahari-Erstbesucher zeigen sich fast ausnahmslos überrascht davon, wie grün die Wüste in Wirklichkeit ist. Wer Botswana aufgrund seines Wildreichtums besucht, sollte die Kalahari allerdings erst beim zweiten oder gar dritten Besuch unter die Räder nehmen. Das Okavango Delta oder der Chobe National Park sind landschaftllich abwechslungsreicher und beheimaten auch mehr Tiere. Die Kalahari fasziniert vor allem durch ihre Einsamkeit und Abgeschiedenheit.

Ein Großteil der Kalahari ist mit niedrigem Buschwerk und goldgelbem Gras bewachsen, durchsetzt von Gruppen meist altehrwürdiger Akazien. Sandveld nennt sich diese Art der semiariden Vegetation. Sehr häufig sieht man den *wild grapple,* wörtlich übersetzt ›wilder Enterhaken‹. Die Pflanze ist auch unter dem Namen Teufelskralle *(devil's claw)* bekannt, da ihre harten, stachligen Schalen alles durchstechen, was sie berühren. Das Gewächs gilt in Afrika seit Jahrhunderten als potentes Naturheilmittel. Es enthält u. a. natürliches Aspirin, und Wissenschaftler haben erkannt, dass die Pflanze bei bestimmten Erkrankungen wie Rheuma, Bluthochdruck, Magen- und Hautproblemen, Diabetes und Arterienverkalkung genauso wirksam ist wie ihre synthetischen Pendants. Durch Tests hat man herausgefunden, dass die Teufelskralle mindestens 60 % aller Arthritisfälle heilt.

Fauna

Für die Tierbeobachtung braucht man im Central Kalahari Game Reserve ein wenig mehr Geduld als im Norden Botswanas, wo einen die Fauna praktisch überrennt. Die beste Methode besteht darin, sich an einer Pfanne oder Wasserstelle zu positionieren und dort auf Antilopen, Zebras und ihre größten Fans, Löwen, Geparden und Hyänen, zu warten.

Von den größeren Grasfressern kommen Springböcke im Park am häufigsten vor. Sie sind hervorragend an das trockene Klima angepasst, fressen sowohl Buschvegetation als auch Gras und können die gesamte Feuchtigkeit, die sie benötigen, über die Nahrung aufnehmen, sofern diese mindestens 10 % Wasser enthält. Tagsüber ruhen sie sich meist aus, nachts fressen sie. Auf diese Weise maximieren sie ihre Flüssigkeitszufuhr weiter, denn ihre grüne Nahrung wird durch Tau angereichert. Bei der Fortpflanzung richten sich Springböcke nach den klimatischen Gegebenheiten. Nach langen Trockenzeiten vermehren sie sich schnell. Sind die Bedingungen ideal, bringen weibliche Springböcke zwei Kälber in 13 Monaten zur Welt. Der weibliche Nachwuchs ist bereits mit sechs Monaten empfängnisbereit und gebärt schon im Alter von knapp einem Jahr die ersten Lämmer.

In den 1960er-Jahren zählten die Gnuherden der Kalahari mehrere Hunderttausend Tiere und erstreckten sich bei der Migration über mehrere Kilometer. Das durch die Rinderzucht verminderte Nahrungsangebot und die Veterinärzäune haben den Bestand jedoch drastisch dezimiert. Heute sieht man im Central Kalahari Game Reserve nur noch kleine Gruppen von Gnus und keine großen Herden mehr.

Von den großen Antilopen kommt die wunderschöne Oryxantilope *(gemsbok)* am häufigsten vor. Nach Regenfällen sieht man oft Hunderte von ihnen gemeinsam grasen. Das restliche Jahr über leben sie in kleineren Gruppen. Oryxantilopen sind am besten an das harsche Klima angepasst. Während die meisten anderen Säugetiere bereits bei Körpertemperaturen von 42 °C tot umfallen, können sie Temperaturen bis 45 °C ertragen. Das bewirken Blutgefäße, die sich direkt unter dem Gehirn befinden. Sie kühlen das Blut ab, bevor es das Gehirn erreicht. Neben den Oryx- bekommt man auch Kuh- und Elenantilopen häufiger zu Gesicht. Ab und zu sieht man Giraffen und Kudus.

Die typischen Raubtiere der Region sind Löwen, Geparden, Leoparden und Tüpfelhyänen. Die Löwenrudel haben riesige Reviere und leben meist alleine oder in Pärchen. Sie jagen Stachelschweine, Löffelhunde und größere Antilopen. Die Kalahari-Leoparden fressen Mäuse, Springhasen, Erdhörnchen, Wildkatzen, Steinböckchen, Springböcke und die Kälber größerer Antilopen. Die Geparden im Park haben große Reviere. Weil die Raubtierkonzentration im Central Kalahari Game Reserve so niedrig ist, verlieren sie ihre Beute seltener an die kräftigeren Katzen. Somit ist die Region ideales Gepardenland. Die besten Chancen für Sichtungen sind im Winter, wenn sich die Springböcke in den Pfannen und Flussbetten konzentrieren.

Für Afrikas größten Vogel, den Strauß, sind die Lebensbedingungen in der Kalahari ebenfalls ideal. Im Mai finden sich oft Hunderte von Straußen im Deception Valley ein. Auch der mit 14 bis 19 kg schwerste flugfähige Vogel der Welt, die Riesentrappe *(kori bustard)*, lebt hier.

Beste Reisezeit

Die beste Reisezeit für den zentralen Teil der Kalahari liegt im Frühling und Herbst (September/Oktober, April/Mai. Dann ist es weder zu heiß noch zu kalt. Von November bis März erreichen die Sommertemperaturen oft mehr als 40 °C, gelegentlich unterbrochen von heftigen Gewitterstürmen. Die Winternächte können mit bis zu –10 °C bitterkalt werden. Im Gegensatz zu allen anderen Regionen Afrikas südlich der Sahara sind die Tierbeobachtungsmöglichkeiten in der Kalahari direkt nach Regenfällen besonders spektakulär, also von Januar bis April. Dort, wo der meiste Regen gefallen ist, wächst das beste Gras – und die Tiere wissen das zu schätzen. Dummerweise ist das auch die Zeit, in der die Pisten am schwierigsten zu befahren sind. Besonders die Strecke von Rakops zum Matswere Gate kann dann sehr lehmig werden. Steinhart gebacken in der Trockenzeit, wird sie nach Regenfällen zur Rutschbahn. Sand selbst ist, wie bereits mehrfach erwähnt, besser zu befahren, wenn er nass ist.

Infos

Das Eintrittsgeld für den Park (Erw. 150 Pula, Kinder 8–17 Jahre 90 Pula pro Tag, Auto 80 Pula pro Tag) kann an den Gates bei der Einfahrt beglichen werden, in Pula, Rand, US-Dollar oder Pfund Sterling, es werden nur Scheine akzeptiert, keine Münzen. Einfacher ist es jedoch, vorher beim Department of Wildlife and National Parks in Maun (s. S. 233) oder Gaborone (s. S. 132) zu bezahlen und die Quittung am Eingang vorzuzeigen.

Übernachten

Lange Zeit konnten Besucher nur innerhalb des Parkgebiets auf einem der mar-

Unendliche Weiten: Das Central Kalahari Game Reserve ist der zweitgrößte Nationalpark der Erde

kierten Campingplätze oder in einer der beiden Lodges an der Parkgrenze übernachten. 2010 wurden die ersten beiden luxuriösen Unterkünfte im Park eröffnet. Wegen der wachsenden Beliebtheit der Central Kalahari Game Reserve bei Selbstfahrern müssen die Camps inzwischen bis zu einem Jahr im Voraus gebucht werden.

... im Central Kalahari Game Reserve:
Ein Wüstentraum – **Kalahari Plains Camp:** Infos bei Wilderness Safaris (s. S. 12), Mathiba I Rd., Maun, Tel. 068 600 86, www.wilderness-safaris.com. 2010 wurde diese exklusive Lodge an einer abgelegenen Pfanne etwa 20 km südlich des Deception Valley errichtet. Sie ist sowohl im Rahmen einer Fly-in-Safari als auch für Selbstfahrer erreichbar. Es gibt zehn komfortable Leinwand-Holz-Behausungen mit Dachterrassen, auf denen man auch die Nacht verbringen und den gigantischen Sternenhimmel genießen kann. Die Lodge ist umweltfreundlich und nutzt Solarstrom. Der

Swimmingpool ist ein willkommener Luxus. Übernachtungspreis inkl. zwei Pirschfahrten am Tag sowie geführten Wanderungen zur Pfanne und auf den Spuren der San. €€€

Ökofreundlicher Luxus – **Tau Pan Camp:** 6 km von der Tau Pan (S21°24 073/E23°25 656) entfernt, von wo die Lodge bereits gut zu sehen ist, Infos bei Kwando Safaris, Maun, Tel. 068 614 49, www.kwando.co.za/tau.html. Das Camp mit seinen neun reetgedeckten Häuschen und erhöhten Holzplattformen liegt auf einer uralten, bewachsenen Sanddüne, was im ansonsten sehr flachen Botswana reichlich ungewöhnlich ist. Die Aussicht auf die berühmte Tau Pan ist fantastisch. Wie das Schwestercamp Nxai Pan wurde auch diese Lodge so umweltfreundlich wie möglich in die Landschaft integriert. Die Unterkunft ist zu 100 % solarbetrieben, außerdem Brauchwasser-Aufbereitung. Das Wasser kommt aus den Tiefen des Kalaharisands. Pirschfahrten zum Deception Valley und zu den Sunday-, Piper- und Passarge-Pfannen, Wanderungen mit San. Fly-in möglich. €€€

Camping – Im Central Kalahari Game Reserve gibt es einige sehr schöne Campingplätze, die entweder von der Parkverwaltung (Deception, Kori, Leopard Pan, San Pan, Phokoje Pan, Qwee Pan, Bape, Molapo, Xaxa, Xade, Kukama und Matswere) oder vom privaten Unternehmen Bigfoot Tours (Passarge, Sunday Pan, Lekhubu Pan, Letiahau, Piper Pan und Motopi) betrieben werden. Alle Plätze muss man vor der Anreise reservieren und bezahlen. Am besten bei der Anmeldung mehrere Wunschoptionen für die Lage des Platzes angeben, da diese erst vor Ort zugeteilt werden. Da die Stellplätze der Camps oft sehr weit auseinanderliegen, darauf achten, dass man den richtigen ansteuert. Für alle Campingplätze gilt: eigenes Wasser und Feuerholz mitbringen. An den Eingängen bekommt man zwar Wasser aus Bohrlöchern, aber dieses ist sehr salzig. Plätze von Bigfoot Tours: **Passarge Pan** (3 Stellplätze), **Sunday Pan** (3 Stellplätze), **Lekhubu Pan** (2 Stellplätze), **Lethiahau** (3 Stellplätze), **Piper's Pan** (2 Stellplätze), **Motopi Pan** (3 Stellplätze). Die Plätze sind generell sehr einfach. Lekhubu und Letiahau sind *wilderness camps* ohne jegliche Ausstattung, auf den anderen Plätzen gibt es Plumpsklos und Duscheimer. Alle Plätze fallen unter die Preiskategorie €, Buchung über Bigfoot Tours, Tel. 039 5 33 60, www.bigfoottours.co.bw. Plätze des Department of Wildlife and National Parks: **Bape Camp** (1 Stellplatz), **Deception Camp** (6 Stellplätze), **Kori Campsite** (4 Stellplätze), **Tau Pan** (3 Stellplätze), **Phokoje Pan** (1 Stellplatz), **Xade Camp** (1 Stellplatz) und **Xaxa Camp** (1 Stellplatz). Sie sind deutlich billiger als die privaten. Zentrale Buchung über: Tel. 0397 14 05, dwnp@gov.bw; Büro in Gaborone, Queen's Rd., Tel. 03 18 07 74, Fax 03 18 07 75; Büro in Maun, Kubu St., Tel. 06 86 12 65, Fax 06 86 12 64; Öffnungszeiten für alle Mo–Sa, zumeist auch Fei 7.30–12.45, 13.45–16.30, So 7.30–12 Uhr. Online-Buchungen kosten etwas mehr, funktionieren allerdings nicht immer. Bei der Buchung erhält man einen Buchungscode für den jeweiligen Stellplatz, z. B. CKPAS-01 für Stellplatz Nr. 1 im Passarge Valley. €

... außerhalb der Parkgrenzen:

Die Wüste hautnah erleben – **Dinaka – Kers & Downey Botswana:** Haina Veld, Ngamiland, Tel. 068 603 75, www.kerdowneybotswana.com. Ein exklusives, privates Naturschutzgebiet am Rande des Central Kalahari Game Reserve. Dinaka bietet eine einzigartige Artenvielfalt. In dieser ständig sich verändernden Wüstenlandschaft finden sich neben den berühmten schwarzmähnigen, großen Löwen auch Oryxantilopen und Schabrackenhyänen. Das Sleep-out-Deck erlaubt das Schlafen unter den Sternen. Für Fotografen wurde ein unterirdischer Bunker angelegt, um die Tiere aus einem ungewöhnlichen Blickwinkel ablichten zu können. Es gibt sieben geräumige Zelte mit Außenduschen, Pirschfahrten im offenen Geländewagen und die Möglichkeit, mit San auf einen kommentierten Wüstenspaziergang zu gehen. €€€

Kalahari-Erfahrung mit San – **Deception Valley Lodge:** S20°57 182/E23°38 988, Tel. 00 27 11 663 69 48/49, www.dvl.co.za. Traditionelle und solide gebaute Afrikalodge mit insgesamt acht reetgedeckten Chalets, jedes ausgestattet mit Wohn- und Schlafbereich, Sofa, Sesseln und schwerem Teak-Mobiliar. Sehr gute Bettwäsche. Die Badezimmer

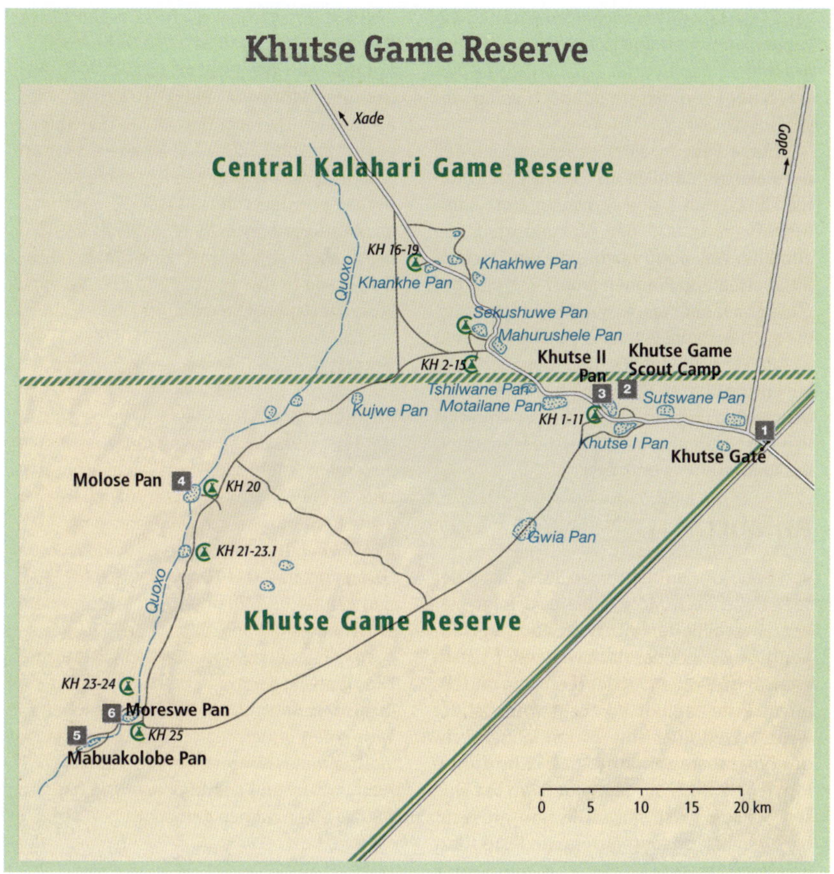

haben frei stehende, viktorianische Badewannen. Angeboten werden Tages- und Nachtpirschfahrten sowie Wanderungen mit San-Spurensuchern. €€€

Für Selbstfahrer – **Evolve Back Gham Dhao Lodge:** S20°56 966/E23°40 684, Tel. 068 614 91, www.evolveback.com. Rustikale Lodge mit reetgedecktem Holz-Leinwand-Hauptaus und komfortablen Schlafzelten in einem etwa 120 km² großen Konzessionsgebiet. Eine Alternative dazu bietet der **Brakah-Campingplatz** (S20°59 310/E23°41 905) auf dem Gelände der Lodge. Er verfügt über fünf Stellplätze, einen Sanitärblock und Plumpsklos, hat aber keine Elektrizität. Im Angebot sind Quadbiketouren (55 US-$/Std.) und Wanderungen in Begleitung von San. Letztere sind im Übernachtungspreis enthalten. €–€€€

Khutse Game Reserve

▶ 2, H/J 11

Karte: oben

Das mit einer Fläche von 2590 km² relativ kleine **Khutse Game Reserve** ist, abgesehen von den stadtnahen Schutzgebieten, das Gaborone nächstgelegene Wildreservat. Es besteht aus typischer Tonpfannen-Savannenlandschaft und ist quasi ein südliches Anhängsel des Central Kalahari Game Reserve, aber von diesem dennoch völlig verschieden.

Khutse liegt in einem einzigartigen Teil der Kalahari, nämlich im Gebiet eines uralten Flusssystems, dessen Wasser einst nordostwärts floss und den Makgadikgadi-See auffüllte. Was übrig blieb, sind die Trockenflussbetten und Pfannen *(pans)* – es gibt gut 60 saisonal mit Wasser gefüllte Tonpfannen, die nach Regenfällen zum Anziehungspunkt für die Tiere werden. Es gibt aber auch zwei künstliche Wasserstellen im Park, eine bei der Molose Pan und die andere bei der Moreswe Pan. Ein Geländewagen ist für die Erkundung des Wildreservats unerlässlich.

Anfahrt

Von Gaborone aus fährt man 58,6 km auf der Teerstraße nach Molepolole und folgt hier dem beschilderten Abzweig nach **Letlhakeng** (▶ 2, J 12), das nach weiteren 61,5 km erreicht ist. Dort endet der Teerbelag und die offene Piste beginnt. Von Letlhakeng ist der weitere Weg über eine 24 km lange, recht gut befahrbare Sandpiste nach **Khudumalapye** (▶ 2, J 12) ausgeschildert. Im Ort weisen Schilder nach links. Die hier oft nicht ganz einfach zu identifizierende Piste führt an einem Flussbett entlang bis zum Farouk Trading Store – am besten rechts am Laden vorbeifahren, dann stößt man kurz darauf wieder auf die Hauptpiste. Von hier sind es noch 32,6 km bis **Salajwe** (▶ 2, J 11) und weitere 43 km bis zum **Khutse Gate** 1 (▶ 2, J 11). Für die insgesamt 220 km von Gaborone sollten 3,5 bis 4,5 Stunden Fahrzeit eingeplant werden.

Parkerkundung

Die Piste durch den Park ist als Rundtour angelegt. 13,6 km hinter dem Tor am **Khutse Game Scout Camp** 2 (S23°21 388/E24°36 470) stößt man an der **Khutse II Pan** 3 auf eine Gabelung (S23°20 448/E24°30 243). Über die linke Piste erreicht man nach 53 km die **Molose Pan** 4 (S23°23 023/E24°11 182), die **Mabuakolobe Pan** 5 (S23°34 803/E24°04 558) und die **Moreswe Pan** 6 (S23°34 140/E24°06 757). Die rechte Piste führt 12 km bis zu einer Gabelung (S23°17 553/E24°24 136), an der man links zur Moreswe Pan abbiegt – womit der Kreis geschlossen wäre. Zweigt man an der Gabelung (S23°17 553/E24°24 136) rechts ab, so gelangt man zum früheren San-Dorf **Xade** (▶ 2, F 9, s. S. 326), das jetzt eine Basis der Nationalparkbehörde ist.

Fauna

Im Khutse Game Reserve finden sich alle an das trockene Klima angepassten Grasfresser, außerdem Raubkatzen wie Leopard, Löwe und Gepard. Vor allem Löwen haben hier keine Berührungsängste. Sie laufen oft auch tagsüber mitten durch die uneingezäunten Campingplätze. Das Wild findet sich meist an den zahlreichen Pfannen ein, insbesondere zwischen Januar und März.

An Kleingetier sind die Dickschwanzgeckos *(barking geckos)* hervorzuheben, die für ihre Größe unglaublich laut sind. Sie leben zu Tausenden in der Region und beginnen ihr vielstimmiges Konzert, wenn es dunkel wird. Auch in Sachen Vogelbeobachtung hat sich Khutse einen Namen gemacht.

Übernachten

Am Eingangstor gibt es Wasser aus Bohrlöchern, das aber recht salzig ist. Am besten genug eigene Reserven mitbringen.

Camping – Im Khutse Game Reserve gibt es fünf sehr einfache und gerade deswegen sehr schöne Campingplätze: **Khutse Pan** (10 Stellplätze), **Mahurushele Pan** (3 Stellplätze), **Molose Pan** (4 Stellplätze), **Moreswe Pan** (4 Stellplätze) und **Khankhe Pan** (4 Stellplätze). Jede Stellfläche bietet Platz für bis zu sechs Personen sowie maximal drei Fahrzeuge. Es gibt Plumpsklos und Wassereimer zum Duschen. Alle Campingplätze sind zentral zu buchen über **Bigfoot Tours,** Tel. 039 533 60, www.bigfoottours.co.bw, und kosten 250 Pula/Pers.

Trans-Kalahari-Highway

Ursprünglich war der Trans-Kalahari-Highway nur als schnelle Verbindung zwischen Johannesburg in Südafrika und Windhoek in Namibia gedacht. Aber die perfekt ausgebaute Teerstraße erschloss gleichzeitig eine bis dato kaum bereiste Region Botswanas: die Kalahari.

Wo zuvor nur eine als Handelsweg genutzte Piste im roten Sand verlief, begann Botswanas Regierung Anfang der 1990er-Jahre, Asphalt zu verlegen. Nach sechsjähriger Bauzeit war schließlich auch die letzte Sektion zwischen Ghanzi und Sehitwa geteert und der Trans-Kalahari-Highway konnte im März 1998 offiziell eröffnet werden.

Ursprünglich musste man, um von Johannesburg nach Windhoek zu gelangen, über Upington in Südafrika fahren, was die Gesamtstrecke auf 1781 km erhöhte. Über den Trans-Kalahari-Highway sind es 410 km weniger! Und das Okavango Delta liegt nur noch einen Leopardensprung von Johannesburg entfernt – über Ghanzi nach Maun sind es 1243 wunderbar geteerte Kilometer. Der Highway dient auch als Bindeglied zwischen Maputo in Mosambik und Walvis Bay in Namibia. Die beiden wichtigen Hafenstädte sind nunmehr durch Teerstraßen miteinander verbunden.

Obwohl Reisen in Botswana meist in Verbindung mit einem Geländewagen als fahrbarem Untersatz beschrieben werden, ist es theoretisch möglich, in einem Sportwagen von Johannesburg nach Windhoek zu gelangen – ein verführerischer Gedanke. 1362 km perfekte Asphaltdecke und aufgrund der Hitze kaum Polizisten mit Radarpistolen. Risiken bestehen auf dieser Fahrt kaum – die größte Gefahr sind hier, wie überall in Botswana, frei laufende Haus- und Wildtiere.

Wer den Trans-Kalahari-Highway unter die Räder nimmt, erfährt die gesamte Bandbreite der landschaftlichen Schönheit Botswanas, von der harschen, semiariden Trockensavanne bis zu den saftig-grünen Feuchtgebieten im Norden. Entlang dem Highway leben Gruppen von San und vom Stamm der Bakgalakgadi.

Wenn eine vorher so unzugängliche Region durch ein perfektes Asphaltband erschlossen wird, verändert das natürlich vieles. »Die Kalahari war ein Privileg für die wenigen, die sich in die Hölle wagten« sagen viele Geländewagen-Tourguides. Mit der Romantik ist es nun vorbei. Für die Menschen, die vorher in der Einsamkeit lebten, ist der Highway jedoch ein Segen, da u.a. die Hauptstadt Gaborone nun in erreichbare Nähe gerückt ist.

In jedem Fall ist es eine fast meditative Erfahrung, diese Monsterstrecke entlangzugleiten. Auf weiter Strecke ist man mit sich allein, nur selten kommt ein Fahrzeug entgegen, am Horizont in der Hitze flimmernd wie eine Fata Morgana. Tipp für Highway-Reisende: entsprechende Road-Musik dabeihaben – und genug zu essen und zu trinken.

Kaa Kalahari Concession Area und Kgalagadi Transfrontier Park

Westlich vom Trans-Kalahari-Highway liegt das rund 13 000 km² umfassende Gebiet der Kaa Kalahari Concession Area, eines der letzten großen, uneingezäunten Wildnisgebiete im südlichen Afrika, das nicht zu einem Nationalpark gehört. Der daran angrenzende Kgalagadi Transfrontier Park war Afrikas erste grenzüberschreitende Schutzzone. Im südafrikanischen Teil ist es die einzige Sektion der Kalahari, die sich auch mit einem Pkw erfahren lässt.

Kang ▶ 2, F 11

115 km südöstlich von Ghanzi bzw. 384 km nordwestlich von Gaborone liegt unmittelbar am Trans-Kalahari-Highway der kleine Ort **Kang,** ein wichtiger Stopp auf dem Weg in den Kgalagadi Transfrontier Park, denn hier finden sich die letzten größeren Geschäfte, in denen man vor einem Besuch des Schutzgebiets seinen Proviant aufstocken kann. Es gibt auch mehrere Tankstellen sowie Unterkunftmöglichkeiten. Dem Kang Ultra Stop (s. u., S23°40 545/E22°45 584) sind ein Restaurant, eine Bar, ein Supermarkt und eine Tankstelle angeschlossen. Im gleichen Komplex befinden sich außerdem eine Lodge und ein dazugehöriger Campinglatz.

Infos

Department of Wildlife and National Parks: von Ghanzi kommend an der ersten Kreuzung im Ort auf der linken Seite. Hier kann man Unterkünfte für die Nationalparks buchen und Eintrittstickets erwerben.

Übernachten

Stopover an der Tanke – **Kang Ultra Stop:** Tel. 065 172 93/94, www.kangultrastop.com. Diese Budgetunterkunft am Trans-Kalahari-Highway bietet Doppelzimmer mit AC und eine Campsite. €

Kaa Kalahari Concession Area

▶ 2, A–E 9–13

Alle Reisenden, die von Kang aus in den Kgalagadi Transfrontier Park fahren, müssen zunächst einen Teil des **Kaa Kalahari Concession Area** queren, um zu einem der beiden auf botswanischem Gebiet gelegenen Nationalparkeingänge zu gelangen. Wer ein bisschen mehr Zeit hat, kann sich durchaus länger in dem Konzessionsgebiet aufhalten. Das touristische Highlight ist die Matsetleng Pan (s. S. 337).

Aufgrund seiner Lage zwischen dem Central Kalahari Game Reserve und dem Kgalagadi Transfrontier Park würde sich dieses Gebiet hervorragend als Wildkorridor eignen, der die beiden Schutzzonen miteinander verbindet. Gespräche darüber sind bereits im Gang.

Von Kang nach Hukuntsi

Eigentlich sollte die Kaa Kalahari Concession Area nur von erfahrenen Geländewagenfahrern in Angriff genommen werden, mit Ausnahme dieser 108 km langen Strecke von Kang bis **Hukuntsi** (▶ 2, D 12). Die Straße ist mittlerweile geteert und der Ort selbst der letzte Vorposten der Zivilisation, in dem man noch einmal Sprit und Lebensmittel kaufen kann.

In Hukuntsi trennen sich die Wege. Nach Süden führt eine Piste zum Mabuasehebe Gate des Kgalagadi Transfrontier Park, nach Südwesten zum Kaa Gate und nach Westen gibt es eine abenteuerliche 4x4-Route Richtung namibische Grenze (s. unten).

Durch die Western Woodlands nach Mamuno

Für diese Route durch die nahezu unbewohnte Kaa Kalahari Concession Area von Hukuntsi nach Mamuno muss man unbedingt über einige Geländewagenerfahrung verfügen. Wie immer auf solchen Strecken nur mit voll ausgestattetem 4x4 und möglichst im Konvoi. Auch ein GPS ist Voraussetzung, da es fast keine regulären Pisten gibt. Benzin bekommt man nach Hukuntsi erst wieder in Mamuno an der namibischen Grenze. Genug Trinkwasser mitnehmen – das Kalahari-Wasser ist wegen seines hohen Salzgehalts nicht zum Trinken geeignet.

Auf den ersten 40 km nach Hukuntsi passiert man fünf große Pfannen, alle mit Sanddünen an ihren südlichen Ausläufern. Weitere 33 km später durch flache Sandebenen ist die **Ngwaatle Pan** (S23°41 490/E21°04 576, ▶ 2, C 11) erreicht. Hier befindet sich ein San-Dorf, eine der wenigen menschlichen Siedlungen in dieser Region.

28 km westlich von Ngwaatle und 90 km von Hukuntsi entfernt liegt die **Matsetleng Pan** (S23°41 908/E20°54 826, ▶ 2, C 11/12), wo in den frühen 1990er-Jahren nach Öl gesucht wurde. Diese Gegend ist ein Stück Kalahari wie aus dem Bilderbuch. Nach Regenfällen hält sich an der Pfanne viel Wild auf, das in der Trockenzeit größtenteils zu den künstlichen Wasserstellen des Kgalagadi Transfrontier Park wandert. Zur Regenzeit von Dezember bis April blüht es herrlich.

Etwa 10 km nordwestlich der Masetleng Pan beginnen die **Western Woodlands**

Unterwegs im Kgalagadi Transfrontier Park, Afrikas erster grenzüberschreitender Schutzzone

Wie ein überdimensionales Ufo liegt die Skrij Pan bei der !Xaus Lodge ›vor Anker‹

(S23°41 42/E20°53 53, ▶ 2, B/C 10/11). In einem etwa 160 km² großen und fast 40 km langen ›Waldstreifen‹ gedeiht eine bemerkenswerte Anzahl alter Kameldornbäume inmitten goldgelben Graslands. Mit spärlicher, niedriger Buschvegetation wirkt die Region wie ein angelegter Park mit idyllischen Campingmöglichkeiten. Es gibt keine klar erkennbare Piste in die Western Woodlands. Man muss sich eine der Fahrspuren in diese Richtung aussuchen. Die gesamte Gegend um Matsetleng kann so erforscht werden.

Eine erkennbare Piste zweigt zwischen S23°40 017/E20°50 242 und S23°32 396/E20°47 021 nach Nordwesten ab und führt zum San-Dorf **Ukwi** (S23°33 432/E20°30 024, ▶ 2, B 11). In der Nähe befindet sich die **Ukwi Pan** (▶ 2, B 12), eine der größten Salzpfannen außerhalb der Makgadikgadi Pans.

Eine sandige Schotterpiste führt weiter bis zur **Ncojane Farm** (▶ 2, B 11) und erreicht bei **Charles Hill** (▶ 2, A 9) den Grenzübergang **Buitepos/Mamuno** ins Nachbarland Namibia (tgl. 7–24 Uhr).

Übernachten

Da es sich beim Kaa Kalahari Concession Area um eines der letzten unberührten Wildnisgebiete Botswanas handelt, bitte entsprechend respektvoll verhalten und alle Tipps zum Wildcampen beachten (s. S. 99).

Camping – In den Dörfern **Zutswa** (▶ 2, C 12), **Ngwatle** (▶ 2, C 11), **Ukwi** (▶ 2, B 11) und **Ncaang** (▶ 2, C 11) gibt es einige einfache Campingplätze. Am besten jeweils den Häuptling nach einem Stellplatz fragen. Es wird eine geringe Gebühr verlangt. Für die Campsites in der Kaa Kalahari Concession ist keine Reservierung notwendig. Wer direkt an der **Matsetleng Pan** campen möchte, kann das in Ngwatle oder Ukwi organisieren. Die Ausstattung der Plätze ist meist sehr primitiv.

✿ Kgalagadi Transfrontier Park ▸ 2, B–E 13–16

Karte: S. 342
www.sanparks.org, botswanischer Teil: Erw. 150 Pula/Tag, Kinder 8–17 Jahre 90 Pula/Tag, Auto 90 Pula/Tag; südafrikanischer Teil: Erw. 440 Rand/Tag, Kinder 220 Rand/Tag, Auto kostenlos; das Eintrittsgeld kann jeweils bei der Einfahrt in den Park bezahlt werden
Der Gemsbok National Park war Botswanas erster Nationalpark. Er wurde 1937 etabliert, um die fragile Umwelt und die riesigen Wildherden der Region zu schützen. Im Jahr 2000 vereinigte man dieses Naturschutzgebiet mit dem südafrikanischen Kalahari Gemsbok National Park, damit war Afrikas erste grenzüberschreitende Schutzzone geschaffen, der **Kgalagadi Transfrontier Park** mit einer Fläche von 38 000 km² – das San-Wort *kgalagadi* bedeutet übersetzt so viel wie ›Platz ohne Wasser‹.

Anfahrt

Die nördliche Route in den Park beginnt in Kang und führt zunächst nach Hukuntsi (s. S. 336). Von hier kann man entweder die 170 km nach Süden zum **Mabuasehube Gate** (S25°04 970/E22°09 294, ▸ 2, E 14) oder die 137 km nach Südwesten zum **Kaa Gate** (S24°21 506/E20°37 531, 2, B 13) fahren. Die Parktore sind vom Morgengrauen bis zur Dämmerung geöffnet (Jan., Febr. 6–19.30, März 6.30–19, April, Aug. 7–18.30, Mai 7–18, Juni, Juli 7.30–18, Sept. 6.30–18.30, Okt. 6–19, Nov., Dez. 5.30–19.30 Uhr).

Reisende aus Namibia können die aus dieser Richtung teilweise ausgeschilderte Route von Charles Hill in der Nähe der namibischen Grenze durch die Western Woodlands nach Hukuntsi nehmen (s. S. 336).

Die populärste Anfahrt in den Mabuasehebe-Teil des Parks führt über Tshabong. Von der Hauptstadt Gaborone aus fährt man zunächst nach **Jwaneng** (▸ 2, J 13), der letzte Ort mit guten Einkaufsmöglichkeiten. Dann geht es weiter Richtung Westen über **Sekoma** (▸ 2, H 13) nach **Khakhea** (▸ 2, G 13), wo es nochmals Benzin gibt. Durch die botswanischen Grenzorte **Werda** und **Makopong** geht es dann nach **Tshabong** (▸ 2, E 15), das 520 km von Gaborone entfernt liegt. In Tshabong wählt man die Schotterpiste Richtung Norden in den Kgalagadi Transfrontier Park. Nach ca. 109 km bzw. rund drei Stunden Fahrzeit ab Tshabong hat man das Mabuasehebe Gate erreicht.

Fauna und Flora

Die Vegetation und das Wild im Kgalagadi Transfrontier Park sind dem im Central Kalahari Game Reserve sehr ähnlich. Vor allem im Nossob Valley an der botswanisch-südafrikanischen Grenze wachsen viele der großen Kameldornbäume, in deren Schatten sich Oryxantilopen, Gnus und Springböcke tummeln. Auch die großen Katzen, von den kräftigen, schwarzmähnigen Kalahari-Löwen über Leoparden bis zu Geparden, halten sich häufig im Nossob Valley auf.

Die wichtigsten Pflanzen im Kgalagadi Transfrontier Park sind die Wüstenmelonen *(tsamma melon)* und die Oryxgurken *(gemsbok cucumber)*. Mit ihnen konnten nicht nur die San ihren Wasserbedarf decken und in der Kalahari überleben, sie sind auch die wichtigste Futterquelle für fast alle Tiere, die in den Dünen des Parks leben. Die größeren Säugetiere nehmen wichtige Mineralien mit dem salzigen Ton auf, der auf den Pfannen vorkommt. In einigen Gebieten haben sich diese natürlichen Salzlecken zu richtiggehenden Klippen und Kratern entwickelt, die regelmäßig von den Tieren angeknabbert werden. Manche der Löcher sind bereits so groß, dass sie einen erwachsenen Menschen aufnehmen können.

Beste Reisezeit

Der Kgalagadi Transfrontier Park liegt in der trockensten Ecke der ariden Kalahari. Mit bis zu 45 °C wird es hier im Sommer, also von November bis April, sehr heiß. Selten bringen Niederschläge Linderung und Schatten ist auch kaum vorhanden. Im Winter, zwischen

Solche fantastischen Farbenspiele sind im Kgalagadi Transfrontier Park keine Seltenheit

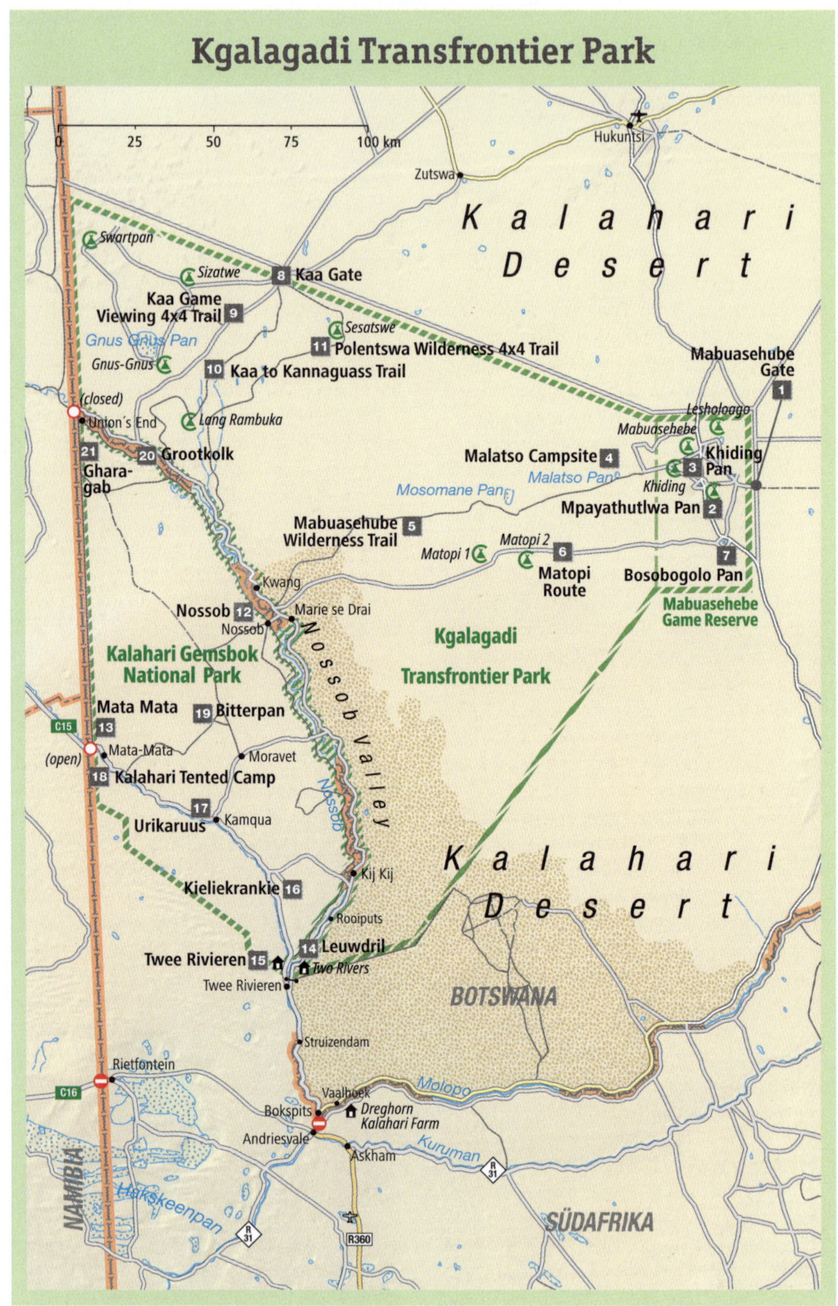
Kgalagadi Transfrontier Park
0
25
50
75
100 km
Hukuntsi
Zutswa
Kalahari Desert
Swartpan
Sizatwe
8 Kaa Gate
Kaa Game Viewing 4x4 Trail 9
Gnus Gnus Pan
Gnus-Gnus
Sesatswe
11 Polentswa Wilderness 4x4 Trail
10 Kaa to Kannaguass Trail
Mabuasehube Gate
1
(closed)
Union's End
Lang Rambuka
Lesholoago
Mabuasehebe
21
20 Grootkolk
Gharagab
Malatso Campsite 4
Khiding Pan
3
Malatso Pan
Mosomane Pan
Khiding
Mpayathutlwa Pan 2
Mabuasehube Wilderness Trail 5
Matopi 1
Matopi 2
6
Matopi Route
7
Bosobogolo Pan
Mabuasehebe Game Reserve
Kwang
Nossob 12
Marie se Drai
Nossob
Nossob Valley
Kgalagadi Transfrontier Park
Kalahari Gemsbok National Park
Mata Mata
13
19 Bitterpan
C15
(open)
Mata-Mata
Moravet
18 Kalahari Tented Camp
17
Urikaruus
Kamqua
Kalahari Desert
Kij Kij
Kieliekrankie 16
Rooiputs
14 Leuwdril
Twee Rivieren 15
Two Rivers
Twee Rivieren
BOTSWANA
Struizendam
Rietfontein
C16
Vaalhoek
Molopo
Bokspits
Dreghorn Kalahari Farm
Andriesvale
Askham
Kuruman
R31
NAMIBIA
Hakskeenpan
R31
R360
SÜDAFRIKA

Juni und August, sind die Tage angenehm temperiert, aber dafür wird es nachts sehr frisch. Oft fällt die Quecksilbersäule im Thermometer dann unter die Nullgradmarke. Warme Jacken und dicke Schlafsäcke sollten dann definitiv im Gepäck sein.

Parkregeln

Abseits der Pisten und auf den Pfannen zu fahren ist genauso verboten wie das Füttern von Tieren. Immer im Fahrzeug bleiben, außer an den ausgeschilderten Camping- und Picknickplätzen. Waffen und Spotlichter sind verboten. Feuerholz darf nur außerhalb des Kgalagadi Transfrontier Park eingesammelt werden, selbst abgestorbenes Holz, das man im Park findet, darf nicht zum Feuermachen verwendet werden.

Die Höchstgeschwindigkeit im Park beträgt 50 km/h. Ganz wichtig: Die Wilderness-4x4-Trails (s. S. 344) sind keine Camel-Trophy- bzw. Rallye-Dakar-Strecken, sondern Naturpisten durch einsame, wunderschöne und vor allem fragile Wüstenlandschaften. Der weichsandige Untergrund setzt die Nutzung eines Geländewagens voraus. Dieser sollte immer verantwortungsvoll und mit Respekt gegenüber der Natur und nachfolgenden Reisenden eingesetzt werden.

Obwohl man im Park grenzenlos zwischen Botswana und Südafrika hin- und herfahren kann, werden die täglichen Parkgebühren immer dort fällig, wo am Abend übernachtet wird. Die südafrikanischen Camps akzeptieren Namibia-Dollar, Pula, Rand und Kreditkarten, in Botswana kann man nur bar in Pula bezahlen. Wer aus Südafrika einreist und nach Botswana oder Namibia ausreisen möchte, muss die Grenzformalitäten einschließlich des Abstempelns der Pässe in Twee Rivieren erledigen (tgl. 7.30–16 Uhr).

Botswanischer Teil des Parks

Dem botswanischen **Gemsbok National Park,** der den größten Teil des Kgalagadi Transfrontier Park ausmacht, gliederte man im Jahre 1995 das **Mabuasehube Game Reserve** an, sodass sich das Schutzgebiet in Botswana heute über eine Gesamtfläche von rund 28 500 m^2 erstreckt.

Durch das südliche Drittel Botswanas zieht sich von Ost nach West ein etwas erhöht liegender Landrücken, an dem entlang sich Tausende von Ton- und Salzpfannen aneinanderreihen. Charakteristisch für den Süd- und Südwestrand dieses Gebiets sind 20 bis 30 m hohe Sanddünen. Die meisten der Pfannen halten nach Regenfällen in der Region mehrere Monate lang Wasser. Ihre Oberflächen bestehen aus kahlem, salzigem Ton oder sind mit einer sehr dünnen Grasdecke bewachsen.

Der Park ist über mehrere Pisten erschlossen, für die man jedoch ausnahmslos einen Geländewagen braucht. Besonders die Mabuasahebe-Region bietet eine ursprüngliche und wilde Safarierfahrung. Zwei der insgesamt fünf 4x4-Strecken durch den botswanischen Teil des Parks starten hier und ziehen sich auf unterschiedlichen Strecken durch sonnenverbranntes Land bis zum Nossob Camp an der Grenze zu Südafrika.

Mpayathutlwa Pan

Im Umkreis von ca. 20 km nördlich, westlich und südlich des **Mabuasehube Gate** 1 (s. S. 339) gibt es diverse Ton- und Salzpfannen mit Campingplätzen. Berühmt ist die **Mpayathutlwa Pan** 2 (S25°04 633/ E21°59 641, ▶ 2, D 14) im Zentrum des Mabuasehube Game Reserve, wo sich viele Leoparden blicken lassen. Hier gibt es eine Wasserstelle, die viel Wild anlockt, vor allem in den trockenen Wintermonaten.

Mosomane (Mabuasehube) Wilderness Trail

12 km nordwestlich von Mpayathutwa befindet sich die **Khiding Pan** 3 (S25°00 716/ E21°53 328) und 9 km weiter die **Malatso Campsite** 4 (S25°01 359/E21°48 469). Von hier aus startet der 155 km lange, nur in dieser Richtung befahrbare **Mosomane (Mabuasehube) Wilderness Trail** 5 (s. S. 344) zum Nossob Camp, dessen Befahrung vorab angemeldet werden muss.

POLENTSWA UND MOSOMANE WILDERNESS TRAILS

Tour-Infos

Start: für den Polentswa Wilderness Trail in Polentswa bzw. in Nossob; für den Mosomane (Mabuasehube) Wilderness Trail am Mabuasehube Gate bzw. an der Malatso Pan

Länge: Polentswa Wilderness Trail 257 km (3 Tage/2 Nächte); Mosomane (Mabuasehube) Wilderness Trail 155 km (2 Tage/1 Nacht)

Teilnehmer: mindestens zwei, höchstens fünf Geländewagen pro Gruppe

Buchung: Department of Wildlife and National Parks (DWNP), Tel. 039 714 05, https://www.gov.bw/tourism/group-tours-national-parks-game-reserves-or-campsites, Gaborone-Büro, Queen's Rd., Tel. 031 807 74, Fax 031 807 75; Maun-Büro, Kubu St., Tel. 068 612 65, Fax 068 612 64; Öffnungszeiten beide Mo–Sa sowie an vielen Fei 7.30–12.45, 13.45–16.30, So 7.30–12 Uhr.

Kosten: Erw. 550 Pula und Kinder 350 Pula pro Person und Nacht

Hinweise: Beim Überfahren der Dünen möglichst keine neuen Spuren in den Sand machen. In den existierenden Tracks mit gleichmäßigem Gas und Schwung zu fahren, funktioniert sowieso besser. Nicht über Pflanzen fahren – die empfindliche Wüstenvegetation braucht Jahre, um sich davon zu erholen.

Polentswa Wilderness Trail

Der **Polentswa Wilderness Trail,** der auch **Gemsbok Wilderness Trail** genannt wird, führt in einer großen Runde tief durch das Herz des Kgalagadi Transfrontier Park und verbindet eine schier endlose Zahl von Salzpfannen. Auf der teilweise tiefsandigen 4x4-Strecke passiert man eine von Menschen fast unberührte Landschaft, die aus hohem Gras, Dünen, Hügelketten und weichem Sand besteht. Und es gibt viel Wild zu sehen, beispielsweise Elen- und Oryxantilopen, Strauße und Springböcke. Highlight sind hier, wie auch im Rest des Parks, die mächtigen schwarzmähnigen Kalahari-Löwen.

Der Trail beginnt in **Grootbrak** (S25°05 625/E20°24 549, ▶ 2, B 14) in der Nähe des Campingplatzes **Polentswa** (S25°05 264/E20°25 680), der unter schönen, schattigen Bäumen angelegt ist. Es empfiehlt sich, hier vor Beginn des Trails eine Nacht zu buchen, da der Check-in und der Check-out für den Trail am **Kgalagadi Gate** in **Two Rivers** bzw. **Twee Rivieren** (S26°26 434/ E20°36 789, ▶ 2, B 16) stattfindet, das 217 km südlich von Polentswa liegt. Die Schotterpiste entlang dem Nossob River ist zwar gut befahrbar, aber man sollte ein paar Stunden für die Anfahrt zum Trail einplanen.

Am Parkeingang in Two Rivers erhält man einen Trailstab *(trail baton),* der einen zur Nutzung des Trails berechtigt und der nach der Rückkehr wieder abgegeben werden muss. Geschieht das nicht, wird eine Suchmannschaft losgeschickt. Der 4x4-Trail ist also ein gut kalkulierbares Risiko, denn Wasser und Treibstoff gibt es noch einmal im **Nossob Camp** (S25°25 263/ E20°35 833, ▶ 2, B 14) ca. 57 km südlich von Polentswa. Der Rundtrip von und bis Nossob hat eine Gesamtlänge von knapp 400 km, wobei das Tiefsandfahren ab Polentswa den Spritverbrauch ziemlich nach oben treibt.

Von Grootbrak aus folgt der Trail einer Route, die im Jahr 1908 von einem deutschen Spezialkommando der Schutztruppe benutzt wurde, um eine Gruppe von 80 farbigen Nama-Freiheitskämpfern aus Namibia zu verfolgen, die zuvor eine deutsche Patrouille angegriffen hatten. Die Strecke passiert die Plätze **Red Rambuka, Twee Rambuka, Kaa Pan** und **Sesatswe Pan.** Hier in der Nähe lieferten sich die Deutschen eine Schlacht mit den Nama.

Es besteht die Möglichkeit, die Strecke am Kaa Gate (s. S. 339) abzukürzen, dann muss der Trailstab bei den dortigen Rangern abgegeben werden. Die Campingplätze unterwegs sind festgelegt. Der erste liegt an der Sesatswe Pan (S24°32 173/E20°49 220, ▶ 2, C 13) etwa 100 km vom Startpunkt entfernt, der zweite namens Lang Rambuka (S24°47 985/E20°21 171, ▶ 2, B 13) befindet sich 103 km weiter. Am dritten Tag sind es dann noch einmal 60 km bis zum Ende des Trails in **Lijiersdraai** (S24°59 323/E20°18 979, ▶ 2, B 14) und von dort weitere 74 km zurück nach Nossob. Der Trail ist oft überwachsen. Immer wieder checken, dass kein Gras unter dem Auspuff festhängt. Feuergefahr!

Mosomane (Mabuasehube) Wilderness Trail

Nachdem sich der Polentswa Wilderness Trail zunehmend großer Beliebtheit erfreute, hat Botswana eine zweite Offroad-Strecke etabliert, den **Mosomane (Mabuasehube) Wilderness Trail.** Wie der Polentswa Wilderness Trail darf auch diese Piste nur mit Erlaubnis befahren werden. Sie führt von der **Malatso Pan** (S25°01 359/E21°48 469, ▶ 2, D 14) im Mabuasehube-Teil des Nationalparks nach Nossob.

Der Trail besteht nur aus einer kaum zu erkennenden Fahrspur im Sand und darf nur in Ost-West-Richtung unter die vier angetriebenen Räder genommen werden. Auch diese Strecke verbindet mehrere Pfannen miteinander und führt durch weichen Sand, über Sanddünen sowie durch Gebiete mit hohem Gras. Auch hier ist es durchaus wahrscheinlich, dass Löwen nachts durchs Camp spazieren. Dieses befindet sich in der Nähe der **Mosomane Pan** (S25°07 941/ E21°24 808, ▶ 2, C/D 14).

Matopi Route

Als Alternative bietet sich die südlich davon verlaufende, ohne Voranmeldung und in beide Richtungen zu befahrende **Matopi Route** 6 an, eine 157 km lange 4x4-Verbindungsstrecke zwischen Mabuasehube und Nossob. Startpunkt ist die südlichste Pfanne der Mabuasehebe-Region, die **Bosobogolo Pan** 7 oder Bosopolo Pan (S25°14 377/ E22°02 598). Entlang der Strecke gibt es zwei Campingplätze namens **Matopi 1** und **Matopi 2.** Wie alle Campingplätze auf der botswanischen Seite des Parks haben diese kein Wasser. Plumpsklos sind hier die einzigen Annehmlichkeiten.

Off-Road-Strecken ab dem Kaa Gate

Drei weitere 4x4-Strecken haben ihren Ausgangspunkt am **Kaa Gate** 8 (s. S. 339) im Norden des Parks: der **Kaa Game Viewing 4x4 Trail** 9, der in einer fast 200 km langen Rundtour die äußerste nordwestliche Ecke des Parks erschließt, die 79 km lange 4x4-Verbindungsstrecke **Kaa to Kannaguass Trail** 10 und der mit 260 km sehr lange **Polentswa Wilderness 4x4-Trail** 11 (s. S. 344), der wie der Mosomane Wilderness Trail vorgebucht werden muss und wie dieser nur in eine Richtung befahren werden darf. Auf diesen Strecken sind die Chancen sehr groß, ein paar der vielen Katzen des Transfrontier Park zu begegnen.

Südafrikanischer Teil des Parks

Der südafrikanische Teil des Kgalagadi Transfrontier Park, der ehemalige **Kalahari Gemsbok National Park,** liegt im nördlichsten Zipfel Südafrikas zwischen Botswana im Osten und Namibia im Westen. Gut unterhaltene Hauptpisten, die auch mit einem normalen Pkw zu befahren sind, führen durch den Park – von Wasserstelle zu Wasserstelle sowie zu den eingezäunten Camps **Nossob** 12 (S25°25 263/E20°35 833, ▶ 2 B 14) und **Mata Mata** 13 (S25°45 970/E22°00 035, ▶ 2, A/B 15). Letzteres verfügt seit 2007 über einen nur für Touristen geöffneten Grenzübergang nach Namibia, der die Weiterreise in dieses Nachbarland sowie nach Botswana deutlich verkürzt. Um zu vermeiden, dass Besucher den Park nur als Abkürzung benutzen, sind zwei gebuchte Übernachtungen vorgeschrieben.

Der südafrikanische Teil des Kgalagadi Transfrontier Park ist ideal für Kalahari-Erstbesucher geeignet. Die Hauptpisten im Park sind in einem sehr guten Zustand, die Landschaft ist grandios und viele Wasserstellen können zweiradangetrieben erreicht werden, was auf der Botswana-Seite unmöglich ist. Wer das erste Mal mit einem Geländewagen unterwegs ist, kann sich auf den zur Auswahl stehenden 4x4-Trails langsam an das Fahren abseits befestigter Straßen herantasten.

Fauna

Sanddünen ziehen sich wie die Wellen eines trockenen Meers bis zum endlosen Horizont. Das Klima ist semiarid, d. h., längere Trockenzeiten werden häufig von sintflutartigen Niederschlägen unterbrochen. Die den Park durchquerenden Flüsse, der Auob River und der Nossob River, führen daher nur episodisch Wasser. Um genügend Nass für Mensch und Tier bereitzustellen, installierte die Nationalparkbehörde zahlreiche Windräder, die Grundwasser nach oben fördern. Diese künstlichen Wasserstellen sind die besten Plätze zur Wildbeobachtung, vor allem am frühen Morgen und späten Nachmittag.

Ein Highlight auf Pirschfahrten sind Sichtungen der berühmten schwarzmähnigen Kalahari-Löwen, von Geparden, Leoparden, Tüpfel- und Schabrackenhyänen. Löwen und Leoparden jagen meist in der Nacht, beginnen aber bereits am späten Nachmittag mit der Beutesuche. Im Begleittross von Geparden, die tagsüber jagen, um Löwen und Leoparden aus dem Weg zu gehen, finden sich immer einige Streifen- und Schabrackenschakale, die hoffen, dass von der Beute etwas für sie übrig bleibt.

4x4-Trails

Zusätzlich zu den Hauptpisten gibt es fünf ausgewiesene Geländewagenstrecken: **Nos-**

sob 4x4 EcoTrail (nur mit Führung befahrbar, s. S. 348), **!Xaus Trail** (58 km, nur für Gäste der gleichnamigen Lodge), **Bitterpan Trail** (120 km, nur für Gäste des Bitter Pan Camp), **Gharagab Trail** (61 km, nur für Gäste des gleichnamigen Camps) und den **Leuwdril Trail** (13 km). Letzterer beginnt in **Leuwdril** 14 im Nossob River Valley und führt ins Auob Valley. Permits für diesen Trail gibt es in Twee Rivieren für 400 Rand.

Camps

Das wichtigste Tor zum südafrikanischen Kgalagadi Transfrontier Park ist **Twee Rivieren** 15 (S26°28434/E20°36790), wo sich auch das komfortable Hauptcamp befindet. Daneben gibt es sechs weitere sogenannte Wilderness Camps: **Kieliekrankie** 16 (S26°10 880/ E20°35 458), **Urikaruus** 17 (S25°59 791/ E20°20 371), **Kalahari Tented Camp** 18 (S25°45 970/E22°00 035) bei Mata Mata, **Bitterpan** 19 (S25°42 983/E20°24 204) sowie **Grootkolk** 20 (S24°53 445/E20°08 718) und **Gharagab** 21 (S25°45 970/E22°00 035). Da die Camps nicht eingezäunt sind, verspricht der Aufenthalt in allen einen intensiven Naturkontakt.

Übernachten

... im botswanischen Teil:

Lodge-Duo – Es gibt insgesamt zwei luxuriöse Lodges im botswanischen Teil des Kgalagadi Transfrontier Park, der bis 2013 sich selbst versorgenden Geländewagenfahrern vorbehalten war. Nun steht das Schutzgebiet auch Fly-in-Touristen und Pkw-Fahrern offen. Erfahrene Ranger bringen den Gästen das einzigartige Ökosystem der Kalahari näher, sowohl bei Pirschfahrten als auch auf geführten Buschwanderungen. Buchungen für die beiden Lodges erfolgen unter **Ta Shebube,** Tel. 071 578 568, www.tashebube.co.bw, Facebook: ›Ta Shebube‹. **Rooiputs:** 25 km nördlich vom Two Rivers Gate. Das komfortabelste Camp umfasst neun Chalets, ein Family Unit und eine Wüsten-Honeymoon-Suite. Alle sind reetgedeckt, aus Holz, Leinwand und Glas erbaut und haben eine Außendusche. Das reetgedeckte Hauptgebäude besitzt eine geräumige Lounge, eine Bar, einen Dinnersaal und eine gut bestückte, gemütliche Bücherei. Eine private Konzession ermöglicht exklusive Pirschfahrten, sowohl tagsüber als auch nachts, sowie geführte Wanderungen. €€€. **Polentswa:** 222 km nördlich von Twee Rivieren. Die luxuriöse Zeltlodge liegt an der Polentswa Pan und besteht aus sechs klassischen Safarizelten, einem Family Unit und einer Wüsten-Honeymoon-Suite. €€€

Camping – Im botswanischen Teil des Kgalagadi Transfrontier Park gibt es mehrere Campingplätze, die alle vom **Department of Wildlife and National Parks** unterhalten werden und 60 Pula/Pers. kosten. Zentrale Buchung unter Tel. 039 714 05; Gaborone-Büro, Queen's Rd., Tel. 031 807 74, Fax 031 807 75; Maun-Büro, Kubu St., Tel. 068 612 65, Fax 068 612 64; geöffnet Mo–Sa 7.30–12.45, 13.45–16.30, So 7.30–12 Uhr. Onlinebuchungen funktionieren manchmal, dann kostet es allerdings mehr. Bei der Buchung erhält man einen Buchungscode für den jeweiligen Stellplatz. Da die Stellplätze der Camps oft sehr weit auseinanderliegen, darauf achten, dass man am richtigen campt. **Two Rivers Camp:** am gleichnamigen Gate. Mit Sanitärblock. **Rooiputs Rest Camp:** Rustikale Duschen, Plumpsklos, Sonnenschutz. **Polentswa Camp 1-3/KTPOL 01-03:** Duschvorrichtung, Plumpsklos, Sonnenschutz, eigenes Wasser mitbringen. **Wilderness Trail Mabuasehube:** am gleichnamigen Eingang. Mit Sanitärblock. **Mabuasehube Camp** (Nr. 4 ist der schönste Platz), **Lesholoago Camp, Mpaathutlwa Camp, Monamodi Camp, Bosobogolo Camp, Khiding Camp, Kaa Gate Camp, Matopi Camp 1 und 2, Gnus Gnus Camp, Mosimane Camp, Swartpan Camp, East Gate Camp:** Diese Campingplätze sind sehr einfach und verfügen nur über rustikale Duschen, Plumpsklos und manchmal einen überdachten Sonnenschutz. Überall muss eigenes Wasser mitgebracht werden. Mit der Buchungsbestätigung erhalten Besucher eine Kartenskizze, auf der die Lage der Campingplätze verzeichnet ist.

NOSSOB 4X4 ECO TRAIL

Tour-Infos

Start: Der Trail wird in beide Richtungen befahren, wobei der vorgegebene Startpunkt monatlich wechselt – in geraden Monaten geht es bei Two Rivers los, in ungeraden bei Nossob.

Länge: insgesamt 201 km

Dauer: 4 Tage/3 Nächte

Kosten: Parkeintritt (s. S. 339), hinzu kommen 3770 Rand für die Trailgebühr pro Geländewagen.

Infos und Buchung: Der Trail darf nicht auf eigene Faust befahren werden. Buchungen sollten möglichst ein Jahr im Voraus erfolgen, da die Strecke sehr beliebt ist (Tel. 0027 54 561 20 00, 0027 12 428 91 11, www.sanparks.org). Die Tour beginnt immer montags und endet donnerstags. Eine Gruppe besteht aus mindestens zwei und maximal fünf Geländewagen, die über ein Untersetzungsgetriebe (Kriechgang) verfügen müssen. Offroad-Anhänger sind nicht zugelassen. Essen, Wasser, Feuerholz und Zelte müssen selbst mitgebracht werden. Die Campingplätze haben Plumpsklos, heiße Duschen und Grillplätze (ohne Rost). Zur Ausrüstung sollten weiterhin ein Spaten, ein Luftdruckmesser, ein Kühlerschutz gegen Grassamen und eine Taschenlampe gehören. Einzeln reisende Geländewagenfahrer werden von der Nationalparkbehörde in Gruppen zusammengelegt.

Diese von einem Nationalpark-Ranger im eigenen Geländewagen geführte Tour auf dem **Nossob 4x4 Eco Trail** führt auf abgelegenen Strecken durch die rotsandige Kalahari – schon allein die Tatsache, dass es auf einer Strecke von 300 km kein Benzin gibt, macht die Unternehmung sehr abenteuerlich. Man durchquert hohes Gras sowie die Dünen zwischen Two Rivers und Nossob, passiert diverse Tonpfannen sowie nahezu unberührte Regionen und wunderbare Landschaften. Meistens verläuft die Piste im Trockenflussbett des Nossob River.
Vor Fahrtantritt muss man eine Haftungsausschlusserklärung unterschreiben, dann erhält man von dem begleitenden Ranger ein Funkgerät für jedes Auto. Nach einem kurzen Briefing geht es los. Bei Start in **Two Rivers** fährt man zunächst auf der Schotterpiste Richtung Nossob bis zur 38 km entfernten Trail-Abzweigung. Rechts und links der Piste sind immer wieder Oryx- und Kuhantilopen, Springböcke und Gnus zu sehen. In den Bäumen hängen die riesigen Nester der Siedelwebervögel. Von der Kreuzung windet sich eine Fahrspur in die Dünen. Der Ranger hält zwischendurch immer wieder an und gibt wertvolle Tipps zum Fahren im Sand. Einer seiner Tipps lautet: ordentlich Gas und mit Schwung über die Kuppe.
Der erste Campingplatz, **Witgat** (▶ 2, B/ C 15), liegt leicht erhöht und überschaut eine künstliche Wasserstelle. Es wird Feuer gemacht und gemeinsam mit dem Ranger gegrillt, gegessen, getrunken und gequatscht – bis spät in die Nacht. Und diese kann durch heftiges Löwengebrüll am frühen Morgen durchaus noch weiter verkürzt werden. Die schwarzmähnigen Kalahari-Löwen sind die größten in Afrika und ihr Brüllen lässt den Boden vibrieren.
Nach einem herzhaften Frühstück am nächsten Morgen geht es weiter. Tagesetappe Nummer zwei führt 63 km weiter bis **Rosyntjiebos** (▶ 2, B 15). Das Dünenfahren wird nun zur echten Herausforderung, eine nach der anderen gilt es zu überqueren. Zum Glück ist der Ranger dabei, das schafft Vertrauen. Denn immer wieder fährt sich eines der Autos fest und muss befreit werden. Kein Spaß bei der Hitze. Um die 40 °C sind hier eher normal als außergewöhnlich. Aber das gehört zum Abenteuer Kalahari mit dazu. Und wieder erzählt der Ranger am abendlichen Lagerfeuer im nicht umzäunten Camp unterhaltsame Anekdoten aus seinem Leben.
Drittes und letztes Übernachtungscamp ist **Swartbas** (▶ 2, B 14). An diesem Tag wird mittags an einer ausgedehnten Salzpfanne pausiert, in der sich meist größere Gruppen von Oryxantilopen aufhalten. Schatten spendende Bäume umgeben Swartbas, eine Wohltat bei der Hitze.
Am letzten Tag sind es noch einmal 52 km von Swartbas bis zur Hauptroute durch den Nationalpark, auf der man nach 58 km wieder das Nossob Camp erreicht, wo bereits kalte Biere und die heiß ersehnten Duschen warten.

… im südafrikanischen Teil:
Im südafrikanischen Teil des Kgalagadi Transfrontier Park gibt es traditionelle Restcamps (ausgestattet mit Duschen und Spültoiletten) sowie einfache Wilderness Camps (ohne Duschen, mit Plumpsklo), die alle online gebucht werden können unter www.sanparks.org. Außerdem existieren mehrere Lodges, worunter die !Xaus Lodge besonders empfehlenswert ist. Sowohl die Restcamps als auch die Wilderness Camps sind auf der am Eingang erhältlichen Karte eingezeichnet und im Park hervorragend ausgeschildert, also problemlos zu finden.

Ökolodge – **!Xaus Lodge:** S26°15 238/E20°25 637, Tel. 0027 21 701 78 60, www.xauslodge.co.za, Facebook: ›!Xaus Lodge‹. Zaunlos mitten in den roten Sanddünen des Nationalparks gelegen und nur auf einer sandigen 4x4-Strecke zu erreichen, ist die wunderbare Lodge ein Paradebeispiel für nachhaltigen Tourismus. Sie gehört der lokalen Mier-Gemeinde und dem Khomani-Stamm der San. Diese haben die Lodge an eine Betreiberfirma verpachtet. Fast alle Angestellten stammen aus umliegenden Gemeinden. Es gibt 12 komfortable, schön in die Landschaft integrierte Chalets, die direkt an einer Salzpfan-

Wo Hans Schwabe ruht

Der deutsche Geologe Hans Schwabe vermutete schon früh, dass in der Kalahari Diamanten vorkommen. Immer wieder reiste er durch den Süden des Kalahari Gemsbok Park in Südafrika.

Ort begrabener Hoffnungen: das Trockental des Nossob

Manchmal besuchte er dann den Parkverwalter Joep Le Riche, so auch am 20. Oktober 1958. Bei einer Tasse Kaffee fragte er ihn zum ersten Mal, wie er die Möglichkeit einschätze, in der Kalahari Diamanten zu finden. Joep lachte nur. Für ihn waren die Diamantenfantasien des Deutschen und vieler anderer nur eines: Träume. Joep hatte sein ganzes Leben in dem Gebiet verbracht und nie einen der Edelsteine zu Gesicht bekommen. Erst kurz zuvor wurde ein berittener Schürfer aus dem Reservat geworfen, da es streng verboten war, dort nach Bodenschätzen zu graben. Schwabe wechselte das Thema.

Bei der Abfahrt nahm er seine normale Strecke durch den Auob River Richtung Mata Mata an der Grenze zu Südwestafrika. Doch kurz nach Verlassen des Camps versteckte er seinen Wagen in den Büschen und wartete ein paar Stunden. Als er sah, dass ihm niemand gefolgt war, fuhr er zum Nossob River in Richtung botswanische Grenze. An der Kwang Pan parkte er sein Auto und ging zu Fuß los, um nach Diamanten zu schürfen.

Einen Tag später rief die Bechuanaland-Polizei bei Joep an, um ihm zu sagen, dass ein verlassenes Auto im Park gefunden worden war. Joep machte sich mit zwei Polizisten, seinem Sohn Stoffel und einem San-Spurenleser auf die Suche nach den Insassen. Als er das Auto sah, erkannte er sofort Schwabes Oldsmobile.

Die Umstände waren eigenartig. Schwabe hatte eine Notiz im Auto zurückgelassen: »Kein Wasser fürs Auto, keines für mich, kein Essen, ich folge dieser Straße. Montag 8 Uhr. H. Schwabe«. Zwei Spuren führten vom Auto weg, eine davon kam wieder zurück. Joep checkte den Kühler. Der war voll. Wasser gab es in Rooikop, 15 km südlich. Aber den Spuren nach war Schwabe nach Norden gelaufen. Die Gruppe folgte den Fußabdrücken aus dem Flussbett und entlang eines Kalksteinrückens. Der Spurenleser fand zerbrochene Steine und gesiebten Sand – eindeutige Schürfhinweise.

Dann gelangte der Suchtrupp auf eine Anhöhe. In der Ferne sahen sie einen Baum, in dem ein paar Geier saßen. Unter dem Kameldornbaum fanden sie schließlich Schwabes sterbliche Überreste. Die Leiche lag auf der Bechuana-Seite der Grenze. So konnten Joep und seine Männer nichts anderes tun, als Schwabe dort zu begraben. Sie bedeckten sein Grab mit einem Steinhaufen und zwei gekreuzten Kameldornzweigen. Joep kratzte die Worte »Here rests Hans Schwabe. Died 22.10.58« in einen Stein. Das Grab mit einem verbogenen schmiedeeisernen Kreuz ist noch heute zu sehen. Es befindet sich neben dem Nossob River auf dem Weg zum Polentswa Camp und Wilderness Trail, einige Hundert Meter von der Grootbrak-Wasserstelle (▶ 2, B 14) entfernt.

ne stehen und über ein Bohrloch mit Wasser versorgt werden. Alle haben Holzbalkone. Im Sommer erfrischt der herrliche Pool, im Winter ein knisterndes Kaminfeuer im Hauptgebäude. Preis inkl. Pirschfahrten, geführte Wanderungen, Sternegucken, Besuch eines San-Dorfs, Transfers für Pkw-Fahrer. €€€
Wilderness Camps – **Grootkolk:** vier Wüstenhütten. **Kieliekrankie:** vier Dünenhütten. **Urikaruus:** vier Flusshütten. **Bitterpan:** nur mit 4x4 erreichbar, vier reetgedeckte Hütten. **Gharagab:** nur mit Geländewagen erreichbar, vier Holzhäuschen. **Kalahari Tented Camp:** Zelte für zwei Personen. Alle €€
Restcamps – **Twee Rivieren:** Häuschen €€, Camping €. **Nossob:** Häuschen €€, Camping €. **Mata Mata:** Häuschen €€, Camping €

Weiterreise nach Südafrika und Namibia

Der südliche Teil des Kgalagadi Transfrontier Park lässt sich gut mit einer Reise in den Norden Südafrikas und den Süden Namibias kombinieren. Dies ist die einzige Sektion der Kalahari, die sich auch mit einem Pkw erschließen lässt.

Von Twee Rivieren nach Upington (Südafrika)

Vom südafrikanischen Twee Rivieren Gate des Kgalagadi Transfrontier Park sind es ca. 75 km auf einer mittlerweile durchgehend geteerten Straße gen Süden nach **Askham** (▶ 2, C 17), der dem Park nächstgelegene Ort. Nur ein paar Kilometer von Askham entfernt befindet sich die Polizeistation von **Witdraai.** 1931 errichtet, war sie gleichzeitig Zuchtstation für Kamele, die für Polizeipatrouillen in die Kalahari benutzt wurden. Bis zu 400 Kamele lebten in Witdraai, das auch andere Polizeistationen der Region mit den genügsamen Wüstenschiffen versorgte. Die ursprünglichen Zuchttiere kamen aus dem Sudan. Ein Denkmal vor der Polizeistation in **Upington,** 186 km südlich von Askham gelegen, erinnert an die wichtige Rolle, die die Kamele beim Erschließen der Kalahari bis etwa 1950 gespielt haben. Danach lösten mechanische 4x4s die organischen ab. Upington ist die landwirtschaftliche und touristische ›Hauptstadt‹ der Region und liegt direkt am Orange River.

Infos

Internet: www.upington.co.za, www.green-kalahari-info.co.za

Übernachten

... nahe dem Twee Rivieren Gate:
Richtiges Outback-Feeling – **Molopo Kalahari Lodge:** S20°39 499/E26°56 003, Tel. 0027 54 511 00 08, www.ncfamouslodges.com. Die Atmosphäre des Pubs mit seiner riesigen Theke erinnert ans australische Outback. Der perfekte Platz, um mit einem kalten Bier oder erfrischenden Cocktail den Kalahari-Staub runterzuspülen. Die Lodge ist übrigens nach dem meist trockenen Fluss vor ihr benannt. Es wird gutes Essen serviert, für Übernachtungsgäste stehen reetgedeckte Rundhütten *(rondavels)* und Häuschen zur Verfügung. €
... bei Askham (▶ 2, E 17):
Am Ufer des Molopo River – **Dreghorn Kalahari Game Farm:** 31 km nordwestlich von Askham, 14 km vom Bokspits-Grenzübergang nach Botswana, Tel. 0027 72 351 53 95, www.dreghornfarm.co.za. Die Gästefarm ist eine dieser echten Kalahari-Erfahrungen. Es gibt viel Wild am Molopo-Fluss und auch die Flora ist abwechslungsreich. Neben fünf voll ausgestatteten Chalets für Selbstversorger gibt es vier Campingplätze unter Schatten spendenden Kameldornbäumen. €
... in Upington:
Stopover für Geländewagenfahrer – **Tshahitsi Lodge:** an der N 14 (S28°26 24/E21°16 91), Tel. 0027 54 333 11 26, www.tshahitsilodge.co.za. Eine prima Idee – eine Stadt-Lodge speziell für sich selbst versorgende Geländewagenfahrer. Die Autos parken vollgepackt und sicher auf einem Stellplatz, mit Strom-, Wasser- und Satelliten-TV-Anschluss. In Gehweite zu den Restaurants in der Stadt, wo auch der Frühstücksgutschein eingelöst werden kann. Auch Camping möglich. €

Augrabies Falls National Park

Eintritt Erw./Kinder 252/126 Rand
114 km westlich von Upington bildet der südafrikanische **Augrabies Falls National Park** mit seinen 56 m hohen Wasserfällen ein landschaftliches Highlight. Gewaltige Wassermassen pressen sich durch eine enge Granitschlucht, um kurz darauf in einen Pool zu donnern, der angeblich 130 m tief ist. Aber nicht nur die Fälle begeistern, auch die wüstenhafte Landschaft links und rechts des von grüner Vegetation gesäumten Orange River ist beeindruckend. Hier leben 47 verschiedene Wildtiere, einschließlich des gefährdeten Spitzmaulnashorns.

Übernachten

Im Nationalpark – Die Unterkünfte und die Stellplätze im Park sind buchbar unter www.sanparks.org. DZ im Chalet €, Camping für max. 6 Pers. €

Tutwa Desert Lodge

Die Tutwa Desert Lodge liegt westlich vom Augrabies National Park. Da die Anfahrt zum Teil auf Pisten verläuft, sollte man dafür etwa zwei Stunden einkalkulieren. Die genaue Wegbeschreibung findet sich auf der Website der Unterkunft. Die Lodge liegt auf einem noch recht ursprünglichen Streifen Land zwischen Green Kalahari und Orange River, der Großteil des 160 km^2 großen Gebiets mit einem Flussanteil von 24 km ist ein Wildreservat. Der Kontrast zwischen trockener Wüste und dem ganzjährig reichlich Wasser führenden Fluss beeindruckt. Wild wurde hier in den letzten Jahren von den Besitzern wieder angesiedelt, Farmland in seinen natürlichen Urzustand zurückversetzt. Bei den Pirschfahrten mit Rangern im offenen Geländewagen hat der natürliche Rhythmus der Tiere Vorrang vor dem ›Abhaken‹ von Sichtungen.

Paradebeispiel für nachhaltigen Tourismus: die !Xaus Lodge im Kgalagadi Transfrontier Park

Trotzdem ist die Wahrscheinlichkeit groß, Giraffen, Zebras, Springböcke, Oryxantilopen, Erdmännchen, Klippspringer, Stachelschweine und auch Leoparden zu beobachten. Die Lodge ist an einem Projekt zum Schutz der Raubkatzen beteiligt.

Übernachten

Absoluter Luxus in der Wüste – **Tutwa Desert Lodge:** Tel. 0027 54 451 92 00, www.tutwalodge.co.za. Die exklusive, nachhaltig geführte Lodge liegt nicht weit vom Augrabies National Park entfernt. Das Gebiet ist malariafrei. Nur neun großzügige, reetgedeckte Suiten mit Wüstenblick-Verandas, teils mit nostalgischen, frei stehenden Badewannen im Zimmer. Afro-schickes Dekor, sehr gutes Essen, Pirschfahrten mit kundigen Rangern. Zu den Aktivitäten gehören weiterhin Kanutrips auf dem Fluss, Vogel- und Sternenbeobachtungstouren. €€€

Von der Kalahari nach Namibia

Von der Kalahari aus hat man zwei Möglichkeiten für einen Grenzübertritt nach Namibia. Im Kgalagadi Transfrontier Park gibt es den Grenzübergang **Mata Mata,** der nur für Touristen geöffnet ist. Als Alternative dient der Grenzübergang **Mamuno/Buitepos** in der Kaa Kalahari Concession Area. Von dort zieht sich der Trans-Kalahari-Highway 313 km bis ins Zentrum von **Windhoek.**

Übernachten

An der Grenze Mamuno/Buitepos – **Kalahari Bush Breaks:** von Botswana kommend kurz hinter dem Grenzübergang links, Tel. 00264 62 56 89 36, www.kalaharibushbreaks.net. Zur Gästefarm gehört ein privates Wildreservat. Acht Doppelzimmer, drei davon im Haupthaus, die empfehlenswerteren in einem Extra-Gebäude mit Blick auf ein Wasserloch. Eine 20 km lange 4x4-Route für Selbstfahrer führt zu den Buschmann-Felsgravuren auf der Farm. Ein Swimmingpool mit künstlichem Wasserfall erfrischt in der Sommerhitze. Dinner €€, DZ und Camping. €–€€

Spot on: Die südafrikanischen Augrabies Falls werden nachts dramatisch beleuchtet

Kulinarisches Lexikon

Wurst, Fleisch und Strauß

biltong	Trockenfleisch, das u. a. von Rind, Springbock oder Strauß stammt, ähnlich dem amerikanischen Jerky, aber viel besser im Geschmack
bobotie	scharf gewürztes Hackfleisch, mit Eiermilch im Ofen überbacken und auf Gelbwurzreis serviert
boerewors	Bauernwurst; sehr würzige, spiralförmig aufgewickelte Bratwürste, die zu jeder südafrikanischen Grillparty unbedingt dazugehören
braaivleis	Grillfleisch
frikkadel	Frikadelle
ostrich	Strauß
pofadde	Würste aus Innereien vom Wild
sosatie	mariniertes Lammfleisch mit getrockneten Früchten, auf Holzspießen gereicht, gegrillt
venison	Wildfleisch

Fisch und Meeresfrüchte

crayfish	Kap-Languste
hake	Stockfisch
kingklip	Lengfisch aus der Familie der Dorsche
kob	Kabeljau
oysters	Austern
perlemon	Abalone oder Meerohren
snoek	Barracuda
yellowtale	gelbflossiger Fisch, gern zum Grillen verwendet

Obst, Gemüse, Salate

brinjal	Aubergine
Cape gooseberry	nach Tomate und Erdbeere schmeckende, kleine gelbe Stachelbeere
grenadilla	Passionsfrucht
mealie	Maiskolben
slaphakskeentjes	Zwiebeln in einer sauren Soße aus gegarten Zwiebeln, Zucker, Essig, Senf und Sahne
sousboontjes	rote Bohnen in Sherry-Senf-Vinaigrette
waterblommetjie	eine Art Seerose; sie wird im Frühjahr geerntet und für Suppen oder Bredies verwendet

Eintöpfe und eine Teigtasche

bredie	Langsam gegartes Eintopfgericht mit Hammelfleisch, Kartoffeln, Zwiebeln und Gemüse
breyani	Gericht mit Fisch, Fleisch und Geflügel, Reis sowie Linsen
pie	Eintopfgericht, mit Teig bedeckt und in einer feuerfesten Form im Ofen gebacken
samoosas	dreieckige, frittierte Teigtaschen, vegetarisch oder mit Fleisch gefüllt

Soßen und Beilagen

atjar	malaiische Variante des Chutney mit ganzen Fruchtstücken, zu Fleischgerichten

blatjang	fruchtig-scharfe Soße mit Fruchtstückchen, Knoblauch und Chili, zu Fleischgerichten
chakalaka	scharf-würzige Soße zu mealie pap
chips	Pommes frites; da nur einmal frittiert, sind sie recht fettig
chutney	Gemüse/Früchte-Mischung zum ›Entschärfen‹ von Currys
geelrys	Reis mit Rosinen, Beilage zu verschiedenen Gerichten
ingera	afrikanisches Fladenbrot
mealie bread	Maisbrot
mealie pap	Maisbrei, Grundnahrungsmittel der schwarzen Bevölkerung des Landes
pickles	in Essig eingelegtes Gemüse
welbebloontjes	Stockbrot; ausgerollter Teig wird um frische Holzstöckchen gewickelt und über dem Grill gegart, als Beilage oder mit Honig oder Zucker als Nachspeise beim Braai

Süßes

koeksisters	klebrig-süßes, sehr beliebtes Kringel-Gebäck
melktart	burischer Käsekuchen in Blätterteig, mit Zimt bestreut
rusk	granithartes Gebäck, nur gut eingeweicht essen, wird oft zum Frühstück gereicht
vetkoek	Traditionsgericht der Afrikaner, in heißem Öl ausgebackener Teig, süß mit Honig oder Sirup gefüllt, aber auch salzig mit Hackfleisch

Gewürzmischungen

garam masala	indische Gewürzmischung, meist mit Fenchelsamen, Kümmel, Koriander und Kardamom
peri-peri	Piri-Piri; rote Chilischoten, gemahlen und in Olivenöl konserviert, sehr scharf!
sambal	zerkleinertes Obst oder Gemüse, eingelegt mit Essig und scharfen Gewürzen, zu Kap-malaiischen Gerichten gereicht

Rund ums Essen und Trinken

bottle store	Laden für alkoholische Getränke
braai	Grillfeier
diner	klassisches amerikanisches Hamburger-Restaurant im Stil der 1950er-Jahre mit viel Chrom und Neon
dumpie	kleine Bierflasche
farmstall	Laden, der an der Straße farmfrische Produkte verkauft
potjie	gusseiserner Topf mit drei Füßen, der in die heiße Glut gestellt wird
rooibos	Teebuschart aus den südafrikanischen Cederbergen

Sprachführer Setswana

Aussprache

Setswana ist relativ leicht zu lesen und wird praktisch so gesprochen, wie es geschrieben wird. Einige Ausnahmen: Ein ›g‹ wird wie ›ch‹ gesprochen, das ›r‹ wird gerollt, das ›th‹ wird nicht wie im Englischen, sondern als ›t‹ ausgesprochen und ›sh‹ wird nicht als ›sch‹, sondern als ›s‹ gesprochen.

Allgemeines

Guten Morgen/Tag/Abend!	Dumela Mma (bei einer Frau)/dumela Rra (bei einem Mann)
Hallo!	Dumela!
Gute Nacht!	Bôrôko!
Schlafen Sie gut!	Robala sentle.
Auf Wiedersehen (sagt der, der bleibt)!	Tsamaya sentle!
Auf Wiedersehen (sagt der, der geht)!	Sala sentle!
Entschuldigung!	Intshwarele!
mein Mann	monna wa me
meine Frau	mosadi wa me
bitte	tswêê-tswêê
Danke!	Kealeboga/tankie!
ja/nein	ee/nya
Wie bitte?	Bua gape/ipoeletse?
Wann?	Leng?
Wie?	Jang?
Wo?	Kae?
Wer?	Mang?
Was?	Eng?

Unterwegs

Auto	koloi
Geländewagen	four by four
Tankstelle	petroleum seteisene
Benzin	lookwane/peterolo
Straße	tsela
Piste	pata
Brücke	borogo
Abzweigung	foroko
Norden	bokone
Süden	borwa
Osten	botlhabatsatsi
Westen	bophirima tsatsi
rechts	moja
links	molema
geradeaus	tlhamalala
Auskunft	kitso
geöffnet	go butswe
geschlossen	go tswetswe
Telefon	mogala
Computer	sebala makgolo

Zeit

Stunde	oura
Tag	letsatsi
Nacht	bosigo
Woche	beke
Monat	kgwedi
Jahr	ngwaga
heute	gompieno
gestern	maabane
morgen	ka mosô
jetzt	jaanong
wieder	gapê
morgens	mo mosong
mittags	motshegare
abends	maitseboa
früher	otle ka nako
später	kgantele
Montag	mosupologo
Dienstag	labobedi
Mittwoch	laboraro
Donnerstag	labone
Freitag	labotlhano
Samstag	lamatlhatso
Sonntag	sontaga
Feiertag	letsatsi la boitapoloso

Notfall

Hilfe!	Nthuse!
Polizei	lepodisi
Arzt	ngaka
Krankenhaus	sepatela
Unfall	Kotsi
Schmerz	botlhoko
krank	iwala

Panne	senyegile
Notfall	thuso ya potlako

Übernachten

Unterkunft	boroko
Zimmer	kamore
Toilette	thoelete/ntlwana
Dusche	botlhapelo
mit Frühstück	dijo tsa mo mosong
Halbpension	halfboard
Campingplatz	kampa

Einkaufen

Geschäft	lebentlele/shopo
Markt	mmaraka
Kreditkarte	karata
Geld	madi
Geldautomat	sebala makgolo/ATM
Lebensmittel	dijo
Fleisch	nama
Feuerholz	dikgong
Bier	bojalwa
kaufen	reka
bezahlen	duela

Zahlen

1	nngwe
2	pedi
3	tharo
4	nne
5	tlhano
6	thataro
7	supa
8	robedi
9	robongwe
10	some/lesome
11	lesomenngwe
12	lesomepedi
13	lesomeraro
14	lesomenne
15	lesometlhano
16	lesomethataro
17	lesomesupa
18	lesomeropedi
19	lesomero-bongwe
20	masomepedi
21	masomepe-dinngwe
30	masometharo
40	masomenne
50	masometlhano
60	masomethataro
70	masomesupa
80	masomeropedi
90	masomero-bongwe
100	lekgolo

Die wichtigsten Sätze

Wo kommen Sie her?	*O tswa kae?*
Ich komme aus D/A/CH.	*Ke tswa Germany/ Austria/ Switzerland.*
Wie geht es Ihnen?	*O tsogile?*
Mir geht es gut.	*Ke tsogile.*
Was möchten Sie?	*O batlang?*
Ich möchte …	*Ke batla …*
Kommen Sie herein!	*Tsena!*
Setz dich hierhin!	*Dula fa!*
Sprechen Sie Setswana/Englisch?	*A o bua setswana/ sekgowa?*
Ich spreche nur Englisch.	*Ke bua Seenglish.*
Sprich langsam.	*Bua ka bonya.*
Ich verstehe.	*Ke a tlhaloganya.*
Ich verstehe nicht.	*Ga ke tlhaloganye.*
Wie heißen Sie?	*Leina la gago e mang?*
Mein Name ist …	*Leina la me ke …*
Wo ist …?	*E kae …?*
Ich fahre nach …	*Ke a tsamaya …*
Wie komme ich nach …?	*Wa tswa ke …?*
Ist das die Straße nach …?	*A ke yone tsela e e yang kwa …?*
Ist diese Strecke passierbar?	*A tsela e e ka fetega?*
Gibt es Benzin in …?	*A gona le lookwane kwa …?*
Sind die Läden in … offen?	*A mabentlele a butswe kwa …?*
Darf ich hier campen?	*A ke ka thibelela fa?*
Ich brauche Hilfe!	*Ke kopa thuso!*
Lass mich in Ruhe!	*Ntlogele!*
Wo ist die Toilette?	*Ntlwana ya boiti-ketso e kae?*
Ich bin krank.	*Kea lwala.*
Ruf die Polizei!	*Bitsa mapodisi!*
Wie viel kostet das?	*E ke bokae?*
Ich kaufe es.	*Ke tla e reka.*

Sprachführer Englisch

Allgemeines

Guten Morgen!	Good morning!
Guten Tag!	Good afternoon!
Guten Abend!	Good evening!
Auf Wiedersehen!	Good bye!
Entschuldigung!	Excuse me/sorry!
hallo/grüß dich	hello
bitte	you're welcome/ please
danke	thank you
ja/nein	yes/no
Wie bitte?	Pardon?
Wann?	When?
Wie?	How?

Unterwegs

Haltestelle	stop
Bus	bus
Auto	car
Geländewagen	four-wheel drive
Kleinbus	minivan
Wohnmobil	camper
Ausfahrt/-gang	exit
Tankstelle	petrol station
Benzin	petrol/fuel
rechts	right
links	left
geradeaus	straight ahead/ straight on
Auskunft	information
Telefon	telephone
Postamt	post office
Busbahnhof	bus station
Bahnhof	railway station
Flughafen	airport
Gepäck	luggage
Stadtplan	city map
alle Richtungen	all directions
Hauptstraße	main road
Eingang	entrance
geöffnet	open
geschlossen	closed
Kirche	church
Museum	museum
Brücke	bridge
Platz	place/square
Autobahn	motorway
einspurige Straße	single track road
Piste	track

Zeit

3 Uhr (morgens)	3 a. m.
15 Uhr (nachmittags)	3 p. m.
Stunde	hour
Tag/Woche	day/week
Monat	month
Jahr	year
heute	today
gestern	yesterday
morgen	tomorrow
morgens	in the morning
mittags	at noon
abends	in the evening
früh	early
spät	late
Montag	Monday
Dienstag	Tuesday
Mittwoch	Wednesday
Donnerstag	Thursday
Freitag	Friday
Samstag	Saturday
Sonntag	Sunday
Feiertag	public holiday
Winter	winter
Frühling	spring
Sommer	summer
Herbst	autumn

Notfall

Hilfe!	Help!
Polizei	police
Arzt	doctor
Zahnarzt	dentist
Apotheke	pharmacy
Krankenhaus	hospital
Unfall	accident
Schmerzen	pain
Panne	breakdown
Rettungswagen	ambulance
Notfall	emergency

Übernachten

Hotel	hotel
Pension	guesthouse
Einzelzimmer	single room
Doppelzimmer	double room
mit Bad	with bathroom
mit WC	ensuite
Toilette	toilet
Dusche	shower
mit Frühstück	with breakfast
Halbpension	half board
Rechnung	bill

Einkaufen

Geschäft	shop
Markt	market
Kreditkarte	credit card
Geld	money
Geldautomat	cash machine
Bäckerei	bakery
Lebensmittel	food
teuer/billig	expensive/cheap
Größe	size
bezahlen	to pay

Zahlen

1	one	17	seventeen
2	two	18	eighteen
3	three	19	nineteen
4	four	20	twenty
5	five	21	twenty-one
6	six	30	thirty
7	seven	40	fourty
8	eight	50	fifty
9	nine	60	sixty
10	ten	70	seventy
11	eleven	80	eighty
12	twelve	90	ninety
13	thirteen	100	one hundred
14	fourteen	150	one hundred and fifty
15	fifteen		
16	sixteen	1000	a thousand

Die wichtigsten Sätze

Allgemeines

Sprechen Sie Deutsch?	*Do you speak German?*
Ich verstehe nicht.	*I do not understand.*
Ich spreche kein Englisch.	*I do not speak English.*
Ich heiße …	*My name is …*
Wie heißt Du/ heißen Sie?	*What's your name?*
Wie geht's?	*How are you?*
Danke, gut.	*Thanks, fine.*
Wie viel Uhr ist es?	*What's the time?*
Bis bald (später).	*See you soon (later).*

Unterwegs

Wie komme ich zu/nach …?	*How do I get to …?*
Wo ist bitte …	*Sorry, where is …?*
Könnten Sie mir bitte … zeigen?	*Could you please show me …?*

Notfall

Können Sie mir bitte helfen?	*Could you please help me?*
Ich brauche einen Arzt.	*I need a doctor.*
Hier tut es weh.	*Here I feel pain.*

Übernachten

Haben Sie ein freies Zimmer?	*Do you have any vacancies?*
Wie viel kostet das Zimmer pro Nacht?	*How much is a room per night?*
Ich habe ein Zimmer bestellt.	*I have booked a room.*

Einkaufen

Wie viel kostet …?	*How much is …?*
Ich brauche …	*I need …*
Wann öffnet / schließt …?	*When does … open/ … close?*

Register

Register

Register

Abbildungsnachweis/Impressum

Abbildungsnachweis

AWL Images, Whitchurch (UK): S. 238/239 (Daniel Crous); 222 (Peter Adams)

Botswana Tourism Organisation, Berlin: S. 40 re., 42 o. li., 43 u. re., 98, 122, 141, 172/173, 191, 194, 327; 27 li., 30 o. re., 33 u. li. (Alex Mazunga); 34 li. (David Luck); 37 o. re., 46 re. (Gert STEPHAN DGPh); 30 li., 37 u. li., 103, 150, 164, 170 (Roger de la Harpe)

Dieter Losskarn, Kapstadt (ZA): S. 9, 101, 107, 148/149, 206, 208/209, 272

DuMont Bildarchiv, Ostfildern: S. 26, 27 re., 32 li., 33 u. re., 34 re., 35 o. li., 36 li., 38 re., 39 u. li., 40 o. li., 40 u. li., 41 li., 42 u. li., 44 o. li., 45 o. re., 46 u. li., 56, 82/83, 145, 156, 202, 243, 268, 318, 321, 338, 340/341, 352, 354/355 (Tom Schulze)

Getty Images, München: Titelbild (Cultura RM Exclusive/Philip Lee Harvey)

Glow Images, München: S. 59 (Heritage Images, Ann Ronan Pictures); 104/105 (Imagebroker/Bernd Bieder)

iStock.com, Calgary (CA): Umschlagklappe vorn (2630ben)

laif, Köln: S. 7 (Bernd Jonkmanns); 271, 282/283 (Christian Heeb); 68/69 (eyevine/Tshekiso Tebalo Xinhua); 167 (Frank Heuer); 87 M., 87 u., 250, 276/277, 284, 296, 330/331, Umschlagrückseite M. (hemis.fr/Franck Guiziou); 153, 174 (Le Figaro Magazine/Christophe Migeon); 96/97 (Le Figaro Magazine/Eric Martin); 21, 180 (Le Figaro Magazine/Stanislas Fautre); 121, 246 (Lutz Jaekel); 337 (Robert Haidinger); 178/179 (robertharding/Ann & Steve Toon); 214/215 (robertharding/Peter Groenendijk); 87 o. (VWPics/Redux/Sergi Reboredo)

Mauritius Images, Mittenwald : S. 234/235 (Alamy/Archivio World 4); 219 (Alamy/Arctic Images); 75 (Alamy/Ben McRae); 300/301 (Alamy/Christian Offenberg); 315 (Alamy/Colaimages); 44 re. (Alamy/Craig Cordier); 257 (Alamy/David Davidson); 37 u. re. (Alamy/FLPA); 231 (Alamy/Gillian Lloyd); 316/317 (Alamy/Globe Stock); 266 (Alamy/Heiti Paves); 25, Umschlagrückseite u. (Alamy/Images of Africa Photobank); 198/199 (Alamy/Jandrie Lombard); 92 (Alamy/Jens Otte); 348 (Alamy/Juergen Ritterbach); 37 o. li. (Alamy/Marco Valentini); 31 o. re. (Alamy/Maximilian Weinzierl); 111 (Alamy/Ron Rovtar Photography); 188, 260, 265 (Alamy/Suzuki Kaku); 63 (Alamy/Thiago Trevisan); 310 (Alamy/Universal Images Group North America LLC/DeAgostini); 304 (Alamy/Yvette Cardozo); 38 o. li. (Danita Delimont); 44 u. li. (Dieter Herrmann); 249 (hemis.fr/Franck Guiziou); 186 (imagebroker/Christian Heinreich); 30 u. re. (imagebroker/Christian Hütter); 39 o. li. (imagebroker/FLPA/Jurgen & Christine Sohns); 78/79, 225, 253 (imagebroker/Heiner Heine); 350 (imagebroker/Matthias Graben); 344 (imagebroker/Thomas Dressler); 60/61 (Memento/Florilegius); 35 u. li. (Minden Pictures/Sean Crane); 183, 220/221 (Mint Images); 52/53 (Perspectives/Remsberg Inc)

picture-alliance, Frankfurt a. M.: S. 67 (WZ-Bilddienst)

Shutterstock.com, Amsterdam (NL): Umschlagrückseite o. (2630ben); 45 li., 160/161 (Artush); 335 (CA Irene Lorenz); 31 o. li. (Chris Burt); 35 u. re. (David Steele); 36 re. (EcoPrint); 43 li. (Foto Mous); 185 (Garreth Brown); 125, 132 (JordiStock); 308/309 (Leonard Zhukovsky); 117 (Lucian Coman); 288/289 (Marek Poplawski); 135 (ModelHub); 43 o. re. (Muller Empo); 39 re. (Nick Fox); 46 o. li. (nwdph); 31 u. li. (Ondrej Prosicky); 31 u. re., 41 re. (PACO COMO); 33 o. li., 226/227 (Roger de la Harpe); 38 u. li (RudiErnst); 35 o. re. (Thomas Retterath); 45 u. re. (Tomas Drahos); 33 o. re. (Vaclav Sebek); 211 (Vladislav T. Jirousek); 32 re. (WS.photo)

Sylwia & Stephan Fath, Weinheim: S. 95

Kartografie

© KOMPASS-Karten GmbH, A-6020 Innsbruck; DuMont Reiseverlag, D-73751 Ostfildern

Umschlagfotos

Titelbild: Bei Seronga im Okavango Delta schneidet eine Frau Schilf zum Dachdecken; Umschlagklappe vorn: Afrikanische Baobabs im Makgadikgadi Pans National Park; Umschlagklappe hinten oben: Elefantenherde in Botswana

Hinweis: Autor und Verlag haben alle Informationen mit größtmöglicher Sorgfalt geprüft. Gleichwohl sind Fehler nicht vollständig auszuschließen. Alle Angaben erfolgen ohne Gewähr. Bitte schreiben Sie uns! Über Ihre Rückmeldung zum Buch und über Verbesserungsvorschläge freuen sich Autor und Verlag:
DuMont Reiseverlag, Postfach 3151, 73751 Ostfildern, E-Mail: info@dumontreise.de

5., aktualisierte Auflage 2024

Autor: Dieter Losskarn
Lektorat: Anja Lehner; Gudrun Raether-Klünker;
Bildredaktion: Sima Ebrahimi
Grafisches Konzept: Groschwitz/Tempel, Hamburg
Printed in China